Martina Koch

Arbeits(un)fähigkeit herstellen

Arbeitsintegration von gesundheitlich eingeschränkten Erwerbslosen aus ethnografischer Perspektive

Schriften zur Sozialen Frage
Band 7
Herausgegeben von Christoph Maeder und Eva Nadai

Der als „Soziale Frage“ bezeichnete Theorie- und Empiriezusammenhang im Kontext von sozialer Ungleichheit, Marginalisierung und Ausschluss ist ein traditioneller Bestand des soziologischen Denkens. Hier vereinigen sich die klassischen soziologischen Fragen zur Gesellschaft: Welche Akteure gestalten die soziale Ordnung und welche Wirkungen haben ihre Handlungen, Strategien und Dispositive? Wie werden bestimmte soziale Arrangements legitimiert und praktisch durchgesetzt? Unter welchen Umständen und wie werden Ausschnitte der sozialen Ordnung in der Öffentlichkeit, der Politik und in der Wissenschaft überhaupt als „soziale Probleme“ codiert?

Diese Programmatik bestimmt den Rahmen der Reihe „Schriften zur Sozialen Frage“. In ihr kommen verschiedene Strömungen und Herangehensweisen soziologischen Denkens zu Wort. Theoretische Überlegungen werden neben exemplarischen Fallstudien und zeitdiagnostischen Analysen stehen.

Martina Koch

Arbeits(un)fähigkeit herstellen

Arbeitsintegration von gesundheitlich eingeschränkten Erwerbslosen aus ethnografischer Perspektive

Seismo

Publiziert mit Unterstützung des Schweizerischen Nationalfonds zur Förderung der wissenschaftlichen Forschung.

Bibliografische Information der Deutschen Nationalbibliothek
Die Deutsche Nationalbibliothek verzeichnet diese Publikation in der Deutschen Nationalbibliografie; detaillierte, bibliografische Daten sind im Internet über http://dnb.ddb.de abrufbar.
ISBN 978-3-03777-155-6

Schriften zur Sozialen Frage

Zähringerstrasse 26, CH-8001 Zürich
E-Mail: info@seismoverlag.ch
http://www.seismoverlag.ch

ISBN 978-3-03777-155-6

Umschlaggestaltung: Hannah Traber, St.Gallen

Inhalt

Abkürzungsverzeichnis

ALV	Arbeitslosenversicherung (Bundesversicherung)
ATSG	Allgemeiner Teil Sozialversicherungsgesetz
AVIG	Bundesgesetz über Arbeitslosenversicherung und Insolvenzentschädigung
BSV	Bundesamt für Sozialversicherungen (zuständig für die IV)
IIZ	Interinstitutionelle Zusammenarbeit
IV	Invalidenversicherung (Bundesversicherung)
IVG	Bundesgesetz über die Invalidenversicherung
MAMAC	Medizinisch-Arbeitsmarktliche Assessments im Rahmen des Case Managements (manchmal auch IIZ-MAMAC)
OECD	Organisation für wirtschaftliche Zusammenarbeit und Entwicklung
PvB	Programme zu vorübergehender Beschäftigung („Beschäftigungsprogramme")
RAD	Regionalärztlicher Dienst der Invalidenversicherung
RAV	Regionale Arbeitsvermittlungsstelle der Arbeitslosenversicherung
SECO	Staatssekretariat für Wirtschaft (zuständig für die ALV)
SKOS	Schweizerische Konferenz für Sozialhilfe
ZBE	Zentrum Berufliche Eingliederung (Pseudonym)

1 Aktivierung von erwerbslosen Menschen mit Gesundheitsproblemen – Einleitung

1.1 Arbeitsintegration „gesundheitlich eingeschränkter Erwerbsloser“? – Ausgangslage

Wer in der Schweiz dauerhaft gesundheitlich eingeschränkt und dadurch erwerbsunfähig ist[1], hat grundsätzlich Anrecht auf Leistungen der Invalidenversicherung. Wer erwerbslos[2] ist, hat – bei Erfüllung gewisser Kriterien – Anspruch auf Taggelder der Arbeitslosenversicherung. In dieser Arbeit geht es um eine Kategorie von Menschen, die von den „Sozialverwaltungen“ (von Harrach/Loer/Schmidtke 2000) als ‚gesundheitlich eingeschränkte Erwerbslose‘ klassifiziert werden. Eine paradoxe Konstruktion also? Sind ‚Erwerbslosigkeit‘ und ‚dauerhafte gesundheitliche Einschränkungen‘ nicht zwei unterschiedliche Schadensfälle, die je von einer anderen Sozialversicherung abgedeckt sind und daher nicht kombiniert auftreten können? Denn wer als ‚erwerbsunfähig‘ gilt, kann nicht zugleich ‚erwerbslos‘ im Sinne von stellensuchend sein – oder doch?

Vor einer ersten Antwort auf diese Fragen bedarf es einiger Ausführungen: Als „Sphinxrätsel“ der Armenfürsorge (Castel 2008) gilt die Frage: „Was tun mit den arbeitsfähigen Armen?“ (Lessenich 2003, 215). Denn ‚Arbeitsfähigkeit‘ stellt die Unterstützungswürdigkeit, die ‚deservingness‘ Betroffener in Frage, ist sie doch mit dem „unbestimmten Verdacht der Unwürdigkeit belegt“ (Krenn 2012, 269): Bei arbeitsfähigen Hilfesuchenden wird angenommen, dass sie sich selbst um die Sicherung ihrer Existenz kümmern, indem sie einer Arbeit nachgehen (siehe dazu Kapitel 2.1). Wie insbesondere der französische Soziologe Robert Castel zeigte, ist nicht nur das sozialpolitische Konzept der ‚Unterstützungswürdigkeit‘, sondern auch die damit in Zusammenhang

---

1 Erwerbsunfähigkeit wird im „Bundesgesetz über den Allgemeinen Teil des Sozialversicherungsrechts“ (ATSG) definiert als „der durch Beeinträchtigung der körperlichen, geistigen oder psychischen Gesundheit verursachte und nach zumutbarer Behandlung und Eingliederung verbleibende ganze oder teilweise Verlust der Erwerbsmöglichkeiten auf dem in Betracht kommenden ausgeglichenen Arbeitsmarkt“ (Art. 7 ATSG).

2 Nach rechtlich-offizieller Definition von Erwerbslosigkeit, die sich an der internationalen Definition orientiert, sind Personen erwerbslos, die ohne Erwerbsarbeit und stellensuchend sind und dem Arbeitsmarkt innerhalb kurzer Zeit zur Verfügung stehen. Arbeitslos sind in der Schweiz nach offizieller Lesart hingegen nur Personen, die bei einem Regionalen Arbeitsvermittlungszentrum (RAV) der Arbeitslosenversicherung (ALV) gemeldet sind.

stehende Vorstellung von ‚Arbeitsfähigkeit' sozial konstruiert. Castel (2008, 27) prägte in diesem Kontext den Begriff der „Handicapologie", womit er den Katalog an physischen, psychischen und sozialen Behinderungen im weitesten Sinne meint, die ein Individuum von der Arbeitspflicht befreien und zum Bezug von Unterstützungsleistungen legitimieren.

‚Gesundheitlich beeinträchtigte' Menschen sind also aufgrund ihrer „Krankenrolle" (Parsons 1991 [1951]) davon ausgenommen, sich um eine Erwerbsarbeit kümmern zu müssen. Vielmehr haben sie gemäss Parsons' Beschreibung dieser Rolle primär die Aufgabe, gesund zu werden. Sind ihre gesundheitlichen Einschränkungen Bestandteil der Handicapologie, so gelten sie als „unterstützungswürdig". Mehr noch: Durch entsprechende Sozialversicherungen wird den Betroffenen ein „Recht auf Krankheit" eingeräumt. In ihrer Geschichte über den Kranken in der Gesellschaft schreiben Herzlich und Pierret dazu:

> *„[D]die Krankheit selbst [hat sich] gewandelt und steht in einem neuen Zusammenhang mit der Gesellschaftsordnung. Die Krankheit, gleichgesetzt mit Arbeitsunfähigkeit, die von der Medizin anerkannt wird – die Ärzte haben an der Sozialisierung der Krankheit teil, indem sie sie diagnostizieren –, ist ein Recht geworden: krank sein bedeutet, nicht mehr zu arbeiten und sich behandeln zu lassen, es ist das Recht auf eine Unterbrechung der Arbeit und das Recht auf Pflege."* (Herzlich/Pierret 1991, 208)

Doch ist die Trennlinie zwischen Arbeitsfähigkeit und Arbeitsunfähigkeit und damit zwischen Unterstützungsunwürdigkeit und Unterstützungswürdigkeit historisch keineswegs immer eindeutig. Vielmehr stellt sich die Frage, wo sie genau verlaufe, „zu jedem Augenblick" (Castel 2008, 27). Und sie stellt sich heute zunehmend als eine nach der Grenzziehung zwischen legitimen und ‚illegitimen' Krankheitsbildern (vgl. Caduff/Budowski). Es handelt sich um eine gesellschaftliche Frage, da Arbeits(un)fähigkeit[3] kein rein biologisches, medizinisches oder rechtliches Phänomen ist. So scheinen die mit der „Krankenrolle" verbundenen Privilegien und Entlastungen im Zuge der aktuellen Arbeitsmarkt- und Sozialpolitik, die hier als „aktivierend" und „investierend" charakterisiert wird (siehe Kapitel 2.2), teilweise in Frage

3 Arbeits(un)fähigkeit wird in dieser Arbeit als ein soziales Konstrukt analysiert (siehe dazu Kapitel 2.4). Mit dieser Schreibweise vermeide ich eine Setzung und dadurch eine Naturalisierung dieser sozialen Differenz.

gestellt zu werden (vgl. Dollinger 2006; Schmidt/Kolip 2007; Schmidt 2007a; Schmidt 2007b) – zumindest in einer „Unschärfezone schwer identifizierbarer Leiden, Krankheiten und Behinderungen" (Caduff/Budowski 2012, 62). Wie steht es also heute um das „Recht auf Krankheit" und das „Recht auf eine Unterbrechung der Arbeit"?

In mehreren europäischen Ländern, so auch in der Schweiz, setzte etwa zwischen 1995 und 2005 eine „aktivierungspolitische Wende" (Streckeisen 2012a, 178) in der Arbeitsmarkt- und Sozialpolitik ein. Mit dieser Wende stehen nicht mehr ‚nur' die ‚arbeitsfähigen Armen', sondern zunehmend auch Menschen mit gesundheitlichen Einschränkungen oder mit „Behinderungen" unter dem Druck, (wieder) einer Erwerbsarbeit nachgehen zu müssen. Sie gelten nicht mehr per se, also aufgrund ihrer Einschränkungen, als ‚unterstützungswürdig', sondern geraten ebenfalls in den Sog der „forcierten Inklusion von Erwerbslosen" (Nadai 2009a). Denn auch sie werden mehr und mehr als „prinzipiell zur Selbsterhaltung fähige Hilfsbedürftige ohne Arbeit" (Krenn 2012, 269) konzipiert, als deren Hauptproblem eben die fehlende Arbeit betrachtet wird.[4]

Dieser Entwicklung liegt eine zunehmende Verengung der „Handicapologie" zugrunde. Es scheint, als werde die sozialpolitische Definition von Arbeitsfähigkeit sukzessive breiter ausgelegt, so dass nun auch Menschen mit gesundheitlichen Einschränkungen, die zuvor vom Zwang zur eigenen Existenzsicherung ausgenommen waren, vom Aktivierungsregime erfasst werden.

Aufgrund dieser „Rekommodifizierung" (vgl. bspw. Brütt 2001) sieht sich das Personal in sozialstaatlichen Institutionen der Arbeitsintegration zunehmend mit Klient_innen[5] mit sogenannten Vermittlungshemmnissen

---

4 So wird beispielsweise in Deutschland nach SGB II als „erwerbsfähiger Hilfebedürftiger" definiert, wer „mindestens drei Stunden täglich einer Erwerbstätigkeit nachzugehen in der Lage ist" (Ludwig-Mayerhofer/Behrend/Sondermann 2008, 278). Damit sind nach meiner Einschätzung auch viele Menschen erfasst, die aufgrund gesundheitlicher Einschränkungen nicht den ganzen Tag arbeiten können.

5 Ich verwende in dieser Arbeit bei Personenbezeichnungen die Schreibweise mit Unterstrich. Diese auch als „Gender Gap" bezeichnete Schreibweise lässt sich folgendermassen erläutern: *„Der Unterstrich ist eine neuere Variante gender-sensibler Schreibweise, die sich zunehmend durchzusetzen beginnt. Dieser geht es nicht nur um eine (sprachliche) ‚Gleichberechtigung von Frauen und Männern'. Sie stellt darüber hinaus die Selbstverständlichkeit einer Zwei-Geschlechter-Ordnung und einer heterosexuellen Orientierung als Norm in Frage und will auch denjenigen einen sprachlichen Ort verleihen, die bislang vorwiegend nicht oder nur als ‚Abweichung' wahrgenommen werden (Intersexuelle, Transsexuelle, Homo- und Bi-Sexuelle, Transgender, Crossdresser, Drags, usw.). Der Unterstrich symbolisiert mithin nicht nur die bisweilen sehr fliessenden Übergänge zwischen ‚Männlichkeit'*

konfrontiert, die dennoch in den ersten (oder zweiten) Arbeitsmarkt integriert werden sollen. Weil solche „vermittlungsrelevanten gesundheitlichen Einschränkungen“ (Hollederer 2006) die Fachkräfte für berufliche Integration vor Herausforderungen stellen, entstehen vereinzelt Programme zur Gesundheits- *und* Arbeitsmarktförderung von Erwerbslosen. Diese Programme reagieren auch auf wissenschaftliche Erkenntnisse zu potentiell gesundheitsschädigenden Wirkungen von (Langzeit-)Erwerbslosigkeit (vgl. bspw. die Beiträge in Kieselbach/Mannila 2012; siehe dazu Kapitel 2.3). Das Zielpublikum solcher Programme sind jene Erwerbslosen, die als ‚doppelt gefährdet‘ erscheinen (vgl. Dean 1995; Castel 1991): bedroht sowohl von Langzeitarbeitslosigkeit als auch von (chronischen) Gesundheitsproblemen. In solchen Programmen der „kombinierten Gesundheits- und Beschäftigungsförderung“ (Bröker 2011) werden beide ‚Einschränkungen‘, die Erwerbslosigkeit und die angeschlagene Gesundheit, in den Blick genommen, da angenommen wird, gesundheitliche Probleme wirkten sich auf die ‚Beschäftigungsfähigkeit‘ der Betroffenen aus (vgl. Bröker 2011, 13; Elkeles/Kirschner 2012; Hollederer 2006). Das Ziel solcher Programme ist es meist, die berufliche Integration Betroffener zu erleichtern, indem ihre Beschäftigungsfähigkeit (“Employability”) erhöht wird (vgl. Elkeles/Kirschner 2012, 409).

International bzw. insbesondere in den OECD-Ländern wird dieser Trend von entsprechenden Forderungen der Organisation für wirtschaftliche Zusammenarbeit und Entwicklung (OECD) begleitet: 2003 forderte die OECD in einem Bericht, “disability” (Behinderung/Arbeitsunfähigkeit) müsse in “ability” (Fähigkeit/Befähigung) transformiert werden (vgl. OECD 2003). Und ab 2006 veröffentlichte sie unter dem Titel “Sickness, Disability and Work: Breaking the Barriers” vier Länderberichte (vgl. OECD 2006; 2007; 2008; 2009) und einen Synthesebericht (vgl. OEDC 2010), mit der Stossrichtung, “disability benefits” seien “into an employment instrument” zu verwandeln (OECD 2010, 103). Unter anderem wird auch “a new way of assessing work capacity” gefordert (OECD 2010, 103). Die OECD (2010, 103) schlussfolgert ferner, dass es nötig sei, dass sich Invalidenversicherungen und Arbeitslosenversicherungen einander annäherten, und dass hinterfragt werden müsse, ob Arbeitslosigkeit (“unemployment”) und Arbeitsunfähigkeit (“disability”) als zwei getrennte ‚Schadensfälle‘ zu betrachten seien. Kurzum: Als primär

und ‚Weiblichkeit‘, sondern auch einen Ort, an dem Überschneidungen und Wanderungen zwischen Geschlechtsidentitäten und sexuellen Orientierungen einen Platz haben“ (Bitzan, 2012, online).

„erwerbslos" (und nicht primär erwerbsunfähig) gelten nun auch in ihrer Arbeitsfähigkeit eingeschränkte Menschen. Folgerichtig wird als Problemlösung die Rückkehr auf den Arbeitsmarkt propagiert.

Die von der OECD dokumentierten und geforderten Entwicklungen sind auch in der Schweiz zu beobachten: So fand hier in den letzten Jahren und über mehrere Gesetzesrevisionen hinweg eine Verschärfung des Zugangs zu Renten der Invalidenversicherung statt.[6] Bereits seit ihrem Bestehen lautet der Grundsatz der Invalidenversicherung „Eingliederung vor Rente" (vgl. Germann 2008; Canonica 2013). Die fünfte Gesetzesrevision, die die berufliche Eingliederung Erwerbsunfähiger noch stärker als die vorangehende Revision anstrebte, stand unter dem Motto „Eingliederung *statt* Rente". Im Zusammenhang mit dieser Revision schrieb das Bundesamt für Sozialversicherungen (BSV) 2004:

> *„Eine Rente wird […] erst dann zugesprochen, wenn die Massnahmen zur Eingliederung erfolglos ausgeschöpft sind, oder wenn sich keine erfolgversprechenden Eingliederungsmassnahmen anbieten. Die Rente wird zur Ultima ratio."* (BSV 2004, 3)

Dieser Grundsatz kommt auch darin zum Ausdruck, dass sich die Invalidenversicherung in öffentlichen Mitteilungen als „Eingliederungsversicherung" bezeichnet (vgl. IV 2014, 1). Zunehmend sollen auch Menschen, die bereits wegen ihrer Erwerbsunfähigkeit eine Rente erhalten, wieder auf den Arbeitsmarkt zurückkehren, wie die Ausrichtung eines ersten Teils der sechsten IVG-Revision zeigt, die eine mittlerweile abgeschlossene Überprüfung bestehender Renten vorsah (siehe dazu auch Kapitel 2.2.2).

Neben den diesbezüglichen Bestrebungen der Invalidenversicherung richtet auch eine Initiative des Schweizer Bundes ihren Fokus auf erwerbslose Menschen mit (unter anderem) gesundheitlichen Problemen (vgl. Seco 2004): Die sogenannte Interinstitutionelle Zusammenarbeit (IIZ) wurde vom Staatssekretariat für Wirtschaft (Seco) um die Jahrtausendwende entwickelt und wird vom Bundesamt für Sozialversicherungen (BSV) weitergeführt (vgl. Nadai/Canonica/Koch 2015; Bieri et al. 2013). Lanciert wurde die Interinstitutionelle Zusammenarbeit als Instrument zur effizienteren und effektiveren

---

6 Die Praxis der Invalidenversicherung hat auch Konsequenzen für die Sozialhilfe: Mittlerweile müssen Menschen mit gesundheitlichen Einschränkungen Sozialhilfe beziehen, weil sie nach mehrjährigem Sozialhilfebezug zwar „oft zu gesund für die IV, aber zu krank für den Arbeitsmarkt" sind, wie es im Vorwort einer Studie zum Sozialhilfebezug in 13 Schweizer Städten heisst (Salzgeber/Schmocker 2015, 3).

Kooperation zwischen unterschiedlichen Institutionen der sozialen Sicherung. Vor allem die Arbeitslosenversicherung, die Invalidenversicherung und die Sozialhilfe sollen in Bezug auf die berufliche Eingliederung Erwerbsloser mit einer „komplexen Mehrfachproblematik" (BSV/Seco 2006, 3) enger zusammenarbeiten. Diese Klient_innen sind aufgrund ihrer mehrschichtigen Problemlagen bei verschiedenen Stellen des Systems der sozialen Sicherung angemeldet oder wären dort anspruchsberechtigt. In allen Schweizer Kantonen sind im Zuge dieses Programms Projekte der Interinstitutionellen Zusammenarbeit implementiert worden, deren zentrales Ziel es ist, die betroffenen Menschen rascher in den Arbeitsmarkt zu integrieren.

In Bezug auf die skizzierten Entwicklungen müsste die einleitend zitierte Frage, was mit den arbeitsfähigen Erwerbslosen zu tun sei, ergänzt werden, denn der aktivierende Sozialstaat fragt sich ausserdem: ‚Was tun mit gesundheitlich eingeschränkten Erwerblosen?' Die Antwort, die er sich selbst darauf gibt, ist so simpel wie herausfordernd: in den Arbeitsmarkt integrieren.

Diese Studie geht im Anschluss daran der Frage nach, wie Gesundheit und Arbeits(un)fähigkeit in Institutionen der Arbeitsintegration zugeschrieben, ausgehandelt und bearbeitet werden. Sie stützt sich zur Beantwortung dieser Frage auf qualitatives Datenmaterial von ethnografischen Fallstudien zu zwei Institutionen der Arbeitsintegration, die jeweils als kantonale IIZ-Modelle untersucht wurden (vgl. Nadai/Canonica/Koch 2015).[7] Ausgangspunkt der Studie ist die beschriebene Situation, die sich so auf den Punkt bringen lässt: Einerseits herrscht eine Aktivierungspolitik vor, die möglichst alle Bezüger_innen von Sozialleistungen ‚in Arbeit' bringen möchte und die Inklusion mit Arbeitsintegration gleichsetzt (vgl. Koch 2010); andererseits befinden sich in dieser Gruppe gesundheitlich angeschlagene Menschen mit eingeschränkter Arbeitsfähigkeit und mit wenig Chancen auf eine Rente bzw. auf eine Stelle im ersten Arbeitsmarkt.

7 Die vorliegende Dissertationsstudie ist im Kontext eines grösseren Forschungsvorhabens entstanden: Das vom Schweizerischen Nationalfonds geförderte Forschungsprojekt "Working the interstices. Inter-institutional cooperation in the Swiss welfare and social insurance system" (Projekt 117783), in dem ich gemeinsam mit Alan Canonica mitarbeitete, wurde von Eva Nadai geleitet. Für meine Dissertation konnte ich das Datenmaterial dieser Studie nutzen und auf meine diesbezüglichen Feld- und Analyseerfahrungen zurückgreifen. – Zu diesem Forschungsprojekt sind bereits folgende Publikationen erschienen, in denen zum Teil dieselben Fälle analysiert werden, auf die auch ich in Teil II dieser Arbeit zurückgreife: Nadai 2009a; Nadai 2009b; Nadai/Koch 2011; Nadai 2012; Nadai/Canonica 2012; Koch/Canonica 2012; Canonica/Koch 2014; Nadai/Canonica/Koch 2015; Koch/Hüttemann 2015.

Gefragt wird, wie im untersuchten Setting Gesundheit, Krankheit und Arbeits(un)fähigkeit zugeschrieben und ausgehandelt werden und wie Fälle mit gesundheitlichen Einschränkungen verhandelt und bearbeitet werden. Welche Prozesse und Interventionen ziehen diese Zuschreibungen und Kategorisierungen nach sich? Wie stellen die untersuchten Institutionen der Arbeitsintegration gesundheitliche Einschränkungen dar, wie werden sie wahrgenommen und beurteilt? Welche politischen und institutionellen Logiken sind dahinter auszumachen?

1.2 Aufbau der Arbeit

Um diese Fragen beantworten zu können, bedarf es zunächst einer Konstruktion des Forschungsgegenstandes, die im ersten Teil dieser Arbeit geleistet wird. In drei Kapiteln führe ich „zum Feld hin“: Zunächst wird in Kapitel 2 der Gegenstand dieser Arbeit, Arbeits(un)fähigkeit in der Arbeitsintegration, kontextualisiert: Ein soziohistorischer Abriss in Kapitel 2.1 zeigt auf, dass das Konzept der „Unterstützungswürdigkeit“ von Hilfebedürftigen immer schon eng mit der Frage nach deren Arbeits(un)fähigkeit verknüpft war. Doch ist auch letztere sozial konstruiert, wie anhand Robert Castels Konzept der „Handicapologie“ herausgearbeitet wird. Damit wird zur aktuellen Arbeitsmarkt- und Sozialpolitik übergeleitet, die in Kapitel 2.2 als „aktivierende“ und „investierende“ vorgestellt wird. Deren primäres Ziel ist die Arbeitsintegration von Erwerbslosen, zunehmend auch von solchen mit gesundheitlichen Einschränkungen, wie insbesondere Kapitel 2.3 rekonstruiert. Auf diesen Befunden aufbauend formuliere ich in Kapitel 2.4 das Erkenntnisinteresse und die Fragestellungen dieser Arbeit.

Kapitel 3 widmet sich dem Forschungsdesign und dem methodischen Vorgehen der Studie. In einem ersten Schritt werden anhand von Spannungsfeldern in Ethnografien methodologische und methodische Fragen erörtert (3.1), bevor das Forschungsdesign und die Fragestellungen dieser Arbeit präsentiert werden (3.2). Das konkrete methodische Vorgehen wird schliesslich in Kapitel 3.3 vorgestellt.

Kapitel 4 widmet sich dem konkreten Forschungsfeld und stellt die zwei kantonalen Institutionen der Arbeitsintegration vor, die untersucht wurden: das Zentrum Berufliche Eingliederung (ZBE) (4.1) und Matrix (4.2). Anhand der Skizzierung der untersuchten Institutionen wird ein erstes Fazit in Bezug auf die hier interessierende Thematik der Arbeits(un)fähigkeit gezogen (4.3).

Damit sind wir schon fast „im Feld“ angelangt, auf das im zweiten Teil der Arbeit eingegangen wird.

Die Kapitel in Teil II dieser Arbeit können als „ethnografische Teilstudien“ (vgl. Breidenstein/Kelle 1998, 5) verstanden werden. Jedes dieser Kapitel fokussiert das ‚Herstellen von Arbeits(un)fähigkeit‘ aus einer anderen Perspektive und beleuchtet so einen je unterschiedlichen Aspekt des Gegenstands, wofür auf unterschiedliche theoretische Konzepte und Diskurse zurückgegriffen wird.

Kapitel 5 ist entlang dreier Fallanalysen strukturiert: Beim Fall von Frau Pekay wird gezeigt, wie der berufliche Möglichkeitsraum der Klientin im Verlauf der Fallbearbeitung eingeengt wird, was mit ihrer Gesundheit in einen Zusammenhang gebracht wird (5.1). Beim Fallbeispiel von Herrn Kaya stehen primär institutionelle Praktiken der Sichtbarmachung und der Bewertung seiner gesundheitlichen Einschränkungen im Fokus (5.2). Die Analyse zum Fall von Herrn Yilmaz arbeitet heraus, inwiefern seine Arbeits(un)fähigkeit flexibilisiert wird, indem sie kontextabhängig unterschiedlich bewertet wird (5.3). Das Fazit zu diesen drei Fallanalysen entwickelt die These einer ‚doppelten Aktivierung‘ von erwerbslosen Menschen mit gesundheitlichen Einschränkungen (5.4).

Kapitel 6 widmet sich – wie die folgenden beiden Kapitel fallübergreifend – dem praktischen Problem der Bestimmung von Arbeits(un)fähigkeit, anhand der rechtliche Ansprüche und Zuständigkeiten festgelegt werden (6.1). Es erweist sich, dass das Personal im untersuchten Feld häufig auf medizinische Einschätzungen zurückgreift, wenn es um die Beurteilung von Arbeits(un)fähigkeit geht. Damit wird dieses Phänomen nicht nur objektiviert, sondern auch medikalisiert und quantifiziert (6.2). Doch findet sich daneben auch eine Relativierung medizinischer Einschätzungen, insbesondere solcher von Hausärzten. Diesen begegnet das Personal der Arbeitsintegration teilweise skeptisch (6.3). Das Kapitel schliesst mit einer Zusammenfassung und einem Fazit zur Objektivierung und Medikalisierung von Arbeits(un)fähigkeit (6.4).

Kapitel 7 befasst sich mit feldspezifischen Praktiken und Strategien, die sich auf die „subjektive“ Arbeits(un)fähigkeit beziehen (7.1). Zunächst wird der Blick des Personals auf das ‚Gesundheitsverhalten‘ der Klient_innen rekonstruiert (7.2). Darin zeigen sich Normalitätsvorstellungen, die sich in einer „Normalisierungsarbeit“ niederschlagen, mittels der das Personal auf die Handlungsebene der Klient_innen zielt: Deren Gesundheit ebenso wie deren Erwerbslosigkeit werden als individuelle Aufgabe kodiert, die die Klient_innen aktiv angehen sollen (7.3). Die Zusammenfassung dieses Kapitels resümiert diese Strategien der Individualisierung und der Responsibilisierung von Arbeits(un)fähigkeit (7.4).

Kapitel 8 rekonstruiert, inwiefern Gesundheit in den untersuchten Arbeitsintegrationsdiensten zu einem Selektionskriterium werden kann. In diesem Zusammenhang werden drei Momente identifiziert, in denen Arbeitsunfähigkeit – statt Arbeitsfähigkeit – sichtbar gemacht wird: Wenn es um das Ausschliessen konkreter beruflicher Optionen von Klient_innen (8.1), um die Nichtfinanzierung von Weiterbildungen von Klient_innen (8.2) und um das Abschliessen von als aufwändig beurteilten Fällen geht (8.3), werden vom Personal die gesundheitlichen Einschränkungen der Klient_innen als Argument beigezogen. In anderen Kontexten, vor allem wenn es um Erwerbsarbeit geht, werden die Einschränkungen anders bewertet. Zusammenfassend: Gesundheit und Arbeits(un)fähigkeit werden vom Personal manchmal flexibilisiert und funktionalisiert (8.4).

Im dritten und letzten Teil dieser Arbeit wird der Feldausstieg metaphorisch nachvollzogen, indem ein Blick „übers Feld hinaus" geworfen wird. Kapitel 9 fasst zunächst die Ergebnisse der vier vorhergehenden Kapitel zusammen (9.1), schliesst mit einem Fazit zur doppelten Aktivierung und wirft die Frage auf, ob diese nicht mitunter in eine doppelte Prekarisierung gesundheitlich eingeschränkter Klient_innen zu kippen droht – dann nämlich, wenn diese aufgrund ihrer eingeschränkten Gesundheit und Employability als „unrentable Investitionsobjekte" (Nadai et al. 2013) gelten (9.2). Abschliessend werden die Ergebnisse dieser Arbeit in einen grösseren Kontext gestellt und mithilfe des Konzepts „symbolischer Gewalt" diskutiert (9.3).

Teil I

Zum Feld hin

Annäherung an den Untersuchungs-gegenstand Arbeits(un)fähigkeit

2 Arbeits(un)fähigkeit im aktivierenden Sozialstaat – Zur Verortung des Forschungsgegenstands

„Man vergisst, dass die Sozialversicherung ein Instrument zur Organisation der Krankheit ist: sie unterscheidet mehrere Kategorien wie ‚chronische Krankheit', ‚Berufsunfähigkeit', ‚Berufskrankheit' und ‚Arbeitsunfall'; diese Kennzeichnungen haben juristische Bedeutung und eröffnen das Recht auf Sozialleistungen und Entschädigung; sie trennen aber auch soziale Gruppen, bei deren Bestimmung tatsächlich viel auf dem Spiel steht; sie ergibt sich aus dem jeweiligen Verhältnis zwischen ökonomischer, politischer und gesellschaftlicher Macht." (Herzlich/Pierret 1991, 210)

Deutlich zeigt sich in diesen Worten der beiden französischen Soziologinnen Claudine Herzlich und Janine Pierret, dass Arbeits(un)fähigkeit, der Gegenstand dieser Arbeit, weder eine rein rechtliche noch eine rein medizinische Kategorie sein kann: Vielmehr handelt es sich dabei um ein soziales Phänomen. Damit ist das Thema ‚Arbeits(un)fähigkeit in der Arbeitsintegration' an der Schnittstelle verschiedener soziologischer Gegenstände und Diskurse angesiedelt: Arbeit und Erwerbslosigkeit, Gesundheit und Krankheit sowie Sozialpolitik und Sozialstaat.[8] Im Folgenden möchte ich auf einige dieser Gegenstände und Diskurse eingehen, um mich so dem Thema der Arbeits(un)fähigkeit aus soziologischer Perspektive anzunähern.

Zunächst wird ein soziohistorischer Blick auf die gesellschaftliche Konstruktion und Bearbeitung von Arbeits(un)fähigkeit geworfen (Kapitel 2.1). Dabei sind die folgenden vier Themen zentral: Erstens wird die Frage nach der Grenzziehung zwischen Arbeitsfähigkeit und Arbeitsunfähigkeit und mithin zwischen legitimen und illegitimen Erkrankungen (vgl. Caduff/Budowski 2012) gestellt. Zweitens wird ein Blick darauf geworfen, welche Rolle dem Körper der Betroffenen bei der Beurteilung von Unterstützungswürdigkeit zukommt. Drittens stellt sich die Frage, welchen Stellenwert Arbeit bei der gesellschaftlichen Bewältigung von Arbeits(un)fähigkeit hat. Und viertens wird reflektiert, welches Verhältnis von Gesellschaft und Individuum sich in Bezug auf die formulierten Themen zeigt.

---

8 Sozialstaat und Wohlfahrtsstaat werden in dieser Arbeit als Synonyme gebraucht. Für unterschiedliche Gebrauchsweisen siehe Vogel (2009, 67).

Deutlich wird aus diesem soziohistorischen Abriss, dass Arbeits(un)fähigkeit ebenso wie Gesundheit und Körper aus soziologischer Perspektive als Phänomene zu betrachten sind, die historisch, sozial und kulturell wandelbar sind. Wer in welchem sozialen Kontext in welchem Ausmass und für welche Arbeiten als arbeitsfähig respektive als arbeitsunfähig gilt, entscheidet jede Gesellschaft für sich – wenngleich sich Kontinuitäten zeigen.

Diese Feststellung führt uns zum aktuellen Sozialstaat in der Schweiz: In Kapitel 2.2 werden Befunde zur „aktivierenden“ und „investierenden“ Arbeitsmarkt- und Sozialpolitik vorgestellt. Es wird herausgearbeitet, dass im Zuge der aktivierungspolitischen Wende immer mehr Menschen vom Imperativ zur Arbeit erfasst werden, auch solche mit gesundheitlichen Einschränkungen. Nach einer Skizzierung allgemeiner Merkmale dieser Politik folgen Ausführungen zur konkreten aktivierungspolitischen Ausgestaltung des Systems der sozialen Sicherheit in der Schweiz, insbesondere von Arbeitslosenversicherung, Invalidenversicherung und Sozialhilfe. Denn diese drei Institutionen sind zentral an der Interinstitutionellen Zusammenarbeit beteiligt und daher massgeblich für den Forschungskontext dieser Studie.

Kapitel 2.3 widmet sich dem Thema der Arbeitsintegration gesundheitlich eingeschränkter Menschen. Da sich Programme, die sich explizit an Erwerbslose mit gesundheitlichen Beeinträchtigungen richten, auf wissenschaftliche Befunde zum Zusammenhang von Gesundheit und Erwerbslosigkeit berufen, werden zunächst ausgewählte Ergebnisse dazu skizziert. Anschliessend wird auf den Kontext und die Programmatik der Interinstitutionellen Zusammenarbeit in der Schweiz eingegangen. Dieses Programm, das als Zielgruppe unter anderem Erwerbslose mit Gesundheitsproblemen hat, stellt den Untersuchungskontext dieser Studie dar (siehe dazu auch Kapitel 4). Es kann dem Aktivierungsparadigma zugerechnet werden.

Im Anschluss daran werden das Erkenntnisinteresse und die daraus abgeleiteten Forschungsfragen skizziert (Kapitel 2.4): Arbeits(un)fähigkeit wird als soziale Konstruktion verstanden, die allerdings wirkmächtig und effektvoll ist. Aus ethnografischer Perspektive soll nach den institutionellen Praktiken und Prozessen gefragt werden, mittels der Arbeits(un)fähigkeit in zwei konkreten Arbeitsintegrationsagenturen sichtbar, ausgehandelt und bearbeitet wird.

2.1 Vom Almosen zur Aktivierung – Soziohistorischer Abriss der gesellschaftlichen Bearbeitung von Arbeits(un)fähigkeit in Europa

Eine eigene Geschichte der Arbeits(un)fähigkeit in Europa existiert meines Wissens nicht. Diese kann aber aus anderen Geschichten abgeleitet werden: insbesondere aus einer europäischen „Geschichte der Armut" (Geremek 1988; vgl. auch Fischer 1982; Tanner 2007), aber auch aus einer Geschichte der Erwerbsarbeit beziehungsweise einer „Chronik der Lohnarbeit" (Castel 2008), die Castel stellenweise mit einer Geschichte der gesellschaftlichen Konstruktion und Versorgung der Arbeitsunfähigen kombiniert, und aus einer Geschichte der Krankheit und Gesundheit respektive des Krankseins und des Gesundseins (vgl. Herzlich/Pierret 1991). Ausserdem ist die Geschichte der Entstehung von Sozialversicherungen für den untersuchten Zusammenhang relevant (vgl. Gilomen/Guex/Studer 2002). Diese Geschichten inspirieren die folgenden historischen Einblicke, die zeigen, dass Armut, Arbeit und Gesundheit in Bezug auf das hier interessierende Phänomen der Arbeits(un)fähigkeit erstens nicht voneinander zu trennende Gegenstände und Diskurse sind, sondern sich als stark verwoben präsentieren, und dass sie sich zweitens historisch immer wieder unterschiedlich konstellieren.

Die Ausführungen konzentrieren sich auf den europäischen Raum und greifen einzelne Länder als exemplarische Beispiele heraus. Wenngleich sich diese Länder (Frankreich, Grossbritannien, Deutschland, Holland, Italien, Schweiz) in einem streng historischen Sinn nicht ‚über einen Leisten schlagen' lassen und sich aufgrund ihrer sozialpolitischen Pfadabhängigkeit hinsichtlich der historischen ebenso wie der aktuellen Ausprägung ihrer Sozialpolitik und ihrer fürsorgerischen Praktiken unterscheiden (vgl. Esping-Andersen 1990; Scherschel/Streckeisen/Krenn 2012), so dienen die kursorischen und exemplarischen Hinweise doch dem hier verfolgten Zweck: Denn im Fokus des Interesses steht die Trennlinie zwischen Arbeitsunfähigkeit und Arbeitsfähigkeit und damit zwischen legitimen und illegitimen Erkrankungen (vgl. Caduff/Budowski 2012). Oder mit anderen Worten: Welche Rolle spielt die Arbeits(un)fähigkeit jeweils für die Wahrnehmung von Bedürftigkeit und für die Beurteilung der Unterstützungswürdigkeit?

Insbesondere in Rekurs auf Robert Castels „Chronik zur Lohnarbeit" wird im Folgenden „einer zentralen sozialanthropologischen Fragestellung" nachgegangen, nämlich jener nach „dem gesellschaftlichen Umgang mit Armut, Elend und Ausgrenzung im Prozess der westlichen Zivilisationen seit dem ausgehenden Mittelalter“, wie Franz Schultheis (2008, 1 f.) zur Neuauflage der deutschen Ausgabe von Castels Studie schreibt.

2.1.1 „Natürliche Armut“ Einzelner – Individualisierung von Arbeits(un)fähigkeit im Mittelalter und in der Frühen Neuzeit

Private Fürsorge und Überlebenskampf im Mittelalter

Arbeitsunfähigkeit, das heisst die aufgrund von Krankheit oder in Folge eines Unfalls fehlende Möglichkeit, die eigene Arbeitskraft zur Existenzsicherung einzusetzen, bedeutete im Mittelalter für Unvermögende, also einen grossen Teil der Bevölkerung, das Abrutschen in Armut oder deren Verfestigung, wenn sie bereits vorher arm waren. Denn Armut war im Mittelalter insbesondere bei Alten, Kranken, Arbeitslosen, Umherziehenden und so weiter weit verbreitet (vgl. bspw. Oexle 1982, 78). Ferner findet sich eine berufsspezifische Verteilung von Armut: Den Wechselfällen des Lebens waren neben den Kleinbauern und den landlosen Bauern auf dem Land insbesondere die selbständigen Handwerker, die Lohnarbeiter_innen wie Knechte, Mägde, Lehrlinge, unselbständige Handwerker und Bauarbeiter nahezu ungeschützt ausgesetzt.[9] Oft konnten sie sich selbst kaum – geschweige denn eine Familie – von ihrem in der Regel sehr niedrigen Lohn respektive den spärlichen Einnahmen durch schwankende Handwerksgeschäfte oder eine wenig produktive Landwirtschaft ernähren (Fischer 1982, 11–26). Wurden sie krank oder hatten sie einen Unfall, verschärfte das ihre Existenzbedingungen erheblich. Denn die Fürsorge durch die Kirche, Klöster, Gilden (Oexle 1982, 79 ff.) und die engste soziale Umwelt – die Familie, die Gemeinde und die Zunft – stellte zwar für ihre Angehörigen ein gewisses soziales Netz dar, sie war „ein Kennzeichen mittelalterlich-frühneuzeitlicher Sozialverfassung“, sie konnte allerdings auch keinen Schutz „vor der grössten Not“ (Fischer 1982, 11) bieten.

Während Arme, die sich gegen ihr (gottgewolltes) Schicksal auflehnten, als „schlechte Arme“ kategorisiert worden seien, galten insbesondere jene Armen als unterstützungswürdig, die ihre Lage erduldeten und deren „Haltung der Weltentsagung“ sich durch sichtbare Zeichen körperlichen Elends manifestierte (Castel 2008, 44). In diesem Zusammenhang spielen also die Körper der Armen eine wichtige Rolle, ihre körperliche Versehrtheit oder Unversehrtheit:

---

9 Wobei die Lohnarbeit, wie Castel (2008) rekonstruiert, zu dieser Zeit noch eher marginal war.

> *„Derjenige Arme erweist sich eines barmherzigen Werkes am würdigsten, dessen Körper die menschliche Ohnmacht und das Leiden zur Schau stellt. […] Körperliche Ohnmacht, hohes Alter, ein Findelkind zu sein, eine möglichst unheilbare Krankheit, für den Blick möglichst unerträgliche Gebrechen sind stets die besten Passierscheine gewesen, um in den Genuss von Fürsorge zu kommen. […] Auf jeden Fall machen diese Zeichen des Verfalls unmittelbar augenscheinlich, dass die Arbeitsunfähigkeit, zu der diese Behinderungen verurteilen, keine freiwillige ist."* (Castel 2008, 45)

Zwar fand an der Schwelle zur Neuzeit eine Akzentuierung der Grenzziehung zwischen „ehrbarer", „unverschuldeter" Armut auf der einen und „verschuldeter" Armut auf der anderen Seite statt, doch gab es diese Unterscheidung wahrscheinlich bereits im mittelalterlichen Europa: Fischer (1982, 27) referiert auf die wissenschaftliche Einschätzung, dass wohl „schon vor dem 12. Jahrhundert die unterschiedliche Beurteilung der beiden Kategorien von Armut" vorhanden war: „eine leichte Sympathie für die Armen generell, aber eine extreme Feindseligkeit gegenüber dem gesunden Bettler". So lässt sich „der Umgang mit Armut und Not" historisch auch als „Pendel zwischen den Polen ‚Mitleid' und ‚Pranger'" (Schultheis 2008, 3 f.) beschreiben. Auch Geremek (1988, 16) verweist auf die Konstanz beziehungsweise die Parallelität gewisser Einstellungen zur Armut, nämlich Barmherzigkeit auf der einen Seite, Drohung auf der anderen.

Bereits in den Gesetzen der ersten Pestzeit um 1350 zeige sich eine scharfe Trennung zwischen dem „arbeitsfähigen und arbeitswilligen Armen und jenen Armen, die sich der Arbeit entziehen", wie auch Oexle (1982, 91) hervorhebt. In spätmittelalterlichen Städten wird „schärfer zwischen Arbeitsunfähigen und Arbeitsunwilligen" unterschieden: „[D]ie einen sollen besser versorgt, die anderen zur Arbeit angehalten werden" (Fischer 1982, 33). Letzteren wird „Arbeitsscheu" und „Müssiggang" vorgeworfen, weshalb sie als unterstützungsunwürdig gelten. Oexle (1982, 91) hält fest, dass dieser Armutstyp mehr als je zuvor zum „a-sozialen Element", zum „Objekt von Abscheu, Furcht und Hass" wurde.

Bei ortsansässigen Bettler_innen jedoch „hebt das Kriterium, zur Gewährung von Fürsorge einen Wohnsitz vor Ort zu haben, im äussersten Fall das Kriterium der Arbeitsuntauglichkeit auf" (Castel 2008, 62), denn es findet nun zunehmend „die Konzentration der Bemühungen auf die ortsansässigen Armen [statt] und der Versuch, fremde abzuschieben" (Fischer

1982, 33). Private Stifter unterstützten im ausgehenden Mittelalter in ihren Augen „ehrbare“ Arme, unter anderem Alte und Kranke, die zuvor einer Arbeit nachgegangen waren. Unter ihnen waren vor allem Handwerker, die häufig das Bürgerrecht besassen. Es scheint unter diesen immer solche gegeben zu haben, die sich zeitweise nicht selber versorgen konnten. Man sprach oft davon, dass diese „unverschuldet“ in Notsituationen geraten seien im Gegensatz zu jenen Armen, die als arbeitsscheu taxiert wurden (Fischer 1982, 25 f.; auch Bräuer 2010, 23).

Es lässt sich bisher festhalten, dass im ausgehenden Mittelalter insbesondere drei Differenzierungskriterien über die „Unterstützungswürdigkeit“ von Armen entschieden: Neben der Ortsansässigkeit waren die Arbeitsunfähigkeit und der Umstand, „unverschuldet“ in Not geraten zu sein, zentral für die Beurteilung als „unterstützungswürdig“. Geschlecht und Körper erweisen sich als zentrale Differenzkategorien: Für Frauen ebenso wie für Menschen mit sichtbar versehrten Körpern war es offenbar leichter, als unterstützungswürdig zu gelten.

Akzentuierung des Arbeitsethos in der Frühen Neuzeit

Die Stigmatisierung „verschuldeter“ Armer, die als „unwürdig“, ja als gefährlich und böse galten (vgl. Fischer 1982, 26), findet in der Frühen Neuzeit ihre Fortsetzung und Verschärfung, da in der frühneuzeitlichen Stadt durch die Bevölkerungszunahme, Strukturveränderungen in Handwerk, Handel und Gewerbe auch die sozialen Probleme zunahmen (vgl. Jütte 1982, 102). Geremek (1988, 16) spricht von einem „grundlegende[n] Wandel“, der sich an der Schwelle zur Neuzeit „in den Denkweisen und in der gesellschaftlichen Praxis gegenüber der Armut“ feststellen lasse. Es stellte sich heraus, dass sich die Integration „fremder“ Bettler und „Vagabunden“ nicht so einfach bewerkstelligen liess, deshalb lassen sich grob zwei Tendenzen der Sozialdisziplinierung unterscheiden: „Kriminalisierung und Repression auf der einen Seite, Erziehung und Integration auf der anderen Seite“ (Jütte 1982, 103). Teilweise bereits vor und vor allem nach der Reformation wird die Armenfürsorge zunehmend in städtischen Armenfonds zentralisiert, was mit der Einführung von Bettel- und Almosenordnungen einhergeht (vgl. Fischer 1982, 37), durch die beispielsweise sogenannte Gewaltrichter befugt waren, Bettler zu kontrollieren und bei Nichtvorhandensein eines Zeugnisses ihres ehrbaren Lebenswandels aus der Stadt zu weisen (vgl. Jütte 1982, 106). Ab ungefähr 1500 haben die deutschen Städte eine Fürsorgepflicht zu erfüllen, was nicht ohne Konsequenzen bleibt: „Vorstellungen bürgerlicher Tugenden“ (Fischer 1982, 34) werden in der Folge auf Arme übertragen, denn es sind damals die Stiftungen vermögender städtischer Bürger_innen, mittels der die Fürsorge alimentiert wird. Die Stiftenden legen genau fest, wie diese Zuwendungen zu verwenden sind und wer unterstützt werden darf. Die Vorschriften unterscheiden klar zwischen Einheimischen und Fremden, aber auch zwischen würdigen Armen und unwürdigen.

Damit geht auch ein Arbeitszwang einher, der zwar angestrebt, aber zu dieser Zeit selten umgesetzt worden sei (Fischer 1982, 35). Wer aber gegen soziale Normen verstösst, wird entsprechend sanktioniert. Vor allem Arbeitsscheu oder ein „ausschweifendes Leben, das bürgerlichen und christlichen Normen“ widerspricht, wird teilweise hart bestraft (Jütte 1982, 111). Diese Politik will „den städtischen Almosen entlasten und ihn instandsetzen, für die Arbeitsunfähigen besser zu sorgen“ (Fischer 1982, 35). Ferner soll den Armen ein „bürgerlicher Verhaltenskodex“ anerzogen werden, der sie an regelmässige Arbeit, „Gehorsam, Fleiss, Demut, Bescheidenheit, Mässigung, Sittsamkeit und Gottesfurcht“ gewöhnt (Jütte 1982, 112). Die zentrale Unterscheidung zwischen arbeitsam und arbeitsscheu, aus der die Unterstützungswürdigkeit abgeleitet wird, basiert auf der bürgerlichen Vorstellung, „dass Armut vor allem dem Fehlverhalten der Armen zuzuschreiben ist“ (Fischer 1982, 35). Denn als ‚guter Bürger‘ gilt, wer sich sein Brot durch eigene Arbeit verdient (vgl. Fischer 1982, 36), während die Sozialfigur des ‚gesunden Bettlers‘ den Gegenentwurf zum ‚guten Bürger‘ darstellt (vgl. Geremek 1988, 269).

Darin zeigt sich ein durch die Anfänge des Kapitalismus und Veränderungen der Produktionsbedingungen akzentuiertes Arbeitsethos europäischer Gesellschaften, die ihre Armen in den kommenden Jahrzehnten und Jahrhunderten in Arbeitshäuser schliessen sollten, um sie so zur Arbeit zwingen zu können. Bereits um 1526 hatte der in den Niederlanden wirkende Humanist Juan Luis Vives in seiner Schrift „De subventione pauperum“ festgehalten, dass arbeitsunwillige Arme von ihren Lastern durch „Härte der Arbeit“ und „Kargheit der Nahrung“ geheilt werden sollen (vgl. Stekl 1982, 119). Weniger im Lichte der sogenannten ‚protestantischen Ethik‘ als in einem allgemeinen Säkularisierungsprozess, der die kirchliche Kompetenz in Armenfragen durch bürgerliche Organe ersetzte, ist die Genese der Zucht- und Arbeitshäuser zu betrachten. Es verbanden sich in der Ausbildung besagter Institutionen, die in ihren Organisationsstrukturen den Klöstern und Spitälern ähnelten, „Machtstrategien städtischer oder staatlicher Obrigkeiten mit Bestrebungen zur Stabilisierung der frühen kapitalistischen Ökonomie" (Stekl 1982, 119 f.). Das kann man auch an der Entwicklung der Spitäler beobachten, die eine etwas ältere Einrichtung als die Zucht- und Arbeitshäuser darstellen. Für Spitalinsassen galten nach und nach rigorose Statuten, sie wurden in einheitliche Anstaltskleidung gesteckt, sie hatten ein Bettelverbot in der Stadt und wer von ihnen „absichtlich oder auch unabsichtlich gegen Normen verstiess, musste mit Essensentzug, Bussübungen, vermehrter Arbeitsleistung, tagelangen Kerkerstrafen oder sogar Stockstreichen rechnen" (Scheutz/Weiss 2010, 188).

In der zweiten Hälfte des 16. Jahrhunderts entstanden zuerst in England und Holland und später in ganz Europa sogenannte „Workhouses", insbesondere für „gesunde Bettler", „Landstreicher" und Prostituierte (Geremek 1988, 269). Denn zunehmend setzte sich die sozialpolitische Erkenntnis durch, dass diese Personengruppen dadurch bestraft werden müssten, dass sie zur Arbeit geschickt und einer geregelten Lebensführung unterworfen würden (Stekl 1982, 121). Im Grunde genommen betrachteten die Sozialfürsorgeeinrichtungen die Arbeit als ein zentrales Instrument der „Anpassung der Armen an die Erfordernisse des gesellschaftlichen Lebens" (Geremek 1988, 274).

Geremek (1988, 269) fasst eine Denkschrift über die Armenfürsorge in London aus dem Jahre 1552 so zusammen: „Für Landstreicher, Müssiggänger und Verschwender sah man die Einschliessung im Hospiz vor, wo Zwangsarbeit den Müssiggang und schlechte Neigungen bekämpfen sollte." Geremek weist darauf hin, dass rund 50 Jahre später, 1602, eine Liste der Insassen dieses Hospiz' verrät, dass insbesondere Arbeitslose eingesperrt und zur Arbeit gezwungen werden und folgert daraus: „Das Problem der zwangsweisen Beschäftigung der Bettler hing eng mit der Situation auf dem Arbeitsmarkt, der Arbeitslosigkeit, zusammen" (Geremek 1988, 270). Interessant ist in diesem Zusammenhang, dass der Staat die Hospitäler, die Zucht- und Arbeitshäuser als „Experimentierfelder manufaktureller Produktion benützte" und daran interessiert war, die Arbeitsleistung des Einzelnen zu intensivieren, um den „Produktionsfaktor Arbeit" extensiv zu verwerten (Stekl 1982, 127).

Eine strukturelle Problematik des Arbeitsmarktes – der Mangel an privatwirtschaftlichen Arbeitsplätzen und die Unmöglichkeit, alle zu beschäftigten – wurde also in der Individualisierung der Arbeitslosigkeit über die Auffassung, die von ihr Betroffenen seien arbeitsscheu und tugendlos, kaschiert. Armut und Arbeitslosigkeit galten zu dieser Zeit als individuelle Probleme, die mit ‚schlechten Neigungen', beispielsweise zum Müssiggang, in Verbindung gebracht wurden – bereits beim Humanisten Juan Luis Vives z.B. galt menschliches Elend als „Folge moralischer Verderbtheit" (Stekl 1982, 129). In den Arbeitshäusern sollten die Betroffenen demnach ihren Arbeitswillen unter Beweis stellen und Arbeitsdisziplin einüben.

England verfügte in der ersten Hälfte des 18. Jahrhunderts über rund 200 dieser „Workhouses", die nunmehr „auf wirtschaftlich rationale Weise organisiert sind und nicht nur nach Gesichtspunkten der Bestrafung und Erziehung" (Geremek 1988, 271). Einer ihrer zentralen Arbeitsbereiche war die Textilindustrie, die in England Anfang des 18. Jahrhunderts auf die Erzeugnisse der Insassen der Arbeitshäuser angewiesen war (vgl. Geremek 1988, 272). Auf diese „vorteilhafte Form der Bereitstellung billiger Arbeitskräfte" (Geremek 1988, 272) wurde auch in Holland und später in weiteren europäischen Ländern zurückgegriffen. Geremek schreibt, dass beispielsweise die Amsterdamer Institution dabei von Beginn an „den Charakter einer Strafanstalt" hatte (ebd.).

Allerdings gab es auch Widerstand gegen dieses Programm der „Besserung durch Arbeit": Wie Geremek (1988, 281) schreibt, kritisierten in Frankreich verschiedentlich Fraktionen der kirchlichen Öffentlichkeit diese Politik, und das einfache Volk beziehungsweise die städtische Arbeitsbevölkerung habe sich mit den Bettlern solidarisch erklärt und Partei für sie ergriffen, wenn sie sich ihrer Einschliessung widersetzten. Denn im 18. Jahrhundert war die Arbeitsmarktsituation für dic vielen Gelegenheitsarbeiter_innen prekär: Sie waren von Zeit zu Zeit auf Unterstützung angewiesen und hätten sich aus diesem Grund mit der Armutsbevölkerung solidarisiert (Geremek 1988, 281).

Zusammenfassend lässt sich festhalten, dass in der Frühen Neuzeit Transformationen des gesellschaftlichen Umgangs mit Armut und Arbeitsunfähigkeit stattfanden: Die sich verändernde Bewertung von Armut und die Akzentuierung des Arbeitsethos führten in Europa nach und nach zur Schaffung spezieller Einrichtungen, in denen vor allem „gesunde Arme" erzogen und zur Arbeit eingesetzt wurden, um sie zu „bessern". In diesen Einrichtungen fanden sich häufig auch Arme mit gesundheitlichen Beeinträchtigungen oder Behinderungen – auch sie waren vom Zwang zur Arbeit nicht völlig ausgenommen. Die hygienischen Zustände in diesen Einrichtungen liessen oft zu wünschen übrig – dies führte jedoch dazu, dass man sich allmählich um Hygienevorschriften bemühte (Stekl 1982, 134 f.). Auffällig war der allmählich sich ausbildende pädagogische Impetus der Arbeits- und Zuchthäuser, der alle ‚negativen' Triebe der Menschen zu regulieren versuchte und, wie man mit Foucault sagen könnte, „Mikro-Justizen" einsetzte, Mikro-Justizen der „Zeit (Verspätungen, Abwesenheiten, Unterbrechungen), der Tätigkeit (Unaufmerksamkeit, Nachlässigkeit, Faulheit), des Körpers (‚falsche' Körperhaltungen und Gesten, Unsauberkeit), der Sexualität (Unanständigkeit, Schamlosigkeit)" (Foucault 1994, 230). Arbeit spielte dabei aber nicht einfach die Rolle des Korrektivs, das von persönlicher Lasterhaftigkeit kuriert, Arbeit war nicht nur Strafe, sie ‚nährte' auch und wurde im Zusammenhang mit den erwähnten Institutionen immer mehr als entscheidender wirtschaftlicher Produktionsfaktor wahrgenommen.

2.1.2 Recht auf Krankheit – Zunehmende Sozialisierung von Arbeits(un)fähigkeit im 18., 19. und 20. Jahrhundert

Forderungen nach Recht auf Arbeit und auf Fürsorge im 18. und Anfang 19. Jahrhundert

Im 18. und bis in die erste Hälfte des 19. Jahrhunderts existierte in Europa eine breite Schicht potentiell Armer, für die schon kleine Notfälle bedrohlich waren, da sie auf keine Ersparnisse zurückgreifen konnten (vgl. Castel 2008; Fischer 1982). Betroffen beziehungsweise gefährdet waren nicht nur die (anfänglich noch relativ spärlichen) Industriearbeiter_innen, sondern auch Handwerker_innen und Heimarbeiter_innen. Castel (2008, 146) geht davon aus, dass sich zu dieser Zeit bis zu einem Drittel der Bevölkerung „um die Armutsschwelle herum an[siedelt]", also potentiell arm beziehungsweise „verwundbar" war. Diese Menschen, die „ein Dasein nah der Armut" (Castel 2008, 149) führten, waren nicht notgedrungen arm, aber sie waren potentiell arm: ein Unfall, eine Krankheit, der Tod eines Familienmitglieds, der Verlust der Stelle, ein Gebrechen, das die Arbeitsfähigkeit erschwerte – das waren die ‚Schicksalsschläge', die diese Menschen mit wenig oder keinem ökonomischen, sozialen und kulturellen Kapital in die Armut trieben. Der Schritt von der Armut in die Bedürftigkeit erfolgte seit jeher oft durch Krankheit oder Unfälle (vgl. Dinges 2002, 25).

Arbeitsunfähigkeit führte in der Regel zu Armut, trotz des wachsenden Bewusstseins von Prekarität beziehungsweise Verwundbarkeit als eines „massenhaften Phänomens". Denn galt diese Prekarität – trotz ihres Ausmasses – lange Zeit als ein Phänomen, das bloss den Rand der Gesellschaft betrifft, ebenso wie Armut als „individuell" und in dieser Form als „natürlich" betrachtet wird (vgl. Fischer 1982, 62), wurde sie seit dem Ende des 17. Jahrhunderts zunehmend als Massenphänomen wahrgenommen. Castel spricht in diesem Zusammenhang auch von „massenhafter Verwundbarkeit“, welche mehr und mehr die Absicht als Illusion erscheinen liess, die soziale Frage über die Kategorisierung und Behandlung zweier Extremgruppen lösen zu können, nämlich „der arbeitsunfähigen Armen, denen Fürsorge gewahrt wird, und der Vagabunden, gegen die man repressiv vorgeht“ (Castel 2008, 142).

Neben das Bewusstsein von „Verwundbarkeit“ – avant la lettre – als eines „massenhaften Phänomens“ trat auch ein sich wandelndes Verständnis von Arbeit – und überdies die Erkenntnis eines Zusammenhangs zwischen Lohnarbeit und der unsicheren Situation eines grossen Teils der Bevölkerung. Erwerbsarbeit erschien als Gegenstück zu Besitz: Wer nicht auf Besitz beziehungsweise Ersparnisse zurückgreifen konnte, war nicht notgedrungen arm, wenn er oder sie entlohnte Arbeit hatte – so lautet die Formel, die beispielsweise Montesquieu Mitte des 18. Jahrhunderts prägte (vgl. Herzlich/Pierret 1991, 206). Nachgedacht wurde deshalb über die Institutionalisierung eines Rechts auf Erwerbsarbeit und eines Rechts auf Fürsorge. In Frankreich wurde dann aber nicht das Recht auf Arbeit institutionalisiert – beispielsweise durch eine entsprechende Sozialversicherung –, sondern vorerst nur das Recht auf Fürsorge: Mitte des 19. Jahrhunderts wurde die Sozialfürsorge eingerichtet (Herzlich/Pierret 1991, 207).

Wurde im 18. Jahrhundert noch angenommen, dass Arbeit vor Armut schützen könne, weshalb es bloss gelte, das Recht auf Arbeit zu verbriefen, so zeigte sich im Zuge der Industrialisierung und insbesondere im 19. Jahrhundert eine massenhafte Armut, die „nicht aus dem Fehlen von Arbeit resultierte, sondern aus der neuen Organisation der Arbeit, der ‚befreiten‘ Arbeit also“ (Castel 2008, 194). Castel (2008, 194) bezeichnet sie als „ein Kind der Industrialisierung“. Es handelt sich um den „Pauperismus“ (vgl. Degen 2006, 20), die massenhafte Verarmung und teilweise Verelendung eines Teils der lohnabhängigen Bevölkerung.

Nach und nach wuchs nun das gesellschaftliche Bewusstsein dafür, dass es sich hierbei um strukturelle Probleme handelt, die einer gesellschaftlichen Lösung bedürfen.

Soziale Frage und sozialpolitische Antworten Ende 19. und im 20. Jahrhundert

Erst mit der Thematisierung der „Sozialen Frage“ setzte sich in der Schweiz um die Mitte des 19. Jahrhunderts „eine neue Betrachtungsweise“

der Armutsproblematik durch. Die Soziale Frage hatte nicht die vorindustrielle Armut im Blick, sondern die im Zuge der Industrialisierung entstehenden sozialen Probleme und insbesondere die elende Lage der Arbeiter_innen. Anstelle einer „allgemeinen Bekämpfung des Pauperismus" wurde der Schutz der Arbeiter_innen zum primären Ziel sozialpolitischer Bemühungen (Degen 2006, 21). Politiker und Publizisten erkannten, dass die Arbeiter_innenschaft „unter menschenunwürdigen wirtschaftlichen und sozialen Bedingungen am Rande des Existenzminimums lebte, dass sie gesellschaftlich diskriminiert wurde", dass die Arbeitsbedingungen die Gesundheit und Familienverhältnisse gefährdete „und dass jeglicher Schutz gegen Risiken wie Krankheit, Unfall, Tod und Arbeitslosigkeit fehlte" (Degen 2012, o.S.).

In dieser Zeit begann sich unter anderem ein spezifisches Verständnis des Zusammenhangs von Arbeit und Gesundheit zu entwickeln: Die Einsicht, dass Arbeit unter bestimmten Umständen der Gesundheit schaden kann, setzte sich durch. Damit einher geht auch die Anerkennung von „Unfall, Krankheit, Alter und Arbeitslosigkeit [...] als soziale Phänomene, für die die Gesellschaft zuständig ist" (Degen 2013, o.S.). Debattiert und gefordert wurden in der Folge zunehmend sozialpolitische Lösungen für Lohnausfälle infolge von Erwerbslosigkeit und Arbeitsunfähigkeit. Denn solche Wechselfälle des Arbeitslebens wurden nun vermehrt als soziale Risiken verstanden, die es gesellschaftlich abzusichern galt: nicht mehr durch eine Sozialfürsorge, sondern durch Personenversicherungen wie Kranken- und Lebensversicherungen (vgl. Lengwiler 2010, 265). Allerdings musste dieses Recht auf Krankheit respektive auf eine soziale Absicherung von Arbeitsunfähigkeit infolge von Unfall oder Krankheit erkämpft werden. So sollte es noch eine Weile dauern, bis die im 19. und teilweise auch erst im 20. Jahrhundert entstehenden Sozialversicherungen existenzsichernde Sozialleistungen entrichteten (vgl. Fischer 1983, 74).

Herzlich und Pierret sprechen in diesem Zusammenhang davon, dass es seit der Industrialisierung mit der Schaffung solcher sozialpolitischen Instrumente eine „juristische Annäherung von Krankheit und Arbeit" (Herzlich/Pierret 1991, 11) gab und dass sich dadurch auch „die Beziehung zwischen Individuum und Gesellschaft" (Herzlich/Pierret 1991, 210) verändert habe: Das Individuum war nun nicht mehr auf die Wohltätigkeit der Gemeinschaft angewiesen, sondern hatte ein anerkanntes „Recht auf Krankheit" (Herzlich/Pierret 1991, 211). Krankheit im Zusammenhang mit Arbeit war demnach vornehmlich zu einem medizinisch zu bestimmenden und juristisch einzufassenden Phänomen geworden, wie sich insbesondere auch im Kontext der Entstehung von Sozialversicherungen zeigt.

Schaffung der Sozialversicherungen in der Schweiz im 20. Jahrhundert

Die Schweiz hinkte mit der tatsächlichen Einrichtung der Sozialversicherungen im europäischen Vergleich lange hinterher (vgl. Degen 2013): Zwar wurde dem Bund bereits 1890 in einem Verfassungsartikel die Kompetenz und der Auftrag zur Einrichtung einer Sozialversicherung erteilt. Ein erster Gesetzesvorschlag für eine Kranken- und Unfallversicherung (KUVG) scheiterte aber 1900 am Referendum. Als erste Sozialversicherung wurde 1902 die Militärversicherung eingeführt (vgl. Degen 2006, 25). Es folgte 1911 die sozialstaatliche Unfallversicherung, verbunden mit einer Rahmengesetzgebung für die Krankenversicherung (vgl. Lengwiler 2010, 266). Das 1913 eingerichtete Bundesamt für Sozialversicherung (BSV) verfolgte danach aber schon bald die Planung anderer Versicherungsbereiche, etwa der Alters- und Hinterlassenenversicherung (AHV). 1919 – unter dem Eindruck des Generalstreiks von 1918 – wurden verschiedene sozialpolitische Massnahmen erwogen, die allerdings erst nach dem Zweiten Weltkrieg umgesetzt wurden. Erst 1947 wurde die AHV tatsächlich eingerichtet, nachdem sie zuvor mehrmals an der Urne gescheitert war. 1948 wurden die ersten ordentlichen Renten ausgezahlt (Degen 2006, 35). Die Realisierung der Invalidenversicherung (IV) begann sich Mitte der 1950er Jahre zu konkretisieren, aber erst 1960 trat das Gesetz zur IV in Kraft. Die zuerst freiwillige Arbeitslosenversicherung (ALV) wurde 1982 obligatorisch, nachdem sich ihre Mängel als nicht-obligatorische Versicherung in der Wirtschaftskrise der 1970er Jahre gezeigt hatte (vgl. Degen 2013, o.S.). Obschon der Auftrag zu ihrer Schaffung bereits 1945 in die Bundesverfassung aufgenommen wurde, folgte die Mutterschaftsversicherung erst 2005 als bisher letzte Sozialversicherung der Schweiz.

Im Folgenden wird exemplarisch auf die Geschichte der Einführung der Invalidenversicherung eingegangen. An den ihr vorausgehenden und sie begleitenden politischen und gesellschaftlichen Debatten rund um den Invaliditätsbegriff und um die berufliche Eingliederung Behinderter wurde die Frage vertieft, wie in der jüngsten Geschichte mit in ihrer Arbeitsfähigkeit als eingeschränkt erlebten Menschen sozialpolitisch umgegangen wird und welchen Stellenwert die Arbeitsintegration dabei einnimmt.

In der Schweiz besteht seit 1960 mit der Invalidenversicherung eine soziale Absicherung von dauerhafter oder länger dauernder Erwerbsunfähigkeit wegen eines Gesundheitsschadens infolge von Krankheit, Unfall oder seit der Geburt (vgl. Bachmann et al. 2005, 11). Es ist ein langer Weg bis zur Einführung dieser Versicherung (vgl. Degen 2007; Germann 2008; Lengwiler 2010; Canonica 2013 zum folgenden Abschnitt): Zwar wünschte der Bundesrat 1919 – in der Folge des Generalstreiks von 1918 – in einer Botschaft nicht nur die Schaffung der AHV, sondern auch der IV. Doch schon 1924 entschloss sich der Bundesrat, die Einrichtung der IV auf später zu verschieben, während die AHV zu priorisieren sei. 1925 erfolgte der in die Bundesverfassung festgeschriebene Auftrag an den Bundesrat, zuerst die AHV und „auf einen späteren Zeitpunkt" auch die IV einzuführen (vgl. Canonica 2013, 26). Bis zur tatsächlichen Einführung vergingen dann aber noch über dreissig Jahre. Bereits vor als auch nach der Schliessung der „grösste[n] Lücke im damaligen System der sozialen Sicherung" (Germann 2008, 178 f.) debattierten die Politik und Betroffenenverbände über die mögliche Ausgestaltung der IV – um deren Realisierung Mitte der 1950er Jahre „ein regelrechtes Wettrennen zwischen der SP und der Partei der Arbeit (PdA)" einsetzte (Degen 2006, 35).

Politische Statements kreisten erstens um den Invaliditätsbegriff und dessen Auslegung (vgl. Canonica 2013; Haselbach 2002). So begründete der Bundesrat seinen Entscheid zur Aufschiebung der IV unter anderem mit dem schwierig zu fassenden und deshalb willkürlichen Invaliditätsbegriff (vgl. Germann 2008, 181). Im Zusammenhang mit dem Invaliditätsbegriff, der durch seinen „Interpretations- und Ermessensspielraum" (Canonica 2013, 25) der subjektiven Beeinflussung Betroffener offenstehe, wurde zweitens der Arbeits-, Integrations- und Genesungswille Betroffener thematisiert (vgl. Canonica 2013, 29 f.). So schrieb der Bundesrat 1924:

> *„Der Wille des Kranken, zu gesunden, der wesentlich zum Genesungsprozess beiträgt, erlahmt im Kampfe mit dem Wunsche nach Entschädigung und macht oft einem weichlichen Sichgehenlassen und sogar aggravierenden Tendenzen Platz."* (Bundesrat 1924, zitiert nach Canonica 2013, 27)

Implizit zeigt sich in dieser Aussage eine Parallelisierung von Arbeits- beziehungsweise Eingliederungswille und Genesungswille: Geäussert wurde die Befürchtung, dass eine Rente sowohl den Genesungs- als auch den Arbeitswillen schwächen könnte. Die Erkrankung respektive die Invalidität wurde als „Aufgabe" (vgl. Herzlich 1973) kodiert: Es gilt, die Krankheit zu bekämpfen und zu überwinden. Andernfalls müssten die Betroffenen sich ein „Sichgehenlassen" vorwerfen (lassen).

Im Zusammenhang mit diesen Vorbehalten gegenüber „Entschädigungen" gab drittens das Verhältnis von Massnahmen der beruflichen Eingliederung zu Renten zu reden. Dabei setzte sich „die Überzeugung durch, dass die IV primär für die berufliche Eingliederung der Behinderten mithilfe entsprechender Massnahmen sorgen müsse und erst nachgelagert, bei erwiesener Erwerbsunfähigkeit, Renten aussprechen sollte" (Canonica 2013, 26; vgl. auch Germann 2008). Von Beginn an galt bei der Ausgestaltung der IV deshalb das Prinzip „Eingliederung vor Rente" (vgl. Germann 2008), was zu einem „erwerbszentrierten Invaliditätsbegriff" (Canonica 2013; vgl. auch Degen 2007) führte, der die Folgen gesundheitlicher Beeinträchtigungen auf die Erwerbsfähigkeit und die Erwerbssituation ins Zentrum rückte.

Germann (2008, 189) spricht mit Blick auf eine allgemeine gesellschaftliche Tendenz auch von einem „Eingliederungsboom", da generell die Eingliederung in den Arbeitsmarkt als relevanter erachtet wird. Er legt dar, wie die Priorisierung beruflicher Integration von Behinderten vor Rentenleistungen kurz vor der Einführung der IV, in den 1950er Jahren, verschiedene Funktionen erfüllte: Es geht nicht nur darum, durch Einsparungen von Renten Kosten zu sparen. Mit dieser Form der Ausgestaltung der IV wird auch jenen Befürchtungen, die Kosten für Renten würden zu hoch, Wind aus den Segeln genommen, wodurch die politische Akzeptanz für die einzuführende IV erhöht werden kann (vgl. Germann 2008, 184). Zugleich ging es auch um eine Art Nutzbarmachung der sogenannten Restarbeitsfähigkeit Betroffener für die Wirtschaft, die in dieser Zeit einen Arbeitskräftemangel zu verzeichnen hatte (Germann 2008, 190): Im Zentrum stand „das Ziel, die Potenziale behinderter Menschen so weit als möglich gesellschaftlich zu erschliessen" (Germann 2008, 188). Der Eingliederungsdiskurs zielte nicht nur auf „die Teilhabe des Individuums an der Wachstums- und Wohlfahrtsgesellschaft" ab, sondern auch auf „seine Pflicht, sich in die soziale und ökonomische Ordnung einzufügen" (Germann 2008, 188). Dieser Vorstellung, beeinträchtigte Menschen seien „in erster Linie Einzugliedernde" (Germann 2008, 19), lag die Idee zugrunde, Behinderung bedeute „einen Mangel an gesellschaftlicher Teilhabe, ein soziales Defizit" (Germann 2008, 193). Aus dieser defizitären Position galt es, Behinderte zu befreien, was in der Formel „Befreiung durch Eingliederung" auf den Punkt gebracht wurde (vgl. Germann 2008, 194). Allerdings reproduzierte dieser Diskurs sowohl die Abwertung behinderter

Menschen (vgl. Germann 2008) als auch die Grenzziehung zwischen behindert und nicht-behindert respektive normal und anormal.

2.1.3 *Zwischenfazit und Ausblick*

Andauernde gesundheitliche Einschränkungen können bei Erwerbstätigen dazu führen, dass sie ihrer Arbeit nicht mehr nachgehen können. Die Einschränkung der Arbeitsfähigkeit ist mittlerweile in Europa in vielen Fällen durch Sozialversicherungen abgesichert. ‚Arbeitsunfähigkeit' ist daher heute primär ein arbeits- beziehungsweise sozialversicherungsrechtlicher Begriff.[10] Während die „Unterbrechung von Arbeit" (Herzlich/Pierret 1991, 210) heutzutage dank staatlicher Absicherung in Europa zur Krankheit zu gehören scheint, waren arbeitsunfähige Arbeitnehmende früher auf die Wohltätigkeit der Gesellschaft beziehungsweise die Solidarität der Gemeinschaft angewiesen (vgl. Castel 2008; Herzlich/Pierret 1991). Arbeitsunfähigkeit infolge von Krankheit oder Unfall war vor der Schaffung der Sozialversicherungen ein grosses Armutsrisiko für beträchtliche Teile der Bevölkerung (vgl. Fischer 1983, 73–76; Castel 2008).

Unterstützungswürdigkeit und Anspruchsberechtigung erweisen sich als umkämpfte Kategorien, die historisch eng mit den Themen Erwerbsarbeit, Arbeits(un)fähigkeit und Zugehörigkeit verknüpft sind. „Ehrbare Arme" waren im ausgehenden Mittelalter beispielsweise solche, die vor ihrer durch Krankheit oder Unfall bedingten Arbeitsunfähigkeit einer Erwerbsarbeit nachgegangen waren. Zur Zeit der „grossen Einschliessung" und der „Workhouses" wurde Unterstützung gar an aktuelle Arbeitstätigkeit geknüpft, und selbst von Armen mit Gebrechen wurde ein Einsatz verlangt. Mit den durch die Industrialisierung veränderten Produktions- und Arbeitsbedingungen und der Entstehung des Kapitalismus hat sich in Europa das Arbeitsethos gar noch akzentuiert. Zwar wurden im ausgehenden 19. Jahrhundert und im Verlauf des 20. Jahrhunderts die Sozialversicherungen eingerichtet, aber auch diese waren stets (und sind es noch) von gesellschaftlichen und politischen Debatten darüber begleitet, wer Anrecht auf Unterstützung respektive wer Anspruch auf Versicherungsleistungen habe und wie diese auszugestalten und zu bemessen seien. Dabei geht es auch um die Frage, was legitime, zur

---

10 Im Bundesgesetz über den Allgemeinen Teil des Sozialversicherungsrechts (ATSG) wird „Arbeitsunfähigkeit" wie folgt definiert: „Arbeitsunfähigkeit ist die durch eine Beeinträchtigung der körperlichen, geistigen oder psychischen Gesundheit bedingte, volle oder teilweise Unfähigkeit, im bisherigen Beruf oder Aufgabenbereich zumutbare Arbeit zu leisten".

sozialstaatlichen Unterstützung berechtigende Einschränkungen und was ‚illegitime' Einschränkungen sind, die keinen Zugang zu solchen Hilfeleistungen garantieren – und denen damit oft auch die gesellschaftliche Anerkennung verwehrt bleibt (vgl. Caduff/Budowski 2012).

Wie dieser soziohistorische Abriss zeigt, sind Gesundheit, Krankheit und Körper ebenso wie Arbeits(un)fähigkeit als Begriffe und Konzepte gesellschaftlich, historisch und kulturell wandelbar: Denn was Gesundheit und Gesundsein bedeutet, wie (somatische) Zeichen „gelesen" und zu Krankheitssymptomen „gemacht" werden (vgl. Herzlich/Pierret 1991), was als Ursache für Erkrankungen „entdeckt" wird und als „wahr" gilt, wer für die Bearbeitung von Erkrankungen zuständig ist (das professionelle, das populäre oder das Laiensystem; vgl. Kleinman 1995) beziehungsweise wo Kranke gepflegt, behandelt oder verwahrt werden (zuhause, im Krankenhaus oder Hospiz oder vor den Toren der Stadt; vgl. Foucault 2008), wie Gesundheit respektive Morbidität und Mortalität über eine Bevölkerung verteilt sind und anderes mehr hängt von der jeweiligen Gesellschaft, Epoche und Kultur ab (vgl. Lupton 2003). Krankheit und Gesundheit, aber auch Medizin und Pflege sind demnach keine objektiven Grössen; vielmehr unterliegen sie sozialen und kulturellen Konstruktions- und Problematisierungsmechanismen und werden in konkreten Situationen und spezifischen Settings ausgehandelt (vgl. Strauss et al. 1997; Fortin 2008). Ähnliches gilt für die Wahrnehmung, aber auch für die (soziale) „Existenz" von Körpern. Zwar kann der Körper als Teil der Natur betrachtet werden, der ihren Gesetzen (Nahrung, Schlaf, Alterung, Tod) unterworfen ist, „doch unterscheidet sich die Art und Weise, wie diese natürliche Seite des Körpers wahrgenommen, bewertet und gelebt wird, je nach Epoche, Kultur und Gesellschaft" (Gugutzer 2004, 6).

Auch welche (körperlichen) Einschränkungen „die besten Passierscheine [sind], um in den Genuss von Fürsorge zu kommen" (Castel 2008, 45) ist also historisch, sozial und kulturell wandelbar. Das kommt in einem Konzept Robert Castels gut zum Ausdruck: der Handicapologie (Castel 2008). Dabei handelt es sich um den wandelbaren Katalog an Einschränkungen, die zum Bezug von Unterstützung, von Fürsorge berechtigen – um legitime Einschränkungen, die die „Unterstützungswürdigkeit" nicht in Frage stellen. Die Handicapologie regelt, wer „für welchen Tatbestand welche finanzielle und normative Aufmerksamkeit" verdient, wessen Handicaps als „berechtigt anerkannt" werden und welche Handicaps „als interventionstauglich, als ausgleichsbedürftig oder vielleicht auch als zumutbar" betrachtet werden (Vogel 2009, 70).

Daraus folgt, dass die Wahrnehmung und Beurteilung körperlicher Praxen, der „Techniken des Körpers“ (Mauss 1975) und von Körpern selbst (z.B. deviante, abnorme Körper; faule, zur Arbeit untaugliche Körper etc.) immer schon gesellschaftlich beeinflusst beziehungsweise habituell bedingt ist. Aber auch körperliche Praktiken selbst sind gesellschaftlich, sind geprägt durch (positionsabhängige) Normen und Werte und sind also als „soziale Verwendung des Körpers“ (Boltanski 1976) zu betrachten. Körper sind in dieser Hinsicht gesellschaftliche Produkte, denn soziales Handeln ist immer auch körperliches Handeln (vgl. Gugutzer 2004). Wie Pierre Bourdieu schreibt, ist der Körper nicht nur Träger von Zeichen, er ist „auch Produzent von Zeichen, die in ihrem sichtbar-stofflichen Moment durch die Beziehung zum Körper geprägt sind“ (Bourdieu 1987, 310). Indem Körper ausserdem eine soziale Position „verkörpern“, das heisst durch sie geprägt sind und sie wiederum gleichsam spiegeln, tendieren sie dazu, eine bestimmte gesellschaftliche Ordnung zu manifestieren beziehungsweise zu reproduzieren (vgl. Bourdieu 1987, 311; Jäger 2004, 14).

Arbeits(un)fähigkeit ist in einem sozialpolitischen Kontext also keine natürliche Kategorie: Sie ist weder rein biologisch oder medizinisch, noch rein ökonomisch oder juristisch zu bestimmen. Vielmehr handelt es sich um ein soziales Phänomen: Wo die Trennlinie zwischen Arbeitsfähigkeit und Arbeitsunfähigkeit läuft, unterliegt einem gesellschaftlichen Aushandlungsprozess. Deshalb gilt es, im Anschluss an diese soziohistorischen Ausführungen und die daraus gewonnen Erkenntnisse zu fragen: Wo wird in unserer heutigen (westlichen) Gesellschaft die Trennlinie zwischen Arbeitsfähigkeit und Arbeitsunfähigkeit gezogen? Wie wird zwischen legitimen und illegitimen Erkrankungen unterschieden? Welche Konsequenzen hat die jeweilige Kategorie für die Betroffenen? Das sind grosse Fragen, die in dieser Arbeit nicht umfassend beantwortet werden können. Doch möchte ich mich einer Antwort annähern, indem ich in den folgenden zwei Kapiteln der aktuellen Arbeitsmarkt- und Sozialpolitik in OECD-Ländern und insbesondere in der Schweiz und der Arbeitsintegration gesundheitlich eingeschränkter Menschen nachgehe.

2.2 Aktivierende und investierende Arbeitsmarkt- und Sozialpolitik

Wie in anderen europäischen Ländern setzte Mitte der 1990er Jahre auch in der Schweiz eine „aktivierungspolitische Wende“ (Streckeisen 2012a, 178) in der Arbeitsmarkt- und Sozialpolitik ein. Da diese den Kontext der vorliegenden Studie bildet, führe ich zunächst anhand ausgewählter Forschungsbefunde in die allgemeinen Merkmale dieser Politik ein, die eine Neugestaltung des Verhältnisses von Gesellschaft und Individuum bedeutet. Im Anschluss daran komme ich auf die Situation in der Schweiz zu sprechen und skizziere die konkrete Ausgestaltung der Aktivierungspolitik in den drei für diese Untersuchung zentralen Institutionen der sozialen Sicherung: der Arbeitslosenversicherung, der Invalidenversicherung und der Sozialhilfe. Denn diese drei sind die wichtigsten institutionellen Akteure in der Interinstitutionellen Zusammenarbeit (IIZ), die den Rahmen dieser Studie bildet.[11]

2.2.1 *Forschungsbefunde zu aktivierender und investierender Arbeitsmarkt- und Sozialpolitik*[12]

Der Schweizer Sozialstaat folgt in den letzten Jahren einem Trend westlicher Sozialstaaten und befindet sich in einer „Transformation" vom ‚fürsorgenden Wohlfahrtsstaat' hin zum ‚aktivierenden Sozialstaat' (vgl. Wyss 2007, 14; Opielka 2003, 543 ff.; Opielka 2004, 59 ff.; Brütt 2003, 645 ff.; Butterwegge 2005, 237 ff.; Nadai 2013). Zentrales Merkmal der aktivierenden Arbeitsmarkt- und Sozialpolitik, wie sie seit Ende der 1980er Jahren von der OECD propagiert (vgl. Dean 1995) und seit den 1990er Jahren umgesetzt wird (vgl. für die Schweiz: Magnin 2005; Wyss 2007; Nadai 2006), ist die „Schwerpunktverlagerung von sozialen Rechten zu sozialen Pflichten" (Brütt 2003, 645). Die Verlagerung von Rechten zu Pflichten erklärt Brütt durch einen politischen Diskurs, der die Institutionen der sozialen Sicherung unter Schlagwörtern wie ‚soziale Hängematte' und ‚Armutsfalle' als strukturelle Verhinderung individueller Chancen und Möglichkeiten auf dem Arbeitsmarkt beleuchtet und mehr Eigenverantwortung und Handlungsspielraum für Betroffene fordert[13]:

---

11 Seit Herbst 2010, dem Zeitpunkt des Abschlusses des Forschungsprojektes, aus dem die hier verwendeten Daten stammen, haben sich die kantonalen Projekte der Interinstitutionellen Zusammenarbeit gewandelt. Der Stand, der sich hier abbildet, bezieht sich auf den Zeitraum der Datenerhebungsphase, die 2008 und 2009 stattfand. Die Weiterentwicklung der Interinstitutionellen Zusammenarbeit kann ich hier nicht weiter verfolgen.

12 Ich stütze mich im folgenden Kapitel auf eigene Vorarbeiten zu dieser Thematik (vgl. Koch 2010; Koch/Canonica 2012a).

13 Deutlich kommt diese Einstellung im sogenannten „Schröder/Blair-Papier" zum Ausdruck. Die beiden Politiker halten fest: „Ein Sozialversicherungssystem, das die Fähigkeit, Arbeit zu finden, behindert, muss reformiert werden. Moderne Sozialdemokraten wollen das Sicherheitsnetz aus Ansprüchen in ein Sprungbrett in die Eigenverantwortung umwandeln" (Schröder/Blair 1999; zitiert nach Butterwegge 2005, 237).

„EmpfängerInnen von Sozialleistungen sind in diesem auf Empowerment bezogenen Diskurs nicht mehr einfach ‚TäterInnen', die potenziell den Sozialstaat betrügen. Sie werden zusätzlich als ‚Opfer' dargestellt: Faktische Mindestlöhne in Form von Sozialhilfe und Arbeitslosenleistungen entmächtigen Arbeitslose und Arme; sie werden um die Verwirklichung ihrer potenziellen Chancen geprellt und zur Passivität gezwungen." (Brütt 2003, 635)

Unter „Aktivierung" wird demnach eine Politik beziehungsweise eine politische Rationalität verstanden, die von folgender Grundannahme geprägt ist: Die Institutionen der sozialen Sicherung behinderten den individuellen Handlungsspielraum statt ihn zu vergrössern, wodurch eine Entmächtigung von Arbeitslosen und Armen stattfände. Diese würden „zur Passivität gezwungen", wie Brütt (2003, 635) rekonstruiert. Aus ebendieser Passivität gelte es, Erwerbslose und Sozialhilfebeziehende durch (Arbeits-)Anreize und – falls notwendig – auch durch Sanktionen zu ‚befreien', so lautet die (paradoxe) Maxime der Aktivierung.[14]

Die Unterstellung von Passivität führt schliesslich zur Delegitimierung sozialer Rechte und zu einer Zunahme von Pflichten. Die Installierung von Anreizsystemen und der Ausbau des Beratungs- und Beschäftigungsangebots gehen mit Leistungskürzungen einher. Es wird ein Sozialumbau und -abbau betrieben, „in dessen Mittelpunkt die Selbstverpflichtung des Bürgers auf eine marktkonforme Lebensorientierung steht" (Opielka 2003, 544). Aktivität scheint in dieser „Kultur der Aktivität" (Lessenich 2008, 76) zum Mass aller Dinge zu werden:

„Inzwischen wird Aktivität beziehungsweise die glaubhaft vermittelte Bereitschaft zur Aktivität bereits zur Voraussetzung dafür, überhaupt soziale Anrechte geltend machen zu können. So müssen Arbeitslose, um Leistungen beziehen zu können, nicht nur den Verlust ihres Arbeitsplatzes, sondern gleichzeitig ein bürokratisch verordnetes Aktivitätsniveau bei der Arbeitssuche nachweisen." (Kocyba 2004, 17)

---

14 Paradox ist diese Maxime deshalb, weil sie den zu aktivierenden Individuen gleichermassen Passivität und Aktivität unterstellt. Denn nur wer als passiv erscheint, benötigt Aktivierung. Zugleich zielt diese im Sinne einer „Selbstaktivierungsaufforderung" (Kocyba 2004, 19) auf Individuen, die „im Kern bereits aktiv" sind (Ebd., 21). Sie appelliere „dabei an ein immer schon vorausgesetztes Potential der Selbsttätigkeit und Eigenverantwortung" (Ebd.).

Aus diesen Annahmen beziehungsweise Unterstellungen leitet sich auch das sozialpolitische Paradigma des „Förderns und Forderns“ ab: Materielle und immaterielle Hilfe (wie Beratung, Qualifizierung und Vermittlung) wird in der aktivierenden Sozialpolitik als Vorleistung interpretiert, die einer Gegenleistung durch das unterstützte Individuum bedarf. Diese Gegenleistungen werden in der Regel allerdings eng gefasst, denn sie sind oftmals einzig in Form von Arbeitsleistungen möglich (vgl. Koch 2010; Nadai 2006; Wyss 2007). Deshalb wird diesbezüglich auch von „Workfare“ (als Kurzformel von „Welfare-to-Work“) gesprochen (vgl. Wyss 2007).

Mit dem „Fördern“ sind „Sozialinvestitionen“ in die Erwerbslosen oder Sozialhilfebeziehenden verbunden. Die Programmatik des investierenden Sozialstaats geht auf zwei Sozialwissenschaftler zurück (vgl. Lessenich 2003): auf Anthony Giddens (1999) und auf Esping-Andersen (2002). Ihr ‚positiver‘ Sozialstaat möchte Sozialpolitik mit Wirtschaftspolitik verzahnen und sieht in erster Linie Bildungsinvestitionen in Jugendlichen und in Frauen vor, um so bisher ungenutztes Humankapital für den europäischen Arbeitsmarkt erschliessen zu können (vgl. kritisch dazu: Lessenich 2012). Konsumptive Ausgaben wie Sozialtransfers sollen zugunsten produktiver Ausgaben wie Investitionen in Bildung zurückgefahren werden. Im Fokus der Investitionen steht die Beschäftigungsfähigkeit, die von den ‚unterstützten‘ Menschen möglichst eigenverantwortlich aufgebaut, ausgebaut und erhalten werden soll.

Mit diesem „neue[n] Sozialmodell, das das eigenverantwortliche Engagement der Bevölkerung zu erzwingen sucht“, werde eine neue Aufgabenteilung zwischen Staat und Gesellschaft angestrebt, wie Kocyba (2004, 20) schreibt:

> *„Der Diskurs und die Programme des ‚aktivierenden Staates‘ antworten gleichermassen auf die Finanzkrise der öffentlichen Hand wie auf die Steuerungskrise staatlicher Politik und wollen beide durch geeignete Anreizsysteme sowie durch die Stärkung der Eigenverantwortung der Leistungsbezieher überwinden.“*
> (Kocyba 2004, 20)

Die Aktivierungspolitik operiert mittels einer Zuschreibung von Eigenverantwortung: Das Individuum ist gemäss dieser politischen Rationalität für seine Beschäftigungsfähigkeit und damit auch für seine Arbeitsfähigkeit verantwortlich, denn mit Aktivierung werde, wie Wyss (2007) kritisch bemerkt, auf eine Individualisierung struktureller Bedingungen abgezielt. „Eigenverantwortlichkeit heisst […], dass Misserfolge jenen zugerechnet werden, denen es nicht gelingt, erfolgreich im Sinne des Aktivierungsimperativs zu handeln" (Kocyba 2004, 20). Dabei ist allerdings zu bedenken, dass „Verantwortung auch unter Bedingungen, unter denen wir nach üblicher Betrachtung gerade nicht in der Lage sind, wirklich Verantwortung zu übernehmen", dem Individuum überantwortet werde (Ebd.) – beispielsweise bei sich kumulierenden Problemlagen wie Arbeitslosigkeit und Krankheit.

Im Zentrum der aktivierenden und investierenden Arbeitsmarkt- und Sozialpolitik steht die sogenannte Beschäftigungsfähigkeit ("employability") aktueller und potentieller Arbeitnehmender (vgl. Schultheis 2009; 2012a; Maeder/Nadai 2009b). Diese sollen unter anderem durch „lebenslanges Lernen" ("lifelong learning") (vgl. OECD 1997), eine ausgeglichene „Work-Life-Balance", ein möglichst präventives individuelles „Gesundheits- und Stressmanagement" und anderes mehr ihre „Skills" und Kompetenzen möglichst à jour halten und dabei gleichzeitig so gesund wie möglich und vor allem arbeitsfähig bleiben (vgl. Pongratz/Voss 2002). All diese Massnahmen dienen der Erhaltung respektive der (Wieder-)Erlangung der eigenen „Fähigkeit, auf dem Markt Nachfrage nach der eigenen Arbeitskraft zu wecken beziehungsweise marktfähig und -gängig zu sein" (Schultheis 2012a, 177). Das soll garantieren, dass die durch die aktivierende Arbeitsmarktpolitik (idealerweise) geschaffenen Stellen und die beschäftigungsfähigen, potentiellen Arbeitsmarktteilnehmer_innen optimal zueinander „passen". Denn das Ziel dieser Politik ist, wie es in einer Publikation der Europäischen Union heisst, "to reduce the skills gap so that more of the potential workforce are equipped for the jobs that are being created", damit letztlich "the economy benefits from the skills of all its citizens" (Watt 1998, 5).

Beschäftigungsfähigkeit hängt massgeblich von der Gesundheit und der (körperlichen) Leistungsfähigkeit ab. Nun ist auch in Bezug auf Gesundheit und auf Körper eine Responsibilisierung und Aktivierung von Patient_innen und (noch) Gesunden zu finden (vgl. Dollinger 2006a; 2006b), denn auch die Verantwortung für die eigene Gesundheit und den Zustand des eigenen Körpers scheint zunehmend dem Individuum überantwortet zu werden (vgl. Schmidt 2008). Vor diesem Hintergrund kann auch das Konzept der Beschäftigungs- und Arbeits(markt)fähigkeit auf die ihm inhärente spezifische Vorstellung des individuellen Umgangs mit der eigenen Gesundheit und dem eigenen Körper befragt werden. Gesundheit und Arbeitsfähigkeit sind zentrale Dimensionen von Employability.

Dabei ist eine Reduktion von Gesundheit – als Konzept – zu beobachten: Gesundheit wird insofern reduziert, als sie oftmals mit der individuellen „Arbeitsfähigkeit“ gleichgesetzt wird (vgl. Bauman 2003; Gruber 2008) und zwar primär mit körperlicher Arbeitsfähigkeit (Winker/Degele 2009, 49). Nicht nur die eigene Gesundheit scheint zunehmend gestaltbar zu werden, auch der Körper werde zu einer individuellen Aufgabe (Winker/Degele 2009, 49): Körper und ihre Erscheinungen werden – gemäss den hier rezipierten Zeitdiagnosen – durch technischen und gesellschaftlichen Wandel optional und damit zugleich veränderungsfähig und veränderungsbedürftig (Maasen 2008, 112). Gefordert werde Arbeit am eigenen Körper und an der eigenen Gesundheit und die „Sorge um den Körper“ (Goffman 1986, 192), insbesondere von Arbeitnehmenden, denn diese „müssen beweglich, belastbar, permanent lernbereit und -willig sein“ (Winker/Degele 2009, 49; vgl. auch Rittner 1982).[15]

Nachdem ich gezeigt habe, dass sich ‚Aktivierung‘ nicht bloss auf Erwerbslosigkeit bezieht, sondern auch auf Gesundheit und Körper als zentrale Bestandteile der Beschäftigungsfähigkeit, wende ich mich nun der Sozialpolitik in der Schweiz zu, denn auch hier hat das Aktivierungsparadigma Einzug gehalten.

2.2.2 Konkrete Ausgestaltung der Aktivierungspolitik in der Schweiz

Auch in der Schweiz ist mittlerweile das gesamte IAS-System (vgl. Fluder et al. 2009), also das im weiteren Sinn mit Erwerbslosigkeit befasste System sozialer Sicherung, bestehend aus Invalidenversicherung, Arbeitslosenversicherung und Sozialhilfe, von den Grundsätzen der aktivierenden Arbeitsmarktpolitik durchwirkt (vgl. Streckeisen 2012b zu den folgenden Ausführungen).

Arbeitslosenversicherung

Interessanterweise begann hierzulande nicht die bedarfsabhängige Sozialhilfe, sondern eine Sozialversicherung mit dem aktivierungspoliti-

15 Dieser Optimierungszwang beschränkt sich keineswegs auf Gesundheit und Körper, vielmehr scheint er heute allgegenwärtig zu sein, wie Duttweiler (2004, 23) in einem Beitrag zum Stichwort „Beratung“ schreibt: „Jeder und jede gilt als beratungsbedürftig und verbesserungsfähig, Optimierungsbedarf ist so normal wie die Normalität optimierungsbedürftig. Dass die Optimierung der Situation durch Selbstveränderung erreicht werden kann, ist dabei die Grundannahme, die jede Beratung organisiert.“ – Dieser Hinweis ist deshalb relevant, weil das in dieser Arbeit untersuchte Setting ja grösstenteils aus Beratungssituationen besteht.

schen Umbau, bei dem „die Rechte und Pflichten der Versicherten eine grundlegende Neubestimmung“ (Magnin 2006, 79) erfuhren: Seit Mitte der 1990er Jahre fanden in der dem Staatssekretariat für Wirtschaft (Seco) unterstellten Arbeitslosenversicherung (ALV) im Abstand von wenigen Jahren drei Gesetzesrevisionen statt, die aktivierende Elemente installierten, die Zugangsbedingungen zu Leistungen zunehmend einschränkten und die Länge des Taggeldbezugs senkten. Mit der Revision des AVIG (Bundesgesetz über Arbeitslosenversicherung und Insolvenzentschädigung) von 1995 wurden zum einen die kantonalen Arbeitsämter zu Regionalen Arbeitsvermittlungszentren (RAV) umgebaut, denen die Funktion regelmässiger Beratung und Kontrolle der gemeldeten Erwerbslosen zukommt. Zum anderen wurde das Gegenleistungsprinzip im AVIG verankert (vgl. Magnin 2005), womit das durch Beitragszahlungen erworbene Recht auf Sozialleistungen in Frage gestellt wurde (vgl. Streckeisen 2012b, 62). Erwerbslose, die Leistungen der ALV beziehen, müssen aufgrund ihrer „Mitwirkungspflicht“ um „Schadensminderung“ bemüht sein, ansonsten drohen Sanktionen. Insbesondere sollen sie „aktiv“ nach einer Arbeit suchen und zugleich ihre „Vermittlungsfähigkeit“ erhalten oder ausbauen (vgl. Magnin 2005). Sie sind dazu angehalten, Gegenleistungen primär in Form von „Arbeitsbemühungen“ zu erbringen. Darunter wird eine bestimmte Anzahl monatlich zu belegender Bewerbungen verstanden. Ferner wird von ihnen die Teilnahme an „Arbeitsmarktlichen Massnahmen“ (AMM) wie „Programmen vorübergehender Beschäftigung“ und die Bereitschaft zu „Zwischenverdiensten“ (kurzfristiger Arbeitseinsätze) und zur Annahme jeder „zumutbaren“ Arbeit verlangt. 2003 wurde in einer weiteren Revision des AVIG die maximale Bezugsdauer von Arbeitslosentaggeldern von 520 auf 400 Tage gesenkt und gleichzeitig wurde die nötige Beitragszeit von sechs auf zwölf Monate erhöht. Die bisher letzte AVIG-Revision von 2011 brachte Leistungskürzungen insbesondere für Jugendliche und junge Erwachsene mit sich.

Wie verschiedene qualitative Studien zu Beratungsgesprächen in den RAV und zu Programmen vorübergehender Beschäftigung (vgl. Magnin 2005; Maeder/Nadai 2009a; Magnin 2006; Nadai 2006; Schallberger/Wyer 2010) zeigen, zeitigen die aktivierungspolitischen Elemente in der ALV paradoxe Effekte: Unter der Bedingung des doppelten Mandats von Beratung und Kontrolle gerät das Personal in ein „unauflösliches Dilemma“ (Magnin 2005, 324): Die Entstehung eines unterstützenden Verhältnisses zwischen dem Personal und den Erwerbslosen oder gar eines „Arbeitsbündnisses“ (Oevermann 1996) wird erschwert. Ausserdem werden die Klient_innen als kontextfreie, ökonomische Akteure (vgl. Maeder/Nadai 2009a, 76) betrachtet, denen einzig eine Erwerbsarbeit fehlt. Daher fände keine umfassende Sozialberatung statt, die auf den ‚ganzen Menschen' zielt (vgl. Magnin 2005).

Die Kontrolle der Gegenleistungen und die Möglichkeit von Sanktionen fördert zudem „oft gerade das strategische und auf den eigenen Vorteil ausgerichtete Verhalten, das der Aktivierungspolitik als Rechtfertigungsgrund dient" (Streckeisen 2012b, 64). Dadurch erzielt das Aktivierungsregime primär ein konformes Verhalten bei den Versicherten bzw. Klient_innen. Hinzu kommt, dass der Auftrag an die RAV und ihr Personal zwar die „rasche und dauerhafte Eingliederung in den Arbeitsmarkt" (AVIG, Art. 1a, Abs. 2) zum Ziel hat. Faktisch ist aber eine rasche Eingliederung nicht zwingend dauerhaft und umgekehrt. Weil die RAV selbst unter Rechenschaftspflicht stehen und ihren „Erfolg" in Kennzahlen ausdrücken müssen, wird die rasche Eingliederung deshalb oftmals der dauerhaften vorgezogen (vgl. Egger/Lenz 2006, 36).

Wie sieht es mit gesundheitlich eingeschränkten „Versicherten" aus? Anspruchsberechtigte, die wegen Krankheit oder Unfall „vorübergehend nicht oder nur vermindert arbeits- und vermittlungsfähig" (AVIG, Art. 28, Abs. 1) sind, haben während einer befristeten Dauer von 30 Tagen Anspruch auf Taggelder der ALV. Danach erlischt ihr Anspruch, wenn sie immer noch arbeitsunfähig sind. Wer zu mindestens 50 Prozent arbeitsfähig und vermittlungsfähig ist, erhält um die Hälfte gekürzte Taggelder. Während „zur Schadensminderung grundsätzlich jede Arbeit unverzüglich" angenommen werden muss (AVIG, Art. 16, Abs. 1), wird Arbeit, die „dem Gesundheitszustand des Versicherten nicht angemessen ist", als „unzumutbar" bezeichnet und muss daher nicht angenommen werden (AVIG, Art. 16, Abs. 2).

Invalidenversicherung

Auch die zweite Sozialversicherung des IAS-Systems, die dem Bundesamt für Sozialversicherungen (BSV) unterstehende Invalidenversicherung, war in den letzten Jahren mit mehreren Gesetzesrevisionen konfrontiert. Erklärtes Ziel dieser Revisionen, mit denen die Politik auf den Rentenanstieg der vorangehenden Jahre reagierte, war die Beendigung des Anstiegs von Neurenten und auf längere Sicht auch die Senkung des Rentenbestands (vgl. Streckeisen 2012b, 65; Breitenmoser et al. 1999): 2004, mit Inkrafttreten der vierten Revision des Bundesgesetzes über die Invalidenversicherung (IVG), wurde unter anderem der Zugang zu Renten insbesondere bei psychischen

Störungen und bei „schwer objektivierbaren" Erkrankungen (wie somatoformen Schmerzerkrankungen) beschränkt (vgl. Ferreira 2010; Caduff/Budowski 2012). Im Bereich psychischer Erkrankungen stiegen die Neurenten in den letzten Jahrzehnten am stärksten, was im politischen Diskurs als finanzielles Risiko für die Invalidenversicherung dargestellt wird – ein Argument, das der Legitimierung von Reformen dient (vgl. Ferreira/Lanza/Dupanloup 2008).

Neben der Beschränkung des Zugangs zu Renten wurden 2004 als weiteres Element die Regionalen Ärztlichen Dienste (RAD) eingeführt, die zwar nicht direkt den kantonalen IV-Stellen unterstehen, ihnen aber administrativ zugeordnet sind und wie diese unter der Aufsicht des Bundesamtes für Sozialversicherungen stehen. Die RAD klären im Auftrag der kantonalen IV-Stellen medizinische Sachverhalte ab, insbesondere bei „schwer objektivierbaren Krankheitsbildern". Infolge dieser Revision ging das Wachstum bei Neurenten zurück, zwischen 2003 und 2012 um 47 Prozent (vgl. Tagesanzeiger 2013). Das wird mit der Stärkung beruflicher Massnahmen und der ausgebauten Betrugsbekämpfung erklärt (vgl. Ebd.; Hassler 2016). Ferner spielte auch die Begutachtung der Antragsteller_innen durch die RAD eine Rolle führte zu weniger Neurenten.

Vier Jahre später, 2008, trat die fünfte Revision des IVG in Kraft: Sie führte das Instrument der „Früherkennung und Frühintervention" (FeFi) ein, gemäss dem gesundheitliche Probleme möglichst früh erkannt und gemeldet werden sollen, um entsprechende Interventionen in die Wege leiten zu können. Das Ziel von FeFi ist es, die betroffenen Menschen möglichst im Arbeitsprozess zu halten, was eine drohende Invalidität abwenden und dadurch Neuberentungen verhindern soll. Im Zusammenhang mit dieser Revision wurde das Diktum „Eingliederung statt Rente" geprägt – eine Abwandlung des zuvor geltenden Grundsatzes „Eingliederung vor Rente" (vgl. Germann 2008; Breitenmoser et al. 1999). 2004 schrieb das Bundesamt für Sozialversicherungen (BSV) dazu:

> *„Eine Rente wird […] erst dann zugesprochen, wenn die Massnahmen zur Eingliederung erfolglos ausgeschöpft sind, oder wenn sich keine erfolgversprechenden Eingliederungsmassnahmen anbieten. Die Rente wird zur Ultima ratio."* (BSV 2004, 3)

Der dadurch angestrebte „Paradigmenwechsel" (Guggisberg et al. 2008, 2) drückte sich auch darin aus, dass die IV von einer „Rentenversicherung" zu einer „Eingliederungsversicherung" werden wollte (ebd.). Folgerichtig sind die versicherten Personen verpflichtet, zur „Schadensminderung" beizutragen und an Massnahmen teilzunehmen, unterstehen sie doch – wie bei der ALV – einer „Mitwirkungspflicht", deren Verletzung Sanktionen nach sich ziehen kann.

Die bisher letzte Überarbeitung des IVG ist die in zwei Teile gegliederte sechste Revision. Während der zweite Teil der Vorlage im Juni 2013 im Parlament scheiterte, trat der erste Teil Anfang 2012 in Kraft und soll die berufliche Wiedereingliederung von Renter_innen gemäss dem Grundsatz „Arbeit statt Rente" fördern: Es wurden bis Ende 2014 unter anderem bestehende Renten systematisch überprüft werden, mit dem Ziel, die Anzahl von Rentenbezüger_innen zu reduzieren. Diese Überprüfung betraf Rentner_innen, denen „seinerzeit eine Rente wegen ‚pathogenetisch-ätiologisch unklaren syndromalen Beschwerdebildern ohne nachweisbare organische Grundlage' zugesprochen worden war" (IV 2014, 1). Argumentiert wurde bei der Konzeption dieser Revision, dass Krankheitsbilder wie somatoforme Schmerzstörungen, Fibromyalgie, Schleudertrauma und weitere nach damaliger Rechtsprechung nicht mehr zum Bezug einer Rente berechtigten, da bei diesen Erkrankungen seit der vierten Revision von 2004 nur noch eine Rente zugesprochen wird, wenn „zusätzliche Voraussetzungen" erfüllt sind.[16] Mit der Überprüfung bestehender Renten im Zusammenhang mit diesen Erkrankungen wird daher nach offiziellem Diktum „die Gleichbehandlung aller Versicherter" angestrebt, während es in erster Linie darum geht, weitere Kosten zu sparen.[17] Diese Umdeutungen – oder De-Medikalisierung – von Erkrankungen

16 Allerdings hat das Bundesgericht seine diesbezügliche Rechtsprechung im Juni 2015 geändert. In einer Medienmitteilung schreibt es: „Das Bundesgericht ändert seine Praxis zur Beurteilung des Anspruchs auf eine Invalidenrente wegen somatoformer Schmerzstörungen und vergleichbarer psychosomatischer Leiden. Die bisher geltende Vermutung, dass solche Leiden in der Regel mit zumutbarer Willensanstrengung überwindbar sind, wird aufgegeben. Künftig ist in einem strukturierten Beweisverfahren das tatsächliche Leistungsvermögen betroffener Personen ergebnisoffen und einzelfallgerecht zu bewerten." (Bundesgericht 2015, 1)

17 Allerdings ergab eine Zwischenbilanz, welche die Invalidenversicherung im August 2014 veröffentlichte, dass die Effekte dieses ersten Teils der sechsten Revision viel schwächer ausfallen als 2009 eingeschätzt: Statt der Aufhebung von geschätzten 4500 (gewichteten) Renten konnten in den Jahren 2012 und 2013 nur gerade 500 dieser Renten aufgehoben werden. Die Prüfung der allermeisten Renten ergab, dass diese auch nach neuer Rechtsprechung berechtigt bezogen werden. Dieselbe Zwischenbilanz gibt an, dass dafür die Effekte der vierten und insbesondere der fünften IV-Revision höher als 2009 vorausgesehen ausfallen, weshalb sowohl die Zahl jährlicher Neurenten als auch die Zahl laufender Renten sinke (vgl. BSV 2014).

weist daraufhin, dass die IV sich an der sich wandelnden „Handicapologie" auszurichten hat:

> *„Man kann die IV als eine juristisch-politische Materialisierung der Handicapologie verstehen: Ihre immer wieder revidierten gesetzlichen Bestimmungen sind Ausdruck der zum jeweiligen Zeitpunkt herrschenden politischen Handicapologie, welche durch spezifische gesellschaftliche Machtverhältnisse geformt und in Kraft gesetzt wird."* (Caduff/Budwoski 2012, 71)

Da Unternehmen in der Schweiz nicht verpflichtet sind, IV-Renter_innen einzustellen (vgl. Germann 2008; Streckeisen 2012b, 67), fehlt die Grundlage, um gesundheitlich beeinträchtigte Menschen tatsächlich nachhaltig ins Erwerbsleben zu integrieren. Diesem Umstand steht die „forcierte Rhetorik" (Streckeisen 2012b) in Sachen beruflicher Wiedereingliederung gegenüber. Die erwähnten Revisionen bezwecken unter anderem, die Kosten der Invalidenversicherung mittelfristig zu senken (vgl. Schwank 2009).

Sozialhilfe

In Bezug auf die dritte Institution des IAS-Systems, die Sozialhilfe, spricht Wyss (2005, 73) von einem „Paradigmenwechsel" hin zu einer aktivierenden Sozialpolitik im Jahr 2005. Die Sozialhilfe ist in der Schweiz föderal organisiert. Es gibt bis heute kein Gesetz auf Bundesebene, das die Sozialhilfe regelt. Vielmehr sind es die Kantone, die die entsprechenden Gesetze verabschieden, während der Vollzug der Sozialhilfe gar auf Ebene der Gemeinden liegt. Die Schweizerische Konferenz für Sozialhilfe (SKOS) gibt regelmässig Empfehlungen zur Ausgestaltung und Bemessung der Sozialhilfeleistungen in Form von Richtlinien heraus. Diese SKOS-Richtlinien sind für die Kantone faktisch nicht verpflichtend, viele Kantone und Gemeinden halten sich aber grösstenteils an die dort festgehaltenen Empfehlungen und implementieren sie teilweise auch in die kantonalen Sozialhilfegesetze beziehungsweise in die kommunale Rechtsetzung (vgl. Knupfer 2003, 251 f.; Wyss 2000).

Bereits 1998 installierte die SKOS das Prinzip der Gegenleistungen im Zuge einer Überarbeitung ihrer Richtlinien (vgl. Maeder/Nadai 2004; Koch/Canonica 2012a). Die Aktualisierung von 2005 empfahl eine Kürzung des Grundbedarfs von 1100 auf 960 Schweizer Franken und schlug die Einrichtung eines finanziellen Anreizsystems in Form einer „Integrationszulage" (IZU) vor, die zwischen 100 und 300 Schweizer Franken pro Person und

Monat beträgt. Die IZU wird gemäss den SKOS-Richtlinien von 2005 „nicht erwerbstätigen Personen gewährt, die das 16. Lebensjahr vollendet haben und sich besonders um ihre soziale und/oder berufliche Integration sowie um diejenige von Menschen in ihrer Umgebung bemühen".

Darin zeigt sich deutlich, dass gemäss diesem neuen System von Anreizen und Sanktionen Sozialleistungen als Vorleistungen definiert werden, für die es eine Gegenleistung zu erbringen gilt: Der kaum mehr existenzsichernde Grundbedarf soll durch individuell zu erbringende „Bemühungen" erhöht werden. Als Gegenleistungen gelten in der Regel unterschiedliche Formen von Arbeit wie die Teilnahme an Beschäftigungsprogrammen, gemeinnützige Tätigkeiten, aber auch Betreuungsarbeiten von allein erziehenden Personen (mit Kindern unter 3 Jahren) und ähnliches. Eine „Mitwirkungspflicht", die sich insbesondere auf Integrationsmassnahmen bezieht, ermöglicht Sanktionen (in Form von Leistungskürzungen) bei Personen, deren „Bemühungen" um berufliche oder soziale Integration als unzureichend eingeschätzt werden (beispielsweise wenn ein Arbeitsplatz in einem Programm vorübergehender Beschäftigung abgelehnt oder die Programmteilnahme abgebrochen wird). In dieser Gleichsetzung von Integration und Arbeit zeigt sich eine Tendenz in Richtung Workfare (vgl. Wyss 2005; Nadai 2005; Nadai 2006; Koch 2010).

Für Sozialhilfebeziehende, die aus gesundheitlichen Gründen keiner Erwerbstätigkeit nachgehen können, ist eine „minimale Integrationszulage" (MIZ) von hundert Franken vorgesehen. Den Sozialämtern kommt die schwierige Aufgabe zu, ermitteln zu müssen, wer arbeitswillig und -fähig ist. Vor allem wenn eine Ablehnung der IV vorliegt, ist die Situation für die betroffenen Sozialhilfebeziehenden schwierig – wie auch für das Personal, das mit der herausfordernden Aufgabe der Arbeitsintegration betraut ist. Dann kann es passieren, dass Sozialhilfebeziehende trotz (nicht anerkannter) gesundheitlicher Einschränkungen „aktiviert" und beispielsweise zur Teilnahme an Beschäftigungsprogrammen oder zur Verrichtung von Freiwilligenarbeit angehalten werden (vgl. Pärli 2012; Koch/Canonica 2012).

2.2.3 *Zwischenfazit und Ausblick*

Mit der „aktivierungspolitischen Wende" werden die Grenzen zwischen der bedarfsabhängigen Sozialhilfe und den Sozialversicherungen aufgeweicht (vgl. Nadai 2006; Streckeisen 2012b), denn ihr Auftrag gleicht sich an: Im Zentrum der Bestrebungen nicht nur der Arbeitslosenversicherung, sondern auch der Sozialhilfe und der Invalidenversicherung steht die Eingliederung ihrer Klient_innen in den Arbeitsmarkt. Obwohl die drei Institutionen ein unterschiedliches Zielpublikum haben, wird diese heterogene Gruppe unter ähnlichen Kategorien gefasst (vgl. Haselbach 2002 aus historischer Sicht), denn im Zentrum der Problemdefinition steht in erster Linie die ‚Erwerbslosigkeit' der Klient_innen: Sie erscheinen hauptsächlich als Akteure ohne Arbeit. Kurzum: Es kommt zu einer „Verallgemeinerung der Arbeitspflicht" (Nadai/Canonica 2012, 23) und dadurch auch zu einer Einengung der „Handicapologie" (vgl. Nadai 2009a, 61 f.; Koch/Canonica 2012b; Nadai/Canonica/Koch 2015), denn unter den Einzugliedernden finden sich auch Menschen mit gesundheitlichen Problemen.

Aktivierungsbestrebungen finden demnach auch bei gesundheitlich eingeschränkten Menschen statt. Gesundheit und Körper erscheinen zunehmend als gestaltbar. Bei diesen Anforderungen an eigenverantwortliche, beschäftigungsfähige, gesunde, aktive Arbeitnehmer_innen wird selten oder nie nach den „spezifischen gesellschaftlichen Existenzbedingungen und kulturellen Kompetenzen" (Schultheis 2011, 106) gefragt, deren es bedarf, um ihnen zu genügen. Suggeriert wird, dass die „Arbeit" an der eigenen "Employability" jedem und jeder in gleichem Mass möglich sei. In Bezug auf das hier interessierende Thema des Herstellens von Arbeits(un)fähigkeit kollidieren diese Vorstellungen allerdings mit empirischen Studien zur gesellschaftlichen Verteilung von „Gesundheitschancen" (bspw. Babitsch et al. 2009). Dass diese ungleich verteilt sind, scheint mehr oder weniger unbestritten (wenn auch umstritten ist, weshalb dem so ist). Die einschlägigen Befunde (siehe dazu Kapitel 2.3.1) führen vor Augen, dass die Figur des für seine Beschäftigungsfähigkeit und Gesundheit selbst verantwortlichen Arbeitnehmers bzw. Erwerbslosen einem spezifischen Habitus entspricht: Es ist jener des „Homo McKinnseyanus" (sic) (Schultheis 2007, 70). Dieser ist jung, männlich, sehr mobil und flexibel und stellt dadurch den Idealtypus des "employable man" dar (ebd.). Diese Vorstellung auf die gesamte Bevölkerung respektive auf alle Arbeitnehmenden und Erwerblosen zu applizieren, bedeutet zu verkennen, dass ihre Möglichkeiten und Chancen (in Bezug auf Gesundheit und Arbeit und vieles mehr) unterschiedlich sind (vgl. auch Buestrich 2007).

Während die berufliche Eingliederung zunehmend zur Pflicht wird, kann aber von den einzugliedernden Menschen kein Recht auf Arbeitsintegration geltend gemacht werden (vgl. Germann 2008). Die Interinstitutionelle Zusammenarbeit, auf die ich im folgenden Kapitel eingehe, ist im skizzierten Kontext zu verorten, richtet sie sich doch explizit an Menschen mit einer

„komplexen Mehrfachproblematik", zu der grösstenteils gesundheitliche Schwierigkeiten zählen.

2.3 Arbeitsmarktintegration gesundheitlich eingeschränkter Erwerbsloser

Aufgrund der dargestellten Einengung der Handicapologie sollen zunehmend auch Menschen mit gesundheitlichen Einschränkungen in den Arbeitsmarkt integriert werden. Für diese Zielgruppe gibt es mittlerweile eine Reihe von politischen Forderungen, Programmen und Interventionen. In spezifischen Programmen zur Gesundheits- und Arbeitsmarktförderung von Erwerbslosen soll ihre Beschäftigungsfähigkeit verbessert und sollen ihre gesundheitlich bedingten „Vermittlungshemmnisse" abgebaut werden. Denn solche „vermittlungsrelevanten gesundheitlichen Einschränkungen" (Hollederer 2006) stellen die Fachkräfte für berufliche Integration vor grosse Herausforderungen. Auch die Interinstitutionelle Zusammenarbeit (IIZ), die den Kontext dieser Studie bildet, kann im weitesten Sinn solchen Programmen zur Förderung der Beschäftigungsfähigkeit gesundheitlich eingeschränkter Menschen gerechnet werden. Denn die IIZ richtet sich an eine spezifische Zielgruppe: an Erwerbslose mit gesundheitlichen und anderen Problemen.

Programme wie die IIZ stellen eine Reaktion auf wissenschaftliche Erkenntnisse zu potentiell gesundheitsschädigenden Wirkungen von (Langzeit-)Erwerbslosigkeit dar (vgl. bspw. die Beiträge in Kieselbach/Mannila 2012). So wird in einer Präsentation des Bundesamtes für Sozialversicherungen (BSV), das die Weiterentwicklung der IIZ unter dem Akronym MAMAC verantwortet, konstatiert:

> *„MAMAC zielt auf Personen, die eine komplexe Mehrfachproblematik aufweisen. Etwas vereinfacht gesagt sind dies ‚Menschen, bei denen nicht klar ist, ob sie krank sind, weil sie keine Arbeit haben oder ob sie keine Arbeit haben, weil sie krank sind'."* (BSV, o.J., 9)

Mit der Frage, ob Erwerbslose aufgrund ihrer Erwerbslosigkeit schlechtere Gesundheitswerte als Beschäftigte aufweisen oder ob sie aufgrund von gesundheitlichen Problemen aus dem Arbeitsmarkt ‚ausgeschieden' wurden, beschäftigt sich auch die Forschung. Bevor nun der Kontext und die Programmatik der Interinstitutionellen Zusammenarbeit vorgestellt wird, gehe ich zunächst auf einige Studien zum Verhältnis von Erwerbslosigkeit und Gesundheit ein.

2.3.1 Forschungsbefunde zum Zusammenhang von Erwerbslosigkeit und Gesundheit

> *„Auch wenn sie nicht immer klar in diesem Licht besehen wird, ist die Arbeit, auch wenn sie noch so erniedrigend sein mag, immer noch mehr und etwas anderes als ein einfacher Broterwerb, und die Arbeitslosigkeit begegnet nur deswegen einer so tiefgehenden Angst, weil bei ihr wirtschaftliche Not mit einer gesellschaftlichen Verletzung und Beschneidung einhergehen.“* (Bourdieu 2000, 73)

Was Pierre Bourdieu in Bezug auf seine Studie in der algerischen Nachkriegsgesellschaft konstatiert, scheint auch für unsere Gesellschaft zu gelten. Die ‚gesellschaftliche Verletzung und Beschneidung‘, die Arbeitslosigkeit für die Betroffenen darstellt, zeigen sich tatsächlich in Untersuchungen zu den Auswirkungen von Erwerbslosigkeit auf Gesundheit: Empirisch untersucht und dokumentiert ist, dass ein Zusammenhang zwischen Arbeitslosigkeit und eingeschränkter oder risikohafter Gesundheit besteht (vgl. u.a. Paul et al. 2006; Holleder 2006; Leu et al. 1997; Künzler/Knöpfel 2002; Kieselbach/Beelmann 2006; Marquis 2010). Bekannt ist sowohl, dass Armut und Erwerbslosigkeit die Gesundheit belasten und Erkrankungen begünstigen können, dass also Armut und Erwerbslosigkeit ein Gesundheitsrisiko darstellt, als auch, dass Krankheit und Invalidität zu Armut führen kann (vgl. Mäder 2007). Untere soziale Schichten weisen denn auch ein höheres gesundheitliches Risiko auf.

Diese „sozial bedingte Ungleichheit gesundheitlicher Zustände in der Bevölkerung“ (Bittlingmayer/Sahrei 2010, 25) wird auch als ‚gesundheitliche Ungleichheit‘ bezeichnet und vor allem durch die quantitativ ausgerichtete Sozialepidemiologie untersucht. Mittlerweile liegt eine Reihe vor allem deskriptiver Forschungen vor, die die Zusammenhänge zwischen Gesundheit und der Position im Sozialgefüge respektive Einkommen, Bildung, sozioprofessioneller Kategorie etc. untersuchen. Es zeigt sich, dass Gesundheit einen sozialen Gradienten aufweist, da nicht nur die sozial schwächste Schicht gesundheitlich benachteiligt gegenüber allen anderen Schichten oder Milieus ist (vgl. Villiger/Knöpfel 2009). Vielmehr steigen die Lebenserwartung und die Chancen, gesund zu bleiben, mehr oder weniger kontinuierlich an, je höher das Einkommen, der Bildungsgrad und die sozioprofessionelle Kategorie sind (vgl. bspw. Mackenbach 2006). Siegrist (2008, 222) bringt diesen Umstand folgendermassen auf den Punkt: „Risiken weitverbreiteter Krankheiten und vorzeitiger Sterblichkeit [sind] umso höher, je niedriger der soziale Status einer Bevölkerungsgruppe [ist]."

Bereits die Marienthal-Studie führte Anfang der 1930er Jahre die psychosozialen Folgen von Arbeitslosigkeit eindrücklich vor Augen (vgl. Jahoda et al. 1975 [1933]). Objektiv steigt das Risiko für Morbidität (Erkrankungen) und Mortalität (Sterblichkeit) bei Erwerbslosigkeit, das heisst Erwerbslose sind häufiger krank und sterben früher. Dies ist ausserdem mit einer erhöhten Inanspruchnahme stationärer Leistungen und psychiatrischer Behandlungen verbunden (vgl. arbeitsmarktaktuell 2010, 9). Ausserdem wird Erwerblosen im Vergleich zu Erwerbstätigen die dreifache Menge an Psychopharmaka verordnet (vgl. DGB 2010).

Die Befunde zur ‚objektiven' gesundheitlichen Situation von (Langzeit-) Erwerbslosen spiegeln sich in den subjektiven Einschätzungen Betroffener (vgl. Paul/Hassel/Moser 2006): Erwerbslose, vor allem Langzeitarbeitslose, haben nach eigener Wahrnehmung einen deutlich schlechteren Gesundheitszustand als Erwerbstätige. Erwerbslose sind länger und in stärkerem Ausmass als Erwerbstätige in ihren täglichen Aktivitäten eingeschränkt durch ihren Gesundheitszustand.

Eine Reihe von Längsschnitt-Studien zeigen, dass sich vor allem die psychische Gesundheit und der selbst wahrgenommene Gesundheitszustand durch Erwerbslosigkeit verschlechtern (vgl. für einen Überblick zum Stand der Forschung Kieselbach/Beelmann 2006; Paul/Hassel/Moser 2006). Erwerbslose haben Beschwerden wie Depressionen, Niedergeschlagenheit, Hoffnungslosigkeit, Angst usw. Psychische Erkrankungen werden drei- bis viermal öfters diagnostiziert als bei Beschäftigten (vgl. Schmiede 2011, 121). Erwerbslose haben häufiger kumulierte gesundheitliche Beschwerden (d.h. es treten mehrere Symptome regelmässig auf) (vgl. bspw. Elkeles 2008; Kieselbach/Beelmann 2006; Paul/Hassel/Moser 2006; Rogge 2013).

Insbesondere für Deutschland konnte auch nachgewiesen werden, dass sich Langzeitarbeitslosigkeit negativ auf die psychische Gesundheit Betroffener auswirkt, während Daten für andere Länder eher auf eine resignative Anpassung schliessen lassen (ebd.). Dieser sogenannte „Kausalitätseffekt" ist allerdings umstritten und auch noch nicht hinreichend erforscht. Denn es scheint naheliegend, dass der Arbeitsmarkt primär jene Erwerbstätigen aussortiert, die bereits gesundheitlich angeschlagen sind, was als „Selektionseffekt" bezeichnet wird. Darunter wird folgendes gefasst:

„Arbeitslosigkeit und Gesundheit sind vielfältig miteinander verknüpft: Gesundheitlich eingeschränkte und erwerbsgeminderte Arbeitnehmer sind u.a. aufgrund betrieblicher Entlassungs- und Einstellungspraktiken besonders betroffen. Sie tragen ein höheres Risiko entlassen zu werden, bleiben überdurchschnittlich lange arbeitslos und haben geringere Chancen der beruflichen Wiedereingliederung (Selektionseffekt).“ (Kieselbach/Wacker online, o.J.)

Beide Effekte, sowohl der Selektions- als auch der Kausalitätseffekt, liessen sich in Studien nachweisen. Mohr und Richter (2008, 26) gehen davon aus, dass der Kausalitätseffekt „deutlich stärker ausgeprägt [ist] als der Selektionseffekt“, während Pröll (2004) der Ansicht ist, dass der Selektionseffekt unterschätzt werde (vgl. Pech/Freude 2010). Mittlerweile geht aber ein Grossteil der Forschung davon aus, dass beide Prozesse parallel wirken und sich gar im Sinne eines „Teufelskreises“ (Hollederer 2003, 5) beziehungsweise einer „Negativspirale“ (DGB 2010) gegenseitig verstärken können:

„Auf dem Arbeitsmarkt wird […] parallel von Kausalitäts- und Selektionseffekten ausgegangen. Jenseits dieser Diskussion dürfte jedoch inzwischen unstrittig sein, dass Erwerbslosigkeit und eine beeinträchtigte Gesundheit sich wechselseitig im Sinne einer Negativspirale verstärken.“ (DGB 2010, 3)

Für gesundheitlich beeinträchtigte Erwerbslose zeichnet sich folgender Teufelskreis ab: Ihre Chancen auf Wiedereingliederung sind geringer als die der übrigen Erwerbslosen. Sie sind durch ihren Gesundheitszustand, ihre Erwerbslosigkeit und eine potentiell drohende Verarmung (v.a. dann, wenn keine Renten-relevanten Einschränkungen vorliegen) mehrfach belastet. Gerade Langzeitarbeitslosigkeit kann zusätzlich psychische Krankheiten verursachen oder bestehende Krankheitszustände verschlechtern, was die Chancen am Arbeitsmarkt verringert. Hinzu kommen mitunter finanzielle Probleme (ein Drittel der Erwerbslosen hat Geldschulden), die sich auf die Qualität gesundheitlicher Versorgung auswirken können (vgl. Hollederer 2003, 5).

Obwohl Studien vorliegen, die zeigen, dass es jenen Erwerbslosen, die eine sichere Arbeitsstelle erhalten, gesundheitlich relativ rasch besser geht, sind die genauen Zusammenhänge zwischen Erwerbslosigkeit und Gesundheit noch wenig erforscht (vgl. Pech/Freude 2010). Das liegt auch daran, dass sich die Forschung bisher eher auf deskriptive Studiendesigns fokussierte und relativ wenige Studien vorliegen, die gesundheitliche Ungleichheit im Allgemeinen und die gesundheitlichen Folgen von Erwerbslosigkeit im Besonderen schlüssig erklären können (vgl. Kunst 2009).

Das Gesundheitsverhalten Erwerbsloser unterscheidet sich signifikant von demjenigen Erwerbstätiger: Sie bewegen sich weniger, ernähren sich schlechter, verzeichnen einen häufigeren Tabakkonsum und weisen mehr Alkoholerkrankungen und ein häufigeres Suchtverhalten auf. Das individuelle Gesundheitsverhalten weist schichtspezifische Unterschiede auf: Es ist umso „ungesünder", je tiefer die soziale Schicht.[18]

Wenngleich die rezipierten Forschungsbefunde relativ eindeutig sind, muss im Sinne der „differentiellen Arbeitslosenforschung" (Wacker 1983) doch darauf hingewiesen werden, dass Erwerbslosigkeit von den Betroffenen unterschiedlich verarbeitet wird (vgl. dazu die mittlerweile klassische Studie von Kronauer/Vogel/Gerlach 1993). Gerade Menschen, die unter ihrer zuvor ausgeübten Erwerbstätigkeit litten, können ihre Arbeitslosigkeit – zumindest in der ersten Zeit – auch als Befreiung erleben (vgl. Rogge 2013). Insgesamt zeigt sich aber doch ein deutliches Bild: Erwerbslosigkeit schadet der Gesundheit meistens und gesundheitliche Einschränkungen wirken sich oft negativ auf die Wiederbeschäftigungschancen Betroffener aus. Gefordert werden daher von Forschung und Praxis spezifische Programme für Erwerbslose, die Gesundheit zum Thema haben. Darauf gehe ich im folgenden Kapitel ein.

2.3.2 Erwerbslose mit Gesundheitsproblemen beruflich integrieren – Kontext und Programmatik der Interinstitutionellen Zusammenarbeit

Programmatik und Programme der Arbeitsintegration von Menschen mit gesundheitlichen Einschränkungen

Bezugnehmend auf Forschungsbefunde zum Zusammenhang von Erwerbslosigkeit und Gesundheit sind in den letzten Jahren sozialpolitische Forderungen nach Programmen zur Gesundheitsförderung und -prävention für Erwerbslose laut geworden (vgl. bspw. Bröker 2011; Hollederer 2009a). Solche Programme und Interventionen richten sich an unterschiedliche Zielgruppen, beispielsweise an Langzeitarbeitslose, an Jugendliche und Junge Erwachsene, an ältere Erwerbslose oder an sozial Benachteiligte (vgl.

18 Dieser Zusammenhang lässt sich mit Pierre Bourdieus Kapital- und Habitustheorie erklären: Abel, Abraham und Sommerhalder (2009) weisen auf den Stellenwert des kulturellen Kapitals für die Gesundheit hin. Sie verstehen darunter kulturbasierte Ressourcen, welche einer Person zur Verfügung stehen, um zu Gunsten ihrer Gesundheit zu handeln.

die Beiträge in Hollederer 2009a). Die verwendeten oder vorgeschlagenen Methoden reichen von Kursen über Coaching, Training und verhaltenstherapeutische Massnahmen bis hin zu Fallmanagement (ebd.). Auch die Fokusse und Inhalte sind entsprechend breit: So ist die Rede von „kombinierter Gesundheits- und Beschäftigungsförderung" (Bröker 2011), „arbeitsmarktintegrativer Gesundheitsförderung" (Hollederer 2009b), „Empowerment als Mittel gegen die Viktimisierung" (Rogge 2009), „gesundheits- und beschäftigungsorientierter Beratung" (Kuhnert/Kastner 2009), „Arbeitsförderung mit gesundheitsbezogener Ausrichtung" (Toumi/von Braunmühl 2009) oder einfach von „Gesundheitsförderung" (Rosenbrock/Grimmeisen 2009).

Mit wenigen Ausnahmen scheinen diese Programme also einen relativ eindeutigen Fokus auf Arbeitsintegration zu haben. Das bestätigt auch eine Evaluation von 36 solcher Programme in Deutschland: Das Ziel solcher Programme ist es meist, die berufliche Integration Betroffener zu erleichtern, indem ihre Beschäftigungsfähigkeit erhöht wird, während nur wenige Projekte ihren primären Fokus auf die Verbesserung der Gesundheit der Betroffenen legen (vgl. Elkeles/Kirschner 2012, 404). Insofern kann das Ziel vieler dieser Programme als eindimensional kritisiert werden – trotz ihrer Bemühung, die Zielgruppe gesundheitlich eingeschränkter Menschen zu erreichen.

Ferner zielen die Programme in der Regel auf Verhaltensänderungen der Betroffenen ab, betreiben also Verhaltensprävention, während Verhältnisprävention hingegen kaum eine Rolle spielt. Auch sind solche Programme durch die Lage am Ausbildungs- und Arbeitsmarkt und durch sozialpolitische Rahmenbedingungen begrenzt. Zudem sind sie bisher oftmals angebots- statt bedarfsorientiert ausgerichtet und beruhen nicht immer auf Freiwilligkeit. Ein weiteres Problem scheint zu sein, dass sie bei Betroffenen auf mangelnde Akzeptanz stossen. Ferner lassen Forschungsbefunde die Vermutung zu, dass solche Programme die „somatischen Kulturen" der Teilnehmenden zu wenig berücksichtigen (vgl. Kirschner/Elkeles 2006 in Anlehnung an Boltanski 1976; siehe dazu auch die Ausführungen zum kulturellen Kapital in Fussnote 15 mit Rekurs auf Abel/Abraham/Sommerhalder 2009; vgl. zur Frage der Passung von Beschäftigungsprogrammen und Teilnehmenden Schallberger/Wyer 2010).

Das Zielpublikum solcher Programme sind jene Erwerbslosen, die als ‚doppelt gefährdet' erscheinen (vgl. Dean 1995; Castel 1991): bedroht sowohl von Langzeitarbeitslosigkeit als auch von (chronischen) Gesundheitsproblemen. Insofern solche Programme in erster Linie auf die Beschäftigungsfähigkeit der Teilnehmenden und damit auf deren Arbeitsmarktintegration zielen, kommen sie Forderungen der Organisation für wirtschaftliche Zusammenarbeit und Entwicklung (OECD) nach. Diese publizierte in den letzten Jahren vier Länderberichte (OECD 2006, 2007, 2008, 2009) und einen Synthesebericht zum Thema der Arbeitsmarktintegration von gesundheitlich eingeschränkten Menschen und solchen mit „Behinderungen". Die Stossrichtung der OECD ist eindeutig: Sie fordert ein "Breaking the Barriers" und möchte "disability" (Behinderung/Arbeitsunfähigkeit) in "ability" (Fähigkeit/Befähigung) transformiert sehen (vgl. OECD 2003). Ferner seien "disability benefits [...] into an employment instrument" zu verwandeln (OECD 2010, 103):

> *"Countries have started to understand the disabling effect of the disability benefit system and to address some of the features responsible for the widespread granting of disability benefits. In particular, many countries are now making increasing efforts to look at the person's remaining work capacity when determining benefit eligibility, rather than putting all the focus on identifying disability. Moreover, more is being done in a range of OECD countries to support people in using their remaining capacity. However, much more will have to be done to transform what is still a rather passive benefit system in most cases into an employment-promoting instrument."* (OECD 2010, 122 f.)

Aktiviert werden sollen gemäss der Programmatik der OECD nicht nur die Betroffenen selbst, sondern ebenso das System der sozialen Sicherheit sowie Arbeitgeber_innen und Bezugsärzt_innen (vgl. OECD 2010, 125–144; siehe dazu auch Kapitel 6.3). Die OECD stellt im zitierten Bericht fest, dass in den untersuchten Ländern bereits erste Schritte in diese Richtung unternommen worden seien, dass aber noch viel mehr getan werden müsse. Zweierlei fällt auf: Erstens werden ‚behindernde' Effekte dem System zugeschrieben, was an die Perspektive des ‚sozialen Modells' der "Disablity Studies" erinnert: Dieses beschreibt ‚Behinderungen' „als das Ergebnis gesellschaftlich bedingter Einschränkungen, die den körperlichen oder geistigen Schädigungen (impairment) einzelner Personen nicht oder zu wenig Rechnung tragen" (Germann et al. 2006, 18; vgl. Waldschmidt 2005; siehe dazu auch die Ausführungen in den Kapitel 6.2 und 8.3). Mit einem ähnlichen Argument aber einer gänzlich anderen Stossrichtung kritisiert die OECD "the disabling effect of the disability benefit system". Daher fordert sie zweitens, den Fokus der Sozialpolitik auf die sogenannte „Restarbeitsfähigkeit" betroffener Menschen zu richten, "rather than putting all the focus on identifying disability". Diese Argumentation wiederum erinnert an den sozialarbeiterisch-psychologischen Diskurs zu „Defizitorientierungen" und „Lösungsorientierungen". Grundsätzlich spricht nichts dagegen, Menschen mit gesundheitlichen Einschränkungen und ‚Behinderungen' so zu unterstützen, dass sie ihre Fähigkeiten und Potentiale gemäss ihren Bedürfnissen einsetzen können. Problematisch wäre, wenn eine solche Unterstützung zu Lasten der materiellen Unterstützung in Form direkter sozialstaatlicher Transferleistungen gehen würde.

Die „Interinstitutionelle Zusammenarbeit" als aktivierungspolitisches Programm

In diesen politisch-programmatischen Rahmen lässt sich auch ein schweizerisches Programm respektive eine Programmatik einbetten: Die sozialpolitische Strategie der „Interinstitutionellen Zusammenarbeit" (IIZ), die um die Jahrtausendwende vom Schweizer Bund ins Leben gerufen wurde, fokussiert auf erwerbslose Menschen mit sogenannten „Mehrfachproblematiken" wie gesundheitlichen Problemen, eingeschränkter Arbeitsfähigkeit, finanziellen und familiären Schwierigkeiten und ähnlichem. Lanciert wurde die IIZ als Instrument zur effizienteren und effektiveren Kooperation zwischen unterschiedlichen Institutionen der sozialen Sicherung: Insbesondere bei Klient_innen mit einer sogenannten „unklaren, komplexen Mehrfachproblematik" sollen primär die Arbeitslosenversicherung (ALV), die Sozialhilfe und die Invalidenversicherung (IV) verstärkt zusammenarbeiten, mit dem Ziel, die Betroffenen möglichst rasch beruflich einzugliedern. Es wird davon ausgegangen, dass diese Menschen aufgrund ihrer mehrschichtigen Problemlagen bei verschiedenen Stellen des Systems der sozialen Sicherung angemeldet sind. Die engere Kooperation soll damit Lücken schliessen, die in den letzten Jahrzehnten durch die zunehmende Ausdifferenzierung des Schweizer Sozialstaats und die Zersplitterung unterschiedlicher Leistungen entstanden sind. In allen Schweizer Kantonen sind im Zuge dieses Programms Projekte der Interinstitutionellen Zusammenarbeit implementiert worden, deren Kernziel darin besteht, Betroffene rascher in den Arbeitsmarkt zu integrieren. In den Fokus dieses Programms rücken in erster Linie gesundheitlich eingeschränkte Erwerbslose. Dabei ist die Frage nach der Arbeitsfähigkeit der Klient_innen zentral.

Ausführungen zur Interinstitutionellen Zusammenarbeit (IIZ) respektive zu deren Weiterentwicklung IIZ-MAMAC[19] und Bestimmungen der jeweiligen Zielgruppen finden sich auf Ebene des Bundes in folgenden Dokumenten: Das Staatssekretariat für Wirtschaft (Seco) gab im Jahr 2004 ein „Handbuch IIZ" heraus, in dem sich unter anderem Beschreibungen zu Systemlogiken und Schnittstellen wie auch zum potentiellen „Zielpublikum" von IIZ finden. Auch das Bundesamt für Sozialversicherungen (BSV), das die IIZ seit Dezember 2005 als IIZ-MAMAC (im Folgenden: MAMAC) weiterführt, definiert mit den sogenannten „Triagekriterien" im April 2006, an welche Personen sich MAMAC richtet (vgl. BSV/Seco 2006).

Das „Handbuch IIZ" rückt Schnittstellen zwischen verschiedenen Organisationen, vor allem zwischen der ALV, der IV und der Sozialhilfe, ins Zentrum der Überlegungen. Dies wird mit der Forderung verknüpft, die genannten Organisationen sollten besser kooperieren, mit dem Ziel, Integrationspotentiale besser zu nutzen und die betroffenen Klient_innen dadurch rascher in den Arbeitsmarkt integrieren zu können. Multiple Problemstellungen werden zwar erwähnt, aber nicht näher definiert. Zum Beispiel ist die „Zielgruppenanalyse und -definition" (ebd., 40) noch relativ unspezifisch. Ausführungen finden sich in erster Linie zu Systemlogiken und zu Schnittstellen und damit zu institutionellen und organisationalen Fragen. Punktuell finden sich aber bereits Hinweise dazu, dass die institutionenübergreifende Kooperation speziell bei gesundheitlich eingeschränkten Menschen von Nutzen sein könnte.

Für die Weiterentwicklung MAMAC erweisen sich dann „Mehrfachproblematiken" als konstitutiv in Bezug auf Fallkonstruktionen. Das Bundesamt für Sozialversicherungen (BSV) definiert drei so genannte Triagekriterien, die bei einem MAMAC-Fall kumulativ vorhanden sein müssen:

> *„1. Es besteht eine komplexe Mehrfachproblematik […]. 2. Es besteht eine realistische (Re-)Integrationschancen in den ersten Arbeitsmarkt […]. 3. Die Person ist höchsten 4 Monate in einer der Institutionen angemeldet."* (BSV/Seco 2006, 11)

Zudem müssen die Klient_innen bei der Invalidenversicherung, der Arbeitslosenversicherung oder der Sozialhilfe angemeldet sein. Die Mass-

19 Das Akronym IIZ-MAMAC steht für „Interinstitutionelle Zusammenarbeit mit Medizinisch-Arbeitsmarktlichen Assessments im Rahmen von Case Management". Von IIZ-MAMAC wird oft bloss als „MAMAC" gesprochen. MAMAC wurde von Dezember 2005 bis Dezember 2010 durchgeführt.

nahme kann von diesen Institutionen verfügt werden, denn „MAMAC ist für die betroffenen Personen nicht freiwillig" (BSV/Seco 2006, 1), was bei einer Verletzung der „Mitwirkungs- und Schadenminderungspflicht" für die Klient_innen Sanktionen bedeuten kann.

Mehrfachproblematik wird definiert als „Eingliederungsschwierigkeit in den Arbeitsmarkt kombiniert mit schweren oder unklaren gesundheitlichen und/oder sozialen Problemen" (BSV/Seco 2006, 11). Je nach überweisender Institution wird dieses Triagekriterium weiter ausdifferenziert: So wird bei der ALV von „Stellensuchenden mit gesundheitlicher Einschränkung" gesprochen, welche dadurch erschwerte Bedingungen beim der Arbeitsmarktintegration aufwiesen. Da Fälle aus der IV bereits gesundheitliche Schwierigkeiten aufweisen, wird hier eher auf soziale Probleme abgestellt. Bei Sozialhilfebeziehende schliesslich sollten „starke gesundheitliche Einschränkungen" vorhanden sein, damit sie zu einem Fall für MAMAC werden können. In den Worten des Amts für Arbeit des Kantons St. Gallen (2006, 6) sind die drei Fälle so beschrieben: MAMAC lohne sich „[b]ei den regionalen Arbeitsvermittlungszentren (RAV) gemeldete(n) Stellensuchende(n) mit gesundheitlichen Einschränkungen, bei IV-Gesuchsteller_innen mit Resterwerbsfähigkeit und bei Sozialhilfeempfängern mit erschwerten Reintegrationschancen".

Was wird unter dem opaken und pleonastisch anmutenden Begriff der „unklaren, komplexen Mehrfachproblematik" verstanden? Das bereits zitierte Dokument von BSV und Seco (2006, 2) listet unter der Überschrift „Was sind Mehrfachproblematiken?" verschiedene „Problemfelder" auf, die bei kombiniertem Auftreten zur „Mehrfachproblematik" werden. Unter anderem werden „Arbeitslosigkeit und/oder Erwerbsunfähigkeit", „medizinische Probleme (körperliche und/oder psychische)", „Suchtprobleme", „Integrationsprobleme (Verhalten, soziale Defizite, Kontaktprobleme, Anpassungsschwierigkeiten, Sprache)" und „Motivationsprobleme (fehlende Problemeinsicht) etc." genannt (BSV/Seco 2006, 3).

Es dominieren gesundheitliche Probleme. Insgesamt kann die zitierte Liste der „Beschäftigungsfähigkeit" (siehe dazu Kapitel 2.2.1) zugerechnet werden. „Mehrfachproblematiken" scheinen sich demnach auf (scheinbar) individuell zurechenbare Schwierigkeiten zu beziehen, die die Beschäftigungsfähigkeit der betroffenen Person gefährden könnten. Damit stehen sie in einem impliziten Zusammenhang mit dem Arbeitsmarkt: Es handelt sich um diejenigen „Probleme", die den Zugang zum Arbeitsmarkt für die betroffenen Personen möglicherweise erschweren. Dennoch wird nicht der Arbeitsmarkt respektive die Arbeitsmarktpolitik problematisiert, sondern als problematisch erscheinen den einzelnen Klient_innen zuschreibbare Phänomene.

Gesundheitliche Probleme und Erwerbsunfähigkeit bedeuten für die betroffenen Personen nicht länger einen Anspruch auf „Dekommodifizierung", also eine Ausnahme von der Pflicht zur eigenen Existenzsicherung und die Berechtigung, beispielsweise eine Rente der Invalidenversicherung zu beziehen – vielmehr gilt es, gemäss der Programmatik von MAMAC auch bei diesen Personen abzuklären, inwiefern eine Rückkehr auf den ersten Arbeitsmarkt möglich sei. Mit MAMAC rücken in erster Linie die Themen Arbeitslosigkeit und „Eingliederungsschwierigkeit in den Arbeitsmarkt" in der Kombination mit „gesundheitlichen Einschränkungen" respektive „medizinischen" und „psychosozialen Problemen" (BSV/Seco 2006) in den Vordergrund. MAMAC erscheint damit insgesamt als ein „Projekt für gesundheitlich eingeschränkte Stellensuchende" (Amt für Arbeit St. Gallen, 2006).

Die durch MAMAC angesprochenen Personen sind bei allen drei erwähnten Institutionen zu finden. Das hängt damit zusammen, dass die (Integrations-)Aufträge der drei grossen sozialpolitischen Institutionen mit der Durchsetzung der aktivierenden und auf Arbeitsmarktintegration ausgerichteten Sozialpolitik konvergieren (vgl. Nadai 2009a; Streckeisen 2012b). Mit der eingeführten zeitlichen Begrenzung der Anhängigkeit eines Falles (triagiert werden muss innerhalb der ersten vier Monate nach Anmeldung der Klientin bei einer Trägerinstitution) wird zusätzlich eine Art Beschleunigung der (Re-)Integration angestrebt, die einer ökonomisierten Handlungsorientierung auf Effektivität, Effizienz und Wirtschaftlichkeit entspricht (vgl. Dahme/Wohlfahrt 2008). Mit dieser Beschleunigung soll auch der Verschlechterung bzw. „Chronifizierung" gesundheitlicher Probleme entgegengewirkt werden.

Es fällt ausserdem auf, dass die Triagekriterien ambivalent sind, denn eine komplexe, mehrschichtige Problematik schränkt in der Regel eine „realistische" Integrationschance in den ersten Arbeitsmarkt ein. In der Definition dessen, was ein MAMAC-Fall ist, findet sich demnach eine Vermengung von „defizitorientierter" und „ressourcenorientierter" Perspektive auf den Fall: Während mit dem Kriterium der Mehrfachproblematik auf kumulierende Schwierigkeiten in verschiedenen Lebensbereichen fokussiert wird, richtet sich das zweite Kriterium des beruflichen Integrationspotentials auf Ressourcen (vgl. Koch/Canonica 2012). Ins Visier der interinstitutionellen Koopertion gerät damit eine spezifische Population, die trotz Mehrfachproblematik möglichst rasch in den Arbeitsmarkt integriert werden soll: Diejenigen Personen, die als ‚Risikoträger' für Langzeitarbeitslosigkeit und -anhängigkeit gelten (vgl. Dean 1995), sollen mittels der Triagekriterien ermittelt und einer spezifischen Bearbeitung und Aktivierung zugeführt werden. Bezüglich des hier interessierenden Themas der Arbeits(un)fähigkeit respektive Gesundheit wird deutlich, dass „gesundheitliche Einschränkungen" insbesondere bei MAMAC, der durch das Bundesamt für Sozialversicherungen verantworteten Weiterentwicklung von IIZ, ins Zentrum der Aufmerksamkeit rücken.

2.3.3 Zwischenfazit und Ausblick

An dieser Stelle der Analyse ist ein Blick auf Forschungsbefunde des australischen Soziologen Mitchel Dean hilfreich: Dean (1995) führt mittels Konzepten und Begriffen im Anschluss an das Foucaultsche Konzept der Gouvernementalität aus (vgl. Foucault 2006), wie Ende der 1980er Jahre die Haltungen, Verhaltensweisen und Affekte Arbeitsloser in den Blick sozialpolitischer Reformen und Programme geraten. Der Autor analysiert insbesondere programmatische Schriften der OECD, welche die Sozialpolitik der bevorstehenden 1990er Jahren entwerfen. "Job readiness" und "risk of dependency" sind die zwei Attribute, mittels der Arbeitslose fortan kategorisiert werden sollen. In Assessments kommen die Kategorien zur Anwendung, indem die Arbeitslosen, die ohne weiteres ‚vermittelbar' sind, da sie die erforderte 'job readiness' aufweisen, von jenen unterschieden werden, die "at risk" sind, bei denen also das Risiko einer Langzeitabhängigkeit festgestellt wird, und die deshalb besonderer Massnahmen wie Kurse, Unterstützung, Beratung, Trainingsprogramme et cetera bedürfen.

Die Ambivalenz der erläuterten MAMAC-Triagekriterien widerspiegelt denn auch die ambivalente Position jener Menschen "at risk" (Dean 1995), die quasi auf der Schwelle zwischen Arbeitsmarkt und ‚Langzeitabhängigkeit' positioniert werden und nun mit ‚vereinten Kräften' mehrerer Institutionen in Richtung Arbeitsmarkt und damit in Richtung Selbständigkeit bewegt werden sollen. Diese Programmatik widerspiegelt den Kontext des aktivierenden und investierenden Sozialstaats (vgl. Kapitel 2.2). So besehen dient der Begriff der „Mehrfachproblematik" in erster Linie der Klassifizierung von jenen Menschen, die "indices of disadvantage" (Dean 1995) aufweisen, denn „kritische und kostenintensive Fälle [sollen] frühzeitig" erkannt werden (Amt für Arbeit SG, 2006, 7).[20] Die Klassifizierung als MAMAC-Fall beziehungsweise als ein Fall mit Mehrfachproblematik erlaubt eine qualitative und quantitative Steigerung an Interventionen und legitimiert die Anwendung bestimmter Technologien (wie z.B. IIZ, Coaching und Case Management) und einen intensiveren Zugriff auch auf die Privatsphäre der Klient_innen. Dies gilt insbesondere für Klient_innen der Arbeitslosenversicherung (ALV), deren Beratung in den Regionalen Arbeitsvermittlungszentren sich in der Regel auf Themen rund um die Stellensuche konzentriert (vgl. Magnin 2005). Als IIZ-Klient_innen müssen sie sich aber dem „ganzheitlichen Blick" des Personals unterziehen und auch „Persönliches" rund um die Themen Gesundheit, Wohnen, Familie und Freunde, Freizeit und anderes mehr auf den Tisch legen. Damit wird eine beinahe panoptische Situation geschaffen (vgl. Foucault 1994 [1975]), in der tendenziell jedes Thema zur Sprache kommen kann, wodurch die Privatsphäre der Klient_innen stark eingeschränkt wird – zusätzlich dadurch, dass die involvierten Institutionen unter Umständen auch Daten über ihre Klient_innen austauschen (vgl. Pärli 2012).

2.4 Aktivierung „gesundheitlich eingeschränkter Erwerbsloser"? – Forschungsdesiderat und Erkenntnisinteresse

Krankheit unterliegt soziohistorischen Definitionsprozessen; wer oder was als krank beziehungsweise als arbeitsunfähig und wer oder was als gesund oder als arbeitsfähig gilt, ist nicht ‚objektiv' zu ‚messen', sondern Produkt sozialer Aushandlungen und Problematisierungen. Dies kommt im Konzept der „Handicapologie" des französischen Soziologen Robert Castel (2008) zum Ausdruck: Damit meint er den Katalog an Behinderungen und Einschränkungen, welche ein Individuum von der Verpflichtung ausnehmen, seine Existenz selbst zu sichern. Dieser Katalog entscheidet darüber, welche Einschränkungen als ausgleichsbedürftig respektive als zumutbar gelten und wer in der Folge als „würdige_r" oder als „unwürdige_r" Klient_in wahrgenommen wird.

20 Das Argument der „kostenintensiven" Fälle ist bei genauerer Betrachtung paradox, da sich die „Kostenintensivität" eines Falles nie mit völliger Sicherheit voraussagen lässt. Sie kann erst retrospektiv mit Bestimmtheit festgestellt werden: dann, wenn ein Fall tatsächlich hohe Kosten verursacht(e). Dennoch verlangt die auch durch Dean (1995) beschriebene Politik (präventiver) Verhinderung von Kosten solche Vorhersagen, die ihrerseits bestimmter Techniken und Instrumente (insbesondere Assessments und allerlei Tests) bedürfen, um die in Frage stehende Gruppe Arbeitsloser möglichst „korrekt" zu klassifizieren. Beispielsweise Rudolph (2001) äussert sich programmatisch-affirmativ zur „Früherkennung des Risikos von Langzeitarbeitslosigkeit".

Arbeits(un)fähigkeit ist insofern ein soziales Konstrukt, als ihre Bestimmung in einem ganz konkreten sozialen Kontext stattfindet: Welche gesundheitlichen Phänomene als die Arbeitsfähigkeit teilweise oder ganz einschränkend bewertet werden, hängt nicht nur von biopsychosozialen Faktoren des betroffenen Menschen (seiner sozialen Position, seines Lebenslaufs, seiner Arbeitsbiografie und anderem), sondern ebenso vom gesellschaftlich-politischen Kontext und der fachlichen Perspektive (bspw. der Medizin, des Rechts oder der Sozialen Arbeit) auf die Einschränkung ab. Die soziale Konstruiertheit von Arbeits(un)fähigkeit ergibt sich daraus, dass gesellschaftlich definiert wird, was Arbeit ist, wer wann wie viel arbeiten muss oder davon ausgenommen ist. Die gesellschaftlichen Vorstellungen von Produktivität und von Leistung sind normative Ideen, die sich wiederum in rechtlichen, ökonomischen und medizinischen Konzepten von Arbeits- und Leistungsfähigkeit niederschlagen. Das Aushandeln und damit das Herstellen von Arbeits(un)fähigkeit, die in dieser Arbeit in den Blick genommen werden, finden nicht im luftleeren Raum statt: Vielmehr sind diesen Praktiken Grenzen gesetzt, die zum einen durch die erwähnten normativen gesellschaftlichen Vorstellungen und Wertorientierungen und zum anderen durch die – damit zusammenhängenden – rechtlichen, ökonomischen und medizinischen Bestimmungen von Arbeits(un)fähigkeit gesteckt werden.

Dieses Verständnis von Arbeits(un)fähigkeit wird hier mithilfe eines soziohistorischen Abrisses und unter Rückgriff auf Castels Konzept der „Handicapologie" entwickelt. Im Anschluss daran lässt sich fragen, wie die Bewertung von Arbeits(un)fähigkeit im heutigen Sozialstaat vorgenommen wird. Dazu bedarf es zunächst einer näheren Bestimmung dieses Sozialstaats: Dieser wird hier als „aktivierend" und „investierend" beschrieben. Zentrale Elemente der so gefassten Sozialpolitik sind die Unterstellung von „Passivität" und von „Aktivierbarkeit" sowohl gegenüber arbeitslosen Individuen als auch gegenüber den Institutionen der sozialen Sicherung. Diese Sichtweise geht mit der Zuschreibung von Eigenverantwortung an die betroffenen Menschen einher: Nicht nur ihre Erwerbslosigkeit sollen sie aktiv angehen, sondern zunehmend gelten auch die Gesundheit und der Körper als individuell gestaltbar (vgl. Schmidt 2008). Denn ein zentrales Konzept der beschriebenen Politik ist die „Beschäftigungsfähigkeit". In Korrelation dazu entpuppt sich als Schlüsselelement der aktivierenden Arbeitsmarktpolitik die Arbeits(re)integration, denn Erwerbslose sollen (fast) um jeden Preis (zurück) auf den Arbeitsmarkt gebracht werden.

Im Anschluss an diese Ausführungen stellt sich die Frage, wie der aktivierende und investierende Sozialstaat Arbeits(un)fähigkeit konzipiert, bewertet und zuschreibt und wie er mit gesundheitlichen Einschränkungen bei Menschen ohne Erwerbsarbeit umgeht. Um einer Antwort näher zu kommen, wird hier ein Blick auf die sozialstaatliche Arbeitsintegration geworfen, die zunehmend mit Menschen mit gesundheitlichen Einschränkungen konfrontiert ist. Forschungsbefunde zum Zusammenhang von Arbeitslosigkeit und Gesundheit zeigen auf, inwiefern sich diesbezüglich ein „Teufelskreis" ergibt, da sich Arbeitslosigkeit negativ auf die Gesundheit auswirken kann, während gesundheitlich angeschlagene Menschen geringere Chancen auf dem Arbeitsmarkt haben. Bezug auf solche Forschungsbefunde nehmen sowohl policy-orientierte Schriften wie die referierten der OECD als auch Programme zur (Re-)Integration gesundheitlich eingeschränkter Menschen wie die Interinstitutionelle Zusammenarbeit in der Schweiz.

Was ist nun das Forschungsdesiderat, das sich aus den gemachten Ausführungen ergibt? Die Problematisierung von Arbeits(un)fähigkeit ist aus (sozio)historischer Perspektive bereits erforscht worden, und zur aktivierenden und investierenden Arbeitsmarkt- und Sozialpolitik liegt eine Reihe makro-, meso- und mikrosoziologischer Studien vor, auf die hier punktuell eingegangen wurde. Zu konkreten Programmen der Arbeitsmarktintegration wurden bisher vor allem Evaluationsstudien durchgeführt. Zu fehlen scheinen jedoch Forschungen, die sich der konkreten Praxis der Problematisierung und Bewertung von Gesundheit und Arbeits(un)fähigkeit und dem Umgang mit gesundheitlich eingeschränkten Menschen in der Arbeitsintegration zuwenden.

Die vorliegende Studie geht daher der Frage nach, wie gesundheitliche Einschränkungen Erwerbsloser bei der (inter-)institutionellen Arbeit an ihrer beruflichen Eingliederung ausgehandelt, konzeptualisiert und bearbeitet werden. Da diese Arbeit auf ethnografischem Datenmaterial einer grösseren Studie basiert, ist das konkrete Forschungsfeld sozusagen vorgegeben: Es handelt sich um zwei Projekte respektive Institutionen, die im Zusammenhang mit dem Programm der Interinstitutionellen Zusammenarbeit (IIZ) entstanden sind, die in der vorliegenden Studie aber primär als Arbeitsintegrationsagenturen verstanden werden (siehe zu einer Beschreibung dieser beiden Institutionen Kapitel 4), während die IIZ selbst hier als aktivierungspolitische Massnahme aufgefasst wird. Denn mit der IIZ wurde in der Schweiz ein sozialstaatliches Programm entwickelt, das Erwerbslose mit gesundheitlichen und weiteren Problemen in den Arbeitsmarkt integrieren möchte. Im Zuge der vorherrschenden Aktivierungspolitik gelten gewisse Beeinträchtigungen als zumutbar und scheinen die Arbeitsintegration nicht grundsätzlich zu behindern. Das hängt mit einer inhaltlichen Verengung der „Handicapologie" zusammen.

Konkret interessiert hier, wie diese „Handicaps" in einem ganz spezifischen Feld, der sozialstaatlichen Arbeitsintegration, produziert, gedeutet, ausgehandelt werden und wie sie zum Ausgangspunkt von Interventionen werden. Ausgehend von der Annahme, dass Konzepte und Vorstellungen von Gesundheit und Krankheit ebenso wie von Arbeits- und Leistungsfähigkeit historisch, gesellschaftlich und kulturell wandelbar sind, wird gefragt: In welchen Kontexten und mit welchen Praktiken wird Arbeits(un)fähigkeit beziehungsweise werden gesundheitliche Einschränkungen in den zwei untersuchten Arbeitsintegrationsagenturen sicht- und wahrnehmbar gemacht und problematisiert? Wie werden „gesundheitlich eingeschränkte Fälle" bearbeitbar gemacht und welche Strategien und Praktiken werden zu ihrer Bearbeitung angewendet? Was gilt als legitime, zu Unterstützung berechtigende, und was als illegitime, d.h. zumutbare, Einschränkung?

Diese Fragen zielen auf das Herstellen von Arbeits(un)fähigkeit ab: In diesem Zusammenhang sind die institutionellen Praktiken und Prozesse von Interesse, die den ‚arbeits(un)fähigen Fall' organisieren, konstituieren und durch die er bearbeitet wird. Primär betrachte ich also die Arbeit des Personals als Vertreter_innen der untersuchten Institutionen, während die „Arbeit" der Klient_innen (vgl. Maeder/Nadai 2004) eher am Rand betrachtet wird. Neben den Praktiken werden ferner die institutionellen und politischen Logiken, die die Arbeit am Fall durchdringen, in den Blick genommen. In den Fokus rücken also weniger die Programmatiken der Arbeitsintegration gesundheitlich eingeschränkter Menschen, sondern vielmehr die "welfare in practice" (Schultheis 2012b, 176): die alltägliche Praxis der untersuchten Institutionen im Hinblick auf Arbeits(un)fähigkeit. Der methodologischen Konzeptualisierung des Gegenstands und der methodischen Vorgehensweise gehe ich im folgenden Kapitel nach.

3 Arbeits(un)fähigkeit in ethnografischer Perspektive – Forschungsdesign und methodisches Vorgehen

3.1 Spannungsfelder in Ethnografien – methodologische Reflexionen

Ethnografie zielt im weitesten Sinne auf die Rekonstruktion von Kultur, insbesondere in ihrer herkömmlichen Funktion in der (traditionellen) Ethnologie bzw. Kulturanthropologie (vgl. bspw. Geertz 1987). Diesen holistischen Anspruch der Dokumentation und Analyse einer gesamten Kultur hat die Ethnografie vor allem in ihrer soziologischen Erscheinungsform abgelegt: Eine soziologisch orientierte Ethnografie fokussiert auf die „praktischen Prozesse der sozialen Konstruktion von Gesellschaft, die sich in situierten, öffentlichen Praktiken manifestieren" (Nadai/Koch 2011; vgl. Knorr Cetina 1989) und möchte damit die praktische Erzeugung der Wirklichkeit (vgl. Lüders 2000, 390), die gesellschaftliche „Konstruktionsmaschinerie" (Knorr Cetina 1989, 91), beschreiben und analysieren.

Mit Ethnografie wird weniger eine konkrete Methodik bezeichnet, als vielmehr eine „opportunistische und feldspezifische Erkenntnisstrategie" (Amann/Hirschauer 1997, 20; vgl. Nadai/Koch 2011), die sich neben ihrem Methodenpluralismus zum einen insbesondere durch die Beziehung zwischen den Forscher_innen und ihrem Forschungsgegenstand bzw. dem Feld charakterisiert (vgl. Hirschauer/Amann 1997) und zum anderen durch die Beziehung zwischen den Autor_innen oder dem Text und den Leser_innen (vgl. Hirschauer 2001, 442 f.). Sowohl methodisch-methodologisch als auch theoretisch lässt sich die Ethnografie nicht einer ‚Schule' oder einer Methode zuordnen. Methodisch gilt die teilnehmende Beobachtung bzw. der Feldaufenthalt ("fieldwork") als Kernstück der Ethnografie: Sie erst erlauben die „anhaltende Kopräsenz von Beobachter und Geschehen" (Amann/Hirschauer, 1997, 21; vgl. auch Nadai/Koch 2011), die als unverzichtbar für ethnografische Forschung gilt. Die teilnehmende Beobachtung lässt sich mit einer Vielzahl weiterer Erhebungsstrategien kombinieren: Zur Datensorte des Beobachtungsprotokolls können (ethnografische) Interviews, Dokumente wie Akten, Tagebücher, Briefe, programmatische Texte, Prospekte und ähnliches, Audio- und Videoaufzeichnungen von Interaktionen und alltagskulturellen Gesprächen im Feld, Fotografien, aber auch quantitative Erhebungsstrategien treten (vgl. Lüders 2000, 394).

Damit sind bereits die drei zentralen Merkmale einer Ethnografie angesprochen (vgl. Lüders 2000): der Feldaufenthalt und die Teilnahme am Alltag der Beforschten, die es erlaubt, ihre praktischen Vollzüge dieses Alltags nachzuvollziehen; die methodische Vielfalt, die feldspezifisch, d.h. gegenstands- und situationsangemessen, zum Einsatz kommt; und schliesslich der herausragende Stellenwert von Tätigkeiten wie Erinnern, Protokollieren und Schreiben, ist Ethnografie doch primär eine "rhetorical activity" (Atkinson 1990, 10). Wenn in Bezug auf diese Kennzeichen vom kleinsten gemeinsamen Nenner ethnografischen Forschens gesprochen werden kann, ist damit zugleich angedeutet, dass der Konsens sich darauf beschränkt. Bevor ich weiter unten auf zwei spezifische Aspekte der hier vorliegenden Ethnografie – Ethnografie in der Street-Level Bureaucracy und Ethnografie von sozialen Differenzen und Differenzierungen – eingehe und dann zur konkreten Vorgehensweise dieser Studie komme, möchte ich deshalb einige der in der methodologischen und methodischen Literatur beschriebenen Spannungsfelder respektive Herausforderungen von Ethnografie im Allgemeinen darstellen, mit denen auch diese konkrete Ethnografie konfrontiert ist:

1. Ethnografie zeichnet sich traditionell durch ihre Offenheit aus: Sie ist eine „flexible, methodenplurale kontextbezogene" (Lüders 2000, 389) Forschungsstrategie, die dem Forschungsgegenstand und dem erforschten Feld angemessen sein sollte: Ethnograf_innen sollten sich gleichsam ‚vom Feld leiten' lassen. Gerade die soziologische Ethnografie wird in der Literatur aber auch als theoriegeleitete und fokussierte Ethnografie (vgl. Knoblauch 2011; Spradley 1980) skizziert, die zwar nicht deduktiv Vorab-Theoreme ans Feld heranträgt, aber mittels "sensitizing concepts" (Blumer 1954) respektive einem „marodierenden ‚opportunistischen' Gebrauch von Theorie" (Breidenstein 2006, 26) auch theoretisch entscheidet, worauf der Blick zu richten ist. Kurzum: Es gilt in Ethnografien „die Balance zwischen Erkenntnisinteresse und situativen Anforderungen" (Lüders 2000, 393) zu halten. Der Wechsel zwischen Empirie und Theorie lässt sich auch folgendermassen skizzieren: Durch die in der vorgelegten Studie geleistete Kombination von Ethnografie mit Grounded Theory (vgl. Strauss/Corbin 1996; Charmatz/Mitchell 2001), die sich durch eine iterative Forschungsstrategie auszeichnet, findet auch ein Hin-und-Her zwischen Datenerhebung und -auswertung statt. Diese Iteration kann beschrieben werden als Wechsel zwischen der Arbeit im Feld einerseits (deren Übertreibung in einem "going native" gipfeln würde), und der Arbeit am Schreibtisch andererseits, dem "coming home" (vgl. Breidenstein 2006,

29). Durch diesen Wechsel zwischen Datenerhebung und -auswertung wird jeder Feldaufenthalt fokussierter – und damit gewissermassen ‚theoriegeleiteter' und weniger offen – als der letzte, was in gewisser Weise dem Konzept des "theoretical sampling" (vgl. Glaser/Strauss 2005) entspricht, das Glaser und Strauss im Rahmen der Grounded Theory entwickelten.

Diese Ethnografie ist durch viele kurze Feldaufenthalte gekennzeichnet: Während rund 24 Monaten hatte das Forschungsteam (bestehend aus Eva Nadai, Alan Canonica und Martina Koch) knapp 200 Feldkontakte (rund 120 entfielen auf das Zentrum Berufliche Eingliederung, während etwa 80 davon mit Matrix stattfanden – siehe Kapitel 4 für eine Beschreibung der beiden untersuchen Institutionen). Die Feldkontakte reichten von Interviewterminen über Gesprächstermine, zu denen Klient_innen vom Forschungsteam begleitetet wurden, und Sitzungen des Personals bis hin zu einzelnen ganzen „Bürotagen", an denen das Team den Mitarbeitenden ‚über die Schulter schauten'. Durch das regelmässige ‚Heimkehren' und ‚Aussteigen' aus dem Feld war die Gefahr eines 'going native' eher gering, wenngleich ganze Tage im Feld sowie häufige Feldaufenthalte manchmal dazu führten, dass ich das Personal der erforschten Institutionen häufiger traf als meine Arbeitskolleg_innen. Dem distanzlosen Aufgehen in der Perspektive des Feldes wirkte die Datenauswertung entgegen, die sich jeweils mit der Datenerhebung abwechselte, und mit dem Lesen theoretischer Texte und einem Austausch im Team verbunden war.

2. In Ethnografien findet ein Changieren oder ein Ausbalancieren zwischen Fremdheit und Vertrautheit oder zwischen Nähe und Distanz statt: Einerseits gilt es, vertraut zu werden mit dem Feld und seinen Mitgliedern, um ihr Handeln, ihre Routinen und Praktiken, ihren praktischen Vollzug des Alltags verstehen und nachvollziehen zu können. Ethnografie zielt also darauf ab, die Perspektive der Erforschten, die emische Perspektive, mittels „gelebter Teilnahme" (Lüders 2000, 392) nachzuvollziehen. Andererseits bedarf es einer gewissen Distanz bzw. einer „Befremdung der eigenen Kultur" (Hirschauer/Amann 1997), um überhaupt wahrnehmen zu können, was vor den eigenen Augen – dem etischen Blick – vor sich geht und eine Antwort zu finden auf die dem Anthropologen Clifford Geertz zugeschriebene Frage: "What the hell is going on here?" Lüders (2000, 392) beschreibt „das Eintauchen ins Forschungsfeld als Prozess der partiellen Entkulturation". Zu viel Nähe bzw. ein "going native" würde die Sensibilität für die „Schweigsamkeit des Sozialen" (Hirschauer 2001), für das vor- oder aussersprachliche Wissen, das "tacit

knowledge" verstellen, das als „praktischer Sinn“ (Bourdieu 1993) nicht verbalisiert werden kann. Es handelt sich demnach auch um ein Spannungsfeld zwischen Teilnahme und Beobachtung (vgl. Hirschauer 2001): Mit Bourdieu (1993) lässt sich dieses als eine Ambivalenz zwischen der „Logik der Praxis“ im untersuchten Feld beschreiben, in dem Handlungsdruck besteht, und der Logik einer Forschung, die „entlastet von den Entscheidungszwängen des Alltags“ (Lüders 2000, 391) funktioniert.

Auch in unserer Feldforschung wechselten sich Strategien der Herstellung von Nähe mit solchen der Verfremdung ab. Nähe liess sich für mich jeweils leichter mit dem Personal der erforschten Institutionen herstellen, da ich bei mehrstündigen oder mehrtägigen Feldaufenthalten jeweils den Tagesablauf der Organisation mit(er)lebte: gemeinsame Kaffeepausen, gemeinsame Mittagessen und ähnliches. Auch auf die Klient_innen wirkte es teilweise so, als wäre ich Teil des Personals, wenn ich beispielsweise bereits vor den Klient_innen, an deren Termin ich teilnahm, ‚da‘ war oder wenn ich nach deren Gesprächstermin länger blieb, um mit einem Coach oder einer Assessorin noch einen Fall zu besprechen. Verfremdung wurde – neben den Ausstiegen aus dem Feld auf Raten – auch durch das bereits erwähnte Auswerten der Daten erzeugt, insbesondere wenn die Auswertung im Forschungsteam erfolgte und so intersubjektiv validiert werden konnte.

3. Dem erwähnten holistischen Anspruch von Ethnografie, „fremde“ oder – seit kürzerem – „befremdete“ (vgl. Amann/Hirschauer 1997) (Sub-) Kultur(en) in ihrer Gesamtheit zu dokumentieren, zu re- bzw. ko-konstruieren und zu analysieren (vgl. Gobo 2011) steht ihre sowohl beklagte als auch produktiv gewendete Selektivität entgegen: Das zentrale Erhebungsinstrument in Ethnografien ist die Forscherin bzw. der Forscher selbst, die oder der (idealerweise) ‚in ein Feld eintaucht‘ und als teilnehmende_r Beobachter_in zu einem temporären Mitglied der untersuchten Gemeinschaft, Subkultur, Organisation oder des erforschten Milieus wird. Während bereits die Forscherin als Erhebungsinstrument selektiv wahrnimmt (sie sieht das, worauf sie den Blick richtet, nicht aber, was sich hinter ihrem Rücken ausserhalb ihres Blickfelds zuträgt), findet eine weitere Selektion beim Aufzeichnen – als Protokollierung „des nachträglich noch Erinnerten“ (Lüders 2000, 396) – statt. Hirschauer (2001, 433) spricht denn auch von einer „bescheidenen Dokumentationsleistung von Teilnehmender Beobachtung“, die allerdings gar nicht das Ziel einer Ethnografie sein kann (vgl. ebd.). Vielmehr bedarf es eines Bewusstseins dafür und einer Reflexion darauf, dass das ethnografische

Protokoll eine spezifische Textsorte darstellt: Es kann als „rekonstruierende Konservierung“ (Bergmann 1985, 308) des Beobachteten und Erinnerten bezeichnet werden und ist damit das Produkt von Ethnograf_innen, die „ihre ‚Beobachtungen‘ und Erinnerungen nachträglich sinnhaft verdichten, in Zusammenhänge einordnen und textförmig in nachvollziehbare Protokolle giessen“ (Lüders 2000, 396; vgl. auch Kelle 2001; Hirschauer 2001). Feldnotizen sind demnach nicht primär als Dokumentation zu verstehen, die den Forscher oder die Forscherin vor dem Vergessen bewahrt, sondern bereits als erster Schritt der Verdichtung, Interpretation und Analyse dessen, was gesehen und erinnert wird. Ethnografisches Schreiben kann demnach zwischen dem „Bezugsproblem des Vergessens des Beobachters“ (Hirschauer 2001, 429 f.) und jenem der „Autorisierung des Autors“ (ebd.) angesiedelt werden. Das Problem der (Autorisierung der) Autorschaft bzw. die Frage nach der Repräsentation werden seit ein paar Jahrzehnten unter dem Schlagwort der „Krise der ethnografischen Repräsentation“ (Berg/Fuchs 1993) diskutiert. Lüders (2000, 398) ist allerdings der Meinung, dass diese Debatten „[a]usser einigen Reflexionsgewinnen […] forschungspraktisch wenig greifbare oder hilfreiche Ergebnisse [erbrachten]“. Vor dem Hintergrund dieser Überlegungen handelt es sich bei der vorliegenden Ethnografie um eine ‚klassische‘, die die Autorschaft nicht problematisiert.

Diese Beschreibung ethnografischer Spannungsfelder und ungelöster Probleme in den methodischen und methodologischen Debatten zur ethnografischen Forschung erhebt keinen Anspruch auf Vollständigkeit. Vielmehr soll damit zugleich zweierlei geleistet werden: Zum einen dienen diese Ausführungen einer knappen Beschreibung dessen, was Ethnografie im Allgemeinen auszeichnet. Dass es die Ethnografie nicht (mehr) gibt, sondern dass es sich dabei um eine Forschungsstrategie mit unterschiedlichen Ausprägungen, unterschiedlichen theoretischen und disziplinären Prägungen und unterschiedlichen methodischen Vorgehensweisen handelt (vgl. Gobo 2011), sollte durch die gewählte Darstellungsform dieser knappen Skizzierung von Ethnografie deutlich geworden sein. Zum anderen geht es mir auch darum, den Boden für die nachfolgenden Ausführungen zu bereiten, die das konkrete Vorgehen der hier vorgelegten Ethnografie beschreiben und sie damit in den skizzierten Spannungsfeldern und Debatten verorten.

Im Folgenden wird diese Studie nun ausführlicher beschrieben: als soziologische Ethnografie, die in der “Street-Level Bureaucracy” (Lipsky 1980) durchgeführt wurde und deren Fokus sich auf Arbeits(un)fähigkeit als sozialer Differenz bzw. als Differenzierung (vgl. Mecheril/Melter 2010; 2012) richtet. Im Anschluss werden in Kapitel 3.3 die konkrete methodische Vorgehensweise und in Kapitel 3.4 die Auswertung und Analyse der erhobenen Daten beschrieben.

3.2 Soziologische Ethnografie von Arbeits(un)fähigkeit – Forschungsdesign

Das Design des Forschungsprojektes, in dessen Kontext diese Studie entstand[21], umfasst Fallstudien zweier sozialstaatlicher Institutionen in zwei Schweizer Kantonen und ist damit als "multi-sited ethnography" (vgl. Falzon 2009; Nadai/Maeder 2005) in der Street-Level Bureaucracy (Lipsky 1980) angelegt. Die Erforschung von Organisationen mittels ethnografischer Ansätze hat – insbesondere in der amerikanischen Soziologie – eine lange Tradition (vgl. Morrill/Fine 1997, 424). Organisationale Ethnografie als ethnografische Forschung in und von Organisationen richtet sich auf Prozesse des Organisierens (Eberle/Maeder 2011, 53), auf "the doing of organziational work" (Morrill/Fine 1997, 438). Mit Lipsky (1980) können öffentliche Dienste, die sich durch eine bürokratische Binnenrationalität und Organisationsform und durch einen ausgeprägten persönlichen „Kundenkontakt" charakterisieren lassen, als "Street-Level Bureaucracies" bezeichnet werden. Typischerweise werden darunter Abteilungen der Sozialverwaltung wie die Sozialhilfe oder Kindes- und Jugendschutzbehörden aber auch Einrichtungen der Justiz (Gerichte) oder der Polizei verstanden, die direkt mit der Bevölkerung interagieren. Es geht also mit anderen Worten um "welfare in practice" (Schultheis 2012b, 176), die sich von sozialpolitischen Programmatiken unterscheidet: Street-Level Bureaucracies verfügen über Ermessensspielräume, weil programmatische Anforderungen einer praktischen Umsetzung bedürfen, und weil die Aufgabenbewältigung sich aufgrund des persönlichen Kontakts zu den Adressat_innen nicht durchgängig standardisieren lässt (vgl. Lipsky 1980).

In diesem Zusammenhang wird theoretisch am organisationssoziologischen "negotiated order approach" angeknüpft (vgl. Strauss 1978; Maines 1977; Maines/Charlton 1985). Organisationen – und damit auch die organi-

21 Die vorliegende Dissertationsstudie entstand im Rahmen eines grösseren Forschungsvorhabens (siehe Fussnote 6 auf Seite 19). Wenngleich sich die Fragestellung, das Erkenntnisinteresse und die heuristischen Konzepte der vorliegenden Arbeit nicht mit jenen der SNF-Studie decken, so ist das methodische Vorgehen doch grösstenteils identisch. Die folgenden methodischen Ausführungen beziehen sich daher zu einem grossen Teil auf das methodische Vorgehen der SNF-Studie.

sationale Herstellung von sozialen Differenzen wie Arbeits(un)fähigkeit oder Gesundheit/Krankheit – werden als Ergebnis von Aushandlungsprozessen begriffen, die sich zu sozialen Strukturen fügen. Zur Aufrechterhaltung von Organisationsstrukturen und zur organisationalen Bewältigung der Arbeit bedarf es situativer Abstimmungsprozesse und institutioneller Arrangements zwischen Berufsgruppen beziehungsweise zwischen Handelnden. Der öffentliche Dienst wird demnach als „soziale Praxis“ begriffen, präziser noch als eine soziale Ordnung, die in Prozessen der Aushandlung „situativ als ein Ensemble von Praktiken und Deutungen“ laufend hervorgebracht werden muss (Maeder/Nadai 2004, 13). Ein solches, am Symbolischen Interaktionismus orientiertes Verständnis von Organisationen zeichnet sich durch seine Betonung der Prozesshaftigkeit sozialer Ordnungen als „ongoing systems of negotiating” aus (Maines 1977, 253). Routinisierte Handlungen in Interaktionssituationen und stabile, regelhafte Wahrnehmungs- und Verhaltensmuster verweisen darauf, dass situatives Handeln eingebunden ist in Ergebnisse vorgängiger Deutungen und Handlungen. Soziale Praxis ist daher nicht willkürlich, sondern Ausdruck einer (potentiell) ausgehandelten organisationalen Ordnung.

Ethnografie weist spätestens seit der „Krise der ethnografischen Repräsentation“ (Berg/Fuchs 1993) in den 1970er Jahren eine spezifische Sensibilität gegenüber „dem Anderen“ und damit auch im Umgang mit sozialen Unterschieden auf, wodurch sie für die Erforschung von sozialen Differenzen und Differenzpraxen prädestiniert ist (vgl. Fritzsche/Tervooren 2012, 27). Differenzierende Praktiken sind als “tacit knowledge” und als Produkte des „praktischen Sinns“ (Bourdieu 1993) nicht (allein) durch Befragungen wie Interviews zu erfassen, da sie von ihren Träger_innen gar nicht ausnahmslos verbalisiert werden können (vgl. Hirschauer 2001, 443 f.). Es liegt daher nahe, sie mittels einer ethnografischen Herangehensweise zu untersuchen, denn als Praktiken sind sie der Beobachtung zugänglich. So rückten in jüngerer Zeit Prozesse der (Re-)Produktion von sozialen Differenzen (wie Geschlecht, Ethnizität, Nicht/Behinderung, (In)Kompetenz etc.) in bestimmten (sozial-) pädagogischen Settings ins Zentrum des ethnografischen Interesses (vgl. Fritzsche/Tervooren 2012; Kuhn 2013; Langer 2008; Ott 2010).

Daran schliesst diese Studie an: Arbeits(un)fähigkeit wird in dieser Arbeit im Anschluss an sozialkonstruktivistische Perspektiven als soziale Differenz verstanden, die im Kontext der Street-Level Bureaucracy durch konkrete soziale und organisationale Praktiken hervorgebracht wird. Die untersuchten sozialstaatlichen Behörden zeichnen sich dadurch aus, dass ihr Personal zu einem hohen Anteil in die direkte Interaktion mit Klient_innen eingebunden ist. Gleichzeitig verfügen die Fachpersonen in ihrem Praxisalltag über grosse Ermessensspielräume, was die potentiell offenen Prozesse der Her- und Darstellung sozialer Differenzen wie Arbeits(un)fähigkeit für einen ethnografischen Zugang verfügbar macht. Sowohl in Interaktionen zwischen den Street-Level Bureaucracies und ihren Adressat_innen als auch auf einer innerorganisationalen Ebene der Street-Level Bureaucracies werden Differenzierungen praktiziert und wird eine Differenzordnung hergestellt. Diese Differenzierungen können in Form inkorporierter, gleichsam impliziter Praktiken stattfinden, als auch die Gestalt expliziter verbaler Kategorisierungen annehmen.

Daher wird dem "taken-for-granted"-Wissen, dem unausgesprochenen, selbstverständlichen und impliziten Wissen besondere Aufmerksamkeit geschenkt (vgl. Fritzsche/Tervooren 2012, 27; Hirschauer 2001). Denn „in einer praxeologisch ausgerichteten ethnografischen Forschung [interessieren] stets auch diejenigen Bedeutungen, die sich implizit und hinter dem Rücken der Beforschten vollziehen" (Fritzsche/Tervooren 2012, 33). Diese impliziten Bedeutungen können durch die wiederholte Beobachtung einander ähnlicher Situationen – hier insbesondere Interaktionssituationen zwischen Personal und Klient_innen – eingefangen werden (ebd.; Hirschauer 2001, 442). Da die (Re-)Produktion sozialer Differenzen wie Arbeits(un)fähigkeit massgeblich auch durch – in die skizzierten Praktiken eingebettete – Zuschreibungen, durch explizite und verbalisierte Selbst- und Fremdkategorisierungen funktioniert, richtet sich der Fokus dieser Studie zum anderen auch auf die semantische Dimension der Differenzpraxis, d.h. auf die „feldspezifische diskursive Praxis" (vgl. Hirschauer 2001) in Bezug auf Arbeits(un)fähigkeit (siehe Kapitel 5 bis 9).

3.3 Methodisches Vorgehen

3.3.1 Das Feld: Feldkonstruktion, Feldzugang und Feldrolle

Das ethnografische Feld ist nicht einfach da, es muss auch nicht bloss entdeckt werden, sondern es wird vorab – und später auch während der Arbeit im Feld ("fieldwork") immer wieder – konstruiert (vgl. Nadai/Maeder 2009). Das Feld, in dem diese teilnehmende Beobachtung durchgeführt wurde, umfasst je ein Projekt institutionenübergreifender Zusammenarbeit in zwei verschiedenen Schweizer Kantonen. Bei diesen Projekten handelt es sich um sogenannte IIZ-Modelle. IIZ steht für „Interinstitutionelle Zusammenarbeit", eine Strategie der kooperativen Arbeitseingliederung, die vom Schweizer Bund propagiert wird und sich zum einen in einem programmatischen Diskurs auf Bundesebene niederschlägt, auf den ich in Kapitel 2.3.2 eingehe. Zum anderen setzten die Kantone diese Programmatik in den letzten Jahren unterschiedlich um. Zwei solcher kantonalen Umsetzungen wurden im Forschungsprojekt "Working the interstices. Inter-institutional cooperation in the Swiss welfare and social insurance system" untersucht (siehe dazu Kapitel 4). Zu IIZ-Modellen gehören auch die Fälle zuweisenden Organisationen – primär die Arbeitslosenversicherung, die Invalidenversicherung, die Sozialhilfe und je nach Modell weitere Stellen oder Personen.

Der Feldzugang gestaltete sich in Bezug auf "gate-keeper" in beiden Modellen top-down, d.h. hierarchisch über die jeweiligen Vorgesetzten, die uns an ihnen unterstellte Mitarbeitende weiterverwiesen. Mit dieser „Referenz" der jeweils nächsthöheren Hierarchieebene ausgestattet, verlief der Feldzugang unproblematisch. Neben dem Einhalten dieses – von den Feldteilnehmenden gewünschten – Top-down-Vorgehens mussten wir uns das Feld bezüglich „Fällen" und Beobachtungsmöglichkeiten ferner Schritt-für-Schritt erschliessen, d.h. wir durften zuerst einen Tag beobachten, dann noch einen und noch einen und analog dazu konnten wir einen Fall nach dem anderen begleiten. Es schien, als ob sich eine anfängliche Skepsis legte, sobald wir einmal im Feld präsent waren. Zur Feldrolle lässt sich sagen, dass ich eher Beobachterin als aktive Teilnehmerin war (was für die anderen beiden Projektteammitglieder, die ebenfalls Daten erhoben, ähnlich gilt). Ich hatte den Eindruck, dass man mir teilweise den Status einer Praktikantin zuwies, was zur Folge hatte, dass ich sowohl vom Personal als auch von den Klient_innen eher mit den Berater_innen als mit den Klient_innen identifiziert wurde. Das zeigte sich zum Beispiel daran, dass sich in den Beobachtungsprotokollen mehrere Situationen finden, in denen Berater_innen, nachdem sie eine scherzhaft gemeinte Bemerkung zu ihren Klientin_innen machten, lachend mich anblickten, was den Effekt hatte, dass wir ungewollt eine „Triade, in der zwei gegen einen stehen" (Maeder/Nadai 2004, 115), bildeten. Ferner stellten mir Klient_innen mehrfach Fragen, die ‚eigentlich' ihren Berater_innen galten, was zeigt, dass ich auch von den Klient_innen als Teil der erforschten Organisation wahrgenommen wurde. Diese Weise der Feldsozialisation wurde wohl dadurch gestützt, dass ich zwar meistens zeitgleich wie die Klient_innen kam, aber oftmals länger blieb, um mich noch mit den Berater_innen zu unterhalten, mit denen ich auch ab und zu die Kaffee- oder die Mittagspause verbrachte.

3.3.2 Die Daten: Datenerhebung, Datenfixierung und Datenmaterial

Datenerhebung und Datenfixierung gehen in Ethnografien Hand in Hand und lassen sich kaum unterscheiden. In der vorliegenden Ethnografie gingen wir so vor, dass wir möglichst unmittelbar, d.h. direkt im Feld, sogenannte Feldnotizen ("fieldnotes") machten. In der Regel war dies gut möglich, da viele der beobachteten Situationen sich in Settings abspielten, in denen Schreiben zu den alltäglichen Praktiken der Feld-Angehörigen bzw. in erster Linie des Personals gehören (während die Klient_innen eher seltener schreiben, sich allerdings als „gute" Klient_innen beweisen können, wenn sie sich (vermeintlich) wichtige Sachen notieren). Allerdings provozierte meine Vielschreiberei gelegentliche Kommentare wie beispielsweise die Frage, ob ich in Stenoschrift schreibe. Diese Feldnotizen als "condensed accounts" (vgl. Spradley 1979) arbeiteten wir möglichst im Anschluss an den Feldaufenthalt oder spätestens am nächsten Tag zu Beobachtungsprotokollen, sogenannten "expanded accounts" (vgl. ebd.), aus. Wenngleich die Anzahl ganzer Tage im Feld an einer Hand abgezählt werden kann, absolvierten wir doch unzählige kürzere Feldaufenthalte, da wir uns bald schon auf das ‚Begleiten' ‚unserer' Fälle konzentrierten, bei deren Beratungsgesprächen wir wenn immer möglich zugegen waren – nicht nur im jeweiligen IIZ-Projekt, sondern auch bei der jeweils zuweisenden Stelle. Insgesamt wurden 14 IIZ-Fälle über einen Zeitraum von 2 bis 16 Monaten begleitet. So kamen als Datenmaterial über tausend Seiten Beobachtungsprotokolle zusammen, ferner Transkripte von leitfadengestützten Interviews mit dreizehn Klient_innen, von neun Interviews mit deren Berater_innen und von 16 Interviews mit weiterem Personal. Ausserdem sammelten wir Dokumente (insbesondere Akten und Protokolle zu den begleiteten Fällen, aber auch Traktandenlisten von Teamsitzungen, Organigramme und Jahresberichte, Prozessformulare, interne Merkblätter etc.).

Folgenden Aspekt gilt es, bezüglich der Interviews in dieser Art von Forschungsfeld noch zu erwähnen: Interviews sind immer oder meist von Machtaspekten geprägt, insbesondere auch, wenn es sich bei den Gesprächspartner_innen um Erwerbslose handelt, die oft gesellschaftlichen Stigmatisierungen ausgesetzt sind. Pierre Bourdieu (1997a, 780) spricht in diesem Zusammenhang auch von der „symbolischen Gewalt", „die durch die Interviewbeziehung zur Ausübung kommen kann". Selbst wenn ich mich bemüht habe, diese symbolische Gewalt in den Gesprächen möglichst zu vermeiden oder gering zu halten, ist von einer gewissen Distanz zwischen den Interviewten und mir auszugehen, was es bei der Auswertung der Interviews zu beachten gilt.

Tabelle 1 bietet eine Übersicht über die beiden Fallstudien und über das erhobene Datenmaterial.

Tabelle 1: Übersicht über das Datenmaterial (Darstellung angelehnt an Nadai/Canonica/Koch 2015, 239)

Merkmale	Fallstudie	
	Matrix	ZBE
Beobachtungszeitraum	Juni 2008 bis Juni 2010	Februar 2008 bis Januar 2010
Teilnehmende Beobachtung (Beobachtungsprotokolle, Dokumente, E-Mails etc.)	Teilnehmende Beobachtung bei Geschäftsstelle, Steuerungsgremium, Case Teams, Triage Team, Fachrat von Matrix; RAV, Sozialdienst, IV, Regionalärztlicher Dienst der IV	Teilnehmende Beobachtung bei Steuerungsgremium, in diversen Abteilungen des ZBE (Intake, Assessments, Coaching, Sozialberatung); RAV; Austauschsitzungen ZBE/ Sozialdienst
Beobachtete Fälle (Beobachtungsprotokolle, Fallakten, E-Mails)	5 Fälle	9 Fälle
Interviews mit dem Personal	3 fallführende Case Manager_innen 7 weitere Personen in operativen und Leitungsfunktionen (Geschäftsstelle Matrix, IV, Sozialhilfe, RAV, Berufsberatung)	6 fallführende Coachs bzw. Assessor_Innen 9 weitere Personen in operativen und Leitungsfunktionen (Leitung/ Teamleitungen ZBE, Leiter Arbeitsamt, Mitarbeitende RAV und Sozialhilfe)
Interviews mit den Klient_innen	5 Interviews	8 Interviews

3.3.3 Die Auswertung: Codes, Memos und Konzepte

Insbesondere (aber nicht ausschliesslich) zur Auswertung und Analyse der Daten wurde in dieser Studie die Grounded Theory-Methode in ihrer Weiterentwicklung durch Corbin und Strauss (vgl. Strauss/Corbin 1996; Strübing 2004) eingesetzt. Die Grounded Theory gibt keine Schritt-für-Schritt-Anleitung für die Datenerhebung bzw. -auswertung vor, sondern macht

Vorschläge für ein flexibel handhabbares Verfahren (vgl. Böhm 2003, 476). Im Zentrum steht das theoretische Kodieren des ethnografischen Datenmaterials. Die eigentliche Auswertung erfolgt als dreistufiges Verfahren, welches das offene,.das axiale und das selektive Kodieren umfasst. Unterstützt wird die Auswertung (insbesondere in der Phase des axialen Kodierens) durch das so genannte Kodierparadigma (vgl. Strauss/Corbin 1996), bei dem durch „das Stellen von Fragen" (Strauss/Corbin 1996, 44) und durch Vergleiche der Kontext eines Phänomens rekonstruiert wird (Strübing 2004, 26ff.). Gefragt wurde nach Ursachen, Kontexten, intervenierenden Bedingungen, Handlungen und deren Konsequenzen in Bezug auf das hier interessierende Phänomen von Arbeits(un)fähigkeit als sozialer Differenz respektive als Produkt sozialer Aushandlungsprozesse im Feld der Arbeitsintegration.

Zentral für das Auswertungsverfahren dieser Studie war das für die Grounded Theory typische iterative Vorgehen: Die Interpretation der Daten erfolgte nicht erst nach dem Abschluss der Datenerhebung bzw. nach dem Ausstieg aus dem Feld, sondern bereits während der Erhebungsphase. Dies erlaubte gezieltere Beobachtungen im Feld, ähnlich dem Prinzip des "theoretical samplings", bei dem bewusst kontrastierende oder analoge Fälle gesucht werden. Während des gesamten Interpretationsprozesses war das Verfassen von Memos eine zentrale Gedächtnisstütze bei der Datenanalyse: Memos halten bereits früh im Auswertungsprozess erste analytische Ideen fest und dienen ausserdem der Koordination der Auswertung im Forschungsteam.

In zwei Aspekten unterscheidet sich meine eigene Studie, die mit dem hier beschriebenen Forschungsprojekt insbesondere durch die gemeinsame Datenbasis assoziiert ist, von dessen methodischem Vorgehen: Erstens suchte ich anlässlich der Datenanalyse im Rahmen meiner Dissertation, d.h. unter der von mir entwickelten Fragestellung zu Aushandlungsprozessen von Arbeits(un)fähigkeit, immer wieder Gelegenheiten, um meine Lesarten und Interpretationen der Daten in Auswertungsgruppen vorstellen oder mit anderen Forscherin_innen diskutieren zu können, was der intersubjektiven Validierung der Interpretationen dient. So war ich während mehrerer Jahre Mitglied in einer online-Auswertungsgruppe, die sich primär per Chat organisierte und bei Bedarf Methodenunterstützung durch qualifizierte Fachpersonen abrufen konnte (vgl. zu dieser Methode Mruck/Mey 1997; Moritz 2008). Auch besuchte ich mehrere Forschungswerkstätten, beispielsweise im Rahmen des Berliner Methodentreffens Qualitative Forschung, in die ich mitunter auch eigenes Material einbringen konnte.

Zweitens habe ich bei der Auswahl der zu interpretierenden Stellen und infolge der Kenntnisse des Materials durch die Erhebung und die Analyse für die SNF-Studie ein "theoretical sampling" vorgenommen: Stellen im Datenmaterial wurden bewusst ausgewählt, weil sie kontrastierende oder ähnliche Situationen, Praktiken oder Vorstellungen in Bezug auf Arbeits(un)fähigkeit enthalten. Analog zur zunehmenden Fokussierung während der Datenerhebung im Feld konzentrierte sich auch die Auswertung mehr und mehr auf Textstellen, die mir in Bezug auf mein Erkenntnisinteresse und in Bezug auf meine fortschreitende Analyse als relevant erschienen. Diese wurden dann einer Feinanalyse unterzogen und kodiert. Die Codes und die herausgearbeiteten Konzepte wurden anschliessend zueinander in Beziehung gesetzt.

Die folgende Tabelle zeigt eine Übersicht über das methodische Vorgehen:

Tabelle 2: Übersicht über das methodische Vorgehen (eigene Darstellung)

Gegenstand	Herstellen von Arbeit(un)fähigkeit
Forschungsfelder	2 kantonale Arbeitsintegrationsagenturen
Erhebungsmethoden	– Teilnehmende Beobachtung, insbesondere von Interaktionssituationen zwischen Klient_innen und Berater_innen – Dokumentenerhebung (Fallakten, Protokolle, Traktandenlisten, Formulare, Prozessabläufe, Organigramme etc.) – 38 leitfadengestützte Interviews mit Klient_innen, ihren Berater_innen und weiterem Personal
Auswertungsmethoden	Kodieren und Memos verfassen (gemäss Grounded Theory Methodologie)

4 Das konkrete Forschungsfeld – Zwei kantonale Arbeitsintegrationsagenturen

In allen Schweizer Kantonen sind im Zuge des auf Bundesebene entworfenen Programms der Interinstitutionellen Zusammenarbeit (siehe Kapitel 2.3.2) institutionenübergreifende Projekte implementiert worden, deren zentrales Ziel darin besteht, die Zielgruppe der Erwerbslosen mit „Mehrfachproblematik" rascher in den Arbeitsmarkt zu integrieren. Die Ethnografie, aus der das Datenmaterial der vorliegenden Arbeit stammt, umfasst zwei Fallstudien von IIZ-Projekten, die wir mit den Pseudonymen „Zentrum Berufliche Eingliederung (ZBE)" und „Matrix" bezeichnen. Ziel dieses Kapitels ist es, diese beiden kantonalen Institutionen, die das Forschungsfeld konstituieren, vorzustellen.[22] Da der Fokus der vorliegenden Arbeit nicht auf der Interinstitutionellen Zusammenarbeit an sich, sondern vielmehr auf den Praktiken und Prozessen des Herstellens von Arbeits(un)fähigkeit im Kontext der Arbeitsintegration liegt, werden die kantonalen Modelle hier in erster Linie als Arbeitsintegrationsagenturen präsentiert.

4.1 Zentrum Berufliche Eingliederung (ZBE)

4.1.1 Organisation und Arbeitsweise

Das Zentrum Berufliche Eingliederung (im Folgenden: ZBE) entstand im Juli 2007 im Auftrag des zuständigen Regierungsrates als eigenständige Organisation, die als „Profit Center"[23] organisiert und dem kantonalen Amt für Wirtschaft und Arbeit unterstellt ist. Damit untersteht das ZBE dem Bundesgesetz über die obligatorische Arbeitslosenversicherung und die Insolvenzentschädigung (AVIG). Die kantonale Sozialhilfe lagerte mit diesem Schritt eine eigene Abteilung, die auf Arbeitsmarktintegration spezialisiert war, in eine externe Stelle aus. Ein grosser Teil des Personals dieser Abteilung wird in der neuen Organisation weiterbeschäftigt. Ausserdem fand sich auch eine Abteilung der kantonalen Regionalen Arbeitsvermittlungszentren, die

---

22 Die folgenden beiden Darstellungen der untersuchten Institutionen basieren auf dem Informationsstand von 2008 und 2009, dem Zeitraum unserer Feldforschung. Seither haben sich in den beiden Institutionen Änderungen ergeben, die hier aber nicht rekonstruiert werden können.

23 Wörter in Anführungszeichen kennzeichnen Begriffe, die im untersuchten Feld gebräuchlich sind. Sätze oder Teilsätze in Anführungszeichen sind Zitate aus internen Papieren des ZBE, die aus Gründen der Anonymität nicht mit einer vollständigen Quellenangabe versehen werden können.

primär einen Kurs und ein Coaching zur Wiedereingliederung von Langzeitarbeitslosen bot, unter dem neuen Dach ein. Weitere kleinere Abteilungen wie die Sozialberatung des kantonalen Amts für Arbeit und Wirtschaft und die kantonale Arbeitslosenhilfe wurden ebenfalls im neuen ZBE verortet. So entstand eine Institution mit eigenem Personal, eigener Infrastruktur, eigenen Prozessen und Zuweisungskriterien und eigenen EDV-Programmen, die knapp 30 Personen (mit etwas mehr als 2000 Stellenprozenten) beschäftigt. Eigene Klient_innen hat das ZBE allerdings insofern nicht, als ein Grossteil der Klient_innen von der Sozialhilfe, von den Regionalen Arbeitsvermittlungszentren oder von der lokalen Stelle der Invalidenversicherung „überwiesen“ werden müssen, die nach wie vor für die Existenzsicherung respektive die finanziellen Versicherungsleistungen zugunsten der Klient_innen verantwortlich sind. Die „Produkte“ des ZBE werden den überweisenden Stellen anschliessend in Rechnung gestellt. Das ZBE bringt demnach keine Akteure zusammen, sondern übernimmt eigene Fälle und zwar in Bezug auf einen gemeinsamen “going concern” (Hughes 1971, 54), die Arbeitsintegration. Es handelt sich im IIZ-Jargon also um ein „stehendes Team“: Die Fälle wechseln, aber das Personal bleibt.

Das ZBE besteht aus zwei Teams mit je einer Teamleitung, die wiederum dem Abteilungsleiter – dem Leiter des ZBE – unterstellt ist. In „Team 1“ findet sich neben der Administration (“Intake”) auch die kantonale Arbeitslosenhilfe, die Sozialberatung für RAV-Klient_innen, die MAMAC-Fachstelle[24] und weitere kleinere Projekte. Das Intake bearbeitet die standardisierten Überweisungen, prüft sie gemäss den Zuweisungskriterien und verschickt Einladungen zu Assessments an die Klient_innen oder gibt die Dossiers an die zuweisenden Institutionen zurück, wenn die Zuweisungskriterien nicht zutreffen. Die ebenfalls zu Team 1 gehörende MAMAC-Fachstelle besteht aus einem ehemaligen IV-Mitarbeiter und einem ehemaligen Assessor der Sozialhilfe. Sie macht vor allem „sur dossier“-Entscheide, muss also anhand einer Fallakte beurteilen, ob es sich um einen MAMAC-Fall handelt oder nicht. Die zu beurteilenden Dossiers werden in der Regel vom Intake oder vom RAV zugewiesen, wenn ein Hinweis auf gesundheitliche Probleme und/oder auf eine „Mehrfachproblematik“ gefunden wird. Ferner steht die MAMAC-Fachstelle intern bei versicherungsrechtlichen Fragen zur Verfügung.

---

24 IIZ-MAMAC steht für Interinstitutionelle Zusammenarbeit (IIZ) durch Medizinisch-Arbeitsmarktliche Assessments im Rahmen des Case Managements (MAMAC) (siehe dazu auch Kapitel 2.3.2).

Das „Team 2" besteht aus sieben Assessor_innen und fünf Coachs (Stand 2008). Die Assessor_innen führen die so genannten „Kurzassessments" – ganztägige Gruppenkurse, bestehend aus Tests und Informationsvermittlung – durch, legen in einem anschliessenden „Einzelgespräch" einen „Integrationsplan" fest und „triagieren" die Klient_innen danach in eine in der Regel „externe Massnahme", wie z.B. ein Beschäftigungsprogramm, ein Coaching oder eine Qualifizierungsmassnahme. Die Aufgabe der Assessor_innen beschränkt sich dann meist auf eine sogenannte „administrative Fallbegleitung", das heisst es wird lediglich „sur dossier" die „Zielerreichung" überprüft. Die Coachs leiten das „Vertiefungsassessment" und bieten ein „Coaching" an. Das Vertiefungsassessment ist als dreiwöchiger Kurs für eine Gruppe von maximal zwölf Personen gestaltet und umfasst Abklärungen und Informationsvermittlungen. In der Regel schliesst daran ein Einzelcoaching an, das bis zu elf Monate dauern kann und circa eine Sitzung monatlich beinhaltet. Auch hier wird auf der Basis eines „Assessmentberichts", der die Ergebnisse aus dem Vertiefungsassessment enthält, ein „Integrationsplan" erstellt.[25]

4.1.2 *Zielgruppe*

Das ZBE erhält den Grossteil seiner Fälle von der Sozialhilfe, die grundsätzlich alle arbeitsfähigen Klient_innen überweist, während vom Regionalen Arbeitsvermittlungszentren nur „schwer vermittelbare" Arbeitslose kommen, die zusätzlich zur Arbeitslosigkeit durch „arbeitsmarktferne" Probleme belastet sind (Gesundheit, Familie, Finanzen etc.). Im ZBE bestehen unterschiedliche Wege für diese Klient_innen: Jene der Regionalen Arbeitsvermittlungszentren kommen zum einen in die Sozialberatung des ZBE, zum anderen in ein „Vertiefungsassessment" und unter Umständen von dort weiter in ein „Coaching", während Sozialhilfe-Klient_innen zunächst ein „Kurzassessment" durchlaufen müssen. Im Jahr 2008 wurden ungefähr 1200 Sozialhilfe-Klient_innen ans ZBE überwiesen, was einem Drittel bis einem

25 Assessments stammen als Instrumente der Personalrekrutierung ursprünglich aus einem wirtschafts- bzw. wehrpsychologischen Zusammenhang und auch das Coaching wurde zur Personalentwicklung zunächst in der Privatwirtschaft genutzt – eigentlich für Führungskräfte (vgl. Nadai/Canonia 2012, 30). Doch haben diese Verfahren der „Human Resources" zunehmend Eingang in das Feld der „Sozialverwaltungen" (von Harrach/Loer/Schmidtke 2000) gefunden, wo sie nun auf Menschen mit zumeist wenig kulturellem, ökonomischem und sozialem Kapital appliziert werden (vgl. Nadai/Canonica 2012, 30). In den gewählten Methoden der Fallbearbeitung widerspiegelt sich die Ausrichtung des ZBE auf den Arbeitsmarkt, in den es seine Klient_innen integrieren soll.

Viertel aller Sozialhilfe-Klient_innen in diesem Kanton entspricht. Rund 1000 wurden in einem Assessment abgeklärt. Die Fälle vom Regionalen Arbeitsvermittlungszentren machten 2008 nur einen Bruchteil dieser Personen aus, etwa ein Zehntel.[26]

Ein potentieller Fall fürs ZBE ist bei der Sozialhilfe, wessen „Arbeits- und Arbeitsmarktfähigkeit [...] unklar" ist und „abgeklärt werden" sollte, wessen Tätigkeit als Selbstständigerwerbender oder wessen „Sprachfähigkeit" abgeklärt werden sollte, weil „die Deutschkenntnisse als gering eingestuft" werden, oder wenn die „Integration in den 1. Arbeitsmarkt [...] als direktes Ziel verfolgt werden" kann. Ähnlich wie bei Matrix werden hier nicht nur Personen mit einer „realistischen Integrationschance" in den ersten Arbeitsmarkt angesprochen, sondern auch solche, bei denen (noch) unklar ist, ob dieser Schritt zu schaffen ist. Es findet eine Segmentierung der Sozialhilfe-Klient_innen statt, welche (implizit) mit dem Konstrukt der „Vermittlungsfähigkeit" operiert, das aus dem Kontext der Arbeitslosenversicherung stammt.

Die Regionalen Arbeitsvermittlungszentren der Arbeitslosenversicherung überweisen tendenziell „schwervermittelbare" Klient_innen oder solche mit gesundheitlichen Problemen. Die Invalidenversicherung, die im Zuge ihrer fünften Revision selbst neue Integrationsinstrumente schaffen musste, wies im Zeitraum unserer Forschung kaum Fälle zu. Zum damaligen Zeitpunkt fungierte das ZBE also primär als Dienstleistung für die Sozialhilfe, die so weitgehend von der Aufgabe der Arbeitsintegration entlastet wurde.

4.1.3 *Selbstverständnis: Zentrale Integrationsstelle*

Das Selbstverständnis des ZBE drückt sich in der Selbstbezeichnung als „zentrale Integrationsstelle" aus, während die Mitarbeitenden als „Arbeitsintegrationsspezialisten" bezeichnet werden. Mit dem ZBE wurde primär der Versuch unternommen, die berufliche Wiedereingliederung „schwervermittelbarer" Erwerbsloser unabhängig ihrer Unterstützungssituation (das heisst unabhängig davon, ob sie von der Sozialhilfe, dem RAV oder der IV unterstützt werden) an einer Stelle zu organisieren. So schreibt der Regierungsrat im Dezember 2006 in einer Antwort auf eine Interpellation, es gehe darum,

26 Obwohl (oder weil) das ZBE eine Vielzahl an „Kennzahlen" erhebt und Statistiken produziert, ist es schwierig, eindeutig zu rekonstruieren, wie viele Überweisungen vorgenommen wurden, wie viele Klient_innen ein Assessment oder ein Coaching durchlaufen haben, wie lange die Fälle durchschnittlich dauern etc. Die vom ZBE zur Verfügung gestellten Zahlen sind teilweise widersprüchlich oder unklar. Deshalb sind die hier angegeben Ziffern mit Vorsicht zu geniessen.

im ZBE „das fachliche Wissen aus allen drei betroffenen Institutionen zu bündeln“ und zwar „im Wissen, dass es in allen drei Institutionen Personen mit ähnlich komplexen Problemen gibt, deren Reintegration in den ersten Arbeitsmarkt durch ähnliche arbeitsmarktliche Massnahmen begünstigt werden kann“. Darin kommt die bereits in Kapitel 2 erwähnte Konvergenz der Stellen des IAS-Systems (siehe Kapitel 2.2.3) zum Ausdruck: Neben der Arbeitslosenversicherung sind auch die Invalidenversicherung und die Sozialhilfe mit „Erwerbslosen“ konfrontiert. Zunehmend richten diese drei Institutionen ihre Politik darauf aus, ihre Klient_innen in den Arbeitsmarkt zu integrieren (vgl. Nadai 2009a; Nadai/Canonica 2012; Streckeisen 2012).

4.1.4 *Fokus und Kontexte der Feldforschung*

Neben der Begleitung von Fällen im ZBE habe ich an mehreren Kurzassessments und während einigen Halbtagen an Teilen zwei verschiedener Vertiefungsassessments beobachtend teilgenommen. Ferner war ich an mehreren Teamsitzungen in unterschiedlichen Konstellationen (Coachs unter sich, Assessor_innen unter sich und gemeinsam mit Coachs, Sozialberatung) und an einer Supervisionssitzung der Coachs mit einem Psychiater anwesend. Auch habe ich den Arbeitsalltag im Intake und in der Sozialberatung während einiger Stunden kennengelernt. Kernstück der Beobachtung war die Begleitung von neun Fällen, von denen vier von einem Regionalen Arbeitsvermittlungszentrum überwiesen wurden, während die anderen fünf von der Sozialhilfe unterstützt wurden. Ein Teil dieser Klient_innen hatte im ZBE nur ein einziges Gespräch. Bei fünf Fällen konnte ich an einem mehrmonatigen Coaching beobachtend teilnehmen, während ein Fall mehrere Gespräche bei der Sozialberatung des ZBE hatte. Zudem zogen wir auch die zuweisenden Institutionen mit ein: Ich absolvierte zwei Beobachtungstage in einem Regionalen Arbeitsvermittlungszentrum, während mein Arbeitskollege drei Interviews mit Mitarbeitenden der lokalen Sozialhilfe führte. Insgesamt führten wir 15 Interviews mit dem Personal und acht Interviews mit Klient_innen (siehe auch Kapitel 3).

4.2 Matrix

4.2.1 *Organisation und Arbeitsweise*

Das 2003 ins Leben gerufene IIZ-Modell, das wir Matrix nennen, ist anders organisiert als das ZBE: Es stellt ein offenes Netzwerk mit einem rudimentären Kern dar und wird von der Arbeitslosenversicherung, der

Invalidenversicherung, der Sozialhilfe und der Berufsberatung gemeinsam getragen. Ziel ist es, möglichst viele Akteure und Stellen, die mit einem Fall betraut sind, miteinander in Verbindung zu setzen. Eine kleine Geschäftsstelle übernimmt die Koordinations- und Administrationsaufgaben, stellt die fallbearbeitenden Teams zusammen und moderiert deren Sitzungen. Sie übernimmt diejenigen Aufgaben, die nicht direkt der Fallarbeit zuzurechnen sind. Die Zuweisungsform ist im Gegensatz zum ZBE sehr offen. Nebst Arbeits-, Invalidenversicherung und Sozialhilfe können zum Beispiel auch die Berufsberatung, Ärzt_innen und grundsätzlich gar die Klient_innen selbst Fälle an Matrix zuweisen. Es werden dann sogenannte „Case Teams" zusammengestellt, deren Besetzungen wechselnd und auf den Einzelfall ausgerichtet sind. In den Teams treten unterschiedliche Fachleute von den beiden involvierten Sozialversicherungen, der Sozialhilfe, aber auch Ärzt_innen, Psycholog_innen und weitere gemeinsam mit den Klient_innen und Familienangehörigen in eine kooperative Beziehung. Fälle werden über den Kooperationsbedarf definiert, das heisst über das Vorhandensein von „Schnittstellen", und entsprechend dem Vernetzungsmodell ist das „Case Management" die zentrale Fallbearbeitungsmethode. Als Case Manager_in fungiert in der Regel diejenige Fachperson, die den Fall für einen Matrix-Prozess angemeldet hat. Oft sind es die Personalberater_innen der Regionalen Arbeitsvermittlungszentren. Im Unterschied zu den im ZBE verwendeten Methoden des Assessments und des Coachings stammt das Case Management ursprünglich aus der Sozialen Arbeit (vgl. Nadai/Canonica 2012, 30). Die „Verwaltung" des Falls und die Vernetzung der Akteure, wie sie in der gewählten Methode angelegt sind, entsprechen der Ausrichtung von Matrix.

Neben den Case Teams kennt Matrix noch das „Triage Team" als Form der Fallbearbeitung: Hier handelt es sich um ein festes Team, das regelmässig „Dossiers" von möglichen Fällen beurteilt und entscheidet, ob diese einem MAMAC-, einem regulären IIZ- oder keinem Prozess zugeführt werden.

4.2.2 Zielgruppe

Matrix listet in einem Informationsblatt zum „Zielpublikum für Matrix" vier „Auswahlkriterien" auf: „Schnittstellen", „Mehrfachproblematik", „Potentiale" und „Motivation" sollten bei einem potentiellen Fall gegeben sein. In einer entsprechenden Grafik ist das „Kriterium der Schnittstelle" hervorgehoben – eine Priorisierung, die sich bei Matrix auf verschiedensten Ebenen der Fallkonstitution und -bearbeitung widerspiegelt. Eine Person mit

„Mehrfachproblematik", die nicht bei mindestens zwei Stellen aus dem Netz der sozialen Sicherung und weiteren Bereichen (Berufsberatung, medizinischer Bereich) gemeldet oder künftig anspruchsberechtigt ist, kann hier gar nicht zum Fall werden.

Unter den Dokumenten des Modells Matrix findet sich eine weitere Beschreibung des Zielpublikums, die eine Art Operationalisierung von „Mehrfachproblematik" darstellt. Unter anderem werden als teilweise kumuliert auftretende Merkmale für eine Mehrfachproblematik Erwerbslosigkeit oder Arbeitsunfähigkeit und Probleme in verschiedenen Lebensbereichen (z.B. medizinischer, finanzieller oder familiärer Art oder bezüglich der Qualifikationssituation) aufgelistet. Zusätzlich ist zu lesen: „Besonders sinnvoll ist IIZ, wenn die Klientin/der Klient über eine realistische Chance auf eine berufliche Eingliederung innerhalb von ein bis zwei Jahren verfügt." Hierin zeigt sich, dass die ambivalente Charakterisierung des (potentiellen) Falls, der trotz verschiedener Schwierigkeiten eine Chance auf Eingliederung innerhalb des relativ kurzen Zeitraums von ein bis zwei Jahren aufweisen sollte, vom Bund übernommen wurde (siehe dazu Kapitel 2.3.2).

Doch sieht Matrix – im Gegensatz zum ZBE – eine Alternative zur Arbeitsmarktintegration vor: Neben einer Integrationschance in den ersten oder zweiten Arbeitsmarkt ist als alternatives Kriterium auch eine „realistische Chance zur Verbesserung seiner/ihrer Situation" vorgesehen. Als zentral wird daher das „Integrations- und Veränderungspotential" der entsprechenden Klient_innen betrachtet. Im „Leistungsbericht 2009" heisst es hierzu: „Ist es effizienter, ein anderes Ziel als die Reintegration in den Arbeitsmarkt anzustreben, wird dank Matrix diese Klärung für alle Beteiligten herbeigeführt. [...] Kernauftrag von Matrix ist nicht die Vermittlung von Klientinnen/Klienten in den 1. Arbeitsmarkt, sondern die Koordination der Reintegrationsmassnahmen." Damit steht für Matrix klar die Vernetzung der beteiligten Institutionen und nicht die Arbeitsmarktintegration der Klient_innen im Zentrum – womit sich das Selbstverständnis von Matrix deutlich von demjenigen des ZBE unterscheidet. In einer Grafik mit dem Titel „Nutzen abgeschlossener Prozesse", die sich im „Leistungsbericht 2009" findet, wird denn auch eine „Stabilisierung der Klientensituation" (allerdings nur in 4 Prozent der abgeschlossenen Fälle) ausgewiesen.[27]

27 Zum Vergleich: 32% der abgeschlossenen Fälle endeten mit einer Integration in den Arbeitsmarkt, während ein gutes Sechstel durch die IV aufgefangen wurde und es bei einem guten Fünftel zu einem Prozessabbruch kam.

Bei Matrix lässt sich eine weitere Besonderheit ausmachen: Es stellt auf die Freiwilligkeit der Klient_innen ab. Während „Motivationsprobleme (fehlende Problemeinsicht) etc." (BSV/Seco 2006) in den „Triagekriterien" des Bundes ausdrücklich als mögliches „Problemfeld" und damit als Anzeichen von „Mehrfachproblematiken" festgehalten sind, wird bei Matrix eine positive Motivation der Klient_innen vorausgesetzt. Die Abweichung in diesem Punkt geht bei Matrix mit der Betonung der ‚Freiwilligkeit' von IIZ für Klient_innen einher. Denn bei Matrix wird davon ausgegangen, dass sich die Maschinerie, die mit IIZ in Gang gesetzt wird, eher lohnt bei Fällen, die bereit sind zur Zusammenarbeit mit den verschiedenen Institutionen und ausserdem Veränderungswillen zeigen.[28] In dieser Argumentationsfigur widerspiegelt sich das Ziel der „Wirtschaftlichkeit": Die Mobilisierung und Intensivierung von Ressourcen lohne sich nur für jene Klient_innen, bei denen ein gewisser Erfolg absehbar ist. Matrix setzt auf Qualität statt Quantität: „Matrix bedeutet ein aufwändiges Verfahren. [...] Es ist ein maximal individualisiertes Arbeitsinstrument für Spezialfälle." Matrix kommt daher nur für wenige Fälle in Frage – anders als die „Instrumente" des ZBE, die – zumindest was die Sozialhilfe betrifft – auf einen Grossteil der Klient_innen angewandt werden.

Das Dokument, auf dem die Kriterien für eine Fallanmeldung aufgelistet sind, enthält auch die Frage, ob es für die „wirkungsvolle" Unterstützung der Klient_innen „mehr Informationen" brauche und ob „Absprachen zwischen den Institutionen" „angezeigt" seien. Darin widerspiegelt sich, dass der Informations- und Datenaustausch zwischen den kooperierenden Institutionen durch IIZ erleichtert oder teilweise erst ermöglicht wird. IIZ kann der Beschaffung von Informationen über die Klient_innen dienen, was zwar mit der Einwilligung, aber mitunter – gerade bei „kooperationsunwilligen" Klient_innen – auch über deren Kopf hinweg geschehen kann. IIZ hat bei „schwierigen" Klient_innen zusätzlich eine Kontrollfunktion. In dieser disziplinierenden Wirkungsweise birgt IIZ das Risiko, zur Produktion „gläserner Klient_innen" beizutragen, indem eine Art panoptische Situation (vgl. Foucault 1994) geschaffen wird: Die Klient_innen können angesichts dieses multiinstitutionellen und multiperspektivischen Blicks auf ihre Person kaum mehr etwas verbergen und werden so dazu angehalten respektive gezwungen, ihr Verhalten den institutionell vermittelten Ansprüchen anzupassen.

28 Implizit liegt diesem Gedanken die professionstheoretische Idee des „Arbeitsbündnisses" (vgl. Oevermann 1996) zugrunde, die – etwas verkürzt gesagt – davon ausgeht, dass eine erfolgreiche Zusammenarbeit zwischen Klient_innen und Sozialarbeiter_innen auf Freiwilligkeit und Vertrauen beruht.

4.2.3 *Selbstverständnis: Vernetzung*

Das Ziel von Matrix lautet, in den Fall involvierte Personen an einen runden Tisch zu bringen, so dass gemeinsam „Lösungen" generiert werden können. Im Zentrum steht demnach die Vernetzung der involvierten Institutionen und (Fach-)Personen. Die Kehrseite solcher Bestrebungen, gemeinsam Lösungen zugunsten der Klient_innen zu finden, ist die angesprochene kontrollierende Funktion: Wenn sich die mit dem Fall befassten Fachpersonen austauschen, kann dies den Effekt haben, dass sie sonst kaum zugängliche Informationen über ihre Klient_innen erfahren.

Matrix legt – im Gegensatz zum ZBE – Wert auf motivierte Klient_innen, die etwas an ihrer Situation verändern möchten und ein „Integrations- und Veränderungspotential" aufweisen. Damit wird der Kreis potentieller Klient_innen erweitert – denn es gibt mehr Klient_innen mit einem „Veränderungspotential" als mit einer „realistischen Chance auf eine berufliche Eingliederung innerhalb von ein bis zwei Jahren". Dennoch ist Matrix als individualisiertes und aufwändiges Verfahren, das viele Akteure involviert, nur für einige wenige „Spezialfälle" vorgesehen.

4.2.4 *Fokus und Kontexte der Feldforschung*

Bei Matrix haben wir teilnehmende Beobachtungen auf der Geschäftsstelle, bei Sitzungen des Steuerungsgremiums, beim Fachrat von Matrix und insbesondere bei Sitzungen der Case Teams und des Triage Teams gemacht. Ferner haben wir ebenfalls das Umfeld von Matrix einbezogen: Wir führten Beobachtungstage bei einem Regionalen Arbeitsvermittlungszentrum, bei unterschiedlichen Abteilungen der Invalidenversicherung und beim Regionalärztlichen Dienst der IV durch. Zudem haben wir fünf Fälle begleitet, die alle von einem Regionalen Arbeitsvermittlungszentrum für den Matrix-Prozess angemeldet wurden, bei denen die Unterstützung während des Prozesses aber teilweise zur Sozialhilfe wechselte. Wir haben insgesamt zehn Interviews mit Personal und Interviews mit allen fünf Klient_innen geführt (vgl. Kapitel 3).

4.3 Fazit

Als fallkonstituierendes Merkmal erweist sich bei beiden Modellen neben einem Mindestmass an Vermittlungsfähigkeit eine gewisse Unklarheit: Unklare Problematiken oder eine unklare Arbeits- und Leistungsfähigkeit, unklare Zuständigkeiten oder unklare Sprachfähigkeiten sind oftmals ausschlaggebend für das Zustandekommen eines Matrix- oder ZBE-Falls. Denn Unklarheit verlangt nach (Ab-)Klärung, und das ist es, was die beiden IIZ-Modelle anbieten (siehe dazu auch Kapitel 6).

In Bezug auf die Frage nach dem Herstellen von Arbeits(un)fähigkeit lässt sich bisher festhalten, dass diese zentral ist für beide IIZ-Modelle. Wer eindeutig arbeitsunfähig ist, kann in keinem der beiden Modelle zu einem „Fall" werden. Wer jedoch eindeutig arbeitsfähig ist, wird – zumindest was die Regionalen Arbeitsvermittlungszentren anbelangt – ebenfalls nicht zum Fall (ausser sie oder er wird von der Sozialhilfe unterstützt). Bei IIZ und bei MAMAC geht es demnach um jene Erwerbslosen, deren Arbeits(un)fähigkeit unklar ist, die sich diesbezüglich in einer Grauzone bewegen.

Die sozialpolitische Vorstrukturierung gibt die Fokussierung auf die Themen Arbeit und Gesundheit und auf Fälle mit einem Risiko von Langzeitabhängigkeit (siehe Kapitel 2.3.3) bereits vor. In erster Linie scheint es darum zu gehen, eine spezifische Gruppe von Erwerbslosen, nämlich die „Schwervermittelbaren", zu identifizieren und dadurch in spezifische Prozesse bzw. Institutionen einschleusen zu können. Damit fügt sich diese Klassifikationspraxis in ein „Sicherheitsdispositiv" ein, wie es von Foucault (2006, 161) beschrieben wird. Das gouvernementale Sicherheitskalkül zielt präventiv auf die Ausschaltung oder zumindest auf die Minimierung von Risiko ab, wofür zunächst Risikofaktoren ermittelt werden müssen. Die mit vereinten Kräften vorangetriebenen Integrationsbemühungen im Rahmen der IIZ richten sich auf eine bestimmte Gruppe von Arbeitslosen, die einerseits von mehrfachen Belastungen betroffen sind, die aber andererseits auch „eine realistische (Re-)Integrationschance in den ersten Arbeitsmarkt" (BSV/Seco 2006, 10) aufweisen müssen. Das Interesse kommt also in erster Linie denjenigen Menschen zu, die als schwer vermittelbar und damit als „Risikoträger" für Langzeitarbeitslosigkeit gelten (vgl. Dean 1995) und von einer „Chronifizierung" ihrer Problemlagen bedroht sind, wie es in der Praxis heisst. Zugleich darf diese Chronifizierung noch nicht eingetroffen sein. Mit anderen Worten: Fokussiert werden bei der IIZ jene Erwerbslose, die von den beinahe hoffnungslosen noch die vielversprechendsten Fälle sind. Es geht um die berufliche Integration der „Bodensatzrosinen", wie es ein Coach einer IIZ-Einrichtung politisch unkorrekt ausdrückt. Die IIZ steht somit für eine Ausdehnung des Aktivierungsregimes, das sich nun intensiv mit einem Klient_innensegment auseinandersetzt, in dessen Beschäftigungsfähigkeit der Sozialstaat zuvor kaum investierte (vgl. Nadai 2009a).

Allerdings zeitigt diese Ausdehnung paradoxe Effekte, insbesondere auf die Klient_innen der IIZ, die sich in einer sonderbaren Schwebelage befinden: Auf der einen Seite wird institutionell anerkannt, dass sie verschiedenste Probleme aufweisen, die als Legitimation für die gegenwärtige Arbeitslosigkeit dienen könnten. Auf der anderen Seite sind die Klient_innen aber durch ihre relative „Nähe" zum Arbeitsmarkt einem Druck ausgesetzt: Trotz ihrer Schwierigkeiten werden sie zur beruflichen Integration gedrängt, da sie als arbeitsfähig eingestufte Individuen der elementaren „Bürgerpflicht" zur Arbeit unterstehen (Dahme/Wohlfahrt 2008, 52). Kommen sie dieser Pflicht „gegenüber der Gesellschaft und ihrem Wohlfahrtsstaat" (ebd.) aber nicht nach, dann drohen ihnen Sanktionen. Denn der Eingliederungsdiskurs zielt nicht nur auf „die Teilhabe des Individuums an der Wachstums- und Wohlfahrtsgesellschaft", sondern auch auf „seine Pflicht, sich in die soziale und ökonomische Ordnung einzufügen" (Germann 2008, 188).

Mehrfachproblematiken, so können diese Beobachtungen auf den Punkt gebracht werden, ziehen eine mehrfache Aktivierung nach sich. In Bezug auf das hier interessierende Verhältnis von Arbeit und Gesundheit kann daher zumindest eine „doppelte Aktivierung" vermutet werden. Dieser These und der Frage, wie die Organisation und die Aushandlung von Arbeits(un)fähigkeit in den beiden untersuchten Institutionen praktisch vollzogen werden, geht der folgende Teil II dieser Arbeit nach, der die empirischen Ergebnisse darstellt.

Teil II

Im Feld

Praktiken und Logiken der Aushandlung von Arbeits(un)fähigkeit

5 Zum Einstieg – drei exemplarische Fallanalysen

Im Folgenden gehe ich in den vier Kapiteln dieses zweiten Teils der Arbeit den Praktiken und Logiken des Herstellens von Arbeits(un)fähigkeit nach. Gesundheitliche Einschränkungen der Klient_innen spielen bei der Bearbeitung aller von uns ‚begleiteten' „Fälle"[29] eine Rolle und lassen im Feld Fragen nach der Arbeits(un)fähigkeit der Betroffenen und nach ihrer ‚Integrierbarkeit' in den (ersten) Arbeitsmarkt respektive nach ihrer "Employability" aufkommen.

Während die Kapitel 6, 7 und 8 fallübergreifend jeweils einen zentralen Aspekt dieser Organisation und Bearbeitung rekonstruieren, stehen in Kapitel 5 drei „Fälle" im Zentrum. Dabei richtet sich der Fokus der Analyse darauf, wie „gesundheitliche Einschränkungen" im untersuchten Feld bestimmt, thematisiert, zugeschrieben, verhandelt, organisiert und zum Ausgangspunkt für fallspezifische Entscheidungen werden. An diesem Tun ist nicht nur das Personal – als Vertreter_innen ihrer Institution, mit einem gewissen Handlungsspielraum ausgestattet –, sondern sind auch die Klient_innen massgeblich beteiligt – auch wenn letztere oftmals über weniger ökonomisches und teilweise auch soziales und kulturelles Kapital (Bourdieu 1997b), über eine schwächere soziale Position verfügen als das Personal – ein Umstand, der in die Analyse einbezogen wird.

An jedem der folgenden drei Fälle wird eine zentrale Interpretation verdeutlicht. Dabei geht es weniger um die subjektiven Einschätzungen

---

29 Ich verwende den Begriff des „Falls" in diesem und den folgenden Kapiteln als Feldbegriff, das heisst so, wie er im untersuchten Feld verwendet wird: Klient_innen werden in den sozialen Institutionen, die sie aufsuchen bzw. von denen sie unterstützt werden, zum Fall. Damit ist die Konstruktion dessen bezeichnet, was institutionell bearbeitbar ist, worum sich die institutionellen Praktiken organisieren und was in Akten und ähnlichen Artefakten festgeschrieben wird. Dass im Titel der drei Fallanalysen jeweils der anonymisierte Name der Person ‚hinter' dem Fall erscheint, bedeutet keine Naturalisierung der Konstruktionsarbeit, deren es bedarf, um aus Anteilen einer Person und ihrer Lebensgeschichte einen Fall respektive eine Klientin oder einen Klienten zu machen (vgl. bspw. die Beiträge in Gubrium/Järvinen 2014 zur "Clientization in Human Services"). Vielmehr habe ich mich aus Gründen der Erzählbarkeit der teilweise verworrenen Fallgeschichten dazu entschieden, die Fallanalysen jeweils mit einem Namen zu versehen. – Davon zu unterscheiden ist der Fall der vorliegenden Ethnografie, die ihren Fokus auf Praktiken und deren Logiken legt. Anders als beispielsweise bei der Biografieforschung geht es hier also nicht primär um Individuen und ihre Deutungsmuster und Erfahrungsaufschichtungen, sondern um die diese Fälle konstituierenden institutionellen Aktivitäten und Diskurse (vgl. Kapitel 3). Kurz: Der Fall der vorliegenden Ethnografie ist die organisationale Praxis des Herstellens von Arbeits(un)fähigkeit.

oder Deutungsmuster der Klient_innen und ihrer Berater_innen, als vielmehr um die institutionelle Arbeit am Fall: In welcher Art und Weise werden Gesundheit und Arbeits(un)fähigkeit im Zuge der Fallbearbeitung zum Thema? Welche Aspekte werden thematisiert und über welche schweigen sich die Beteiligten aus? Wie kann der institutionelle Zugriff auf Gesundheit charakterisiert werden? Und welche Konsequenzen haben gesundheitliche Einschränkungen in Bezug auf die Arbeit am Fall, wie wird diese organisiert?

Die fallspezifische Darstellung zentraler Ergebnisse (in diesem Kapitel) hat gegenüber den fallübergreifenden Rekonstruktionen in den folgenden drei Kapiteln den Vorteil, dass die Arbeit am (gesundheitlich eingeschränkten) Fall in ihrer Prozesshaftigkeit sicht- und analysierbar wird. Zugleich kann mithilfe des ethnografischen Datenmaterials plastisch vor Augen geführt werden, wie verworren die Fallgeschichten mitunter sind, wie viele Akteur_innen und Institutionen in die Bearbeitung involviert sind, wie unklar teilweise der Fokus der Arbeit am Fall ist und wie ratlos die Klient_innen zeitweise zurückgelassen werden.

5.1 Platzzuweisung über Körper und Gesundheit – Frau Pekay[30]

Die junge Frau Pekay[31] meldet sich 2006 bei der Sozialhilfe – wegen „häuslicher Gewalt“[32], wie es in der Fallakte der Sozialhilfe heisst. Gemeinsam mit ihrer dreijährigen Tochter zog die knapp dreiundzwanzigjährige Frau

30 Die Rekonstruktion dieses Falls basiert auf folgendem Datenmaterial: Feldnotizen der teilnehmenden Beobachtung von sieben sogenannten Coaching-Gesprächen zwischen Herrn Bohrer, dem Coach, und Frau Pekay, ferner Feldnotizen von drei Beobachtungen im sogenannten Vertiefungsassessment, das Frau Pekay im Zentrum Berufliche Eingliederung absolviert, und von einem Vorstellungsgespräch für eine Praktikumsstelle; ausserdem je ein Interview mit Herrn Bohrer und mit Frau Pekay und Artefakte wie die Fallakte der Sozialhilfe und sogenannte Protokolle des Zentrums Berufliche Eingliederung. – Ferner wurden weitere Aspekte dieses Falls in folgenden Publikationen rekonstruiert und analysiert: Koch/Canonica 2012; Nadai 2012; Büchi/Koch 2014 und ausführlich in Nadai/Canonica/Koch 2015.

31 Alle Namen, sowohl von Klient_innen und Personal als auch der erwähnten Arbeitsintegrationsagenturen, sind anonymisiert.

32 Zitate werden, wenn sie länger als drei Zeilen sind, im Text eingeschoben und kursiv gesetzt. Zitate aus Interviews oder aus Artefakten (Fallakten, Protokolle etc.) erscheinen in Anführungszeichen, während Zitate aus Feldnotizen ohne Anführungszeichen auskommen, da sie durch das Forschungsteam erstellte Texte darstellen. Durch Anführungszeichen markierte Zitate in Feldnotizen sind erinnerte Aussagen, die annähernd wörtlich protokolliert wurden. Hinter einem im Text abgesetzten Zitat wird jeweils in Klammern vermerkt, um welches Datenmaterial es sich handelt, und bei Interviews wird zusätzlich erwähnt, mit wem das Interview geführt wurde.

aus diesem Grund rund eine Woche vor ihrer Anmeldung bei der Sozialhilfe aus der „ehelichen Wohnung" aus und wurde vorübergehend in einem Wohnheim für Opfer häuslicher Gewalt untergebracht. Im 2007 bezieht Frau Pekay mehrere Monate Geld der Arbeitslosenversicherung, da sie als in Trennung lebende Ehefrau „beitragsbefreit" ist und deshalb Anrecht auf Arbeitslosentaggelder hat, und absolviert in diesem Rahmen ein „Programm für vorübergehende Beschäftigung" in einer Wäscherei. Im September 2007 wird Frau Pekay bei der Arbeitslosenversicherung „ausgesteuert". Im gleichen Jahr wird sie von der Sozialhilfe an das Zentrum Berufliche Eingliederung (ZBE) überwiesen.

Ich begegne Frau Pekay im Oktober 2008 im sogenannten Vertiefungsassessment des Zentrums für berufliche Eingliederung zum ersten Mal und begleite sie anschliessend während zehn Monaten zu ihren Coaching-Gesprächen im Zentrum Berufliche Eingliederung und zu einem Bewerbungsgespräch für eine Praktikumsstelle in einem Alters- und Pflegeheim. Ihr Fall wird im Juni 2009 im Zentrum Berufliche Eingliederung abgeschlossen, weil Frau Pekay ein Kind erwartet und während der Schwangerschaft und der ersten drei Jahre der Mutterschaft gemäss Gesetzgebung der Sozialhilfe nicht verpflichtet ist, eine Erwerbsarbeit zu suchen.

Die Analyse dieses Falls konzentriert sich auf die Frage, welche Bewertung gesundheitliche und somatische Phänomene im Rahmen der Arbeit am Fall erfahren und welche Konsequenzen daraus gezogen werden. Insbesondere wird der Frage nachgegangen, wie die Kategorien „Gesundheit" und „Körper" im Zusammenhang mit „Geschlecht" durch den Prozess der Fallbearbeitung reproduziert werden.[33]

5.1.1 *Arbeitsfähige Klientin*

Das Protokoll des Zentrums für berufliche Eingliederung beginnt mit einem Eintrag zum Gruppenassessment, das Frau Pekay Anfang 2008 dort durchläuft. Die Klientin wird von ihrer „Assessorin" im Protokoll zunächst nicht nur als „gesund" dargestellt, sondern auch als „sehr intelligent" und „hoch motiviert, sich auszubilden, damit sie Arbeit erhält, die existenzsichernd für sie und ihre Tochter ist". Offenbar hat die Klientin auch konkrete „eigene berufliche Vorstellungen und Ideen": Sie „möchte Pflegeassistentin

33 Diese Frage schliesst an Überlegungen der Intersektionalität an, die den Überschneidungen – den Intersektionen – der Kategorien Geschlecht, Ethnizität, Klasse und Körper (und zum Teil weiterer Kategorien) nachgeht (vgl. Winker/Degele 2009; in Bezug auf eine intersektionale Perspektive auf Gesundheit Geiger 2006).

in einem Spital werden“ und begründet das durch eine ähnliche Tätigkeit, die sie in der Türkei ausübte. Als „weiteres Vorgehen“ wird vereinbart, dass die Klientin einen Deutschkurs und einen Ausbildungskurs zur Pflegehelferin beim Schweizerischen Roten Kreuz absolviert.

Der Fokus des Zentrums für berufliche Eingliederung – und damit auch des analysierten Protokolls – liegt klar erkennbar auf Arbeit respektive auf Arbeitsintegration. Daneben kommen im Protokoll Kategorien wie Gesundheit, Intelligenz, Ausbildungswille, berufliche Ziele und ähnliches zur Sprache, die auf Beschäftigungsfähigkeit – auf Employability (vgl. Boltanski/ Chiapello 2003; Schultheis 2012) – verweisen. Frau Pekay wird demnach zunächst als beschäftigungs- und arbeitsfähig dargestellt. Dass sie tendenziell als geschlechtsneutrale potentielle Arbeitnehmerin ohne spezifische Einschränkungen wahrgenommen wird, die auf der Suche nach einem Vollzeitpensum ist, kann vor dem Hintergrund des arbeitsmarktpolitischen Modells des “Adult worker” (vgl. Pascall/Lewis 2004; Giullari/Lewis 2005) gedeutet werden.

Wie beispielsweise Giullari und Lewis (2005) darlegen, wird das bisher in westlichen (Sozial-)Staaten verbreitete Familienmodell des „männlichen Alleinernährers“ zunehmend durch ein “Adult worker”-Modell abgelöst, gemäss dem nicht mehr nur der Mann für das Erwerbseinkommen zuständig ist, während die Frau die Reproduktionsarbeit trägt, sondern das alle Erwachsenen, unabhängig von ihrem Geschlecht und ihren familiären Verpflichtungen, zur Vollzeit-Erwerbsarbeit verpflichtet. Zwar ist das “Adult worker”-Modell ein sogenanntes Doppelversorgermodell, bei dem beide Eltern beziehungsweise beide (Ehe-)Partner_innen arbeiten, während Frau Pekay als alleinerziehende Mutter schon deshalb in einer anderen Situation ist, weil sie sich zu diesem Zeitpunkt gar nicht auf einen Ernährer stützen könnte. Doch ermöglicht es ihr die durch die Sozialhilfe finanzierte tageweise Fremdbetreuung ihrer Tochter, in diesem zeitlichen Rahmen für eine Erwerbsarbeit zur Verfügung zu stehen. Dadurch stellt die Sozialhilfe ähnliche Forderungen an sie und unterstützt das ZBE ihre Stellensuche in ähnlichem Ausmass wie bei einem Mann. Doch wie entwickelt sich ihr Fall weiter?

Die Assessorin und Frau Pekay werden sich nicht mehr zu einem Gespräch treffen, was durchaus dem üblichen „Prozess“ im Zentrum Berufliche Eingliederung (ZBE) entspricht: Klient_innen, die von der Sozialhilfe ans ZBE überwiesen werden, werden nach dem Gruppenassessment zu einem „Einzeltermin“ aufgeboten, der dem Erstellen eines „Assessmentberichts“

und eines „Integrationsplans" dient. Letzterer hält das „Ziel" (in der Regel die Arbeitsintegration), „vereinbarte Teilziele" und geplanten Schritte „zur Erreichung der vereinbarten Ziele" fest. Obwohl Frau Pekay und ihre Assessorin sich also nicht mehr sehen, wird diese aus verschiedenen Quellen über ihre Klientin unterrichtet: So erhält die Assessorin knapp zwei Monate nach dem Gespräch mit der Klientin einen Anruf von deren Psychotherapeutin[34], die ihr mitteilt, dass Frau Pekay die Aufnahmeprüfung für den Pflegehelfer-Kurs „in Bezug auf Textverständnis" nicht bestanden habe. Frau Pekay wurde jedoch mitgeteilt, „sie solle sich in 6 Monaten nochmals melden, da sie es sonst gut gemacht" habe. Die Therapeutin merkt ausserdem (möglicherweise auf Nachfrage der Assessorin) an, dass sie Frau Pekay „sehr gut als Pflegehelferin" sehe. Die Assessorin lässt Frau Pekay über ihre Therapeutin ausrichten, sie solle ihr „einen Vorschlag für einen Kurs ‚Textverständnis' machen". Die Klientin kommt dieser Aufforderung auch umgehend nach, weshalb die Assessorin kurze Zeit später die Kostengutsprache für diesen Kurs, einen zweiten Deutschkurs und den Pflegehelfer-Kurs erteilt.

Die Klientin wird offenbar zu diesem Zeitpunkt als arbeitsfähig und arbeitswillig eingeschätzt – ein Fall, in den zu investieren in Form einer (geringfügigen) Qualifizierung sich lohnt. Hierin sind Züge des investierenden Sozialstaats auszumachen (vgl. Giddens 1999; Esping-Andersen 2002; kritisch dazu: Lessenich 2012; aus geschlechtertheoretischer Perspektive: Jenson 2009). Der investierende Sozialstaat, dessen Konzeption massgeblich auf den bekannten Wohlfahrtsstaat-Forscher Esping-Andersen zurückgeführt werden kann, sieht in erster Linie Bildungsinvestitionen in Jugendliche und in Frauen vor, um so bisher ungenutzte Potentiale für den europäischen Arbeitsmarkt erschliessen zu können. Seine Programmatik lässt sich daher im Kontext von Theorien zum Humankapital verorten.

Doch zurück zu Frau Pekay: Denn aus diesem jungen, gesunden, arbeitsfähigen, hochmotivierten und bildungs- und arbeitswilligen Fall (wie er in der Fallakte der Sozialhilfe anfänglich geschildert wird) wird nur knapp zwei Monate später ein ganz anderer: Das ZBE-Protokoll zeichnet nun das Bild einer gesundheitlich angeschlagenen, unzuverlässigen, an Qualifizierung uninteressierten, überforderten jungen Frau, die schliesslich als „zurzeit nicht

34 Dieser Anruf ist insbesondere deshalb interessant, weil es nicht die einzige Situation sein wird, in der die Psychotherapeutin zwischen der Klientin und ihrer Assessorin respektive ihrem Coach vermittelt. Die Psychotherapeutin übernimmt für die Klientin offenbar eine Rolle, die eher an eine Sozialarbeiterin erinnert, aber in der sie klar Position für ihre Klientin beziehen kann.

vermittelbar" aus dem Zentrum Berufliche Eingliederung entlassen wird. Wie kommt es zu dieser veränderten Wahrnehmung der Klientin?

5.1.2 *Investition in die Klientin steht in Frage*

Verglichen mit den bisher zitierten Protokolleinträgen verändert sich die Tonalität in einer späteren Notiz stark. Die Assessorin notiert unter Berufung auf Informationen der Sprachschule, in der die Klientin einen Deutschkurs besucht:

> *„Frau Pekay hat im Juli von 25 Kalendertagen 12 wegen Krankheit gefehlt, d.h. sie ist nur an 6 Tagen in die Schule gegangen! Sie ist krankgeschrieben vom 14. Juli bis 10. August! Bereits im Juni hat sie an 6 Schultagen gefehlt. 3 Tage sind nicht mit Arztzeugnis belegt!"* (Protokoll ZBE)

Die bisher als zuverlässig eingestufte Klientin ist offenbar erkrankt, ohne dies der ZBE-Assessorin und der Sachbearbeiterin der Sozialhilfe mitzuteilen. Neben der Erwartung, über akute gesundheitliche Einschränkungen der Klient_innen in Kenntnis gesetzt zu werden, kommt vor allem der Anspruch zum Ausdruck, dass jegliche „Absenzen" in „Massnahmen" wie Kursen, zu deren regelmässiger Teilnahme die Klient_innen per Unterschrift verpflichtet werden, durch ein „Arztzeugnis belegt" werden. Neben der Anzahl von Fehltagen, die genau quantifiziert werden (zwölf von 25), scheint also vor allem der Umstand, dass Frau Pekay drei Fehltage nicht durch ein ärztliches Zeugnis legitimieren kann, störend für die Assessorin – was sie durch das Setzen mehrerer Ausrufezeichen unterstreicht.

Dahinter stehen institutionelle Regelungen im Umgang mit Absenzen: Da die Klient_innen der Sozialhilfe einer „Mitwirkungspflicht" unterliegen, sind sie verpflichtet, „Massnahmen" wie Kurse und Beschäftigungsprogramme zu besuchen. Kommen sie ihrer Pflicht nicht nach, können sie sanktioniert werden. „Sanktionen" können in einer Kürzung der finanziellen Unterstützung von bis zu 15 Prozent bestehen – was bei der knapp bemessenen Leistung der Sozialhilfe schmerzlich sein kann für die betroffenen Klient_innen. Solche restriktiven Regelungen sind im Zusammenhang mit dem gesellschaftlichen, politischen und medialen Diskurs zu „Missbrauch" in der Sozialhilfe und in den Sozialversicherungen zu sehen. Der Legitimationsdruck, der dadurch auf die Institutionen der sozialen Sicherung ausgeübt wird, schlägt sich in Regelungen nieder, die diesen Druck quasi weiterreichen – an die Klient_innen, die durch ihre „Mitwirkung" unter Beweis stellen müssen, dass sie willens sind, „Schadensminderung" zu betreiben, indem sie alles in ihrer Macht stehende unternehmen, um finanziell unabhängig zu werden.

Unentschuldigte Absenzen erscheinen in dieser Logik als Hinweis auf eine Verletzung der „Mitwirkungspflicht". Allerdings können sie durch ärztliche Autorität, oder präziser: durch die Bestätigung einer gesundheitlichen Einschränkung durch ein ärztliches Attest legitimiert werden: Wenn eine Ärztin oder ein Arzt das Vorhandensein einer Erkrankung bestätigt, ist die Klientin berechtigt, aus gesundheitlichen Gründen ihrem Kurs fernzubleiben. Darin zeigt sich ein technokratischer Zugriff auf Gesundheit, denn die Institution lässt eine Krankheit erst dann gelten, wenn sie durch eine medizinische Instanz legitimiert ist. Erst diese Instanz kann einer gesundheitlichen Beeinträchtigung den Status einer ‚echten' Erkrankung verleihen. Eine nicht ärztlich bestätigte Erkrankung wird in diesem institutionellen Kontext demnach als Verstoss behandelt, als „unentschuldigte" Absenz – die den Verdacht weckt, dass die Klientin gar nicht krank ist, sondern ‚blau macht'.[35] Trifft dieser Verdacht auf Frau Pekay zu?

Ein telefonisches Gespräch mit Frau Pekay findet offenbar kurze Zeit später statt, wie aus dem Protokoll zu schliessen ist. Die Assessorin gibt sich im Protokoll nun wieder nüchterner, scheint doch bei Frau Pekay eine ernsthafte Erkrankung vorzuliegen. Sie notiert: „Telefon mit Frau Pekay: Sie hat nächste Woche eine Operation, was der Grund für die Ausfälle war." Am Tag der Operation erhält die Assessorin des Zentrums für berufliche Eingliederung einen Anruf von Frau Pekays Psychotherapeutin. Stichwortartig rapportiert die Assessorin das Gespräch:

> *„Heute findet die Operation statt. Gesundheitliche Probleme, Scheidung, psychische Situation, im privaten Umfeld allein, immer wieder Einbrüche durch depressive Verstimmung. Braucht engmaschige berufliche Unterstützung, da schulische Voraussetzungen fehlen. Nur 5 Jahre Schulbildung, dann Arbeit."* (Protokoll ZBE)

Sowohl die physische als auch die psychische Gesundheit Frau Pekays werden als „angeschlagen" geschildert, hinzu kommen soziale Probleme und fehlende formale Qualifikationen. Die Assessorin ist sich nun nicht mehr

---

35 Auf die Rolle, die der Medizin bei der Objektivierung von Arbeits(un)fähigkeit zugeschrieben wird, gehe ich ausführlicher in Kapitel 6 ein.

sicher, ob es sich lohnt, in ihre Klientin in Form eines Kurses zu investieren. Sie zweifelt an der „Eignung"[36] ihrer Klientin für den angestrebten Beruf, denn sie notiert: „Aktuell zweifle ich sehr, ob für Frau Pekay Pflegehelferin das richtige ist. Ich denke, dass sie mürrische Patienten, die den Frust an ihr auslassen, nicht erträgt. Diese ‚Berufswahl' muss zwingend nochmals überdacht werden." Eine berufliche Option, die Frau Pekay vor zwei Monaten hätte erschlossen werden sollen, wird nun in Frage gestellt – unter Rekurs auf die psychische Gesundheit bzw. die Konstitution der Klientin. Die in den Augen der Assessorin „angeschlagene" Klientin scheint sich nicht mehr für einen Job zu eignen, in dem sie es mit „mürrischen Patienten" zu tun hätte.

Darin zeigt sich quasi ex negativo der zentrale Stellenwert, der der psychischen und physischen Gesundheit hinsichtlich der "Employability" zugeschrieben wird. Die Beschäftigungsfähigkeit dieser Klientin wird nun erstmals in Zweifel gezogen. Ist sie doch nicht die „würdige Klientin", als die sie bisher im ZBE eingeschätzt wurde? Für die Assessorin sind die Informationen der Psychologin der Klientin Hinweise darauf, dass die bisherige Einschätzung nicht (mehr) korrekt ist und deshalb „überdacht" werden müsse. Sie reagiert auf dieses Handlungsproblem, indem sie eine „Massnahme" heranzieht, welche ihr die Institution ZBE zur Verfügung stellt: Sie greift auf eine „Abklärung" zurück, konkret auf das sogenannte „Vertiefungsassessment", das im ZBE von Coachs durchgeführt wird (siehe dazu Kapitel 4). Per Brief unterbreitet die Assessorin Frau Pekay diesen Vorschlag. Die Antwort kommt prompt mittels eines Anrufs der Psychotherapeutin, die ausrichten lässt, ihre Patientin sei „mit dem Vertiefungsassessment sehr einverstanden". Dieses dreiwöchige Gruppen-Assessment des Zentrums für berufliche Ein-

---

36 Um zu verstehen, was diese „Passung" von Person und Arbeitsmarkt bedeuten könnte, sind Überlegungen der Kulturwissenschaftlerin Eva Horn instruktiv, die die „Eignungsprüfung", wie sie zu Beginn des letzten Jahrhunderts aufkam, mit dem modernen Assessment Center vergleicht. Sie notiert in einem Aufsatz über „Test und Theater":
„Eignung ist (…) weniger eine Kategorie der Auswahl, des Auffindens gegebener Eigenschaften und Fähigkeiten, die Vorgefundenes beschreibt und quantifiziert. Vielmehr ist sie eine Konstruktion, die den Menschen als Gegenstück und Objekt industrieller und ökonomischer Strukturen überhaupt erst entwirft. […] Die Verfahren der Eignungsprüfung – und das gilt für die Experimentalanordnungen der Psychotechnik von 1920 ebenso wie für das moderne Assessment Center – bringen ein detailliertes und individualisierendes Wissen am Menschen hervor, das sich nicht auf vorgängige und verborgene Eigenschaften bezieht, sondern das eine neue Wirklichkeit des Menschen herstellt. " (Horn 2002, 110)
Obschon es die Eignungsprüfung in der von Horn rekonstruierten Form heute nicht mehr gibt, finden sich einige ihrer Aspekte nach wie vor – nicht nur im modernen Assessment Center, das Horn erwähnt, sondern auch im Feld der Arbeitsintegration.

gliederung findet im Oktober 2008 statt. Im Folgenden durchläuft Frau Pekay das Vertiefungsassessment mit anschliessendem mehrmonatigem Coaching, an dem ich in der Rolle als Forscherin ebenfalls sporadisch teilgenommen habe. Die „Fallführung" wechselt in der Folge von der Assessorin zu einem Coach, bleibt aber innerhalb des ZBE.

In einem Schlussgespräch des Vertiefungsassessments geht es um Frau Pekays berufliche Vorstellungen. Sie muss drei Berufe als „Ziele" angeben und nennt an erster Stelle Pflegehelferin, gefolgt von Wäschefrau und Raumpflegerin. Damit spricht sie drei berufliche Tätigkeiten an, die stark feminisiert und ausserdem ethnisiert sind und damit den Möglichkeiten entsprechen, die ihr der ethnisch und geschlechtlich segregierte Arbeitsmarkt bietet. Sie beweist damit ein Gespür für den (eingeschränkten) Möglichkeitsraum, der mit ihrer Sozialposition verknüpft ist: Sie hat das, was Bourdieu (2001, 236) in Anlehnung an Goffman den "sense of one's place" oder „das Gespür für Platzierung" (2001, 274) nennt (vgl. dazu auch Koch 2010).

Der Coach, der Pflegehelferin für ein „realistisches Ziel" hält – und damit das Gespür der Klientin für ihren Möglichkeitsraum als ‚richtig' anerkennt und diesen dadurch stabilisiert –, schlägt vor, dass sie nochmals eine Informationsveranstaltung des vor einigen Monaten von der Assessorin bereits bewilligten Kurses im entsprechenden Bereich besuche, und informiert Frau Pekay, dass sie ein halbjähriges Praktikum in einem Alters- und Pflegeheim absolvieren müsse. Erst dann werde die Ausbildung zur Pflegehelferin finanziert. Frau Pekay erhält in der Folge die Möglichkeit, die Tätigkeit während eines „Schnuppertags" kennen zu lernen und bekommt prompt die Zusage für eine unbezahlte Praktikumsstelle, die sie bereits wenige Tage später antreten soll. Die Klientin freut sich sehr über die Zusage, ist allerdings enttäuscht, als sie erfährt, dass sie nicht entlohnt wird. Auf ihre Frage, was ihr das Praktikum bringe, antwortet der Coach: „Das bringt Ihnen ein halbes Jahr Berufserfahrung in der Schweiz. Das Ziel ist, dass Sie den Lehrgang zur Pflegehelferin machen können." Später fügt er an: „Schauen Sie es als kleine Ausbildung an."

In diesem Zusammenhang scheint mir die Beobachtung erwähnenswert, dass für die Finanzierung der Ausbildung zur Pflegehelferin – zumindest aus Perspektive der Klientin – nach und nach Hürden eingebaut wurden. Obwohl die Assessorin bereits eine Kostengutsprache für den Kurs erteilt hatte, muss sich die Klientin nun zuerst einem Bewerbungsgespräch stellen und sich anschliessend durch einen „Schnuppertag" beweisen, bevor sie die Stelle für ein sechsmonatiges (unbezahltes) Praktikum erhält. Das hängt damit zusammen, dass sich die institutionellen Bedingungen, unter denen ein Pflegehelferkurs finanziert wird, mittlerweile geändert haben. Wäre dieser Frau Pekay vor einigen Monaten auch ohne Praktikum bezahlt worden, ist dieses nun eine Voraussetzung für die Kostenübernahme durch die Sozialhilfe bzw. das ZBE. Doch handelt es sich meines Erachtens bei diesem Praktikum nicht (primär) um eine Ausbildung, wie der Coach suggeriert. Vielmehr scheint es darum zu gehen, die Eignung der Klientin für dieses Berufsfeld zu testen, bevor in eine entsprechende Ausbildung ‚investiert' wird. Dem Coach, der Zugriff auf das Protokoll der Assessorin hat und die ‚Vorgeschichte' der Klientin kennt, sind die Zweifel der Assessorin an der "Employability" der Klientin bekannt. Auch er reagiert darauf mit der Verordnung von (weiteren) „Abklärungen". Das kommt im retrospektiv mit ihm geführten Interview zum Ausdruck:

> *„Ihr Wunsch ist ja gewesen als Pflegehelferin [zu arbeiten]. (…) Und das ist ja dann auch, also für mich wäre eigentlich dieses halbe Jahr, das ja dann abgemacht worden ist mit ihr, das ist eigentlich so quasi die Abklärung gewesen, ob ihr das wirklich gefällt, ob sie das wirklich prästiert*[37] *und ob sie sich auch wirklich dazu eignet."*
> (Interview mit Herrn Bohrer, Coach ZBE)[38]

Der Coach schreibt dem Praktikum eine dreifache Funktion als „Abklärung" zu: Erstens soll es zeigen, wie die Klientin das Arbeitsfeld einschätzt („ob ihr das wirklich gefällt"); zweitens geht es darum, ihre Leistungsfähigkeit in diesem Bereich zu eruieren („ob sie das wirklich prästiert") und drittens soll das Praktikum eine Aussage zur „Eignung" der Klientin erlauben („ob sie sich auch wirklich dazu eignet").

In den Worten Eva Horns (2002, 111), die die „Eignungsprüfung" der 1920er Jahre untersuchte und sie in einen Zusammenhang mit dem heu-

37 „Prästieren" ist ein in Deutschland veralteter Ausdruck für „leisten", der in der Schweiz zum Teil noch in Gebrauch ist.

38 Mir geht es in dieser Arbeit nicht um individuelle Deutungsmuster der Fachkräfte, sondern vielmehr um die Praktiken und Logiken des untersuchten *Feldes* und der untersuchten *Institutionen*. Deshalb verzichte ich wenn immer möglich darauf, Interviewausschnitte einzelnen Berater_innen zuzuweisen, sondern gebe als Quelle vielmehr „eine Mitarbeiterin des ZBE" oder „einen Mitarbeiter eines RAV" und ähnliches an. Im vorliegenden Kapitel mit seiner Struktur entlang von drei Fällen nenne ich jedoch Pseudonyme, die es zulassen, Aussagen Personen zuzuordnen, da die Lesbarkeit des Kapitels andernfalls unnötig erschwert wäre.

tigen Assessment Center setzt, soll Eignung „Umwege – im Betrieb wie in der Biografie des arbeitenden Individuums – vermeiden, indem sie falsche Platzierungen von vornherein ausschliesst". „Abklärungen" wie das Vertiefungsassessment und das Praktikum dienen dazu, die „Eignung" für eine sozialstaatliche Investition ins „Humankapital" – wie sie die Finanzierung eines Kurses aus der Perspektive des investierenden Sozialstaats darstellt –, festzustellen, um „Fehlinvestitionen" auszuschliessen. Darin zeigt sich eine Mikropolitik, die auf Sicherheit bedacht ist und Risiken möglichst vermeiden möchte (vgl. Dean 1995): Investitionen in Personen, deren Beschäftigungsfähigkeit als eingeschränkt wahrgenommen wird, sind riskant, könnte es doch sein, dass diese Personen die in ihr Humankapital getätigten Investitionen auf dem Arbeitsmarkt gar nicht verwerten können. Um möglichst alle Risiken auszuschalten, werden richtiggehende „Abklärungszirkel" (Nadai/Canonica/Koch 2015, 139) veranstaltet.

5.1.3 *Gesundheit als Voraussetzung*

Zum geplanten Antritt der Praktikumsstelle wird es im Falle Frau Pekays nicht kommen, denn wieder erfährt der Fall eine Wende: Frau Pekay erleidet wenige Tage vor Beginn ihres Praktikums einen Bandscheibenvorfall und wird von ihrem Hausarzt krankgeschrieben. Der Coach reagiert auf dieses Ereignis in einer Art und Weise, die durch seinen Arbeitsauftrag der Arbeitsintegration geprägt ist: Er möchte, wie er der Klientin im folgenden Coachinggespräch sagt, „das Problem verstehen", wohl um einschätzen zu können, wie weitreichend die aufgetretene Diskushernie das Ziel der beruflichen Integration der Klientin beeinflussen könnte. Für ihn ist die Frage zentral, ob Frau Pekays „Rückenprobleme" es ihr verunmöglichen, einen „Beruf" im Pflegebereich auszuüben. Dies kommt auch im Interview zum Ausdruck, wo er sagt: „Und es ist klar, wenn sie mit Patienten arbeiten möchte, dann muss sie einen stabilen Rücken haben, also das ist eigentlich die Voraussetzung." Mit anderen Worten: Aus der Perspektive Herrn Bohrers ist weniger entscheidend, dass Frau Pekay für einige Wochen ärztlich krankgeschrieben ist; für ihn zählt mehr, dass das für sie anvisierte Berufsfeld der Pflege mit einem grundsätzlich anfälligen Rücken nun möglicherweise nicht mehr in Frage kommt. Diese – institutionell geprägte – Perspektive auf die Erkrankung kann als „naturalistisch-funktionalistisch" (Lenk 2006, 65) und fragmentierend bzw. parzellierend (vgl. Schroer 2005) bezeichnet werden, denn sie rückt die Funktionseinschränkung ins Zentrum und ‚zerlegt' den Körper der Klientin in einen „kranken" Rücken und einen gesunden Rest.[39]

Im weiteren Verlaufe des Gesprächs schliesst der Coach dann die Option ‚Praktikum' und ‚Pflege' bereits weitgehend aus. Er sagt zu Frau Pekay, sie könne das Praktikum nicht antreten, da sie dort „Hand anlegen" müsse und fügt an: „Mit alten Menschen müssen Sie mit dem Körper arbeiten." Wie es seinem institutionellen Auftrag entspricht, ist für den Coach relevant, was Frau Pekay körperlich leisten kann – und was nicht. Ihre akuten Rückenprobleme sind für ihn also nicht primär ein Hinweis auf temporäre Arbeitsunfähigkeit, sondern vielmehr auf einen chronisch instabilen Rücken und damit ein Indikator dafür, dass sich die Klientin für bestimmte Arbeitsmarktsektoren nicht eignet. Im Interview, das nach Abschluss des Coachings geführt wurde, bezeichnet er dieses ‚Ergebnis' als Erfolg:

> *„Erfolg in dem Sinn, also es hat sich einiges geklärt während dieser Zeit: Ihre Idee war ja ursprünglich, in die Pflege arbeiten zu gehen. Und das hat sich dann herausgestellt, dass das aus gesundheitlichen Gründen nicht möglich ist."* (Interview mit Herrn Bohrer, Coach ZBE)

Eine berufliche Option, die Frau Pekay vor nur wenigen Monaten noch hätte erschlossen werden sollen, wird nun ausgeschlossen, unter Rekurs auf die Gesundheit der Klientin. Ein gesunder Körper wird gleichsam zur Voraussetzung, um als beschäftigungsfähig und investitionswürdig wahrgenommen zu werden.

Der der Klientin anfänglich zugeschriebene Status als "employable" wird nach und nach in Frage gestellt, und zwar im Kontext gesundheitlicher Einschränkungen wie einer Operation, psychischer Probleme und einer Rückenerkrankung. Diese Beeinträchtigungen der Gesundheit werden als Einschränkung der Beschäftigungsfähigkeit Frau Pekays wahrgenommen, was mehrere „Abklärungen" wie ein Vertiefungsassessment und ein Praktikum nach sich zieht. Bei diesen Abklärungen geht es in der Logik des investierenden Sozialstaats darum, das Risiko einer ‚Fehlinvestition' möglichst gering zu halten. Eine Fehlinvestition wäre gemäss dieser Logik die Ermöglichung einer Ausbildung, die die Klientin anschliessend nicht verwerten kann, weil es beispielsweise ihre Gesundheit nicht erlaubt. Bei Frau Pekay bestehen Zweifel, ob der zur Diskussion stehende „Pflegehelfer-Kurs" finanziert werden soll,

---

39 Das erinnert auch an den „klinischen Blick", wie ihn Foucault (2008) rekonstruierte.

da ihre psychische Verfassung und ihre Rückenerkrankung es ihr in Zukunft möglicherweise gar nicht erlauben, diese Investition in ihr Humankapital adäquat zu verwerten. Gesundheitliche Einschränkungen werden zum entscheidenden Faktor, wenn es um die Rentabilität einer Investition geht (siehe dazu auch Kapitel 8).

Doch was heisst das für die Klientin und ihre Sozialposition? Mit dieser Mikropolitik arbeiten die untersuchten Institutionen an der sozialen Positionierung der Klient_innen mit und reproduzieren soziale Ungleichheit. Dass ‚objektive' gesundheitliche Einschränkungen von Vertreter_innen sozialstaatlicher Agenturen opportunistisch genutzt werden können, um gewisse Optionen der Klient_innen auszuschliessen (vgl. Nadai/Canonica/Koch 2015) und damit zugleich soziale Positionierungen zu (re-)produzieren, zeigt der Umstand, dass der Coach im Interview eine Tätigkeit als Reinigungsmitarbeiterin durchaus als berufliche Option für Frau Pekay betrachtet – obwohl diese Tätigkeit keineswegs schonender für Pekays Rücken sein dürfte.

5.1.4 *„Zurzeit nicht vermittelbar"*

Einige Wochen später erfährt Herr Bohrer per Telefon von Frau Pekays Psychotherapeutin, dass seine Klientin schwanger sei. Frau Pekay wurde, wie sie im darauffolgenden Coachinggespräch sagt, von ihrer Schwangerschaft „überrascht". Sie stellt diese damit als nicht geplant oder gewählt dar. Auch die Schwangerschaft der Klientin wird in der Folge vom Coach als „Handicap" (vgl. Castel 2008) bzw. als Vermittlungshemmnis konstruiert. Der Coach schliesst den Fall für das Empfinden der Klientin und auch der Forscherin relativ abrupt ab, mit der gegenüber der Forscherin informell geäusserten Begründung, die Klientin habe „das" (die Schwangerschaft) ja so gewählt und die berufliche Integration gehe bei ihr aus diesem Grund jetzt nicht mehr. Denn die Klientin sei „zurzeit nicht vermittelbar". Vermittelbarkeit ist aber ein zentrales Kriterium, um ein „Fall" für die Arbeitsintegration zu sein. Dahinter steckt ein institutionalisierter ‚Schonraum' für Mütter mit kleinen Kindern: Die Sozialhilfe im Standortkanton des Zentrums für berufliche Eingliederung nimmt Mütter von der Arbeitspflicht aus, bis ihr jüngstes Kind drei Jahre alt ist.[40]

Die Aussagen des Coachs erwecken den Eindruck, Frau Pekays ‚Körpereinsatz' (ihre Rückenschmerzen just zum Zeitpunkt des Praktikumsbeginns

40 Die Altersgrenze ist von Kanton zu Kanton unterschiedlich. Tendenziell ist sie in den letzten Jahren gesunken (vgl. Nadai/Hauss/Canonica 2013).

und ihre Schwangerschaft während des Prozesses der beruflichen Eingliederung) folgten einer (bewussten oder unbewussten) Strategie. Daraus kann gefolgert werden, dass Frau Pekays Eingliederungscoach ihr erheblich mehr Handlungskompetenz zuschreibt als sie sich selbst. Dies mag mit dem vom Coach mehr oder weniger verinnerlichten Paradigma aktivierender Sozialarbeit zusammenhängen, das von einem ‚autonomen' Subjekt ausgeht. Auch im Gesundheitssektor ist eine Perspektive auf Gesundheit, die diese als machbar konzipiert, weit verbreitet (vgl. Schmidt 2008). Aus dieser Perspektive muss praktisch jede Handlung bzw. Veränderung der Situation der Klientin als eine aktive und rationale Strategie erscheinen. Ihre Schwangerschaft könnte – in den Augen des Coachs – als eine Art ‚somatische Strategie' gelesen werden, dank der sie sich gewissen Zwängen entziehen kann, beispielsweise dem Druck, Arbeit zu suchen.

So oder so durchkreuzt die Schwangerschaft – respektive ihre institutionelle Übersetzung in ein „Moratorium" für Mütter mit Kindern, die jünger als drei Jahre sind – den Imperativ der Arbeitsintegration – weshalb Herr Bohrer den Fall Frau Pekays auch sehr schnell abschliesst. Der rasche Abschluss erklärt sich ferner auch aus dem Umstand, dass die sozialstaatlichen Integrationsagenturen durch ihre „Fixierung auf den Arbeitsmarkt" (Möhle 2005) auf eine rasche statt nachhaltige und zeitaufwändige berufliche Integration setzen. Diese hätte sich während der Schwangerschaft und der Mutterschaftspause planen und im Anschluss an diese auch angehen lassen. Durch den Abschluss des Eingliederungsprozesses rückt der Arbeitsmarkt für die Klientin noch ein Stückchen weiter weg. Dies verweist auf eine vergeschlechtlichte Sozialpolitik: Priorität hat im Fall von Schwangeren und von Müttern mit Kleinkindern nicht die „Re-Kommodifizierung" der Arbeitskraft der Klientinnen, sondern ihre „Ent-Kommodifizierung" (vgl. Ostner 1995): Frau Pekay wird von der beschäftigungs- und arbeitsfähigen Stellensuchenden zur schonungsbedürftigen Schwangeren bzw. Mutter. So sagt ihr Coach im Interview:

> *„Ich denke, ihre zwei Kinder, das ist im Moment das Wichtige, dass sie Mutter ist und zu ihren Kindern schaut. Was dann in zwei Jahren –, sie kann in der Sozialhilfe –, bis drei [bezieht sich auf das Alter des jüngsten Kindes], kann sie zuhause sein als Mutter."*
> (Interview mit Herrn Bohrer, Coach ZBE)

Dieser Verweis auf eine geschlechtsspezifische Rollenverteilung wird an einer anderen Stelle im Interview mit Herrn Bohrer untermauert. Nach einer Prognose zum weiteren Fallverlauf gefragt, verweist der Coach auf den in der Türkei lebenden Vater des zweiten Kindes, der nach einem Umzug in die Schweiz möglicherweise als „Ernährer" der Familie fungieren könne, so dass Frau Pekay selbst „gar nicht mehr arbeiten gehen muss". Obwohl anzunehmen ist, dass der Vater des zweiten Kindes, der in der Türkei lebt und wohl kaum über Deutschkenntnisse und Arbeitserfahrung in der Schweiz verfügt, auf dem hiesigen Arbeitsmarkt wohl noch weniger Chancen haben wird als Frau Pekay, liegt für den Coach offenbar ein traditionelles Familienmodell nahe.[41] Damit wird impliziert, dass für Frau Pekay der nächstliegende Weg aus der Sozialhilfeabhängigkeit die Heirat eines ‚Alleinernährers' sei – eine „Normalisierung ihrer Familienkarriere" ist in den Augen des Coachs realistischer als die „Normalisierung der Erwerbskarriere" (Leibfried et al. 1995, 171).[42]

Damit scheint zumindest teilweise immer noch zuzutreffen, was die feministische Wohlfahrtsstaatsforschung vor allem im angelsächsischen Sprachraum schon vor längerem festgestellt hat: „Frauen, sagen amerikanische Feministinnen mit Blick auf die Lebenschancen der meisten Frauen in westlichen Ländern, seien 'a husband away from poverty', ‚einen Ehemann weit von der Armut entfernt'" (Ostner 1995, 3). Was die feministische Wohlfahrtstaat-Debatte fordert, nämlich „staatliche Ausstiegsoptionen für die besondere Situation von Frauen" (Ostner 1995, 5), die deren besondere Verwundbarkeit berücksichtigen und ihre soziale und ökonomische Unabhängigkeit (von Ehemännern) zu stärken vermöchten, wird hier gleichsam ins Gegenteil verkehrt: Nicht der Sozialstaat soll vor der Abhängigkeit vom Ehemann, sondern der (zukünftige) Ehemann vor der Abhängigkeit vom Sozialstaat schützen.

Diese Konzeption der Klientin steht im Widerspruch zum eingangs skizzierten Modell des "adult worker", das an Frauen und Männer und an Väter und Mütter dieselben Ansprüche stellt. Wie zwei Studien kürzlich

41 Was die Verteilung von Erwerbsarbeit unter den Geschlechtern anbelangt, deckt sich die Einschätzung des Coachs mit Studien, die zeigen, dass nach wie vor vor allem Männer „Normalarbeitsverhältnisse" eingehen, während weibliche Erwerbsarbeit von Teilzeitarbeit, befristeter Beschäftigung, geringfügiger Beschäftigung und temporären Unterbrüchen geprägt ist (vgl. BFS/EBG 2008).

42 Studien zeigen, dass eine „Normalisierung ihrer Familienkarriere" als (einfachere) Möglichkeit für Frauen gilt, von Sozialhilfe unabhängig zu werden, da für sie die „Normalisierung der Erwerbskarriere" (Leibfried et al. 1995, 171) tendenziell schwieriger ist als für Männer (vgl. Gebauer et al. 2002; Mädje/Neusüss 1996; Schultheis 1987).

gezeigt haben, finden sich bezüglich der Gleichstellung von Frauen respektive der Geschlechtergerechtigkeit ambivalente Logiken in der Sozialhilfe (vgl. Nadai/Hauss/Canonica 2013; Keller/Modak/Messant-Laurent 2013). Ähnliches kann auch für das hier untersuchte Feld konstatiert werden.

5.1.5 *Zusammenfassung und Fazit*

An diesem Fallbeispiel kann gezeigt werden, wie zwei unterschiedliche primär körperliche Phänomene (Rückenleiden und Schwangerschaft) in Beratungsgesprächen in einer sozialstaatlichen Arbeitsintegrationsagentur gerahmt und gedeutet werden und wie sie damit zu „interventionstauglichen", „ausgleichsbedürftigen" oder „zumutbaren" „Handicaps" (vgl. Vogel 2009, 70) werden – und wie daraus Konsequenzen für die weitere Bearbeitung des „Falls" abgleitet werden. Am hier skizzierten Beispiel fällt insbesondere auf, wie der berufliche Möglichkeitsraum der Klientin eingeschränkt wird, und zwar unter Rekurs auf ihre körperlichen Symptome. Darin zeigt sich eine „Mikropolitik beruflicher Platzzuweisungen" (Büchi/Koch 2014, 126): So wird Frau Pekays Wunsch, im Pflegebereich zu arbeiten, im Coaching zwar anfänglich verfolgt, dann aber mit dem Argument fallengelassen, sie sei aufgrund ihrer Rückenprobleme ungeeignet für diesen Beruf. Später wird sie vom Coach – in Übereinstimmung mit institutionell-rechtlichen Vorgaben der Sozialhilfe – in erster Linie als „Mutter" und (künftige) „Ehefrau" definiert. Gesundheitliche Einschränkungen werden in sozialstaatlichen Agenturen opportunistisch respektive strategisch genutzt, um gewisse Optionen der Klient_innen auszuschliessen – ungeachtet des Umstands, dass damit zugleich soziale Positionierungen zu reproduziert werden können. Das zeigt sich auch daran, dass der Coach im Interview eine Tätigkeit als Reinigungsmitarbeiterin durchaus als berufliche Option für Frau Pekay betrachtet.[43]

Im skizzierten Fall wirken Prozesse der Vergeschlechtlichung, der Ethnisierung und der sozialen Positionierung zusammen: Die Kategorie „Geschlecht" wird insbesondere konstruiert über die Zuweisung ganz bestimmter beruflicher Tätigkeiten in der Pflege- und Reinigungsbranche, über die Kategorisierung des schwangeren Körpers als arbeitsunfähig respektive „nicht vermittelbar" durch das Aktivierungsregime und über die institutionell-rechtliche Zuschreibung gesellschaftlich-familiärer Rollen wie „Mutter",

43 Eine ähnliche Beobachtung macht Susanne Bachmann (2014) in ihrer Dissertationsstudie, die sich mit Subjektkonstitutionen in Integrationsprogrammen zur Arbeitsmarkteingliederung von Zugewanderten befasst. Auch sie rekonstruiert, wie die Projektteilnehmenden auf ganz spezifische berufliche Tätigkeiten im Niedriglohnbereich limitiert werden.

„Hausfrau“ und „Ehefrau“ (vgl. auch Pulkingham/Fuller 2012). Ethnisierend wirken primär der Stellenwert und die Konsequenzen geringer Schulbildung im Migrationsregime, die wiederum zur Zuweisung ganz bestimmter in der Regel prekärer beruflicher Tätigkeiten (Pflegehelferin, Reinigungskraft) führt und nur bestimmte, meist geringfügige Qualifizierungen als ‚lohnend‘ erscheinen lässt (vgl. zur Berufsqualifikation als gesellschaftlichem Urteil über den Wert einer Beschäftigung Streckeisen 2008).

Die Bewertung der Rückenproblematik als disqualifizierend für die angestrebte berufliche Tätigkeit und die Wahrnehmung des schwangeren Körpers als „nicht vermittelbar“ konstruieren einen von der Norm der Arbeitsfähigkeit abweichenden Körper (vgl. Waldschmidt 2005; Tervooren 2003). Insbesondere der schwangere Körper wird zur Manifestation einer Geschlechterordnung und „zur Naturalisierung des Geschlechtskörpers“ ‚genutzt‘ (Sänger et al. 2013, 59). Der Körper stellt im untersuchten Kontext sozialstaatlicher Arbeitsintegration eine Fläche dar, auf die gesellschaftliche Werte und sozialpolitische (Familien-)Modelle projiziert werden. Kategorien wie „Vermittelbarkeit“, „Beschäftigungsfähigkeit“ und „Arbeits(un)fähigkeit“ werden über die Wahrnehmung und Beurteilung des Körpers hergestellt und ausgehandelt. Das zeigt sich auch in den folgenden beiden Fallanalysen, ist dort aber anders gelagert. Insgesamt reproduzieren diese Prozesse, Kategorien und ihre Intersektionen (vgl. Winker/Degele 2009) eine ganz spezifische soziale Position.

5.2 Praktiken der Sichtbarmachung und Beurteilung von Einschränkungen – Herr Kaya[44]

Als ich Herrn Kaya, einem Mann mittleren Alters, im Herbst 2008 im Rahmen unserer Beobachtung des Vertiefungsassessments des Zentrums für berufliche Eingliederung zum ersten Mal begegne, ist er seit knapp eineinhalb Jahren bei der Sozialhilfe angemeldet. Als zuvor selbständig Erwerbender, der Konkurs ging, hat er kein Anrecht auf Arbeitslosentaggelder. Daher war er gezwungen, direkt bei der Sozialhilfe um Unterstützung nachzufragen.

44 Die Rekonstruktion dieses Falls basiert auf folgendem Datenmaterial: Feldnotizen der teilnehmenden Beobachtung von sieben sogenannten Coaching-Gesprächen zwischen Herrn Kaya und seinem Coach im ZBE, Herrn Bohrer, sowie je einer Beobachtung im Vertiefungsassessment und eines Gesprächs im Kontext eines Beschäftigungsprogramms; ferner je ein Interview mit Herrn Kaya und mit Herrn Bohrer (nach Abschluss des Coachings) und Artefakte wie die Fallakte der Sozialhilfe und sogenannte Protokolle des Zentrums Berufliche Eingliederung.

Herr Kaya hat vier Kinder, die zum Teil noch in Ausbildung sind. Da Herr Kaya bei der Sozialhilfe als „gesund" gilt (wie in der Fallakte der Sozialhilfe nachzulesen ist), wird er zur beruflichen Reintegration ins Zentrum Berufliche Eingliederung überwiesen. Dort durchläuft er zuerst das sogenannte „Kurzassessment", bevor er später das dreiwöchige „Vertiefungsassessment" absolviert (siehe dazu Kapitel 4).

Stand bei der vorhergehenden Analyse zum Fall von Frau Pekay die Frage im Zentrum, welche Bewertung ihre gesundheitlichen Probleme erfahren und welche Bearbeitung sie nach sich ziehen, so richtet sich der Fokus der folgenden Analyse stärker auf die Frage, wie Einschränkungen der Leistungs- und Arbeitsfähigkeit im Kontext der Fallbearbeitung im ZBE sichtbar gemacht werden. Herr Kaya absolviert zuerst im Rahmen des Vertiefungsassessments und anschliessend in einem „Programm für vorübergehende Beschäftigung" eine Reihe von Tests und „Abklärungen", die einen ganz bestimmten „Fall" produzieren. Diese Visibilisierung, Objektivierung und letztlich auch (Re-) Produktion eines leistungseingeschränkten Falls wird im Folgenden rekonstruiert und analysiert.

5.2.1 „Ein spezieller Fall"

Teil des Vertiefungsassessments bildet eine Reihe von Tests, die sich auf Sprachkompetenzen, auf Mathematikkenntnisse, aber auch auf berufliche Vorstellungen beziehen. Insgesamt geht es darum, dass sich das ZBE ein Bild der „Employability" der Teilnehmenden machen kann. Die Resultate dieser Tests werden im Vertiefungsassessment in einem Gespräch zwischen der jeweiligen Klientin beziehungsweise dem jeweiligen Klienten, einer Berufsberaterin und der oder dem potentiellen Coach besprochen. Ich habe als Forscherin am Gespräch mit Herrn Kaya teilgenommen. Bereits im Vorfeld dieses Gesprächs wurde mir vom Coach zugetragen, dass Herr Kaya psychische Probleme habe. Auch im folgenden Gespräch spielt diese Erkrankung implizit eine Rolle:

> *Im Gespräch, das noch im Rahmen des Vertiefungsassessment zwischen dem Klienten Herrn Kaya, der Berufsberaterin und dem (zukünftigen) Coach stattfindet, wird Herr Kaya von der Berufsberaterin als „spezieller Fall" bezeichnet, ohne dass sie dies allerdings begründet (erst später wird klar, dass sie dies auf seine eingeschränkte psychische Gesundheit bezieht). Gegenstand des Gesprächs sind seine Testresultate, die schlecht ausgefallen sind –*

mit Ausnahme des Deutschtests, in dem Herr Kaya sechs von zehn möglichen Punkten erreichte. Auf die Frage, wie es ihm mit diesen Tests ergangen sei, erwähnt Herr Kaya Konzentrationsschwierigkeiten. Er beteuert, dass er eigentlich mehr könne, er habe ja das Wirtepatent erworben. Früher habe er viel mehr gekonnt, aber heute fehle ihm die Ausdauer und Konzentration. Später fragt die Berufsberaterin, ob Herr Kaya etwas arbeiten wolle. Er antwortet, er habe gesundheitliche Probleme, sei aber nicht krankgeschrieben, weil er dies nicht wolle. Finanziell gehe es ihm schlecht, es sei eine harte Situation bei der Sozialhilfe. (Beobachtungsprotokoll)

Bereits in diesem ersten Gespräch wird Herr Kaya als leistungseingeschränkt dargestellt. Zum einen kodiert ihn die Berufsberaterin als „speziellen Fall" – was im Kontext seiner psychischen Probleme zu interpretieren ist – und zum anderen stellt sie auf die Resultate verschiedener Tests ab, die im Vertiefungsassessment durchgeführt wurden. Herr Kayas Leistungen werden von ihr als „schlecht" bezeichnet. Für diese Bewertung muss die Berufsberaterin auf eine implizite Norm zurückgreifen: Sie setzt Herrn Kaya in Beziehung zu anderen Prüflingen und misst ihn am Durchschnitt, wodurch seine Leistungsfähigkeit erst als ‚nach unten' abweichend erkennbar wird.[45]

Auch der Klient selbst zieht eine Vergleichsgrösse bei: Er kontrastiert seine aktuelle Leistungsfähigkeit mit jener, als er das Wirtepatent erwarb, das heisst er macht einen historischen Vergleich mit sich selbst, mit seinem früheren „gesunden" Selbst. Ausserdem spricht er gesundheitliche Probleme an. Gemeinsam mit der Berufsberaterin arbeitet der Klient damit an der Sichtbarmachung und der Objektivierung seiner Leistungseinschränkungen. Beide betreiben eine ‚Visibilisierungsarbeit'. Diese Einschränkungen werden mit Herrn Kayas gesundheitlicher Situation in Beziehung gesetzt. Herr Kaya sagt ferner, dass er sich seine Arbeitsunfähigkeit medizinisch bescheinigen lassen könnte – was er aber nicht möchte. Er fährt mit einem Hinweis auf seine schwierige finanzielle Situation fort. Dies lässt zum einen vermuten, dass seine psychischen Probleme mit dieser schwierigen finanziellen Situation und dem Konkurs seines Geschäfts zusammenhängen. Zum anderen ist hierin wahrscheinlich auch der Grund zu suchen, warum sich Herr Kaya

45 Wie Foucault (1994 [1975]) herausgearbeitet hat, kommen Prüfungen die Funktionen der Normierung und Normalisierung zu, da sie Vergleiche zwischen den „vermessenen" Individuen erlauben. Ferner dienen sie der Subjektivierung der Prüflinge, die durch solchermassen angehäuftes Wissen erst zu Individuen werden.

nicht „krankschreiben" lassen möchte – er möchte arbeiten, um die finanzielle Situation der Familie zu verbessern, wie sich aus dem weiteren Material zu diesem Fall schliessen lässt. Da seine Frau seit längerem arbeitsunfähig ist und seine Kinder noch in Ausbildung sind, war Herr Kaya eine Weile lang der Alleinernährer der Familie – eine Rolle, die er zurzeit nicht erfüllen kann. Die schwierige finanzielle Situation kommt auch im Interview, das ich rund vierzehn Monate nach dem skizzierten Gespräch mit ihm führte, zur Sprache:

> *„[M]it diesem Geld vom Sozialamt können wir nicht leben, ist nicht möglich… Es ist unmöglich. Die Wünsche unserer zwei Töchter können wir mit diesem Geld, das wir vom Sozialamt bekommen, niemals erfüllen."* (Interview mit Herrn Kaya, Klient im ZBE)

Dies zeigt, dass es nicht nur darum geht, die Familie einfach zu ernähren, sondern auch darum, ein gewisses Niveau der Lebensführung, einen soziokulturellen Standard zu erhalten. Das heisst, es geht neben der Partizipation an Arbeit auch um Partizipation an Konsum – laut Ludwig-Mayerhofer (2009, 12) die beiden „wichtigsten Voraussetzungen für Anerkennung und Identität des Individuums" in der Arbeitsgesellschaft. Kurzum: Herr Kaya muss arbeitsfähig sein, weil die familiäre und finanzielle Situation es nicht zulässt, dass er sich krankschreiben lässt.[46] Deshalb setzt er seine „Hoffnung", wie es in der Fallakte der Sozialhilfe heisst, wohl auch in dieses Coaching – denn ihm ist wahrscheinlich bewusst, dass er alleine kaum Möglichkeiten hat, wieder eine Stelle zu finden. Wird sich diese Hoffnung erfüllen?

Die psychische Gesundheit Herrn Kayas, bei dem eine Depression diagnostiziert wurde, führt im Zentrum Berufliche Eingliederung dazu, dass er als „spezieller Fall" gilt. Die Diagnose an sich – von der der Coach und die Berufsberaterin Kenntnis haben – wird nicht explizit thematisiert, sie wird

46 Sind die Ansätze der Sozialhilfe sowieso schon relativ tief, was für die allermeisten von Sozialhilfe lebenden Menschen Anpassungen des Lebensstils nach sich zieht, ist die finanzielle Situation der Familie Kaya noch verschärft, weil sie für den erwachsenen Sohn kein zusätzliches Geld erhält. Dieser würde, da er studiert, grundsätzlich Stipendien erhalten; weil er aber aus gesundheitlichen Gründen sein Studium unterbrochen hat, hat er kein Anrecht auf Stipendien. Er hätte zwar Anrecht auf Sozialhilfe; diese würde aber offenbar verlangen, dass er sein Studium abbricht, um einer Erwerbsarbeit nachgehen zu können – denn Menschen in Ausbildung werden von der Sozialhilfe grundsätzlich nicht unterstützt. Da es der Familie Kaya wichtig ist, dass der Sohn (später) weiterstudieren kann, sieht sie sich gezwungen, einen Fünf-Personen-Haushalt mit dem Sozialhilfebudget für einen Vier-Personen-Haushalt über die Runden zu bringen (die älteste Tochter ist bereits ausgezogen).

aber in den institutionellen Kontext der Arbeitsintegration ‚übersetzt' und findet ihren Niederschlag in der – durch Tests objektivierten – Feststellung, dass Herr Kaya leistungseingeschränkt sei. Deshalb stellt der Coach auch in Frage, ob ein Coaching sinnvoll sei, denn Herr Bohrer ist der Meinung, die Depression des Klienten sei noch „zu jung". Darin kommt ein Verständnis dieser Krankheit zum Ausdruck, das diese in zeitlichen Kategorien erfasst und ihr einen Alterungsprozess zuschreibt. Herr Bohrer scheint davon auszugehen, dass eine ‚ältere' Depression einer Arbeitsintegration weniger stark im Weg stehen würde. Dennoch lässt sich der Coach vom Klienten, der „die Arbeitsintegration will" – wie es der Coach gegenüber der Forscherin formuliert –, und von Herrn Kayas Therapeutin überzeugen, „den Versuch zu wagen" – so stellt Herr Bohrer das gegenüber der Forscherin dar. Das Coaching ist also von Anfang an als Versuchsanordnung ausgelegt, wie ich im Folgenden rekonstruieren werde.

Herrn Kayas Arbeits- und Leistungsfähigkeit beziehungsweise seine „Vermittelbarkeit" werden von Beginn an in Frage gestellt. Diese sollten aber gemäss der Logik der Arbeitsintegration gegeben sein, damit sich ein Coaching ‚lohnt'; denn dieses zielt ganz klar auf die Arbeitsintegration der Klient_innen und ist weniger als umfassende (Sozial-)Beratung mit offenem Inhalt konzipiert. Wie die folgende Rekonstruktion und Analyse zeigt, kommt dem Coaching im Falle Herrn Kayas die Funktion zu, die Arbeitsfähigkeit „praktisch", das heisst im Rahmen eines befristeten Arbeitseinsatzes, abzuklären, um entscheiden zu können, ob sich die Fortführung des Coachings lohnt – was nur der Fall ist, wenn eine Integration in den Arbeitsmarkt dem Coach als „realistisch" erscheint. Auch die folgende Analyse wird deshalb von der Frage geleitet, wie die Einschränkung der Arbeits- und Leistungsfähigkeit Herrn Kayas konkret als ‚Fakt' hervorgebracht wird: In welchen Situationen erscheint der Klient als beeinträchtigt? Mit welchen Mitteln werden seine Einschränkungen sichtbar gemacht? Wie wird die Beeinträchtigung argumentativ abgestützt?

5.2.2 *Arbeit als Heilmittel?*

Eines der folgenden Coachinggespräche dreht sich hauptsächlich um „Programme vorübergehender Beschäftigung", denn Herr Bohrer empfiehlt seinem Klienten eine Tätigkeit im Rahmen eines solchen Programms. Im Zuge dieses Gesprächs äussert der Coach Einschätzungen bezüglich der

Gesundheit seines Klienten und thematisiert das Verhältnis von Arbeit und Gesundheit:

> *Nachdem der Coach Herr Bohrer seinem Klienten Herr Kaya eine lange Liste mit freien Plätzen in „Programmen vorübergehender Beschäftigung" vorgelesen hat, fragt Herr Kaya: „Gibt es nichts als Hilfsarbeiter in einer Fabrik?" Der Coach entgegnet: „Ich denke, das ist im Moment noch nicht möglich. Da müssen Sie noch andere Schritte machen vorher. Die haben keine geschützten Plätze." Später erläutert Herr Bohrer: „Sie haben ja viel Zeit zum Denken im Moment. Beschäftigung lenkt auch ab vom Denken. Sie müssen nicht gesund sein für diese Arbeit. Sonst würden wir zusammen Bewerbungen im ersten Arbeitsmarkt machen." Herr Kaya antwortet: „Der Chef später, im ersten Arbeitsmarkt, erwartet auch Leistung von mir. Wenn ich meine Arbeit nicht mache, dann wird mir gekündigt." Er fügt hinzu: „Ich bin im Moment unsicher, ob ich überhaupt etwas machen kann." Herr Bohrer antwortet: „Darum ist es gut, wenn Sie arbeiten und Selbstvertrauen kriegen." Er erzählt von einer Klientin, die nach fünf Monaten im Programm vorübergehender Beschäftigung wieder „fit" gewesen sei. Herr Kaya erwidert: „Bei mir ist der Wille schon da, aber die Gesundheit ist das Problem." Herr Bohrer sagt: „Daran zweifle ich auch gar nicht". Herr Kaya führt aus, dass er Verantwortung trage, denn er habe kleine Kinder, für die er da sein müsse. „Vom Geld der Sozialhilfe können wir nicht leben, das reicht nicht."* (Beobachtungsprotokoll)

Der Coach gibt dem Klienten zu verstehen, dass er ihn im Moment für zu eingeschränkt für eine Tätigkeit im ersten Arbeitsmarkt hält. Diese Einschätzung untermauert er, indem er „geschützte (Arbeits-)Plätze" ins Feld führt. Zugleich kodiert er Herrn Kayas Einschränkung als bearbeitbar und dadurch als vorübergehend, wenn er davon spricht, dass der Klient „noch andere Schritte machen" müsse vor der Aufnahme einer Erwerbstätigkeit. Diese Formulierung hat nicht nur die Funktion, dem Klienten seine (Leistungs-)Einschränkung in Erinnerung zu rufen und ihm damit einen spezifischen Status als zurzeit ‚nicht arbeitsmarktfähig' zu verleihen, sondern führt zugleich eine responsibilisierende Dimension mit sich: Der Klient wird als verantwortlich für die Genesung dargestellt, denn er ist derjenige, der die dazu nötigen Schritte „machen" soll. Der in solcher Weise (re-)produzierte

Status Herrn Kayas als eingeschränkte Arbeitskraft ermöglicht es dem Coach, einen Arbeitsversuch in „geschütztem Rahmen“ zu verordnen, den er gleichsam therapeutisch konnotiert: Er soll den Klienten vom Grübeln ablenken, ihm zu Selbstvertrauen verhelfen und ihn schlussendlich wieder „fit“, also gesund und leistungsfähig, machen – Arbeit als Heilmittel. Diese Einschätzung unterstreicht Herr Bohrer, indem er von einem anderen Klienten erzählt, der nach einigen Monaten im Programm für vorübergehende Beschäftigung wieder „fit“ gewesen sei. Arbeit erfüllt in diesem Setting nicht die Funktion der Existenzsicherung und/oder sinnvollen Tätig-Seins; vielmehr soll sie die Genesung des Klienten unterstützen und ausserdem zeigen, was dieser momentan leisten kann – sie hat also auch noch die Funktion eines Tests, einer Abklärung – ähnlich wie das bereits in Bezug auf Frau Pekay gezeigt werden konnte. Oder in den Worten des Coachs: Es handelt sich um „Stellen zum Abklären, zum Ausprobieren“.

Hingegen scheint Herrn Kaya selbst die Versuchsanordnung, der geschützte Rahmen, in dem auch Leistungseinschränkungen akzeptiert sind, nicht recht zu behagen. Vielmehr möchte er seine Leistungsfähigkeit auf dem „richtigen“ Arbeitsmarkt unter Beweis stellen. Indem Herr Kaya nach Stellen im ersten Arbeitsmarkt fragt und später darauf hinweist, dass er im ersten Arbeitsmarkt an seiner Leistung gemessen würde, signalisiert er, dass er gerne einer Erwerbsarbeit nachgehen würde. Er unterstreicht damit und mit der Aussage, der Wille sei da, seinen Arbeitswillen. Möglicherweise fürchtet er, dass dieser aufgrund seiner psychischen Erkrankung angezweifelt werden könnte. Zugleich zeigt er sich aber unsicher, ob er im ersten Arbeitsmarkt bestehen würde: Zum einen spricht er an, dass er nicht wisse, ob er überhaupt etwas arbeiten könne; zum anderen verweist er auf seine Gesundheit als „Problem“. Seine Aussage, das Geld der Sozialhilfe reiche nicht, lässt vermuten, dass eine Erwerbsarbeit für Herrn Kaya vor allem auch deshalb wichtig wäre, um finanziell besser gestellt zu sein: So scheint er eine entlohnte und unbefristete Stelle zu präferieren, wohl weil diese es der Familie erlauben würde, sich von der Sozialhilfe abzulösen.

Die Relevanzsetzungen Herrn Kayas unterscheiden sich damit von jenen Herrn Bohrers: Obwohl der Klient offenbar eine Arbeit anstrebt, die ihm ein Erwerbseinkommen bietet, wird er zum „Fall“ für ein „Programm für vorübergehende Beschäftigung“ – mittels der sprachlichen Sichtbarmachung seiner Leistungseinschränkungen und der Zuweisung des Status als ‚zu therapierende‘ Arbeitskraft. Arbeits(un)fähigkeit wird damit zu einem bearbeitbaren Phänomen, das mittels der geeigneten „Massnahmen" zum Positiven verändert werden kann.

Trotz den Worten des Coachs, „für diese Arbeit müssen Sie nicht gesund sein", erweist sich im nächsten Coaching-Gespräch, dass auch in „Programmen vorübergehender Beschäftigung" Anforderungen an die Teilnehmenden gestellt werden, die nicht jede_r Klient_in zu erfüllen vermag – diese beziehen sich nicht nur, aber auch auf gesundheitliche Aspekte. Das Prozedere, in dem der Coach prüft, welche Anforderungen Herr Kaya erfüllt, hat wiederum den Effekt, Herrn Kaya seine Unzulänglichkeiten und Einschränkungen vor Augen zu führen:

> *Bei der ersten Beschreibung einer Stelle in einem „Programm für vorübergehende Beschäftigung", die Herr Bohrer vorliest, sind Computerkenntnisse gefragt. Die Stelle fällt also weg, da Herr Kaya nur über rudimentäre Computerkenntnisse verfügt. Bei der zweiten Stelle muss ein guter Leumund vorhanden sein. „Das geht also auch nicht wegen ihrer Schulden", sagt Herr Bohrer. Später fragt er: „Einen Stapelfahrerausweis haben Sie nicht, oder?" Herr Kaya hat keinen. Eine weitere Stelle, die als Vollzeitstelle ausgeschrieben ist, kommt nicht in Frage, weil Herr Kaya wegen seiner gesundheitlichen Situation nur Teilzeit arbeiten kann. (…)* (Beobachtungsprotokoll)

Die Prozedur des Vorlesens von Anforderungen durch Herrn Bohrer und seine anschliessende Kommentierung, Herr Kaya verfehle das Anforderungsprofil aus diesem und jenem Grund, hat eine abwertende Wirkung. Selbst im ergänzenden Arbeitsmarkt wird ein "creaming off", eine Selektion betrieben, die zur Folge hat, dass sich der Klient für diese Stellen, für die er laut seinem Coach „nicht gesund sein" müsse, nur eingeschränkt eignet. Indem Herr Bohrer eine Reihe von Anforderungen aufzählt, die der Klient nicht erfüllt, wird dieser mit seinen Beeinträchtigungen und mit fehlenden Kompetenzen konfrontiert: Herr Kayas Arbeits- und Leistungsfähigkeit wird erneut als eingeschränkt dargestellt, wodurch der Klient auf wenige verbleibende Möglichkeiten beschränkt wird. Herr Bohrer empfiehlt Herrn Kaya schliesslich eine Tätigkeit in der Holzbearbeitung, mit der Bemerkung, dass Herr Kaya dadurch eine „Tagesstruktur" habe – was als weiteren Hinweis auf die therapeutische Konnotation dieser Arbeit gelesen werden kann.

5.2.3 „Zu früh für Arbeitsintegration" – Herstellung von Einschränkungen

In der Folge tritt Herr Kaya die empfohlene Tätigkeit tatsächlich an. Eineinhalb Monate nach seinem Stellenantritt findet am Ort des „Programms für vorübergehende Beschäftigung" eine sogenannte „Standortbestimmung" statt, an der der Coach, der Klient, der Leiter des „Programms für vorübergehende Beschäftigung" und ich als Forscherin teilnehmen. Im Folgenden räume ich dem Datenmaterial einigen Platz ein, da die folgende Sequenz meines Erachtens zentral für die Frage nach den Praktiken der Visibilisierung und der (Re-)Produktion von Einschränkungen ist.

> *Der Leiter der Holzwerkstatt, Herr Schmid, wird von Herrn Bohrer nach seiner Einschätzung gefragt. Er spricht über den anwesenden Klienten in der dritten Form und äussert sich über dessen körperliche Belastbarkeit („kein Problem"), seine Ausdauer und das Tempo („gering bis mittel, verglichen mit dem Arbeitsmarkt"), die Geschicklichkeit bei der Bedienung der Maschinen und beim Umgang mit den Werkzeugen („Mittelmass"). Bei der Fachbildung, wo theoretisches Wissen zur Holzverarbeitung vermittelt werde, „merken wir, dass er Mühe hat. Es fällt ihm schwer, sich zu konzentrieren und dem Unterricht zu folgen." Herr Kaya bestätigt: „Ja, die Gedanken gehen weg." Herr Bohrer stellt fest: „Es ist eine grosse Leistung, dass Sie hier arbeiten." Anschliessend wird besprochen, ob es „Sinn mache", den Arbeitseinsatz fortzuführen. Herr Kaya selbst scheint unschlüssig zu sein: Er sagt, er könne kommen, aber er wisse nicht, ob es ihm wirklich etwas helfe. Vielleicht helfe es ihm später, im Moment bringe es nichts. Er eröffnet dann, dass er sich bei der Invalidenversicherung anmelden wolle und Hilfe beim Ausfüllen des Formulars brauche. Der Coach scheint erstaunt zu sein, worauf Herr Kaya erläutert, dass es ihm finanziell schlecht gehe. Herr Bohrer hält dem entgegen: „Bei der Invalidenversicherung würde es Ihnen finanziell gleich schlecht gehen. Das ist eine Illusion, dass es dort besser geht finanziell. Ich denke, Sie haben nicht viel Chance auf eine Rente. Sie können es versuchen, aber ich würde mir nicht zu grosse Hoffnungen machen. Sie sind grundsätzlich arbeitsfähig." Der Klient präzisiert: Körperlich, aber psychisch nicht. Der Coach insistiert: „Aber körperlich. Das zählt bei der Invalidenversicherung." Herr Bohrer kommt nochmals auf seine Frage zurück, wie es weiter gehen soll und wendet sich an*

Herrn Schmid, der antwortet: „Wenn wir durch die Tagesstruktur die psychische Stabilität steigern können, dann ist das ok. Aber um die Leistungsfähigkeit zu steigern, da muss im Kopf noch etwas passieren, damit es eine Annäherung an den Arbeitsmarkt gibt." Die Nachfrage des Coachs, ob es zu früh sei für Arbeitsintegration, bejaht der Leiter der Werkstatt. Er wiederholt: „Von der mentalen Situation her muss etwas passieren. Im Kopf. Herr Kaya braucht noch Zeit. Es ist möglich, weitere Versuche zu machen, zum Beispiel ein Oval auszusägen, um herauszufinden, warum das Sägen nicht ging bisher." Und an Herrn Kaya gewandt erläutert er: „Dass Sie versuchen zu sägen und nicht gleich aufgeben, damit Sie wissen, warum es nicht geht." Herr Bohrer fasst zusammen: „Ich muss mir das überlegen. Was ist der Sinn und Zweck dieser Platzierung? Vielleicht ist es noch zu früh für einen Integrationsversuch. Muss es noch klick machen im Kopf?" Und Herr Schmid sagt nochmals: „Ja, ich denke schon. Wir haben hier ja einen guten Vergleich mit anderen Teilnehmenden. Herr Kaya ist schon noch sehr angeschlagen." Herr Bohrer vereinbart dann mit Herrn Schmid, dass dieser einen Schlussbericht ausstelle. (Beobachtungsprotokoll)

In dieser „Standortbestimmung" wird die Leistungs- und Arbeitsfähigkeit des Klienten als eingeschränkt dargestellt. Wie wird das gemacht? Für den Coach stand im Vorfeld einerseits die Tagesstruktur des Klienten im Zentrum und andererseits sprach er im Zusammenhang mit dem Programm für vorübergehende Beschäftigung auch von „Abklärung" und von „Ausprobieren". In diesem Gespräch stehen nun vor allem die Ergebnisse dieses „Abklärens" im Zentrum. Das zeigt sich insbesondere an den Aussagen Herrn Schmids, des Leiters des Programms für vorübergehende Beschäftigung. Er beurteilt die Arbeits- und Leistungsfähigkeit des Klienten, der dadurch, dass Herr Schmid in der dritten Form über ihn redet, gleichsam ausgeblendet wird: Er wird zum Objekt des Gesprächs – selbst in den wenigen Momenten, in denen er selbst aktiv daran teilnimmt.

Herr Schmid nimmt eine Art Operationalisierung der Arbeitsfähigkeit Herrn Kayas vor, indem er sie zergliedert in körperliche Belastbarkeit, Ausdauer, Geschwindigkeit, Geschicklichkeit und Konzentrationsvermögen und diese einzelnen Elemente bewertet. Dabei stützt er sich zum einen auf angebliche Anforderungen ‚des' Arbeitsmarktes, den er dadurch als homogen darstellt, und zum anderen auf einen (fiktiven) Durchschnitt, wenn er von

„Mittelmass" spricht, und zum dritten auf den Vergleich mit den anderen Teilnehmenden. Ferner abstrahiert er von der konkreten Tätigkeit, die Herr Kaya verrichtet, und vom Kontext, in der diese stattfindet: Dass es sich um Arbeit handelt, die der Klient nie zuvor gemacht und zu der er möglicherweise keine Affinität hat, dass diese Tätigkeit einigermassen eintönig sein dürfte und dass sie im Kontext eines „Programms für vorübergehende Beschäftigung" stattfindet, in dem angeblich keine Ansprüche an die Leistung der Klient_innen gestellt werden, wird nicht erwähnt. Alle diese Strategien dienen der Objektivierung der Einschätzungen Herrn Schmids (siehe dazu auch Kapitel 6) – und damit der Naturalisierung der ‚objektiven' Arbeits(un)fähigkeit. Denn Tests folgen meistens einem „Entweder-Oder-Prinzip", indem ein – im Grunde mehr oder weniger willkürlich festgelegter, aber natürlich erscheinender – Grenzwert zu einer Schwelle umfunktioniert wird (vgl. Hahn/Schorch 2007, 254). Der Zweck solcher Tests sind „quasi-objektive Feststellungen" (Hahn/Schorch 2007, 254). Beim „Abklären" bzw. beim Testen geht es auch darum, etwas Verborgenes sichtbar zu machen und es gleichsam zu naturalisieren, denn die Konstruktionsleistung von Testergebnissen wird verschleiert oder vergessen (vgl. Hahn/Schorch 2007, 254 ff.).

Mit Ausnahme der körperlichen Belastbarkeit schneidet Herr Kaya nirgends richtig gut ab. Insbesondere seine Konzentrationsfähigkeit wird als mangelhaft bewertet. Zum einen wird Herr Kaya zwar als leistungseingeschränkt dargestellt und als „zu weit weg" vom Arbeitsmarkt. Zum anderen erscheint er aber als körperlich belastbar. Dieser Konzeption liegt eine Körper-Psyche-Dichotomie zugrunde, die den Klienten als „körperlich arbeitsfähig" erscheinen lässt. Dass der Coach den Klienten als „grundsätzlich arbeitsfähig" beschreibt, zeigt, dass Arbeits(un)fähigkeit primär anhand körperlicher Aspekte bestimmt wird, während die Beeinträchtigungen des Klienten wie beispielsweise seine Konzentrationsschwierigkeiten offenbar eher in den Bereich einer mentalen Einschränkung gerückt werden. Die körperlichen Symptome wie Schwindel, Kopfschmerzen und Zittern, über die der Klient in den Coachinggesprächen wiederholt berichtet, treten durch diese Dichotomisierung in den Hintergrund, während seine psychische Beeinträchtigung als ‚eigentliche' Einschränkung betont wird – und in eine geistig-mentale Beeinträchtigung übersetzt wird. Das demonstriert insbesondere die wiederholte Aussage Herrn Schmids, es müsse „klick machen im Kopf" und es müsse „von der mentalen Situation her etwas passieren". Die an Herrn Kaya gerichtete Aufforderung, er dürfe beim Sägen nicht gleich aufgeben, damit er eruieren könne, warum es nicht gehe, unterstreicht die Konzeption seiner Einschränkung als ‚bloss' mental: Diese muss als „Aufgabe" (Herzlich 1973) verstanden werden, sie bedarf einer spezifischen (Selbst-)Aufmerksamkeit und Bearbeitung. Ferner bedarf sie einer Selbsterforschung, denn Herr Schmid fordert Herrn Kaya auf, „herauszufinden", warum das Sägen nicht gehe. Damit ist möglicherweise auch Herrn Kayas Arbeitswille angesprochen; dass er in der Einschätzung Herrn Schmids beim Sägen zu früh „aufgibt", wird ihm – so könnte diese Sequenz interpretiert werden – als Willensschwäche ausgelegt. Im Anschluss an Foucault (bspw. 1989) lässt sich konstatieren, dass sich hier eine konkrete Vorstellung des Selbst zeige: „Das Selbst erscheint als eine innere Realität, die entdeckt und durchforscht werden muss, um sie zu reproduzieren und verändern" (Menz 2008, 96).

Produziert wird in diesem Gespräch ein leistungseingeschränkter Klient, der allerdings arbeitsfähig ist, da die Einschränkung ‚bloss' mentaler Art sei. Zugespitzt kann dies so gedeutet werden: Herr Kaya muss an seiner mentalen Situation arbeiten, er muss bloss wollen, dann kann er arbeiten. Damit findet eine Responsibilisierung statt: Die Beeinträchtigung des Klienten liegt in dessen Verantwortung, denn er wird für ihre Bearbeitung zuständig gemacht.

Zentral scheint mir dabei, dass dem Klienten durch die Beschreibung seiner Einschränkung als „mentales Problem" der Status als ‚echter' Kranker abgesprochen wird. Das zeigt sich deutlich in der Beurteilung seiner Arbeits(un)fähigkeit, denn er gilt ja als körperlich arbeitsfähig. Diese Deutung psychischer Erkrankungen findet sich wieder in der Beurteilungspraxis der Invalidenversicherung: Psychische Erkrankungen gelten zunehmend nicht mehr als Einschränkungen, die zu einer Rente berechtigen. Die von Herrn Kaya angestrebte Unterstützung durch die Invalidenversicherung erscheint in dieser Logik nicht als realistische Option für den Coach. Herrn Kayas Einschränkung wird sowohl im analysierten Gespräch als auch durch die Beurteilungspraxis der Invalidenversicherung als „zumutbar" (Vogel 2009, 70) konstruiert. Ergo bedarf sie keiner sozialen Absicherung. In letzter Konsequenz steht hier die Unterstützungswürdigkeit des Klienten zur Disposition, der als temporär „mental eingeschränkte" Person durch seine materielle Situation zwar zum Bezug von Sozialhilfe berechtigt ist, jedoch keine Ansprüche bei einer Sozialversicherung geltend machen kann. Zumindest legen das die Aussagen Herrn Schmids und Herrn Bohrers nahe.

Mit dieser Logik kollidiert jene des Klienten, der sich als psychisch und physisch angeschlagen wahrnimmt und eine Anmeldung bei der Invalidenversicherung als logischen Schritt in der – eben nicht bloss individuell zu leistenden – Bewältigung seiner Krankheit betrachtet. Doch vermag sich seine Stimme in dieser „Triade, in der zwei gegen einen stehen“ (Maeder/Nadai 2004, 115), kaum Gehör zu verschaffen. Das wiederum hängt mit der gesellschaftlich-politischen Bewältigung psychischer Invalidität zusammen. Wie in Kapitel 2.2 dargestellt, wurde der Zugang zu Renten der Invalidenversicherung im Bereich psychischer Erkrankungen 2004 beschränkt (vgl. Ferreira 2010). Ferreira, Lanza und Dupanloup (2008) rekonstruieren, wie amtliche Statistiken im Zuge der Reform der Invalidenversicherung soziale Unsichtbarkeit von psychisch kranken Menschen produzieren, wodurch ihr Kampf um Anerkennung erschwert werde.

5.2.4 *Korrektur des Selbstbildes*

Einige Tage später teilt mir der Coach im Anschluss an ein anderes Coaching-Gespräch mit, dass er Herrn Kaya „abgeben“ werde, weil es zu früh sei für dessen Arbeitsintegration. Jetzt gehe es bei Herrn Kaya eher um das Einfädeln eines „geschützten“ Arbeitsplatzes, doch dafür brauche es ihn, Herrn Bohrer, nicht. Der Arbeitsauftrag des Coachs ist demnach ganz klar auf die Eingliederung in eine Erwerbsarbeit ausgerichtet; wer nicht arbeitsfähig ist oder – wie Herr Kaya – bezüglich seiner oder ihrer Leistungsfähigkeit von einer Norm abweicht, fällt nicht in den Zuständigkeitsbereich des Zentrums für berufliche Eingliederung. In einem „Abschlussgespräch“ geht es um die Bewertung des Coachings durch den Klienten:

> *Herr Bohrer fragt: „Wie war das Coaching für Sie?“ Herr Kaya antwortet: „Es war gut. Danke. Ich konnte Kraft tanken. Ich war am Anfang nicht überzeugt, dass ich schwer krank bin. Ich habe es durch Sie gemerkt, auch dass sich eine Anmeldung bei der Invalidenversicherung lohnt. Auch im ‚Programm für vorübergehende Beschäftigung‘ habe ich gemerkt, dass ich mich nicht konzentrieren kann. Ich kann eine Arbeit nicht lange machen.“* (Beobachtungsprotokoll)

In dieser Sequenz bringt Herr Kaya zum Ausdruck, dass er im Coaching respektive im „Programm für vorübergehende Beschäftigung“ einen Prozess durchmachte, in dessen Verlauf er „merkte“, dass er „schwer krank“ sei. Er stellt das Coaching demnach als Lernprozess dar, der dazu diente, ihm seine Einschränkungen vor Augen zu führen. Der Coach äussert im retrospektiven Interview eine Konzeption des Coachings, die dessen Darstellung durch Herrn Kaya entspricht:

> *„Meine Aufgabe ist es gewesen, ihm die Möglichkeit zu geben, irgendwo Erfahrungen zu sammeln. Dass er auch selber erfährt, dass es im Moment nicht geht. Dass er seine Ideen in dem Sinn verschieben muss. Dass er selber auch zur Einsicht kommt."* (Interview mit Herrn Bohrer, Coach ZBE)

Herr Bohrer charakterisiert seine Aufgabe in Bezug auf Herrn Kaya als Zur-Verfügung-Stellen eines Raums, in dem der Klient selbst Erfahrungen machen kann. Allerdings sind das nicht irgendwelche Erfahrungen, sondern es sind ganz bestimmte Einsichten, zu denen Herr Kaya nach Meinung seines Coachs kommen sollte: Er sollte einsehen, dass „es im Moment nicht geht". Die kategorische Feststellung, dass etwas nicht geht, steht im Widerspruch zur Konzeption eines Erfahrungsraums. Es entsteht der Eindruck, dass es die Funktion eines Coachings sei, ganz spezifische Identitätskonstruktionen zu vermitteln und die Klient_innen bei der Entwicklung ihres "sense of one's place" zu unterstützen – mittels objektivierender Elemente wie den beschriebenen Tests und dem „Arbeitsversuch" im Beschäftigungsprogramm.

5.2.5 *Zusammenfassung und Fazit*

Dieser Fall stellt sich als „zurzeit nicht vermittelbar" heraus und wird in der Folge im ZBE abgeschlossen. Dem gehen Praktiken voraus, die in meiner Interpretation dem Sichtbarmachen und Objektivieren der Einschränkungen des Klienten dienen und schliesslich auch den Fallabschluss legitimieren.

Zunächst lässt sich die diskursive Zuschreibung eines spezifischen Status' als „spezieller Fall" und als Fall für einen „geschützten" Arbeitsplatz rekonstruieren, mittels der die Arbeitsfähigkeit des Klienten in Frage gestellt wird. Ferner findet eine Naturalisierung von Einschränkungen durch vermeintlich objektive Testergebnisse statt, die Abweichungen von der Norm der Leistungsfähigkeit erkennbar machen und so den Status als „spezieller Fall" zementieren. Später werden „Abklärungen" im Rahmen eines „Beschäftigungsprogramms" vorgenommen: Die verwendeten Praktiken des Vergleichens mit anderen Teilnehmenden, der Dekontextualisierung der konkreten Tätigkeit in der Holzverarbeitung und der Homogenisierung der

Anforderungen ‚des' Arbeitsmarktes dienen ebenfalls der Objektivierung von Einschränkungen.

Zentral erscheint mir, dass sich der Klient zwar als eingeschränkt, aber nicht eigentlich als krank respektive als berechtigt für eine Rente der Invalidenversicherung wahrnehmen soll. Denn mittels der Körper-Psyche-Dichotomie wird ihm eine körperliche Arbeitsfähigkeit attestiert, die als der eigentliche Massstab für die Invalidenversicherung hervorgehoben wird. Gegen Ende des Coachingprozesses kommt der Klient – scheinbar ganz von alleine – zur „Einsicht", er sei „krank". Die ‚Herstellung' des aufgrund einer psychischen Krankheit in seiner „mentalen" Leistungs- und Arbeitsfähigkeit eingeschränkten „Falls", der zurzeit nicht „arbeitsmarkttauglich" ist, bedarf nicht nur der Objektivierung durch Testergebnisse. Diese Herstellung ist erst dann perfekt, wenn der betroffene Klient einen Verinnerlichungsprozess vollzieht, im Zuge dessen er sich als „krank" und „eingeschränkt" wahrnimmt.

Auch die folgende Fallanalyse zu Herrn Yilmaz hat es mit Zurichtungsprozessen zu tun, die allerdings mit einer ‚Flexibilisierung' der Arbeits(un)fähigkeit verbunden sind.

5.3 Flexibilisierung der Arbeits(un)fähigkeit – Herr Yilmaz[47]

Herr Yilmaz ist 40 Jahre alt, verheiratet und hat drei Töchter. Er ist zusammen mit seinen Eltern als Dreizehnjähriger aus der Türkei in die Schweiz eingewandert. Nachdem er einige Jahre in verschiedenen Fabriken als Betriebsmitarbeiter arbeitet, seine Arbeitgeber aber Konkurs gehen, wechselt er in die Baubranche, wo er über zwanzig Jahre lang tätig ist. Aufgrund eines Rückenleidens, das ihm die Arbeit im angestammten Beruf verunmöglicht, sieht er sich 2005 veranlasst, sich bei der Invalidenversicherung zu melden. In den drei darauffolgenden Jahren finden verschiedene „Massnahmen" durch die Invalidenversicherung statt, wie eine Berufsberatung und später eine Umschulung. Nachdem diese Aktivitäten Anfang 2008 aus nicht

47 Die Rekonstruktion dieses Falls basiert auf folgendem Datenmaterial: Feldnotizen der teilnehmenden Beobachtung von drei institutionellen Gesprächen zwischen dem Personalberater Herrn Wieser und dem Ehepaar Yilmaz und von einer Sitzung des Case Teams; ferner je ein Interview mit Herrn Wieser und mit dem Ehepaar Yilmaz und Artefakte zum Fall wie Protokolle der Case Team-Sitzungen, Austausch von Mitteilungen zum Fall auf einer entsprechenden elektronischen Plattform von Matrix, die Fallanmeldung für den IIZ-Prozess bei Matrix und anderem mehr. – Analysen zum Fall Herrn Yilmaz' findet sich auch in Nadai/Canonica/Koch 2015; Nadai/Canonica 2012.

eindeutig rekonstruierbaren Gründen[48] abgebrochen werden, meldet sich Herr Yilmaz beim örtlichen Regionalen Arbeitsvermittlungszentrum (RAV) der Arbeitslosenversicherung an und kommt zum RAV-Personalberater Herr Wieser. Dieser vermittelt ihn zuerst in ein Beschäftigungsprogramm und meldet ihn dann zu einem IIZ-Prozess bei Matrix an. In der Folge konstituiert sich ein sogenanntes Case-Team. Herr Wieser, der RAV-Berater, fungiert zugleich als Case-Manager dieses Falls.

Wir begegnen Herrn und Frau Yilmaz und Herrn Wieser im März 2009 zum ersten Mal und begleiten diesen „Prozess" bis Ende des Jahrs 2009, als er endet, weil Herr Yilmaz künftig wieder durch die Invalidenversicherung unterstützt wird.

Bei der folgenden Analyse wird gezeigt, dass sich das zentrale Handlungsproblem in Bezug auf den Fall Herrn Yilmaz' während des IIZ-Prozesses verschiebt: Wird zuerst die Rolle der Invalidenversicherung thematisiert, die als eigentlich zuständig für den Fall kodiert wird, rückt nach und nach der Klient selbst ins Zentrum der Problematisierungen. Zunächst steht noch die (medizinisch zu klärende) Frage nach seiner Arbeits- und Leistungsfähigkeit im Zentrum. Später richtet sich der Fokus zunehmend auf sein Verhalten, beispielsweise im Umgang mit Arbeitgebern, mit seiner prekären finanziellen Situation und mit seinen Schmerzen. Auffallend während der gesamten Fallbearbeitung ist eine Art ‚Flexibilisierung' der Arbeits(un)fähigkeit des Klienten, wie ich im Folgenden zeige.

5.3.1 *Zwischen den Institutionen*

Anfang Juli 2008, rund ein halbes Jahr, nachdem sich Herr Yilmaz beim Regionalen Arbeitsvermittlungszentrum anmeldete, füllt Herr Wieser, der RAV-Berater, ein vorstrukturiertes Dokument von Matrix aus: die „Anmeldung für eine Falleröffnung". In einem ersten Abschnitt finden sich Angaben zum Klienten wie Name, Adresse, Geburtsdatum, Sozialversicherungsnummer, Nationalität und Beruf. Ein zweiter Abschnitt widmet sich dem Thema „Case Team/Triage Team". Hier finden sich Angaben zur „anmeldende(n) Stelle"

---

48 Die Gründe der Beendigung dieser „Massnahmen" können nicht mit Sicherheit rekonstruiert werden: Während in einem Protokoll zu lesen ist, das Praktikum sei „wegen Differenzen mit dem Arbeitgeber und Vorwürfen wegen Diebstahls abgebrochen" worden, werden an anderer Stelle andere Gründe genannt. Da mir die Akte der Invalidenversicherung nicht vorliegt und auch keine Gespräche mit Vertreter_innen dieser Institution geführt wurden, müssen die Sicht der Invalidenversicherung und ihre genauen Gründe hier im Dunkeln bleiben.

und zu „bestehende(n) und/oder neue(n) Schnittstellen". Anmeldende Stelle ist das Regionale Arbeitsvermittlungszentrum, in dem Herr Wieser arbeitet. Als Schnittstellen werden zwei Abteilungen der kantonalen Invalidenversicherungsstelle angegeben, die Berufsberatung und der Sozialdienst. Ferner wird eine private Hilfsorganisation aufgelistet (die wegen einer Tochter des Klienten mit der Familie befasst ist), der Träger eines „Programms vorübergehender Beschäftigung" und ein Arzt. Drei dieser fünf Schnittstellen, nämlich die beiden IV-Abteilungen und der Arzt, sind grundsätzlich für gesundheitliche Aspekte zuständig. Das lässt die Vermutung zu, dass bei Herrn Yilmaz' (interinstitutioneller) Fallbearbeitung ein gesundheitlicher Aspekt im Zentrum stehen könnte. Das letzte Fünftel des einseitigen Dokuments, das übertitelt ist mit „grobe Fallskizzierung/Potential und Zielsetzung für den IIZ-Prozess", bestätigt diese erste Vermutung.[49] Hier ist zu lesen:

> *„Der Klient leidet seit 2005 an Rückenschmerzen. Rücken-OP [Operation] fand im 2005 statt. IV-Anmeldung fand im 2005 statt. Gem(äss) Arztzeugnis ist der Klient für die Arbeit als Gipser 100% arbeitsunfähig. IV-Berufsberatung fand im 06/07 statt. Umschulung finanziert von IV fand vom Nov(ember) 07 bis März 08 statt, wurde jedoch im Jan(uar) 08 abgebrochen. Das RAV hat den Klienten zum Beschäftigungsprogramm angemeldet."* (Ausschnitt aus der Anmeldung für eine IIZ-Falleröffnung)

Es folgen noch zwei Sätze zur Familie des Klienten: Er habe drei schulpflichtige Kinder, seine Ehefrau sei nicht berufstätig und die private Situation sei „sehr angespannt". Als „Ziel" wird angegeben:

> *„Klären, welche Möglichkeiten der Klient noch auf dem Arbeitsmarkt hat. Klarheit schaffen, welche Unterstützungsmöglichkeiten bei den im Fall beteiligten Stellen der Klient zu erwarten hat."* (Ausschnitt aus der Anmeldung für eine IIZ-Falleröffnung)

---

49 Der verhältnismässig grosse Raum, der in diesem vorstrukturieren Dokument den „Schnittstellen" zu anderen Institutionen eingeräumt wird, und der eher beschränkte Platz, der für die Fallskizzierung zur Verfügung steht, widerspiegeln auf einer symbolischen Ebene die Priorisierung von formalen Kriterien („Schnittstellen") vor fallimmanent-inhaltlichen Kriterien im Modell Matrix (siehe dazu Kapitel 4.2). Ausschlaggebend für das Zustandekommen eines IIZ-Falles sind hier also nicht primär (gesundheitliche) Probleme an sich, sondern die Schnittstellen zu anderen Zweigen der sozialen Sicherung.

Die Fallskizzierung beginnt mit der Nennung einer gesundheitlichen Problematik (Rückenschmerzen) und der Datierung ihres Beginns. Auch die Hinweise auf eine Operation und die Anmeldung bei der Invalidenversicherung werden mit einer Jahreszahl versehen, ebenso darauffolgende Angaben beispielsweise zu einer beruflichen Beratung und einer Umschulung durch die Invalidenversicherung. Die Fallschilderung ist chronologisch aufgebaut und wirkt dadurch und durch die Verwendung des Indikativs faktenorientiert. Es handelt sich nicht (ausschliesslich) um die Wiedergabe eines mündlichen Berichts des Klienten, welche durch indirekte Rede gekennzeichnet wäre; eher scheint sich Herr Wieser an vorhandenen Unterlagen orientiert zu haben. Dafür spricht auch die Formulierung „gemäss Arztzeugnis“. Faktizität wird zudem bezüglich der gesundheitlichen Problematik des Klienten produziert. Die Erwähnung der Operation, der Anmeldung bei der Invalidenversicherung und der Umschulungsmassnahme lassen kaum Zweifel an der gesundheitlichen Problematik Herrn Yilmaz’ und der daraus resultierenden Einschränkung seiner Arbeitsfähigkeit aufkommen, kann er doch „gemäss Arztzeugnis“ seinen Beruf als Gipser nicht mehr ausüben.

Der Fall ist allerdings alles andere als „klar“, darauf verweisen Formulierungen wie „klären“ und „Klarheit schaffen“. Zum einen besteht Klärungsbedarf in Bezug auf die Erwerbsmöglichkeiten des Klienten und zum anderen in Bezug auf die Unterstützungsmöglichkeiten im System der sozialen Sicherung. Als Problem erscheint durch diese Formulierung weniger die eingeschränkte Arbeitsfähigkeit des Klienten; vielmehr sind die eingeschränkten Möglichkeiten des Arbeitsmarktes und die beschränkten Optionen des Unterstützungssystems selbst problematisch.

Die Beurteilungen der gesundheitlichen Einschränkungen des Klienten sind ambivalent: Herr Yilmaz wäre laut den (retrospektiven) Ausführungen Herrn Wiesers im Interview aufgrund seiner gesundheitlichen Einschränkung ein „Fall für die Invalidenversicherung“, präziser: ein Fall für eine durch die Invalidenversicherung veranlasste und finanzierte Einarbeitung in eine berufliche Tätigkeit, die mit dieser gesundheitlichen Problematik ausgeübt werden kann. Aus rechtlich-formalen Gründen (Verletzung der Mitwirkungspflicht) wird der Fall aber bei der Invalidenversicherung abgebrochen, weshalb er zu einem Fall für die Arbeitslosenversicherung wird. Wer sich bei der Arbeitslosenversicherung respektive beim Regionalen Arbeitsvermittlungszentrum anmeldet, muss aber vermittelbar und arbeitsfähig sein. Dass Herrn Yilmaz bereits ein Anspruch auf Leistungen der Invalidenversicherung eingeräumt wurde, scheint Herrn Wieser zweifeln zu lassen, ob Herr Yilmaz tatsächlich ein Fall für die Arbeitslosenversicherung ist. Die Einleitung eines IIZ-Prozesses erscheint in diesem Kontext als Strategie der Arbeitslosenversicherung, um einen Fall zu bearbeiten, bei dem unklar ist, welche Institution im Sicherungssystem für ihn zuständig ist respektive bei dem der Verdacht im Raum steht, dass die Invalidenversicherung für ihn zuständig wäre.

5.3.2 Fall mit „medizinischem Teil"

In der Folge rücken dann aber andere Aspekte des Falls in den Fokus: Zwar wird ein Case Team zusammengestellt, zu dem Herr Wieser auch Vertreter_innen der Invalidenversicherung einlädt. Diese Institution betrachtet den Fall aber als abgeschlossen und leistet Herrn Wiesers Einladung deshalb nicht Folge.

In einer Email an unser Forschungsteam, in welcher stichwortartig ein RAV-Beratungsgespräch protokolliert wird, das wahrscheinlich im Januar 2009 stattfand, heisst es: „Der Klient will arbeiten, jedoch immer noch nicht klar, welche Arbeiten er noch machen kann. Beim nächsten Termin Anmeldung zu Potentialabklärung Thema." Während der Arbeitswille des Klienten nicht in Zweifel gezogen wird, problematisiert Herr Wieser die Arbeitsfähigkeit des Klienten, die unklar sei und deshalb abgeklärt werden müsse. Dies kommt auch im Interview zum Ausdruck: „Am Anfang haben wir gesagt, schön wäre, wenn wir zum medizinischen Teil noch etwas mehr wüssten." Mit dieser Formulierung ist benannt, dass die Gesundheit und die Arbeitsfähigkeit des Klienten in den medizinischen Zuständigkeitsbereich gehören. Um mehr über die „unklare" Arbeitsfähigkeit des Klienten zu erfahren, müssen also Ärzt_innen hinzugezogen werden.

Herr Wieser nimmt in der Folge telefonisch Kontakt mit einem Arzt des Klienten auf, der diesen als „eigentlich 100% arbeitsfähig aus medizinischer Sicht" einschätzt – mit der Einschränkung „einfach nicht für schwere Arbeit" (wie Herr Wieser im Interview schildert). Offenbar liess die Invalidenversicherung durch den ihr angegliederten medizinischen Dienst ebenfalls Untersuchungen durchführen und war „zum gleichen Entschluss gekommen wie der [Arzt], also dass Herr Yilmaz für leichte Arbeit arbeitsfähig wäre" – wie Herr Wieser im Interview erläutert. Damit wäre die Arbeitsfähigkeit – zumindest „aus medizinischer Sicht" – geklärt: Arbeitsunfähig für schwere Arbeiten, wie Herr Yilmaz sie in seinem angestammten Beruf als Gipser verrichten musste, und arbeitsfähig für „leichte Arbeiten".

Doch erschöpft sich die Einschätzung der Arbeitsfähigkeit und der Vermittelbarkeit offenbar nicht in dieser „medizinischen Sicht“ – denn es handelt sich dabei nicht um Konzepte, die rein medizinischer Natur sind, wie weitere Aussagen Herrn Wiesers zeigen. Der Fall geht über den medizinischen Bereich hinaus. Er wird gleichsam fragmentiert und weist neben dem medizinischen auch noch einen „Umschulungsteil“ und einen „Arbeitsmarktteil“ auf. Der Umschulungsteil, „was der Klient für Alternativen hat auf dem Arbeitsmarkt“, ist nach Herr Wieser in der Zuständigkeit der Berufsberatung der Invalidenversicherung, während er das Regionale Arbeitsvermittlungszentrum der Arbeitslosenversicherung und sich selbst für den „Arbeitsmarktteil“ verantwortlich sieht: “Wir nehmen entgegen, was die Leute [Klient_innen, M.K.] von der IV-Berufsberatung bekommen haben, und schauen dann, wie passt das mit dem Arbeitsmarkt zusammen.“

Bezüglich der Gesundheit lässt sich konstatieren, dass das Regionale Arbeitsvermittlungszentrum nur insofern für die betroffenen Fälle zuständig ist, als gesundheitliche Einschränkungen sich auf den „Umschulungsteil“ auswirken, das heisst darauf, welche alternativen Berufsmöglichkeiten in Frage kommen. Das hat wiederum Einfluss auf den Arbeitsmarktteil und auf die Frage, ob „das mit dem Arbeitsmarkt zusammen[passt]“. Dass Herrn Yilmaz’ Arbeitsfähigkeit trotz der relativ klaren medizinischen Einschätzung in der folgenden Fallbearbeitung immer wieder unklar ist, hängt möglicherweise weniger mit dem „medizinischen Teil“ als mit dem „Arbeitsmarktteil“ zusammen. Mit anderen Worten: Der Arbeitsmarkt bietet kaum Stellen, an denen Herr Yilmaz – mit seinem beruflichen Profil – die geforderte „leichte Arbeit“ verrichten könnte.

War es zuerst die Rolle der Invalidenversicherung, die (implizit) durch die Angabe von Schnittstellen und durch die Fallschilderung thematisiert bzw. problematisiert wurde, scheint nun eher die Frage ins Zentrum zu rücken, was der Klient körperlich noch leisten kann. Diese Verschiebung des zentralen Handlungsproblems folgt einer simplen Logik: Wenn Herr Yilmaz nun definitiv kein Fall für die Invalidenversicherung mehr ist, dann steht das Regionale Arbeitsvermittlungszentrum vor der Aufgabe, ihn in den Arbeitsmarkt vermitteln zu müssen – wofür zuerst mal geklärt sein muss, welche Tätigkeitsbereiche dafür in Frage kommen und was Herr Yilmaz (körperlich) noch leisten kann. Der Fall wird so für die zuständige Institution und den zuständigen Berater „bearbeitbar“ gemacht.

5.3.3 *Flexibilisierung von Arbeits(un)fähigkeit*

Ende März 2009 findet eine zweite Case Team Sitzung statt, an der neben dem Klienten seine Ehefrau, Herr Wieser, Frau Schneider als Vertreterin eines Hilfswerks, welche die Familie im Zusammenhang mit einer der Töchter begleitet, und eine Forscherin unseres Teams teilnehmen. Erörtert wird die Frage, welche beruflichen Möglichkeiten Herr Yilmaz hat:

> *Frau Schneider fragt: „Was hat das RAV für Möglichkeiten, Herrn Yilmaz zu helfen?" […] Frau Yilmaz schlägt vor, er solle den Kurs zum Staplerfahrer machen. Herr Wieser findet die Idee gut. Das Problem sei allerdings, dass man lange nicht gewusst habe, was Herr Yilmaz gesundheitlich noch machen könne. […] Frau Schneider ist ebenfalls dieser Meinung: „Wir müssten genauer über die Arbeitsfähigkeit Bescheid wissen." Herr Wieser findet auch, eine „Potentialabklärung" wäre wichtig, aber diese müsste die Invalidenversicherung in Auftrag geben. […] „Man müsste abklären, wie Herr Yilmaz seine Arbeitsfähigkeit selbst einschätzt." Frau Schneider sagt zu Herrn Wieser: „Wichtig wäre auch ein Gespräch mit dem Arzt, damit wir wissen, was Herr Yilmaz arbeiten kann."*
> (Beobachtungsprotokoll)

Thema dieses Ausschnitts ist zunächst die Frage nach Unterstützungsmöglichkeiten durch das Regionale Arbeitsvermittlungszentrum (RAV) der Arbeitslosenversicherung. Interessanterweise wird diese Frage von Frau Schneider gestellt, während der Vorschlag eines qualifizierenden Kurses im weiteren Verlauf des Gesprächs von Frau Yilmaz, der Ehefrau des Klienten, eingebracht wird. Herr Wieser als Vertreter des RAV, um dessen Möglichkeiten es hier geht, verweist seinerseits auf die Möglichkeiten der IV. Obschon Frau Yilmaz' Vorschlag zunächst auf Zustimmung stösst, wendet sich das Gespräch nun dem Thema der Arbeitsfähigkeit des Klienten zu. In der Folge wird Unklarheit in Bezug auf verschiedene Aspekte produziert: Unklar sind die beruflichen Möglichkeiten Herrn Yilmaz', unklar ist, wie das RAV ihn unterstützen könnte und welche Qualifizierungsmöglichkeiten er hat, und unklar ist die Rolle der Invalidenversicherung, welche die erwünschte Potentialabklärung finanzieren könnte, den Fall aber abgeschlossen hat. In erster Linie wird aber die Arbeitsfähigkeit des Klienten und seine diesbezügliche Selbsteinschätzung als abklärungsbedürftig herausgestellt. Nachdem bereits eine „Potentialabklärung“[50] ins Spiel gebracht wurde, um auszuleuchten, was Herr Yilmaz „noch machen kann“, soll nun (nochmals) der Arzt beigezogen werden. Besonders paradox mutet an, dass auch die Selbsteinschätzung des Klienten als abklärungswürdig dargestellt wird. Statt ihn – der in dieser Sequenz kaum zu Wort kommt – einfach zu fragen, ob er sich als arbeitsfähig einschätze, wird auch diese Dimension der Arbeitsfähigkeit zum Gegenstand einer externen Abklärung – wie einer Potentialabklärung – erklärt. Es stellt sich die Frage, welche Funktion dieser ganzen Unklarheit zukommt. In welchem Zusammenhang steht die (angeblich) fehlende Klarheit bezüglich der Arbeits- und Leistungsfähigkeit Herrn Yilmaz' mit den Qualifizierungsmöglichkeiten des Klienten?

Die gesundheitliche Problematik Herrn Yilmaz' wird vom RAV-Berater insbesondere im Zusammenhang mit einer möglichen Qualifizierung problematisiert. Mehrfach rekurriert Herr Wieser auf die unklare gesundheitliche Situation Herrn Yilmaz' und macht die Potentialabklärung, die unter den gegebenen Umständen aber nicht finanziert werden kann (denn die zur Finanzierung in Frage kommende Invalidenversicherung betrachtet den Fall als abgeschlossen), quasi zur Bedingung für eine qualifizierende Massnahme. Kreiert wird dadurch gleichsam eine Pattsituation. Die (abschliessende) Beurteilung der gesundheitlichen Situation des Klienten wird zunächst in der Schwebe gehalten, was ihren flexiblen Einsatz durch den RAV-Repräsentanten erlaubt: Die (unklare) Gesundheit kann für verschiedene Argumentationen eingesetzt werden. Eine „Klärung“ des „Gesundheitsteils“ scheint vor allem dann im Interesse der Fachkräfte zu sein, wenn damit Zuständigkeiten geklärt werden und ein Fall eindeutig einer (anderen) Institution wie beispielsweise der Invalidenversicherung zugewiesen werden kann (siehe dazu Kapitel 6).

Herr Wiesers Skepsis gegenüber einer „Investition“ in den Klienten nimmt im Verlaufe der weiteren Fallbearbeitung zu. In einer späteren Sitzung sagt er in Bezug auf den vom Klienten und seiner Frau erneut zur Sprache gebrachten Staplerfahrer-Kurs:

> *Ich weiss nicht wegen der Leistungsfähigkeit, ob Herr Yilmaz das kann. Körperlich im Lager arbeiten, meine ich; die Theorie, das können Sie sicher, Deutsch können Sie gut genug. […] Ich bin*

---

50 Im Anschluss an das Beratungsgespräch erläutert Herr Wieser der Forscherin auf Nachfrage hin, dass die Arbeitslosenversicherung und die Sozialhilfe – im Gegensatz zur Invalidenversicherung – nicht die Mittel hätten, eine Potentialabklärung zu finanzieren.

mir nicht sicher, weil eben die Potentialabklärung der IV fehlt.“ (Beobachtungsprotokoll)

Herr Wieser äussert zu diesem Zeitpunkt immer noch Zweifel an der Leistungsfähigkeit des Klienten und verweist wiederum auf die fehlende Potentialabklärung. Der Kurs wird vom RAV nicht finanziert werden, was Herr Wieser in einer späteren Case Team-Sitzung mit Herrn Yilmaz’ Rückenleiden begründet. Im Protokoll zu dieser Case Team-Sitzung, das durch eine Mitarbeiterin der Matrix-Geschäftsstelle verfasst wurde, ist zu lesen:

> *„Für den Klienten und seine Frau ist ein wichtiges Thema, warum das RAV für ihn keine Massnahmen verfügt hat (angesprochen war ein Staplerfahrer-/Lagerkurs). Der RAV-Berater erklärt ihnen, dass er nach langer Überlegung zum Schluss gekommen sei, keinen solchen Kurs zu verfügen, da die Rückenprobleme des Klienten einen Einsatz als Staplerfahrer nicht erlauben würden – an solchen Stellen müsse er in der Lage sein, auch schwere Lasten zu heben und tragen zu können.“* (Matrix-Protokoll zu einer Case Team-Sitzung)

Dahinter steckt dieselbe Investitionslogik, die bereits in der Fallanalyse zu Frau Pekay herausgearbeitet wurde (vgl. Kapitel 5.1). Eine Qualifizierung kostet und solche Kosten werden von den investierenden Institutionen gescheut, wenn unklar ist, ob der Klient die Investition in ihn tatsächlich als „Humankapital“ auf dem Arbeitsmarkt verwerten kann.

Aufschlussreich in diesem Zusammenhang sind aber nicht nur Thematisierungen von Gesundheit, sondern auch Auslassungen, De-Thematisierungen. Es fällt nämlich auf, dass Herr Wieser gesundheitliche Aspekte in ganz anderer Weise oder nicht zum Thema macht, wenn es nicht um Investitionen in den Klienten, sondern um (mehrheitlich prekäre) Arbeit im Rahmen von kurzzeitigen, befristeten Einsätzen oder von Programmen vorübergehender Beschäftigung geht. Die verschiedenen Jobs, die Herr Yilmaz während des Fallverlaufs findet, und seine Tätigkeiten im Rahmen des Beschäftigungsprogramms stellen zum Teil Belastungen für seine Gesundheit dar, die aber sowohl von Herrn Yilmaz selbst als auch von Herrn Wieser entweder heruntergespielt oder gar nicht erst thematisiert werden.

In der ersten Case Team-Sitzung im Herbst 2008 erläutert der Klient laut Protokoll, dass er einen „sehr strengen“ Zwischenverdienst (um welche Art von Tätigkeit es sich handelt, wird nicht erwähnt) „schmerzbedingt“

gekündigt habe, um sogleich zu relativieren, bei den Schmerzen „könne es sich auch um einen Muskelkater gehandelt haben". In einer Email an das Forschungsteam Anfang 2009 steht: „Der Klient will arbeiten, jedoch immer noch nicht klar, welche Arbeiten er noch machen kann. Gesundheitliche Situation etwas besser. Der Klient könnte sich auch vorstellen, wieder auf dem Bau zu arbeiten (Maler etc.)." Dass es sich hier um Tätigkeiten handelt, die für Herrn Yilmaz' Rücken respektive für seinen Körper belastend wären und für die er von einem Mediziner arbeitsunfähig geschrieben wurde, wird nicht erwähnt. Von einer Tätigkeit in einem Lebensmittelgeschäft, die Herr Yilmaz im Frühjahr 2009 einige Wochen lang ausübt, heisst es im Protokoll der zweiten Case Team-Sitzung lapidar: „Diese Arbeit kann er trotz seiner körperlichen Handicaps problemlos erledigen." Im Beobachtungsprotokoll dieser Sitzung wird eine längere Diskussion um diesen Zwischenverdienst festgehalten, in der es aber ausschliesslich um rechtlich-administrative Fragen wie Entlohnung, Vertrag etc. geht. Später wird die Arbeits- und Leistungsfähigkeit zum Thema, allerdings im Zusammenhang mit der oben erwähnten Qualifizierung.

Im Protokoll der dritten und letzten Sitzung wird auf die Gesundheit gar nicht mehr eingegangen – ausser im oben skizzierten Kontext als Begründung für den Verzicht auf die Finanzierung einer Qualifizierung – , sondern lediglich notiert:

> *„Der Klient arbeitete im August zwei Wochen als Bauarbeiter und ist seit Anfang September in einer Bäckerei in Zürich mit einem 20%-Pensum nachts in der Auslieferung tätig."* (Matrix-Protokoll zu einer Case Team-Sitzung)

Die Tätigkeit auf dem Bau wird auch im Beobachtungsprotokoll eines Gesprächs der Forscherin mit dem RAV-Berater erwähnt:

> *Herr Wieser erzählt der Forscherin, Herr Yilmaz arbeite jetzt, er habe eine Stelle gefunden und damit einen Zwischenverdienst, so dass die Taggelder verlängert werden. Im August kann er zwei Wochen auf dem Bau bei der Fassadenisolation arbeiten. Die Forscherin fragt, ob er das könne, das klinge nicht gerade rückenschonend. Herr Wieser sagt, Herr Yilmaz habe das geschickt gemacht. Er sei zuerst einen Tag lang schauen gegangen und habe dem Vorgesetzten auch seine gesundheitliche Situation geschildert, dass er vielleicht nicht voll leistungsfähig sei. Er sage, es gehe jetzt. Mit Schmerzmitteln könne er das machen.* (Beobachtungsprotokoll)

Herr Wieser schildert die Strategien seines Klienten im Umgang mit körperlich belastender Arbeit: Herr Yilmaz habe die Arbeit zunächst probeweise verrichtet, habe ausserdem seinen Vorgesetzten über seine Leistungs- und gesundheitlichen Einschränkungen unterrichtet und nehme zudem Schmerzmittel. Die Strategien des Klienten werden zwar möglicherweise nicht gutgeheissen, aber auch nicht kritisiert. Dass der Klient sich mit seinen Einschränkungen arrangiert, stellt Herr Wieser im Interview eher positiv dar:

> *„Er war im Lagerbereich. Der Leiter hat gesagt, er mache auch schwere Arbeit, eigentlich auch schwerere Arbeit, als er aus medizinischer Sicht dürfe. Herr Yilmaz ist schon so ein Macher. Er will gerne arbeiten, das hat man ganz klar gesehen. Aber sein Rückenleiden ist ihm da natürlich ganz stark im Weg gestanden."* (Interview mit Herrn Wieser, RAV-Personalberater und Case Manager)

Deutlich wird aus diesen Worten, dass die Verantwortung für seine Gesundheit alleine beim Klienten liegt. Weder der Personalberater des Regionalen Arbeitsvermittlungszentrums noch der Leiter des Programms für vorübergehende Beschäftigung fühlen sich offenbar befugt, Herrn Yilmaz die schwere Arbeit zu untersagen. Im Gegenteil, dass Herr Yilmaz mehr macht, „als er aus medizinischer Sicht dürfe", wird ihm als Zeichen für seinen Arbeitswillen, für seine Arbeitsmotivation ausgelegt. Herr Yilmaz kann sich dadurch als „guten Klienten" unter Beweis stellen.

Die je nach Kontext derart unterschiedlich thematisierte und bewertete Arbeits- und Leistungsfähigkeit des Klienten erlaubt ihren flexiblen Einsatz, wenn es darum geht, gegen die Finanzierung einer Qualifizierung oder für einen temporären Einsatz auf dem Bau zu argumentieren. Diese Flexibilisierung der Arbeits(un)fähigkeit bedeutet hinsichtlich der Frage nach ihrer Organisation, dass sie kontextabhängig gestaltet wird und der Logik der Rentabilität zu folgen scheint, wie ich bereits am Beispiel Frau Pekays rekonstruiert habe: Optionen werden für die Klient_innen im Verlauf der Fallbearbeitung nicht nur erschlossen, sondern auch ausgeschlossen (vgl. Nadai/Canonica/Koch 2015; Nadai/Canonica 2012, 32).

5.3.4 Herstellung eines „würdigen Klienten"

Die Verschiebung des Fokus der Fallbearbeitung von der unklaren Zuständigkeit der Invalidenversicherung hin zur Person Herrn Yilmaz' ist mit der Infragestellung seiner Arbeitsfähigkeit noch nicht abgeschlossen.

Vielmehr rückt nun verstärkt sein „Verhalten“ ins Zentrum der Fallarbeit. Das Gespräch der zweiten Case Team-Sitzung dreht sich neben weiteren Unterstützungsmöglichkeiten und der unklaren Arbeits(un)fähigkeit des Klienten (siehe oben) auch um ein potentielles Coaching. Im Protokoll zu dieser Sitzung findet sich folgender Eintrag:

> *„Team und Klient diskutieren längere Zeit darüber, dass der Klient bei seinen Arbeitgebern immer wieder in Verdacht geraten ist, unerlaubt Material mitzunehmen. Der Klient hat in den letzten Monaten jeweils rasch eine Stelle gefunden, sie aber aus diesem Grund bald wieder verloren. Ziel der weiteren Arbeit ist, den Klienten so zu unterstützen, dass er sein Verhalten ändern kann. Dazu bietet das RAV ein Einzelcoaching an, das der Klient annimmt.“*
> (Matrix-Protokoll zu einer Case Team-Sitzung)

Die Massnahme, die Herrn Yilmaz vom Case Team vorgeschlagen wird, zielt auf eine Verhaltensänderung mittels eines (psychologischen) Coachings ab. Mit dem mir vorliegenden Material lässt sich rekonstruieren, dass insgesamt zweimal der Vorwurf gegen ihn erhoben wurde, etwas entwendet zu haben (wobei der Klient offenbar davon ausging, dass es sich um Abfall handelte, also um Material, das nicht mehr gebraucht wurde). Doch verweist die Formulierung „immer wieder“ auf eine Regelmässigkeit, ein Muster – unter Auslassung der Rekonstruktion der genauen Umstände. Diese rhetorische Strategie dient der Herstellung eines „Tatsachenberichts“ (“factual account”) (vgl. Smith 1978; Hak 1998). Wie Hak (1998) anhand einer psychiatrischen Fallakte zeigt, wird diese durch “mentionables” produziert, also durch die Niederschrift jener Aspekte des Verhaltens des Klienten, die erwähnenswert scheinen. Im Falle Herrn Yilmaz’ ist dies der oben erwähnte „Verdacht“, gestohlen zu haben.

Solche “mentionables” werden oft schriftlich festgehalten und können so an andere Fachpersonen übermittelt werden. Die Rolle von Krankenakten zur Herstellung von „Fällen“ wurde von Berg (2008, 65) untersucht, der festhält: „[O]hne die wechselseitige Beziehung von Mensch und Schriftwerk könnten Ärzte nicht Ärzte und Krankenschwestern nicht Krankenschwestern sein.“ Was Berg hier konstatiert, gilt aber nicht nur für Professionelle im medizinischen Bereich, sondern auch für im sozialen Bereich Tätige: Sozialarbeitende und Sachbearbeitende führen Fallakten und erstellen schriftliche Fallanalysen, die mit dem Fall zusammen an andere Professionelle weitergereicht werden, welche ihre eigenen Interpretation der Frage ,Was ist der Fall?' in der Regel auf der Basis der ihnen vorliegenden Informationen erstellen. Dadurch findet aber nicht nur eine „Kanalisierung" (Berg 2008, 68) des Falls und eine „Verengung" von Handlungsoptionen auf Basis der Fallinterpretation statt; mit dieser „Praktik des Lesens und Schreibens" (Berg 2008) – als ebenso sehr körperlicher wie geistig-kognitiver Aktivität – wird zugleich eine spezifische Interpretation des Falls produziert. Fallakten erweisen sich damit als Ko-Produzenten der Wirklichkeit eines Falls, als „selbständige Kraft" (Berg 2008, 64). Denn als zwar zunächst „stumme Akteure" (Clarke 2005) sind diese Artefakte dennoch – im wörtlichen Sinne – wortreich an der Herstellung dessen, ,was der Fall ist', beteiligt.

Das trifft auch auf Herrn Yilmaz zu: Das, was das Case Team in seinem Fall als problematisch erachtet, beruht auf schriftlich und mündlich vermittelten Informationen und wird seinerseits im Protokoll zur Case Team-Sitzung festgehalten.

Im Rahmen seines Arbeitsintegrationsprozesses wird der Umstand, dass Herr Yilmaz durch „sein Verhalten" offenbar mehrere „Stellen" verlor, als besonders problematisch erachtet. Soweit sich das rekonstruieren lässt, handelt es sich bei diesen „Stellen" allerdings entweder um Tätigkeiten im Rahmen eines durch die Invalidenversicherung finanzierten Praktikums oder eines durch das Regionale Arbeitsvermittlungszentrum induzierten „Programms vorübergehender Beschäftigung" beziehungsweise um prekäre, zum Teil gar unbezahlte Tätigkeiten in Kleinstpensen.[51]

Was im Protokoll der Case Team-Sitzung und auch in den entsprechenden Feldnotizen nicht erwähnt wird, ist die Tatsache, dass Herr Yilmaz vor seiner Erkrankung über zwanzig Jahre lang als Gipser arbeitete – und offenbar kaum Mühe bekundete, seine Stellen zu behalten. Kurzum: Die Verwandlung einzelner Vorkommnisse in ein Verhaltensmuster und die Transformation prekärer Gelegenheitsjobs bzw. Tätigkeiten im zweiten Arbeitsmarkt in „Stellen" legitimieren das „Angebot" an den Klienten, mithilfe eines Coachs sein Verhalten zu ändern – das der Klient nach anfänglichem Widerstand schliesslich „annimmt". Dass es sich hier um ein Angebot handelt, das nicht abgelehnt werden kann (vgl. Lødemel/Trickey 2001), respektive dass es sich –

---

51 Ob Herr Yilmaz tatsächlich vor allem Schwierigkeiten mit Arbeitgeber_innen hat, oder ob er nicht vielmehr Mühe mit dem jeweiligen beruflichen Arrangement (Praktikum bzw. Programm für vorübergehende Beschäftigung) bekundet, das heisst mit dem Umstand, dass er ohne Lohn arbeiten muss, kann hier nicht geklärt werden.

präziser – nicht um ein Angebot, sondern um eine Aufforderung handelt, wird im Protokoll nicht reflektiert.

Im Anschluss an Krenn kann das ‚verordnete' psychologische Coaching auch als „sozial völlig fremde Aufforderung zur Selbstreflexion" (Krenn 2012, 273) analysiert werden. Sozial fremd sind solche Formen der (Selbst-)Auseinandersetzung in Krenns Analyse vor allem deshalb, weil es

> *„sich dabei um selbstreflexive, therapienahe Formen [handelt], die im Wesentlichen dem Bildungszugang und -verständnis der oberen sozialen Milieus entsprechen, die auf Persönlichkeitsbildung, Individualität und Selbstentfaltung ausgerichtet sind […]."* (Krenn 2012, 272)

Krenn folgert daraus, dass die von ihm untersuchten „job coaching-Kurse", die von den betroffenen Erwerbslosen mitunter „als völlig unangemessenes und unerlaubtes Eindringen in die Intim- und Privatsphäre durch Fremde, als kulturelle Willkür empfunden werden" (Krenn 2012, 272 f.), nicht mit dem Habitus der Betroffenen übereinstimmten.[52] Herrn Yilmaz' anfänglicher Widerstand gegen das Coaching deute ich ähnlich. Ihm scheint diese Form der (Selbst-)Bearbeitung kulturell (im Sinne der Kultur eines Milieus) fremd zu sein. Doch fügt er sich schliesslich in sein ‚Schicksal' und erklärt sich bereit, das Coaching zu absolvieren.

Im Zusammenhang mit der hier interessierenden Gesundheitsthematik ist ein Satz aus dem Protokoll besonders interessant: „Zu den Themen des Coachings gehört auch der Umgang mit Schmerzen." Herr Yilmaz soll also nicht nur lernen, sein Verhalten gegenüber (potentiellen) Arbeitgeber_innen zu ändern, er soll zugleich auch an seiner Schmerzproblematik arbeiten. Obwohl sich im Protokoll keine weiteren Hinweise finden lassen, aus denen geschlossen werden könnte, Herr Yilmaz' Umgang mit seinem Rückenleiden

---

52 Krenn (2012, 272) spricht in diesem Zusammenhang auch von „Selbstreflexion als symbolische Gewalt". Da ich das Konzept der symbolischen Gewalt – ebenfalls in Anlehnung an Pierre Bourdieu – anders verwende als Krenn (siehe dazu Kapitel 9.2), folge ich hier nicht Krenns Terminologie. Krenn analysiert den sozial und kulturell fremden Charakter bestimmter therapienaher Arbeitsmarktmassnahmen als symbolische Gewalt. Während ich Krenns Analyse der sozialen Fremdheit psychologisierender Interventionen folge, steht bei der symbolischen Gewalt für mich eher der Aspekt der Verkennung und dadurch der Anerkennung von Herrschaftsverhältnissen durch die Beherrschten im Vordergrund. Mit anderen Worten: Symbolische Gewalt ist dann virulent, wenn die Beherrschten sozial Fremdes gerade nicht als Fremdes erkennen, sondern die Verhältnisse als gegeben akzeptieren.

werde vom Case Team als irgendwie veränderungsbedürftig betrachtet, kann doch vermutet werden, dass die oben erwähnte schmerz- bzw. muskelkaterbedingte Kündigung möglicherweise in einem Zusammenhang mit dem verordneten Coaching steht.

Zumindest scheinen mit dieser geplanten Massnahme gleich mehrere Fliegen mit einer Klappe geschlagen werden zu können, wie das bereits zitierte Matrix-Protokoll zur Case Team-Sitzung verrät:

> *„Der Klient leidet an einer Schmerzproblematik und hat grosse finanzielle Probleme. Gefundene Stellen verliert er jeweils rasch wieder, da wegen seines Verhaltens Konflikte mit dem Arbeitgeber entstehen."* (Matrix-Protokoll zu einer Case Team-Sitzung)

Das geplante Coaching soll bei näherer Betrachtung insbesondere auf die Beschäftigungsfähigkeit, die "Employability", von Herrn Yilmaz' abzielen. Nicht nur soll er ein angepasstes, als adäquat(er) erachtetes Verhalten gegenüber (potentiellen) Arbeitgebern ‚lernen', er soll zugleich auch lernen, mit weniger Geld auszukommen und sich mit seinen Schmerzen zu arrangieren. Auf den Punkt gebracht: Herr Yilmaz soll mithilfe eines Psychologen zu einem „würdigen Klienten" werden, der bereit ist, auch mit Schmerzen und für wenig Lohn zu arbeiten. Denn der „würdige Klient" ist auch ein „würdiger Arbeiter" – einer, der sich auch mit prekären Jobs im Niedriglohnsektor zufriedengibt.[53]

Mit Erving Goffman (1952) kann der angestrebte Coaching-Prozess auch als "Cooling out" beschrieben werden (vgl. dazu auch Koch 2010; Nadai/ Canonica 2012, 33). In "On Cooling the Mark Out" analysiert Goffman (1952), wie das Opfer einer kriminellen Machenschaft dazu gebracht wird, sich mit der ‚neuen' Situation, d.h. seinem Status als Ausgeraubtem, Veräppeltem etc., abzufinden. Ein „process of redefining the self" (Goffman, 1952, 5) wird in Gang gesetzt, im Zuge dessen die Ansprüche der betroffenen Person ‚abgekühlt' werden. Ein ähnlicher Prozess scheint auch hier in Gang gesetzt werden zu sollen.

Das Coaching findet in der Folge statt. Der Case Manager verbucht es als „Erfolg", denn Herr Yilmaz sei jetzt „ein anderer Mensch", wie er der Forscherin erzählt. Herr Yilmaz' Fall wird auf der Arbeitslosenversicherung einige Zeit später abgeschlossen, weil er die ihm zur Verfügung stehenden

---

53 Ich danke Patricia Holder für den Hinweis, dass es bei dieser Zurichtung nicht nur um einen "decent client", sondern auch um einen "decent worker" geht.

Leistungen aufgebraucht hat. Herr und Frau Yilmaz werden an die Sozialhilfe verwiesen, zögern aber, sie in Anspruch zu nehmen. Schliesslich erfährt Herr Yilmaz von der Invalidenversicherung, die seinen Fall neu beurteilte, dass er dort wieder Anrecht auf Leistungen hat und wieder berufliche Massnahmen in Anspruch nehmen kann.

5.3.5 *Zusammenfassung und Fazit*

Die Analyse zum Fall von Herrn Yilmaz arbeitet heraus, dass dessen Gesundheit und Arbeitsfähigkeit immer wieder von neuem als „unklar" und als abklärungsbedürftig kodiert werden. Die dadurch erzeugte Diffusität erlaubt der Integrationsagentur einen flexiblen Umgang mit der gesundheitlichen Einschränkung des Klienten, einem Rückenleiden, das beispielsweise als Argument gegen eine Qualifizierung ins Feld gebracht werden kann, das aber nicht gegen eine temporäre Beschäftigung auf dem Bau spricht. Diese ‚Flexibilisierung' von Arbeits(un)fähigkeit erlaubt ihren kontextabhängigen und strategisch-pragmatischen Einsatz durch die Institutionen der Arbeitsintegration.

Bei dieser Fallanalyse zeigt sich ferner, dass das System der sozialen Sicherung rasch an Grenzen stösst: Die Arbeitslosenversicherung scheint gegenüber der Invalidenversicherung wenig Handlungsspielraum zu besitzen, weshalb sich das zentrale praktische Problem während der Fallprozession von der Invalidenversicherung als eigentlich zuständiger Institution hin zu Herrn Yilmaz' Person verschiebt. Steht zunächst noch die (medizinisch zu klärende) Frage nach seiner Arbeits- und Leistungsfähigkeit im Zentrum, richtet sich der Fokus zunehmend auf sein Verhalten, beispielsweise im Umgang mit Arbeitgebern, mit seiner prekären finanziellen Situation und mit seinen Schmerzen. Das Coaching soll dabei der Produktion eines beschäftigungsfähigen und bescheidenen Klienten und Arbeitnehmers dienen, der auch prekäre Jobs anzunehmen bereit ist und seine Schmerzen und seine schwierige finanzielle Situation individuell zu ‚bewältigen' weiss.

Ähnlich wie bei den vorhergehenden Fällen wird die eingeschränkte Gesundheit auch hier genutzt, um dem Klienten eine spezifische soziale Position zuzuweisen. Da Herr Yilmaz diese Position nicht ohne weiteres einzunehmen bereit ist, wird ihm ein Coach zur Seite gestellt, der offenbar die (beruflichen) Erwartungen des Klienten „abkühlen" soll.

5.4 Fazit zu den Fallanalysen: Doppelte Aktivierung gesundheitlich eingeschränkter Menschen ohne Erwerbsarbeit

Die Darstellung und Analyse drei exemplarischer Fälle gilt der tentativen Beantwortung der Frage, in welchen Kontexten und durch welche Praktiken gesundheitliche Einschränkungen sichtbar gemacht und problematisiert werden und inwiefern Gesundheit zu einem Interventionsmoment in den untersuchten Arbeitsintegrationsinstitutionen wird.

Der Fall der anfänglich als "employable" und daher als investitionswürdig eingeschätzten Frau Pekay erfährt aufgrund ihrer gesundheitlichen Einschränkung eine Wende: Die Bewertung ihrer Rückenproblematik als disqualifizierend für die angestrebte berufliche Tätigkeit und die Wahrnehmung des schwangeren Körpers der Klientin als „nicht vermittelbar" konstruieren einen von der Norm der Arbeitsfähigkeit abweichenden und vergeschlechtlichen Körper. Als ungewollter Nebeneffekt wird dadurch eine spezifische soziale und berufliche Position reproduziert.

Inwiefern Interventionen wie „Programme vorübergehender Beschäftigung" der Manifestation und Visibilisierung einer abweichenden Arbeitsfähigkeit dienen können, zeigt das Beispiel Herrn Kayas. Seine Leistungsfähigkeit wird wegen einer Depression als „ungenügend für den Arbeitsmarkt" beurteilt. Problematisiert wird zugleich die Einstellung des Klienten gegenüber seiner Einschränkung, die als mentales Problem konstruiert wird, das vom Klienten „angegangen werden" müsse.

Herrn Yilmaz' Gesundheit und Arbeits(un)fähigkeit gelten immer wieder von neuem als „unklar" und als abklärungsbedürftig. Dadurch wird eine Diffusität erzeugt, die der Integrationsinstitution einen flexiblen Umgang mit der gesundheitlichen Einschränkung des Klienten erlaubt: Sein Rückenleiden wird ‚flexibilisiert', denn es wird zu einem Argument gegen eine Qualifizierung, spricht aber nicht gegen eine temporäre Beschäftigung auf dem Bau. Als ‚bearbeitbar' für die Institution und den Berater bleibt schliesslich das Verhalten des Klienten übrig; seine Aspirationen sollen in einem externen Coaching ‚abgekühlt' werden – denn auf die anderen Institutionen im System der sozialen Sicherung (namentlich die Invalidenversicherung, die den Fall kurzerhand abschloss und so der Arbeitslosenversicherung zuwies) kann im Rahmen der Arbeit am Fall ebenso wenig Einfluss genommen werden wie auf den Arbeitsmarkt.

Insbesondere da, wo die Fallbearbeitung an Grenzen stösst, die beispielsweise sozialpolitisch-rechtlicher Art sind oder durch den Arbeitsmarkt gesetzt werden, bleibt als Bearbeitungsstrategie oftmals (scheinbar) nur noch die Individualisierung von Erwerbslosigkeit und von gesundheitlichen Einschränkungen (siehe dazu auch Kapitel 7 und 8). Es findet eine „doppelte Aktivierung" (Koch 2011) statt, die vor allem auf die Bereiche ‚Arbeitslosigkeit' und ‚eingeschränkte Gesundheit' zielt. Als gesundheitlich eingeschränkt geltende Erwerbslose sind einem doppelten Druck ausgesetzt: Während sie als Erwerbslose primär selbst für die Erhaltung bzw. die Wiedererlangung der eigenen Beschäftigungsfähigkeit verantwortlich gemacht werden, scheint zunehmend auch die ‚Machbarkeit' des gesunden, arbeitsfähigen und leistungsfähigen Körpers und Geists möglich zu sein und der individuellen Verantwortung zugeschrieben zu werden (vgl. Dollinger 2006; Gruber 2008, 147 ff.), wie insbesondere die Analysen zu Herrn Kaya und Herrn Yilmaz zeigen.

Die Fallbearbeitung schlägt aber in eine De-Aktivierung um, wenn Investitionen in den Fall sich nicht mehr zu lohnen scheinen. Dann werden gesundheitliche Einschränkungen von den Institutionen strategisch genutzt, um gewisse berufliche Optionen und Investitionen auszuschliessen und andere (teilweise prekarisierte) Tätigkeitsbereiche in den Bereich des Möglichen zu rücken (siehe dazu auch Kapitel 8). Dadurch finden gesellschaftliche Platzzuweisungen statt bzw. wird an den „sense of one's place" der Klient_innen appelliert. Dieser Abkühlungsprozess, der mittels Zuschreibungen an die Klient_innen operiert, kann unter Umständen Effekte auf ihre Selbstverortungen haben, wie sich das exemplarisch bei Herrn Kaya zeigen lässt.

Im Folgenden verlasse ich die fallspezifische Perspektive und analysiere die als zentral herausgearbeiteten Aspekte der Aushandlung und Bearbeitung von Arbeits(un)fähigkeit fallübergreifend: Zunächst wird in Kapitel 6 der Objektivierung, Medikalisierung und Legalisierung von Arbeits(un)fähigkeit nachgegangen. In Kapitel 7 wird die Individualisierung und Responsibilisierung von Arbeits(un)fähigkeit zum Thema. Kapitel 8 schliesslich richtet den Blick auf die Praktiken, die Gesundheit zu einem Selektionskriterium – beispielsweise für ‚Sozialinvestitionen' wie Qualifizierungen – werden lassen.

6 „Klarer Fall" – Gesundheit als (un)berechenbare Grösse

Gesundheit wird im analysierten Material oft mit „Unklarheit" in Verbindung gebracht. Vor allem zu Beginn einer Fallbearbeitung im Zentrum Berufliche Eingliederung (ZBE) oder bei Matrix werden gesundheitliche Situationen immer wieder als „unklar" kodiert. Aber auch bereits vor einer Überweisung ans ZBE oder an Matrix spielt „Unklarheit" eine Rolle: So definiert die Sozialhilfe im Standortkanton des ZBE, dass ein potentieller Fall fürs ZBE unter anderem sei, wessen „Arbeits- und Arbeitsmarktfähigkeit [...] unklar" sei. Ähnlich ist es bei Matrix: Auch hier werden nicht nur Personen mit einer „realistischen Integrationschance" in den ersten Arbeitsmarkt angesprochen, sondern auch solche, bei denen (noch) unklar ist, ob dieser Schritt zu schaffen ist (siehe dazu auch Kapitel 2.3 und 4). Als fallkonstituierendes Merkmal erweist sich in beiden Institutionen neben einem Mindestmass an „Vermittlungsfähigkeit" eine gewisse Unklarheit: Unklare Problematiken oder eine unklare Arbeits- und Leistungsfähigkeit, unklare Zuständigkeiten oder unklare Sprachfähigkeiten sind oftmals ausschlaggebend für das Zustandekommen eines Matrix- oder ZBE-Falls. Denn Unklarheit verlangt nach (Ab-)Klärung und das ist es, was die beiden IIZ-Modelle anbieten (vgl. Nadai/Canonica/Koch 2015).

Dieses Kapitel geht der Bearbeitung dieser „Unklarheit" im Zusammenhang mit Gesundheit nach. Zuerst wird in Kapitel 6.1 rekonstruiert, dass ‚Gesundheit' im untersuchten Feld meist als Arbeits- und Leistungs(un)fähigkeit operationalisiert wird – insbesondere vom Personal –, was mit einem administrativ-rechtlichen Zugriff darauf verbunden ist: Bei „Abklärungen" zur Gesundheit bzw. eben zur Arbeits(un)fähigkeit der Klient_innen stehen zunächst primär rechtliche Ansprüche der Klient_innen und die Zuständigkeiten der Institutionen der sozialen Sicherung im Fokus. Als Profession, der die Bestimmung von Arbeits- und Leistungs(un)fähigkeit übertragen wird, stellt sich die Medizin heraus, wie ich in Kapitel 6.2 herausarbeite. Wenngleich sich dadurch die Tendenz einer Medikalisierung von Arbeits(un)fähigkeit – als sozialem Phänomen – zeigt, finden sich doch auch Relativierungen medizinischer Einschätzungen, denen ich in Kapitel 6.3 nachgehe.

6.1 „Abklärung der gesundheitlichen Situation" – Fokus auf Ansprüche und Zuständigkeiten

Unklare Situationen stehen oft am Anfang von Fallprozessen bzw. konstituieren diese mit, während als Ziel solcher Prozesse Klarheit angestrebt wird. Meist betreffen solche Klärungsprozesse gesundheitliche Probleme und die Arbeits(un)fähigkeit von Klient_innen, wie im Folgenden gezeigt wird. In einer E-Mail eines Personalberaters eines Regionalen Arbeitsvermittlungszentrums (RAV) der Arbeitslosenversicherung, das an das Forschungsteam gerichtet ist und einen von uns begleiteten Klienten betrifft, steht:

> *„Der Klient will arbeiten, jedoch immer noch nicht klar, welche Arbeiten er noch machen kann. Gesundheitliche Situation etwas besser. Der Klient könnte sich auch vorstellen, wieder auf dem Bau zu arbeiten (Maler etc.)."* (E-Mail eines Mitarbeiters eines RAV)

Als unklar stellt sich bei diesem Klienten – es handelt sich um Herrn Yilmaz (siehe dazu Kapitel 5.3) – insbesondere eine ganz spezifische Dimension seiner Gesundheit heraus: seine Arbeits- bzw. Leistungsfähigkeit. Im Zusammenhang mit Gesundheit geht es beim Abklären vor allem darum, festzustellen, wer arbeitsunfähig ist – und wer in welchem Mass und für welche Tätigkeiten (rest-)arbeitsfähig ist. Gesundheit wird demnach oft als Arbeits(un)fähigkeit verhandelt (vgl. Gruber 2008) – sie wird gleichsam darunter subsumiert, was der Logik des untersuchten Feldes entspricht: Rechtlich relevant sind bei unklarer Arbeits(un)fähigkeit nicht die gesundheitlichen Einschränkungen an sich, sondern ihre Auswirkungen auf die Funktionsfähigkeit der Klient_innen, vor allem in Bezug auf Erwerbsarbeit (vgl. Meershoek/Krumeich/Vos 2007, 498).

„Unklare" Gesundheitsprobleme ziehen in den untersuchten Arbeitsintegrationsagenturen eine Vielzahl von Prozessen und Praktiken nach sich, denn „Fälle" mit gesundheitlichen Aspekten sollen möglichst früh im Fallprozess identifiziert und „abgeklärt" werden. So sagt beispielsweise Frau Favre, eine Mitarbeiterin des Zentrums für berufliche Eingliederung (ZBE), der ein Erwerbsloser aus einem RAV der Arbeitslosenversicherung zugewiesen wurde, retrospektiv über ihren Auftrag bezüglich dieses Falls:

> *„Also der Auftrag an mich war Abklärung der gesundheitlichen Situation und eine mögliche IV-Anmeldung und das ist der Auftrag. Und das Ziel war dann, dass die gesundheitliche Situation nach dem Ende der Beratung abgeklärt ist und dann ist es mir und dem*

Klienten klar, ist jetzt eine IV-Anmeldung angebracht oder nicht.“
(Interview mit einer Mitarbeiterin des ZBE)

Zwar nennt die Mitarbeiterin die Abklärung der (gesamten) gesundheitlichen Situation hier als Auftrag. Sie spezifiziert diese Aussage jedoch umgehend, indem sie „eine mögliche IV-Anmeldung“ zur Sprache bringt. Ihr Auftrag scheint also weniger darin zu bestehen, eine umfassende Einschätzung der Gesundheit des Klienten vorzunehmen, als vielmehr zu eruieren, ob eine IV-Anmeldung angezeigt ist oder nicht. Dies geschieht über die Ermittlung der Erwerbs(un)fähigkeit, die das relevante versicherungsrechtliche Konzept darstellt. Gerade im Zusammenhang mit Gesundheit und Arbeits(un)fähigkeit ist also das „Klären“ von Zuständigkeiten der Institutionen und der rechtlichen Ansprüche der Klient_innen, beispielsweise bei einer anderen Institution wie der Invalidenversicherung, zentral. Für das Modell Matrix wurde in einem Konzept formuliert, dass zwar das „Hauptziel“ der Fallbearbeitungen „die rasche und dauerhafte Integration“ der Klient_innen sei; in einzelnen Fällen könne aber unter anderem auch „die triagierende Abklärung der Zuständigkeit“ zum Ziel einer Fallbearbeitung werden.[54]

Gesundheit tritt hier in einer ganz spezifischen Form auf: Erstens in einer administrativ-organisatorischen Fassung, die eng an institutionelle Zuständigkeiten und (versicherungs-)rechtliche Ansprüche gekoppelt ist. Es geht für das Personal darum, Entscheidungen zu treffen und die entsprechenden institutionellen Prozesse einleiten zu können. Zweitens wird als Ziel „Klarheit“ formuliert: Angestrebt wird ein möglichst „klarer Fall“. Denn für „klare Fälle“ existieren eindeutige Prozesse: Klare Fälle von Arbeitsunfähigkeit werden in der Regel an die Invalidenversicherung weiterverwiesen, während für klare Fälle von Arbeitsfähigkeit die Integration in den ersten Arbeitsmarkt als Ziel gilt.[55]

54 Auch der Jahresbericht von Matrix führt das „Klären von Zuständigkeiten“ als einen (von mehreren) „Nutzen“ abgeschlossener Matrixfallbearbeitungen an. In ungefähr 10 Prozent der Fälle habe die Fallbearbeitung zu dieser Klärung geführt.

55 Die Invalidenversicherung unterscheidet zwischen „Arbeitsunfähigkeit“ und „Erwerbsunfähigkeit“. Arbeitsunfähigkeit bezieht sich gemäss ihrer Definition auf die zuletzt ausgeübte berufliche Tätigkeit, schliesst aber die Arbeitsfähigkeit für andere berufliche Tätigkeiten nicht aus (beispielsweise kann jemand arbeitsunfähig für den Beruf des Malers oder der Malerin, aber arbeitsfähig als Sachbearbeiter_in oder ähnliches sein). In dieser Situation haben Personen unter Umständen Anrecht auf berufliche Massnahmen der IV wie Umschulungen. Erwerbsunfähigkeit bezieht sich hingegen generell auf Erwerbsarbeit, das heisst, wenn jemand dauerhaft bzw. bis auf Weiteres keine berufliche Tätigkeit mehr Vollzeit ausüben kann, gilt diese Person als erwerbsunfähig. Erst dann

Aufschlussreich bezüglich der Beziehung von Gesundheit und Arbeits(un)fähigkeit einerseits und Ansprüchen und Zuständigkeiten andererseits ist der sogenannte „Assessmentbericht" des Zentrums für berufliche Eingliederung. Dieser wird im Anschluss an das dreiwöchige „Vertiefungsassessment" (siehe dazu Kapitel 4) ausgefüllt und hält die dort ermittelten Ergebnisse für jeden Klienten und jede Klientin fest. Im Assessmentbericht werden in einem ersten Teil Informationen im Hinblick auf „Berufliches" abgefragt. Bevor Fragen zu „Persönlichem" und Testergebnisse aus dem „Vertiefungsassessment" aufgelistet werden, wird in einem zweiten Teil nach der Gesundheit gefragt. Das nimmt sich folgendermassen aus:

Gesundheit

Arbeitsfähigkeit:

IV-Anmeldung:

Sucht:

Sonstiges (Allergien, regelmässig Medikamente, Schlafstörungen):

(Ausschnitt aus dem „Assessmentbericht" des ZBE.)

Unter dem Titel „Gesundheit" werden drei Dimensionen abgefragt, die offenbar unter Gesundheit subsumiert werden: Arbeitsfähigkeit, IV-Anmeldung und Sucht. Ferner findet sich eine Residualkategorie „Sonstiges", unter der weitere Aspekte von Gesundheit erfasst werden könnten – doch selbst diese Kategorie wird durch drei Vorschläge bereits vorstrukturiert. Gesundheit wird in einem reduktionistischen und funktionalistischen Duktus abgefragt: Wie es der institutionellen Logik entspricht, sind die Arbeits(un)fähigkeit und Fragen der institutionellen Zuständigkeit, insbesondere der Invalidenversicherung, zentral. Nach der Gesundheit wird also in einer ganz spezifischen Form gefragt. Es wird nicht der allgemeine Gesundheitszustand der Klient_innen zum Thema, denn dafür ist im Bericht kaum Platz vorgesehen. Sowohl der Fokussierung auf die Arbeits- und Beschäftigungsfähigkeit als auch der Thematisierung institutioneller Zuständigkeiten liegt die legalistisch geprägte

hat sie Anspruch auf eine (Teil-)Rente der Invalidenversicherung. Renten berechnen sich aufgrund des im früheren Berufs erzielten Einkommens im Verhältnis zu den aktuellen (theoretischen) Erwerbsmöglichkeiten. Daraus wird der IV-Grad errechnet, der ausschlaggebend für den Umfang der Rente ist. Es gibt Viertel-, Dreiviertel und ganze Renten. Renten werden erst gesprochen, wenn „das Potential zur Wiedereingliederung ausgeschöpft ist und keine Aussichten mehr auf die Wiederherstellung oder Erhöhung der Erwerbsfähigkeit bestehen" (vgl. bspw. die Homepage der IV-Stelle Basel-Stadt unter http://www.ivbs.ch/dynamic/page.asp?seiid=72 (Zugriff: 29.12.2013)).

Frage nach Ansprüchen zu Grunde. Rechtlichen Anspruch auf Dienstleistungen durch das ZBE hat nur, wer eine (Teil-)Arbeitsfähigkeit aufweist, während diejenigen, die teilweise oder vollständig erwerbsunfähig sind, grundsätzlich Anspruch auf Leistungen der Invalidenversicherung haben.

Wie wird nun dieser Abschnitt des Assessmentberichts im ZBE verwendet? Die entsprechende Sektion im Bericht von Frau Pekay (siehe Kapitel 5.1), die durch ihren Coach in einem Gespräch gegen Ende des Vertiefungsassessments ausgefüllt wird, sieht so aus:

Gesundheit	
Arbeitsfähigkeit:	100%
IV-Anmeldung:	Nein
Sucht:	Nein
Sonstiges (Allergien, regelmässig Medikamente, Schlafstörungen):	Schlafstörungen, Depressionen (4 Jahre)

(Ausschnitt aus dem „Assessmentbericht" zu Frau Pekay.)

Die Rubrik „Arbeitsfähigkeit" verlangt offenbar nach einer quantifizierenden Angabe, während die nächsten beiden Kategorien als geschlossene Fragen verstanden werden, die mit ja oder nein zu beantworten sind. Die (vermeintlichen oder tatsächlichen) psychischen Schwierigkeiten Frau Pekays, die während dieses Gesprächs zur Sprache kommen, können nur unter dem letzten Punkt, der eine Residualkategorie darstellt, subsumiert werden und finden in Form einer stichwortartigen Auflistung inklusive einer Angabe zur Dauer Erwähnung. Auch hierin zeigt sich die bereits angesprochene Subsumtionslogik: Von Interesse für das ZBE ist offenbar nicht die Gesundheit an sich und schon gar nicht das Wohlbefinden[56] der Klient_innen, sondern relevant sind die durch die Arbeits- und Beschäftigungs(un)fähigkeit begründeten Ansprüche der Klient_innen und die Zuständigkeiten der Institutionen. Dieser spezifische Zugang zu Gesundheit hängt mit dem Auftrag der untersuchten Institutionen zusammen: Sie haben als Arbeitsintegrationsagenturen in erster Linie den Auftrag, ihre Klient_innen beruflich zu

56 In ihrer Verfassung von 1948 definiert die Weltgesundheitsorganisation WHO Gesundheit nicht mehr ex negativo als Abwesenheit von Krankheit, sondern wie folgt: „Die Gesundheit ist ein Zustand des vollständigen körperlichen, geistigen und sozialen Wohlergehens und nicht nur das Fehlen von Krankheit oder Gebrechen." (WHO 1948; siehe deutsche Übersetzung unter http://www.admin.ch/opc/de/classified-compilation/19460131/200906250000/0.810.1.pdf).

integrieren, weshalb sie auf Aspekte von Gesundheit fokussieren, die relevant bezüglich der Arbeitsintegration sind.

Inwiefern lässt sich der rekonstruierte administrativ-rechtliche Zugang zu Gesundheit in Interaktionen zwischen Klient_innen und Personal beobachten? An einem Ausschnitt aus dem Beobachtungsprotokoll zum ersten Gespräch zwischen Frau Favre, der eingangs zitierten Sozialberaterin des ZBE, und ihrem Klienten sowie dessen Ehefrau lässt sich dieser Zugang verdeutlichen:

> *Frau Favre leitet das Gespräch ein: „Ich habe Ihr Dossier von Ihrem Personalberater beim Regionalen Arbeitsvermittlungszentrum bekommen. Sie waren von März 2007 bis Ende Dezember 2007 krankgeschrieben, die ersten drei Monate 100%, die restlichen 50%. Ist das richtig?" Herr Eren, der Klient, bestätigt dies. Frau Favre führt weiter aus: „Ich habe Ihr Dossier gekriegt, weil Sie längere Zeit arbeitsunfähig waren. Es geht darum, eine IV-Anmeldung zu prüfen." Frau Eren schaltet sich ein: „Entschuldigung, wenn ich unterbreche. Es war sehr erschreckend für uns, diese Krankheit. Mein Mann ist jemand, der nicht ungern arbeitet, er arbeitet sogar gerne, sogar jetzt. Aber er kann nichts machen, nicht einmal zuhause. Er kann sich nicht bücken, nicht sitzen, nicht schlafen. Er schreit manchmal vor Schmerz, dabei hat er bereits die stärksten Schmerzmittel." Frau Eren führt die Behandlungsgeschichte ihres Mannes aus, der bereits bei mehreren Spezialist_innen war und dem weitere Untersuchungstermine bevorstehen.* (Beobachtungsprotokoll)

In der Eingangssequenz dieses Erstgesprächs zeigen sich deutlich zwei unterschiedliche Perspektiven auf das zur Diskussion stehende Problem. Frau Favre möchte ihren Auftrag erfüllen, der darin besteht, zu beurteilen, ob eine IV-Anmeldung angezeigt ist oder nicht. Dafür braucht sie offenbar messbare Indikatoren in Form von Zahlen. Ihr Zugang zu Gesundheit, der von der Institution der Arbeitsintegration geprägt ist, konzipiert diese als berechenbar und zu administrierend. Das erinnert an Definitionen betriebswirtschaftlicher bzw. managerialer Prozesse, wie sie in Unternehmen häufig in Form von Flussdiagrammen zirkulieren. Diese funktionieren nach dem Muster: Wenn x eintrifft, dann folgt y; wenn x nicht eintrifft, folgt z. So hat Frau Favre das „Dossier", das heisst den „Fall Herrn Eren" erhalten, weil dieser längere Zeit arbeitsunfähig war. Eine Arbeitsunfähigkeit eines Erwerbslosen, der Leistungen der Arbeitslosenversicherung bezieht, führt demnach ab einer bestimmten Dauer quasi-automatisch zu einer Überweisung ans ZBE.

Doch während die Sozialarbeiterin insbesondere auf Zahlen abstellt, nämlich auf Kalenderdaten und auf Prozente zur Beschreibung der Arbeits(un)fähigkeit des Klienten, bringt Frau Eren eine andere Logik ins Spiel, eine Logik der Erfahrung. Sie unterbricht die Sozialarbeiterin, um ihre Sichtweise auf die Erkrankung ihres Mannes zu schildern. Diese ist geprägt von den starken Schmerzen ihres Mannes, von seinen körperlichen Einschränkungen und von der medizinischen Bearbeitung seiner Erkrankung. Ihre Perspektive kann sich allerdings im weiteren Gesprächsverlauf kaum durchsetzen. Zwar geht die Beraterin darauf ein, sie kommt aber immer wieder auf das Thema der aktuellen Arbeits- und Leistungsfähigkeit und die Frage nach einer IV-Anmeldung zurück. Oder mit anderen Worten: Das „Unentzifferbare der Körpererfahrung" trifft hier nicht nur auf die „gebieterisch ordnende Sprache der Wissenschaft" (Herzlich/Pierret 1991, 9) – gemeint ist bei Herzlich und Pierret die Medizin –, sondern vor allem auf die Verwaltungslogik dieser Arbeitsintegrationsagentur, die der „Sozialverwaltung" (von Harrach/Loer/Schmidtke 2000) zugerechnet werden kann.

Eine fast identische Konstellation zeigt sich im Erstgespräch zwischen dem Klienten Herrn Celik und seiner Beraterin Frau Becker: Auch hier wird deutlich, dass Frau Becker als Vertreterin einer Arbeitsintegrationsagentur eine differente Perspektive auf die Gesundheit und die Arbeits(un)fähigkeit des Klienten hat als Herr Celik, der selbst betroffen ist. Frau Becker ist Sozialarbeiterin und arbeitet im ZBE als sogenannte Assessorin, das heisst sie ist primär für Sozialhilfe-Klient_innen zuständig. Herr Celik ist Klient bei der Sozialhilfe. Er hat bereits das halbtägige sogenannte Kurzassessment durchlaufen (siehe dazu Kapitel 4). Kurze Zeit danach findet im ZBE das sogenannte Erstgespräch statt. Frau Becker hat Zugriff auf die Fallakte der Sozialhilfe und weitere Unterlagen zum Klienten, anhand deren sie sich auf das Gespräch vorbereitete.

> *Herr Celik eröffnet die Sitzung, indem er sagt, sein Problem sei, dass seine Ärztin bis zum 15. August in den Ferien sei. Offensichtlich hätte er ein Arztzeugnis mitbringen sollen, das er aber aus diesem Grund nicht dabei hat. Frau Becker hat vor sich ausgedruckte Auszüge aus der Fallakte der Sozialhilfe liegen. Sie liest vor, dass ein Antrag auf eine Rente der Invalidenversicherung abgelehnt*

worden sei und dass Herr Celik zu 80% arbeitsfähig sei für eine leichte Arbeit. Herr Celik sagt, er könne eine Stunde arbeiten, dann müsse er eine halbe Stunde Pause machen. Frau Becker lacht und meint, nein, das sei nicht das, was mit leichter Arbeit gemeint sei. Herr Celik erzählt, er sei wegen seiner Knieprobleme im Krankenhaus bei acht verschiedenen Ärzten gewesen, diese hätten ihm gesagt, er hätte Glück gehabt, das nächste Mal sei er im Rollstuhl. […] Frau Becker liest weiter in der Fallakte der Sozialhilfe und fasst zusammen: Das mit der Invalidenversicherung sei eine lange Geschichte, die laufe seit 2002. Im 2004 kam der ablehnende Bescheid der Invalidenversicherung. Im 2005 sei eine Beschwerde vom Sozialversicherungsgericht abgelehnt worden. Invaliditätsgrad: 21%. Herr Celik sagt, die Dokumente würden etwas anderes sagen, als das, was er könne. Er habe Schmerzen. (Beobachtungsprotokoll)

Der gleich zu Beginn des Gesprächs angebrachte Hinweis auf das fehlende Arztzeugnis durch den Klienten weist darauf hin, dass sich dieser – zumindest teilweise – arbeitsunfähig einschätzt. Der Hinweis zeigt auch, dass sich Herr Celik bewusst ist, dass seine Selbsteinschätzung in diesem institutionellen Kontext nicht ausreicht – vielmehr muss er sie durch eine medizinische Einschätzung bestätigen lassen. Frau Becker geht darauf nicht ein, sondern zitiert zunächst Ausschnitte aus der Fallakte der Sozialhilfe. Was sie vorliest, dürfte Herrn Celik allerdings bereits bekannt sein: die Ablehnung seines Rentenantrags bei der Invalidenversicherung und deren Feststellung, er sei zu einem grossen Ausmass arbeitsfähig. Durch diesen Akt des Vorlesens werden für den Klienten keine neuen Informationen verfügbar.[57] Vielmehr demonstriert Frau Becker dadurch, dass sie über Informationen der Sozialhilfe und – indirekt – der Invalidenversicherung verfügt, wodurch sie sich gegenüber dem Klienten positioniert: Etwas vereinfacht gesagt, gibt sie ihm zu verstehen, dass nicht nur seine Perspektive, sondern vor allem auch jene der erwähnten Institutionen relevant und anschlussfähig sind für sie. Ausserdem zeigt sie, dass ein Austausch von (materialisierten) Informationen zwischen den Institutionen besteht. Diese Transparenz verunmöglicht es dem Klienten, ihr gewisse Informationen zu verschweigen oder diese

57 Allerdings werden neue Informationen für die Forscherin verfügbar, die als teilnehmende Beobachterin an diesem Gespräch teilnimmt. Es ist möglich, dass Frau Becker vor allem für die Ohren der Forscherin aus der Fallakte vorliest.

anders darzustellen. Der Akt des Vorlesens und damit des Anknüpfens an Herrn Celiks institutionelle Vorgeschichte dient ferner der Objektivierung der Arbeits(un)fähigkeit des Klienten. So wird ihm verdeutlicht, dass er hier ein ‚Fall' mit einer spezifischen Geschichte ist, der mit bestimmten administrativen Tätigkeiten wie beispielsweise dem Verfassen, dem Übermitteln und dem Rezipieren einer Akte verknüpft ist. Mit Berg (2008, 68) lässt sich diesbezüglich auch von der „Kanalisierung" eines Falls sprechen: Dieser wird bereits unter dem Gesichtspunkt der Lesarten und Relevanzsetzungen anderer Institutionen und Fachpersonen rezipiert.

Der Klient muss die Handlung der Assessorin ebenfalls als Versuch verstehen, eine ganz spezifische Perspektive auf seinen ‚Fall' zu untermauern, denn er setzt ihren (zitierten) Bemerkungen seine eigene Perspektive entgegen. Ohne direkt auf das einzugehen, was Frau Becker vorgelesen hat, macht er eine Aussage darüber, wie lange er arbeiten könne und wie lange er pausieren müsse. Frau Becker quittiert diese Bemerkung lachend mit einem „Nein", was den Anschein erweckt, sie nehme die Aussage nicht recht ernst oder fände sie unpassend. Tatsächlich korrigiert sie die Aussage Herrn Celiks, die im Grunde nicht ‚falsch' sein kann, weil sie seine Optik widergibt, indem sie sie auf eine Information bezieht, die sie zuvor vorgelesen hat: auf sogenannte „leichte Arbeit". Sie interpretiert die Aussage Herrn Celiks als eine Definition „leichter Arbeit", die für sie nicht korrekt ist. Allerdings erläutert sie nicht, was für sie die korrekte Definition ist. Im Folgenden nimmt Herr Celik nicht direkt Bezug auf das, was Frau Becker sagt, wenn er nun seine gesundheitliche Situation konkretisiert. Indirekt kann aber ein Bezug hergestellt werden: Indem Herr Celik auf ärztliche Expertenmeinungen verweist, seiner Schilderung durch den Hinweis auf den drohenden Rollstuhl eine gewisse Dramatik verleiht und eine hohe Zahl von Ärzt_innen nennt, scheint er den Ernst bzw. das Ausmass seiner gesundheitlichen Einschränkung unterstreichen zu wollen. Im Folgenden wiederholt sich dieses Muster: Frau Becker fasst die Geschichte der institutionellen Behandlung Herrn Celiks zusammen und gibt die Einschätzung der Invalidenversicherung wieder. Herr Celik setzt dieser Darstellung seine eigene entgegen, indem er auf seine Schmerzen verweist und feststellt, dass die Dokumente seine Situation seiner Meinung nach nicht adäquat abbildeten.

Mir geht es bei der Analyse nun weniger darum, wie der Klient und die Beraterin hier aneinander vorbei reden, als vielmehr darum, welche Argumentationen sie jeweils verwenden. In diesem Zusammenhang fällt auf, dass sowohl der Klient als auch die Assessorin Zahlen beiziehen, um ihre jeweilige Position zu untermauern. Diese Praxis der Quantifizierung ist im untersuchten Feld sehr gebräuchlich. Ferner leisten beide etwas, was sich als Objektivierungsarbeit beziehungsweise Visibilisierungsarbeit bezeichnen lässt: Beide arbeiten daran, die Arbeits(un)fähigkeit des Klienten sichtbar zu machen und zu objektivieren – unter Rekurs auf Einschätzungen der Invalidenversicherung respektive von Ärzt_innen. Der legalistisch geprägte Zugang der Arbeitsintegrationsagenturen zur Gesundheit ihrer Klient_innen, wie ich ihn oben rekonstruierte, verlangt nach einer „klaren“, das heisst eindeutig bestimmbaren Situation, denn es gilt, Ansprüche und Zuständigkeiten festzulegen. Die „Klärung“ des Gesundheitszustands zieht demnach Objektivierungsversuche nach sich, die massgeblich auf medizinische Einschätzungen rekurrieren. Auf diese medizinischen Einschätzungen komme ich im folgenden Kapitel zu sprechen.

Mit der Arbeit des „Abklärens“ ist die Bestrebung verbunden, Faktizität und Objektivität herzustellen – in Belangen, die vielfach gar nicht eindeutig sind. Gerade unklare gesundheitliche Situationen verlangen also nach einer Bestimmung, nach ihrer Objektivierung: Diese Strategie ist häufig mit dem Bestreben verbunden, Fakten zu (be-)schaffen, denn Fakten bieten dem Personal eine Grundlage für die weitere Fallbearbeitung. So kann das exzessive „Abklären“, das sich in den unterschiedlichen Assessments äussert, als Versuch interpretiert werden, durch eine Anhäufung von Daten Faktizität zu produzieren, an der sich die weitere Fallbearbeitung ausrichten kann.[58]

Der zugleich auf das Administrieren und das Quantifizieren abzielende Zugriff auf Gesundheit respektive auf Arbeits(un)fähigkeit findet sich durchgängig im untersuchten Feld. Als „Rhetorik der Vertrauensbildung durch Quantifizierung, Verdatung und Objektivierung “ (Mehrtens 1999, 50) scheint dieser Zugriff dem Versuch zu dienen, etwas Nicht-Standardisierbares zu objektivieren – und damit zu standardisieren. Es geht um eine (vermeintliche) Sicherheit, die sich gemäss Kaufmann (2003) auch als „Leitbild beherrschbarer Komplexität“ bezeichnen lässt. Im folgenden Kapitel gehe ich näher auf

58 Dass diese Datenberge nicht für sich sprechen, sondern einer Interpretation bedürfen, scheint dabei von den Daten erhebenden Institutionen und Fachkräften mitunter übersehen zu werden. Denn manchmal macht es den Anschein, als sei die Abklärung nicht Mittel sondern Zweck. Denn in der konkreten Fallbearbeitung zeigt sich, dass nur ein kleiner Teil der Informationen über die Klient_innen Verwendung findet (vgl. Nadai/Koch 2011; Nadai/Canonica/Koch 2015). Die Generierung von Daten wird dann gleichsam zur Ersatzhandlung für die (hermeneutische) Situationsdeutung.

das Verhältnis zur Medizin ein: Welche Funktion erhält diese, wenn es um die Klärung von Arbeits(un)fähigkeit geht?

6.2 „Wir brauchen Mediziner" – Medikalisierung von Arbeits(un)fähigkeit

Arbeits(un)fähigkeit muss – so lässt sich die rekonstruierte praktische Logik zusammenfassen – möglichst eindeutig bestimmt werden, damit das Personal auf dieser Basis seine Arbeit der beruflichen Eingliederung der Klient_innen ausüben kann. Wie geht das Personal bei der Objektivierung von Arbeits(un)fähigkeit vor? Auf die Frage, wo die Schwierigkeiten beim im Interview besprochenen Fall liegen, antwortet eine Case Managerin aus dem Modell Matrix: „Das Problem bei vielen Klienten ist eigentlich der medizinische Teil." Die gesundheitlichen Aspekte eines Falls werden als „medizinischer Teil" manchmal von anderen Teilen des Falls unterschieden und zwar zum Zweck, dass dafür eine andere Profession bzw. ein anderes System zuständig gemacht wird. Die Rede vom „medizinischen Teil" deutet an, dass die Zuständigkeit für diesen „Gesundheitsteil" bereits definiert ist: Dafür sind Mediziner_innen verantwortlich.[59] Das wird im folgenden Ausschnitt aus dem Interview mit Herrn Wieser, dem Case Manager von Herrn Yilmaz (siehe dazu auch Kapitel 5.3), deutlich.

> *„Am Anfang haben wir gesagt, schön wäre, wenn wir zum medizinischen Teil noch etwas mehr wüssten. Ein Facharzt ist noch dabei gewesen […] und der ist am Anfang bereit gewesen, mitzumachen. Für telefonische Auskünfte ist er zur Verfügung gestanden und ich habe vorgängig mal angerufen, um zu fragen, wie das ist aus seiner, aus medizinischer Sicht aussieht und der Facharzt hat klar gesagt, als Gipser darf Herr Yilmaz nicht mehr arbeiten, keine schwere Arbeit, aber sonst aus seiner Sicht wäre, ist er eigentlich 100% arbeitsfähig. Die Operation sei eigentlich gut verlaufen, er wäre eigentlich arbeitsfähig aus medizinischer Sicht, einfach nicht für schwere Arbeit."* (Interview mit einem Mitarbeiter eines RAV)

Der „medizinische Teil" erscheint gleichsam als Blackbox; er bedarf weiterer Informationen, die Blackbox soll mit Wissen gefüllt werden. Die

59 Atkinson (1995, 21 ff.) kritisiert die binäre Opposition zwischen medizinischen Expert_innen und Laien, die von der Medizinsoziologie reifiziert werde, ohne ihre Herstellung genügend zu rekonstruieren und zu analysieren. Ich bemühe mich hier, diese Unterscheidung bzw. Gegenüberstellung nicht einfach zu setzen, sondern sie als im Feld gebräuchliche herzuleiten.

Kompetenz für diesen „medizinischen Teil“ wird in den Bereich der behandelnden Ärzt_innen (in diesem Fall eines Facharztes) ‚ausgelagert‘ – denn sie sind es, die in den Augen der Arbeitsintegrationsspezialisten Auskünfte geben können. Zugleich wird klar, dass der „medizinische“ Aspekt des Falls die Arbeit des Case Managers stark tangiert, denn für ihn ist zentral zu wissen, ob der Klient (noch) arbeitsfähig ist und wenn ja, in welchem Mass und für welche Tätigkeiten. Mediziner_innen werden primär um ganz bestimmte Einschätzungen „aus medizinischer Sicht“ gebeten, nämlich zur Arbeits- und Leistungs(un)fähigkeit der Klient_innen. Von ‚der‘ Medizin wird dabei verlangt oder erwartet, dass sie diese Arbeits- und Leistungsfähigkeit exakt einschätzen kann, das heisst, dass sie klare – und das sind in der Regel quantifizierte – Aussagen zum Ausmass von Arbeits- und Leistungsfähigkeit machen kann. Damit wird Gesundheit in der Regel als Arbeits- und Leistungsfähigkeit operationalisiert und in den Zuständigkeitsbereich der Medizin verlagert. Diese Auffassung kann auch als funktionalistisch bezeichnet werden, denn die Aussagen über Gesundheit beziehen sich meist auf körperliche – und seltener auch auf psychische – Funktionen (vgl. Homfeldt/Sting 2006, 568; Schröer 2005).[60]

Wie kommt das Personal zu den Einschätzungen der Mediziner_innen? Auf die Frage, wie Arbeitsunfähigkeit in den Regionalen Arbeitsvermittlungszentren (RAV) der Arbeitslosenversicherung belegt werden müsse, antwortet ein Vertreter eines RAV:

> *„Das geht über Zeugnisse vom Hausarzt. Man kann auch mal eine amtsärztliche Untersuchung ... oder vertrauensärztliche Untersuchung besser gesagt, einleiten, auch durch die Sozialhilfe. Aber das ist ... eher die Ausnahme natürlich. ... Und dann sonst verlässt man sich auch auf die Arztzeugnisse, die man hat, von den jeweiligen Ärzten. Das ist ein standardisiertes Zeugnis, das man auch abgibt, das dann zurückkommt, wo es dann heisst, ja, nur noch leichte Arbeit, linker Arm nur noch zehn Kilo belasten.“*
> (Interview mit einem Mitarbeiter eines RAV)

Für die Beurteilungen von Arbeits(un)fähigkeit werden „standardisierte“ Arztzeugnisse verwendet. Denn diese Einschätzungen von Medizi-

60 Homfeldt und Sting (2006, 568) grenzen diese „Funktionsaussage“ von einer „Wertaussage“ (Gesundheit als Wohlbefinden, wie sie die WHO definiert) und von einer „Abgrenzungsaussage“ (Gesundheit als fehlende Krankheit) ab. Gesundheit wird hier also als volle Leistungsfähigkeit verstanden.

ner_innen sind für die Bestimmung dessen, was im untersuchten Feld als „gesundheitlich eingeschränkter Fall" gilt, und ergo für das Ermitteln von Ansprüchen, zentral. Das Wissen über die Gesundheit der betreffenden Klient_innen wird an eine Instanz delegiert, die scheinbar exakte Einschätzungen liefern kann, nämlich dass diese oder jene Extremität noch zu soundso vielen Prozenten belastbar oder einsatzfähig sei. Damit gaukelt die Diagnose Exaktheit und Eindeutigkeit vor.[61]

Anhand eines Ausschnitts aus dem Beobachtungsprotokoll eines Erstgesprächs, aus dem ich bereits oben zitierte, kann der Stellenwert von medizinischen Einschätzungen für die Abklärungen im Zentrum Berufliche Eingliederung exemplarisch vor Augen geführt werden. Nachdem der Klient, Herr Celik, seinen Arbeitswillen zum Ausdruck bringt und eine Reihe körperlicher Leiden, die seine Arbeitsfähigkeit einschränken, aufzählt, entscheidet sich Frau Becker, Assessorin des ZBE, der Ärztin des Klienten einen Brief mit Fragen zu schreiben, die diese – in Form eines sogenannten detaillierten Arztzeugnisses – beantworten soll.

> *Frau Becker schreibt auf ein Papier und spricht dabei laut mit, was sie aufschreibt: „Das Ziel ist: Leichte Arbeit als Betriebsmitarbeiter." Maler gehe nicht mehr. Was möglich sei und was nicht, das müsse die Ärztin in einem detaillierten Zeugnis festhalten. „Wenn Sie einverstanden sind, schreibe ich Ihrer Ärztin einen Brief, den Sie ihr dann bringen, wenn Sie sie das nächste Mal sehen." Das müsse detailliert sein, sie stelle im Brief zum Beispiel die Frage: Welche Arbeit kann er machen? […] Nachdem Frau Becker am Computer den Brief an Herrn Celiks Ärztin formuliert hat, liest sie die Fragen laut vor: „Was genau kann Herr Celik körperlich leisten? Wie viele Pausen braucht er? In welchen Jobs sehen Sie ihn? Wie viele Prozente kann er arbeiten? Ist eine neue IV-Anmeldung klar indiziert?" Sie druckt den Brief aus und geht ihn mit Herrn Celik durch. Dann steckt sie ihn in ein Kuvert und sagt Herrn Celik nochmals, er solle ihn beim nächsten Termin seiner Ärztin geben.* (Beobachtungsprotokoll)

61 Ärzt_innen selbst ist teilweise aber durchaus bewusst, dass sie die gewünschte Exaktheit nicht liefern können durch ihre Diagnosen. Die in unserer Forschung befragten Ärzt_innen eines Regionalärztlichen Dienstes, der mit der Invalidenversicherung zusammenarbeitet, waren der Ansicht, dass Arbeits(un)fähigkeit nicht eindeutig bestimmt werden und auch nicht im Sinne von Zahlen oder Prozenten gemessen werden könne (vgl. dazu auch Meershoek 2012).

Arbeits(un)fähigkeit erscheint demnach primär als praktisches Problem, das im Verantwortungsbereich der Medizin verortet wird und das quantifizierbar ist: Sie wird in der Regel von Mediziner_innen mit einem Datum versehen, das ihren Beginn und – wichtiger für die untersuchten Institutionen – ihr Ende markiert und ist also zumeist zeitlich begrenzt. Ferner soll sie von Mediziner_innen differenziert werden, denn Arbeitsfähigkeit kann umfassend (hundertprozentige Arbeitsunfähigkeit in allen beruflichen Tätigkeiten) oder in folgender Weise partiell bescheinigt werden: Arbeitsunfähigkeit kann in beschränktem Mass festgestellt (50 Prozent arbeitsfähig) und sie kann auf gewisse Tätigkeiten eingeschränkt werden (z.B. auf die Tätigkeit als Maurer_in, auf körperliche Tätigkeiten, welche die Schultern belasten etc.). Ferner kann in einem sogenannten „detaillierten" Arztzeugnis dargelegt werden, welche Körperteile (z.B. Hand, Schulter, Knie etc.) betroffen und in ihrer Funktionalität eingeschränkt sind. Beispielsweise kann dort festgehalten werden, dass der Arm nur in einem gewissen Winkel gehoben werden sollte. Auch lässt ein solches Zeugnis Aussagen darüber zu, wie viele Stunden der Patient oder die Patientin pro Tag im Stehen bzw. im Sitzen arbeiten sollte.

Diese Fokussierung auf den Körper der Klient_innen und seine Funktionsfähigkeit entspricht einer Somatisierung von Arbeits(un)fähigkeit, denn geistige, psychische und soziale Aspekte von Arbeits(un)fähigkeit geraten im Gegensatz zur Funktionsfähigkeit einzelner Körperteile weniger stark in den Blick der Arbeitsintegrationsagenturen und lassen sich in einem detaillierten Arztzeugnis weniger gut quantifizieren. „Psychische Probleme" stellen das Personal daher bei seiner Vermittlungsarbeit auch vor grössere Herausforderungen als körperliche Einschränkungen:

> *„Man muss es unterteilen, es gibt Personen mit psychischen Problemen, die eigentlich beim RAV Anspruch haben, aber von der Arbeitsfähigkeit ist es ein bisschen so eine Sache, wie weit sind diese Personen überhaupt arbeitsfähig. Dann gibt es andere Personen, die körperlich krank sind, wo man abschätzen muss, was können sie wirklich noch, leichte wechselnd belastende Tätigkeiten ausüben, und wenn ich das weiss, das können sie, das können sie, dann kann ich besser etwas suchen, das ist fast einfacher."* (Interview mit einer Mitarbeiterin eines RAV)

Diese RAV-Case Managerin, die in Matrix involviert ist, unterscheidet zwischen psychischen und körperlichen Problemen. Während sie bezüglich der Arbeitsfähigkeit psychisch beeinträchtigter Menschen Zweifel hegt, fällt es ihr leichter, „körperlich kranke“ Menschen zu vermitteln. Solange sie deren körperliche Beeinträchtigungen dechiffrieren kann, solange sie „weiss“, was diese Personen körperlich leisten können und was nicht, ist es ihr möglich, ihrer Aufgabe der Stellenvermittlung nachzukommen.

Die ärztlichen Zeugnisse sind sowohl für das Personal als auch für die Klient_innen zentral. Schwarz auf weiss ist festgehalten, wie lange und in welchem Umfang die Klient_innen arbeits(un)fähig sind. Ein Arztzeugnis vermittelt den Eindruck von Eindeutigkeit bzw. von Sicherheit, um die es beim Schritt des „Abklärens“ häufig geht (vgl. Nadai/Canonica/Koch 2015). Insbesondere die detaillierten Arztzeugnisse, die zum Teil in Auftrag gegeben werden, scheinen die Funktion der Objektivierung zu haben. Sie vermitteln offenbar den Anschein „beherrschbarer Komplexität“ (Kaufmann 2003), stellen sie doch eine Komplexitätsreduktion dar, die die Arbeit der Fachkräfte erleichtert, indem auf dieser Basis gewisse berufliche Optionen ausgeschlossen werden können. Zugleich verkomplizieren solche ärztlichen Einschätzungen die Arbeitsintegration, da es kaum Stellen gibt, welche den festgehaltenen Anforderungen entsprechen, wie auch das Personal konstatiert. Für das Personal scheinen Arztzeugnisse dennoch einen zentralen Ausgangspunkt der eigenen Arbeit darzustellen: Erst wenn „Klarheit“ bezüglich der gesundheitlichen Situation der Klientin und ihrer Arbeitsfähigkeit besteht, könne der „Prozess“ der beruflichen Integration geplant und eingeleitet werden – so ist im untersuchten Feld oft zu hören.

Für die Klienten_innen können ärztliche Zeugnisse durch die ihnen eingeschriebene ‚objektivierte‘ Diagnose die Funktion einer Legitimierung ihrer Arbeitsunfähigkeit erhalten: Wenn eine Ärztin oder ein Arzt ein Leiden diagnostiziert hat, kann es nicht ‚eingebildet‘ sein. Relevant ist auch, dass die Sozialhilfe und die Arbeitslosenversicherung solche Arztzeugnisse einfordern, beispielsweise bei Absenzen in finanzierten Kursen oder in Beschäftigungsprogrammen. Bei „unentschuldigten Absenzen“ drohen Kürzungen der Leistungen. Für die Klient_innen sind diese Zeugnisse als „Objektivierung“ ihrer gesundheitlichen Probleme gerade auch dann zentral, wenn ihre Einschränkungen nicht oder kaum sichtbar sind (siehe dazu Kapitel 7). Die ärztliche Autorität beweist und legitimiert die Funktions- und Leistungseinschränkungen – wenn jedoch kein ärztliches Zeugnis vorliegt, bedeutet dies im Umkehrschluss, dass die Einschränkungen in Frage gestellt werden können. Dasselbe gilt auch für Entscheide der Invalidenversicherung, die Einfluss auf die Deutungen gesundheitlicher Einschränkungen in den untersuchten Arbeitsintegrationsagenturen hat.

Wie relevant medizinische Einschätzungen insbesondere für das Personal sind, lässt sich an einer Sequenz aus dem bereits zitierten Gespräch zwischen dem Ehepaar Eren und ihrer Sozialberaterin Frau Favre zeigen:

> *Frau Eren, die Ehefrau des Klienten, führt auf Nachfrage der Sozialarbeiterin Frau Favre aus, dass ihr Mann so eingeschränkt sei, dass er nicht einmal Hausarbeit machen oder ihr Kind betreuen könne. […] Später konstatiert sie: „Mein Mann kann nicht länger als eine Viertelstunde sitzen oder stehen." Frau Favre fragt: „Im Moment gibt es kein Zeugnis, dass Sie arbeitsunfähig sind. Sie sind zu 100% arbeitsfähig. Ist das richtig?" Frau Eren: „Ich weiss es gar nicht mal."* (Beobachtungsprotokoll)

Frau Eren nimmt ihren Mann selbst bei alltäglichen Verrichtungen als stark eingeschränkt wahr. Frau Favre kommt nach diesen Ausführungen nochmals auf die ärztliche Bescheinigung der Arbeitsfähigkeit zu sprechen, mit der sie das Gespräch ja auch einleitete (siehe Eingangssequenz dieses Gesprächs auf Seite 140). Herr Eren war in der Vergangenheit länger krankgeschrieben, hat aber aktuell keine medizinisch bescheinigte Arbeitsunfähigkeit. Was für Frau Favre eine hochrelevante Information ist, scheint für Frau Eren aber nicht zentral zu sein, denn ihr Mann ist in ihren Augen krank – ob mit oder ohne ärztliche Bescheinigung.

Dass ein gesundheitliches Problem erst durch seine Feststellung durch eine externe Instanz zu einer legitimen gesundheitlichen Einschränkung wird, mit der das Personal bei seiner Arbeit quasi ‚rechnen' kann, zeigt sich auch am folgenden Ausschnitt in Bezug auf die Invalidenversicherung. Es handelt sich um ein Gespräch zwischen dem ZBE-Berater Herr Berger und der Klientin Frau Kaiser.[62] Frau Kaiser ist als IIZ-MAMAC-Fall[63] vom Regionalen Arbeitsvermittlungszentrum (RAV) der Arbeitslosenversicherung dem Zentrum Berufliche Eingliederung (ZBE) überwiesen worden. Frau Kaiser hat trotz starken chronischen Schmerzen in der einen Schulter einen ablehnenden Bescheid der Invalidenversicherung erhalten, das heisst sie hat

62 Der Fall von Frau Kaiser wird auch in Nadai/Canonica/Koch 2015 und in Nadai/Koch 2011 besprochen.

63 IIZ-MAMAC steht für „Interinstitutionelle Zusammenarbeit mit Medizinisch-Arbeitsmarktlichen Assessments im Rahmen von Case Management" (siehe dazu auch Kapitel 2.3).

weder Anrecht auf berufliche Massnahmen noch auf eine Rente. Herr Berger und Frau Kaiser besprechen das weitere Vorgehen: Bezüglich Invalidenversicherung empfiehlt der ZBE-Berater Herr Berger der Klientin Frau Kaiser, juristisch abklären zu lassen, ob ein Rekurs gegen den IV-Entscheid sinnvoll wäre. Allerdings führt dies zu einer Unsicherheit auf Seiten Herrn Bergers: Solange auf den IV-Entscheid gewartet wird, kann er nichts Konkretes planen. Er nennt dies eine „Pattsituation“ und kommentiert: „Wir sind blockiert.“ Als im weiteren Fallverlauf klar wird, dass Frau Kaiser nicht rekurriert, weil der Entscheid laut einem juristischen Experten rechtskräftig sei, ist Herr Berger erleichtert und sagt zur Klientin: „Für Sie ist das nicht gut, aber für mich ist es nicht so schlecht, weil es jetzt klar ist und wir planen können.“

Geplant wird im weiteren Verlauf die berufliche Integration der Klientin. Kaisers Fall weist nun jedoch keine „Schnittstelle“ zur Invalidenversicherung mehr auf. Das stellt Herrn Berger vor neue Probleme:

> *Im Anschluss an das dritte Gespräch mit Frau Kaiser gibt Herr Berger gegenüber der Forscherin zu bedenken, dass IIZ-MAMAC ohne die Invalidenversicherung „nicht geht“. Die Invalidenversicherung müsse wegen der medizinischen Kriterien*[64] *dabei sein. Es heisse ja „medizinisch-arbeitsmarktliche Massnahmen“. Auf den Einwand der Forscherin, Frau Kaisers Probleme bestünden ja auch ohne diese Schnittstelle, äussert der Sozialberater: Das sei eben genau das Problem. Sie hätten immer mehr Leute mit gesundheitlichen Problemen, die von der Invalidenversicherung abgelehnt werden. Die Frage sei, was man mit diesen mache.* (Beobachtungsprotokoll)

Paradoxerweise werden gesundheitliche Einschränkungen hier nicht als objektives, effektiv gegebenes Problem der Klientin behandelt, sondern scheinen nur im Zusammenhang mit der Beurteilungspraxis der Invalidenversicherung relevant: Lehnt die Invalidenversicherung ab oder stellt kein_e Mediziner_in ein Arztzeugnis aus, ist ein medizinisches Problem eines ohne Legitimation bzw. Objektivierung, also eigentlich kein (medizinisches) Problem mehr für die untersuchten Arbeitsintegrationsagenturen. Vielmehr

64 Siehe dazu die MAMAC-Triagekriterien, die in Kapitel 2.3.2 erläutert werden. Die sogenannten Triage-Kriterien erwähnen zwar eine „komplexe Mehrfachproblematik“, die bei einem (künftigen) IIZ-MAMAC-Fall vorhanden sein müsse und die oft als ‚gesundheitliche Probleme‘ ‚übersetzt‘ wird, allerdings ist eine Gesundheitsproblematik kein MUSS-Kriterium. Die Projektanlage von IIZ-MAMAC ist derart verworren, dass selbst der IIZ-MAMAC-Spezialist irregeleitet wird.

handelt es sich nun um ein Problem von Zuständigkeiten: Denn für von der Invalidenversicherung „abgelehnte Leute" ist kein Zweig im System der sozialen Sicherung mehr ‚zuständig'; es bleibt nur noch die Sozialhilfe als ‚Auffangnetz' (vgl. Nadai/Koch 2011).

Zusammenfassend lässt sich vorerst sagen: Es können insbesondere zwei Strategien ausgemacht werden, wie die „Klärung" des Gesundheitszustands der Klient_innen durch das Personal vonstatten geht. Bei beiden spielt ärztliche Autorität eine wesentliche Rolle. Erstens stützen sich die Assessor_innen, Coachs, Case Manager_innen und weitere Fachkräfte auf medizinische Expertise in Form von Arztzeugnissen und ärztlichen Meinungen, zweitens auf möglicherweise bereits vorgenommene Einschätzungen der Invalidenversicherung. Bei beiden Strategien steht der Wunsch im Vordergrund, Gesundheit quantifizieren und die Arbeitsfähigkeit der Klient_innen eindeutig bemessen zu können.

Insofern Arbeits(un)fähigkeit primär im Deutungsrahmen der Medizin behandelt wird, kann von einer Medikalisierung dieses Phänomens gesprochen werden (vgl. Illich 1995; Schram 2000; Holmqvist 2009; Pulkingham/Fuller 2012). Die Ausdeutung der gesundheitlichen Phänomene und ihrer Konsequenzen wird an die Medizin delegiert, die als allein dafür verantwortliche Profession betrachtet wird. Die sozialen Umstände von Arbeits(un)fähigkeit – wie die körperlichen, geistigen und psychischen Belastungen bestimmter Berufe und Branchen, familiäre und finanzielle Umstände, gesundheitliche und soziale Ungleichheit und anderes mehr – werden dagegen selten zum Thema.

Diese Medikalisierung des untersuchten Phänomens erinnert an das, was die "disability studies" das „medizinische" oder „individuelle" Modell von „Behinderung" nennen und dem sie das „soziale" und/oder das „kulturelle" Modell von „Behinderung" entgegensetzen.

> *„Dieses individuelle (präziser wäre wohl: individualistische) Modell, das sich in medizinischen und psychiatrischen genauso wie in pädagogischen, psychologischen und soziologischen Diskursen findet und das auch lebensweltlich die vorherrschende Perspektive ist, setzt Behinderung mit der körperlichen Schädigung oder funktionalen Beeinträchtigung gleich und deutet sie als schicksalhaftes, persönliches Unglück, das individuell zu bewältigen ist. Als geeigneter Lösungsansatz gilt die medizinisch-therapeutische Behandlung."* (Waldschmidt 2005, 16 f.)

Diesem einseitig auf angeblich individuelle „Schädigungen" fokussierenden Zugang zu Behinderung wurde mit dem "social model of disability" ein Verständnis von „Behinderung" – als disability – entgegengesetzt, das diese „als Ergebnis gesellschaftlich bedingter Einschränkungen [versteht], die den körperlichen oder geistigen Schädigungen (impairment) einzelner Personen wenig Rechnung tragen" (Germann et al. 2006, 18). Mittlerweile wird das „soziale" Modell selbst ebenfalls kritisiert: Aus kulturwissenschaftlicher Perspektive berücksichtigt es die gesellschaftlichen Bedeutungszuschreibungen zu wenig, mit denen Körper und verkörperte Differenz verknüpft seien. Das „kulturelle Modell" (Waldschmidt 2005) von Behinderung spürt deshalb den „Problematisierungen" von (körperlicher) Differenz nach, also den (diskursiven) Normen und Kontexten und den sozialen Praktiken, durch die eine Differenz zu einer „Behinderung" oder „Schädigung" wird (vgl. Germann et al. 2006, 19; Waldschmidt 2005).

> *„Aus kulturwissenschaftlicher Sicht genügt es nicht, Behinderung als individuelles Schicksal oder diskriminierte Randgruppenposition zu kennzeichnen. Vielmehr geht es um ein vertieftes Verständnis der Kategorisierungsprozesse selbst, um die Dekonstruktion der ausgrenzenden Systematik und der mit ihr verbundenen Realität. Nicht nur Behinderung, sondern auch ihr Gegenteil, die gemeinhin nicht hinterfragte ‚Normalität' soll in den Blickpunkt der Analyse rücken. Denn behinderte und nicht behinderte Menschen sind keine binären, strikt getrennten Gruppierungen, sondern einander bedingende, interaktiv hergestellte und strukturell verankerte Komplementaritäten."* (Waldschmidt 2005, 25)

Diese Überlegungen sind auch für die vorliegende Untersuchung instruktiv, lässt sich doch damit nach den Bedeutungszuschreibungen, den Stigmatisierungsprozessen und den konkreten sozialen Praktiken fragen, die sich um das Phänomen „Arbeits(un)fähigkeit" gruppieren und es damit erst zu einer bedeutsamen Differenz machen. In Bezug auf die bisher herausgearbeiteten Praktiken der Objektivierung, Quantifizierung, Somatisierung und Medikalisierung lässt sich schlussfolgern, dass mit diesem Zugriff auf Gesundheit und auf Arbeits(un)fähigkeit ein spezifisches Wissen über Körper produziert wird, das diese als ‚berechenbar' erscheinen lässt. Ferner findet sich die oben angesprochene Individualisierung wieder, indem Arbeits(un)fähigkeit einzelnen Individuen und einzelnen Körpern zugeschrieben wird.

Was dabei in den Hintergrund rückt, sind die sozialen und kulturellen Prozesse und Praktiken, die zu Arbeits(un)fähigkeit führen. Weil diese im untersuchten institutionellen Setting nicht berücksichtigt werden (können), gilt auch für Arbeits(un)fähigkeit die medizinisch-therapeutische Behandlung „als geeigneter Lösungsansatz" (Waldschmidt 2005, 17). Doch zeigt sich im untersuchten Feld neben der Strategie, sich auf medizinische Einschätzungen zu verlassen, auch eine vermeintlich gegensätzliche Strategie, nämlich die Infragestellung der ärztlichen ‚Objektivität'. Diesem Misstrauen gegenüber Ärzt_innen widmet sich das nächste Kapitel.

6.3 „Ärzte sind halt nicht immer vertrauenswürdig" – Aktivierung von Hausärzt_innen[65]

Wie unter anderen Meershoek und Kolleg_innen am Beispiel von Holland konstatieren, sind Hausärzt_innen, aber auch Ärzt_innen, die als "gate keeper" beim Zugang zu Leistungen der Sozialversicherungen fungieren, im öffentlich-gesellschaftlichen Diskurs dem Verdacht ausgesetzt, nicht genug ‚objektiv' zu urteilen, sondern ihre medizinischen Einschätzungen oftmals zugunsten der Patient_innen oder Klient_innen zu verfassen:

> *"The dramatic increase in the number of people entitled to sick leave arrangements or disability benefits not only generates financial and social problems, but at the same time this increase is seen as a signal that these regulations are out of public and political control. It is assumed that the system became accessible to people other than those who are 'really' sick or disabled. Doctors, who function as gate keepers of the schemes, are accused of failing to uphold their function […]. They are assumed to be too liberal in sick listing and too often give patients the benefit of the doubt. In other words the trust in doctors' judgments has come under attack."* (Meershoek/Krumeich/Vos 2007, 498)

65 An dieser Stelle sei auf einen Bericht der OECD (2010) verwiesen, der ein Kapitel mit einem ähnlich lautenden Titel beinhaltet („Activating Employers and Medical Professionals", S. 125), das auch inhaltlich Parallelen zu den hier rekonstruierten Praktiken aufweist. – Zu einem ähnlich gelagerten Diskurs wie dem in diesem Kapitel rekonstruierten siehe aus juristischer und medizinischer Perspektive für die Schweiz auch Murer 2006; Zeller 2007a und 2007b; kritisch dazu: Kissling 2007; Kuhn 2007: Pärli/Hug 2012.

Arztzeugnisse werden nicht immer als objektiv betrachtet, denn sie stehen zum Teil unter dem Verdacht, „Gefälligkeitszeugnisse“ zu sein.[66] Dieser Diskurs scheint trotz der herausgearbeiteten Tendenz zur Objektivierung und Medikalisierung von Arbeits(un)fähigkeit auch im untersuchten Feld auf. Das Misstrauen gegenüber Ärzt_innen klingt zum Beispiel im folgenden Eintrag in der Fallakte Herrn Kayas, eines Sozialhilfeklienten, an (siehe dazu auch Kapitel 5.2):

> *„Von der neu aufgesuchten Psychiaterin erhalten wir ein Arztzeugnis für Hr. K. über die ganze Sommerferienzeit. Aufgrund des mit ihr geführten Telefongesprächs haben wir grosse Mühe damit.“ (Fallakte eines Sozialdienstes)*

Was genau der Mitarbeiterin der Sozialhilfe, die diesen Eintrag verfasste, „Mühe“ bereitet, kann nur vermutet werden. Im Kontext der gesamten Fallakte scheint sich dahinter eine gewisse Skepsis an der medizinischen Indikation der Krankschreibung des Klienten zu verbergen. Zumindest zweifelt sie, vielleicht aufgrund mündlicher Aussagen der Therapeutin am Telefon, an, dass die Krankschreibung „über die ganze Sommerferienzeit“ medizinisch-fachlich begründet werden kann. Dass die Mitarbeiterin möglicherweise den Eindruck hat, die Medizinerin ermögliche dem Klienten durch ihre Krankschreibung, Ferien in der Türkei zu verbringen, zeigt ein weiterer Eintrag zwei Wochen zuvor:

> *„Hr. K. wird eine Einladung[67] des ZBE für ein Gruppenassessment erhalten. Wir informieren ihn darüber und machen ihn auf die Konsequenzen aufmerksam, falls er sich nicht einfindet. Denn die Familie will – trotz aller gesundheitlichen Probleme – in die Türkei in die Ferien fahren.“* (Fallakte eines Sozialdienstes)

---

66 Das Ärzt_innen Diagnosen zum Teil durchaus strategisch erstellen, um ihren Patient_innen dadurch zu in ihren Augen berechtigten Renten zu verhelfen, zeigen Caduff/ Budowski (2012) anhand eines Fallbeispiels auf.

67 Bei diesem native term „Einladung“ handelt es sich um einen Euphemismus: Eine Einladung lässt sich (meist) ausschlagen und basiert auf einem reziproken Verhältnis, das zur Gegeneinladung führt (vgl. Mauss 1990). Hier jedoch haben wir es mit einer Aufforderung zu tun. Wer dieser „Einladung“ wiederholt nicht nachkommt, muss mit „Konsequenzen“ in Form von Kürzungen des Sozialhilfebudgets rechnen, die durchaus existenziell sind. Es handelt sich also um ein Angebot, das nicht ausgeschlagen werden kann: „An offer you can't refuse“ (Lødemel/Trickey 2001).

Die „gesundheitlichen Probleme“ stellen für die Sachbearbeiterin offenbar kein Hindernis für den Besuch des Gruppenassessments dar, stellen aber die Ferienpläne der Familie infrage. Die Gesundheit des Klienten respektive seiner Familie wird hier aber wahrscheinlich nur deshalb in einen Zusammenhang mit der geplanten Türkeireise gestellt, weil diese offenbar mit dem Termin des Gruppenassessments – also mit einem Element des Pflichtkatalogs des Klienten – kollidiert.

Wie auch immer: Die Möglichkeit, dass diese Reise der psychischen Gesundheit des Klienten zuträglich sein könnte, wird nicht in Betracht bezogen. Vielmehr wird der Verweis auf „alle gesundheitlichen Probleme“ zu einem Argument gegen die geplante Reise. Darin zeigt sich der strategische Wert gesundheitlicher Aspekte in Aushandlungsprozessen: Ihre grundsätzliche Deutungsoffenheit lassen zu, dass sie je nach Situation und Aushandlungsgegenstand nicht in Widerspruch zur Arbeitsfähigkeit des Klienten gesehen werden, aber durchaus gegen eine Ferienreise sprechen. Die angedrohten „Konsequenzen“ im Falle einer Abwesenheit beim Gruppenassessment umgeht der Klient (bewusst oder unbewusst) aus gesundheitlicher Notwendigkeit, indem er eine Psychiaterin aufsucht, was zur Folge hat, dass er während einiger Wochen krangeschrieben wird.

Zweifel gegenüber ärztlicher Objektivität äussert auch eine Sozialhilfe-Vertreterin, die im Standortkanton des ZBE arbeitet, zur Frage, wie mit Klient_innen mit gesundheitlichen Einschränkungen verfahren werde bei der Sozialhilfe:

> *„Diese Klienten müssen schon Arztzeugnisse bringen und wir können natürlich auch von den Ärzten detaillierte Arztzeugnisse verlangen. Und oftmals ist es so, dass die Ärzte Arztzeugnisse ausstellen, 100% arbeitsunfähig. Und wenn man dann nachfragt und ein detailliertes möchte, dann kommt vielleicht heraus, dass der vielleicht schon arbeitsfähig ist, aber vielleicht nicht lange sitzen kann oder nicht schwer heben kann oder solche Sachen und dann wird es dann interessant, weil wenn er dann 20% arbeitsfähig wäre, dann müsste man wirklich schauen, was subsidiär zu machen ist, kann man sie anmelden beim ZBE oder kann man was rausholen.“*
> (Interview mit einer Mitarbeiterin eines Sozialdienstes)

In diesem Zitat zeigen sich mehrere Dinge. Es wird nochmals der Wunsch deutlich – insgeheim hinsichtlich einer beruflichen Eingliederung –, präzise festlegen zu können, worin die gesundheitlichen Einschränkungen der Klient_innen genau bestehen. Es zeigt sich auch, dass schwierige Fälle gerne an andere Ämter delegiert werden. Wird nämlich ein_e Sozialhilfe-Klient_in für 20% arbeitsfähig erklärt, ist das Zentrum Berufliche Eingliederung für sie oder ihn zuständig, da dann die berufliche Eingliederung im Vordergrund steht. Ausserdem drückt auch diese Beraterin der Sozialhilfe ein gewisses Misstrauen am Wahrheitsgehalt ärztlicher Diagnosen aus: Sie konstatiert, dass Ärzt_innen ihren Klient_innen zunächst eine vollständige Arbeitsunfähigkeit bescheinigten, auf eine Nachfrage der Sozialhilfe hin ihre Einschätzung dann aber revidieren und eine Teilarbeitsfähigkeit der Klient_innen einräumen müssten.

Im Material sind nicht nur Problematisierungen der Rolle von Ärzt_innen zu finden, sondern auch Strategien zur Bearbeitung der geschilderten Problematik, wie der folgende Ausschnitt aus einem Interview mit einer Leiterin eines Sozialdienstes zeigt. Angesprochen auf die Rolle von Ärzt_innen im Zusammenhang mit Fällen ihres Sozialdienstes, antwortet sie:

> *„Ärzte spielen natürlich nach wie vor eine ganz, ganz entscheidende Rolle. Das sind alle diese Geschichten, wo die Invalidenversicherung ablehnt und sagt, die Arbeitsfähigkeit ist gegeben. Und die Leute legen uns konstant ein Arztzeugnis vor, das ausweist, sie seien 100% arbeitsunfähig. Ich denke, da muss man mit dem Arzt reden. Darum nimmt ja die Invalidenversicherung auch die hausärztlichen Zeugnisse nicht mehr an, weil der Arzt ist klar ein Patientenvertreter. Und häufig glauben sie, sie tun dem Patienten wirklich etwas zuliebe, wenn sie das so machen. Da muss man das Gespräch suchen und darstellen, dass man in einer Sackgasse ist und dass es nur aus der Sackgasse führen würde, wenn man noch einmal ganz objektiv hinschauen würde: Was kann er machen? Wie kann er etwas machen? Und dass der Arzt das auch dem Patienten zutraut, weil der macht den Schritt nicht, wenn er das Gefühl hat, der Arzt traut es mir nicht zu.“* (Interview mit einer Leiterin eines Sozialdienstes)

Diese Leiterin eines Sozialdienstes schildert den aus Perspektive ihrer Institution problematischen Umstand, dass Sozialhilfe-Klient_innen, die einen ablehnenden Entscheid der Invalidenversicherung erhielten und demnach gemäss dieser Einschätzung arbeitsfähig seien, sich teilweise als krank einschätzten und ihre Arbeitsunfähigkeit durch ihre Hausärztin oder ihren Hausarzt bestätigt wird. Während die Begutachtung durch die Invalidenversicherung als objektiv betrachtet wird, sind Hausärzt_innen in den Augen dieser Sozialhilfe-Mitarbeiterin „Patientenvertreter“, die gerade nicht „objektiv hinschauten“, sondern vielmehr ihren Patient_innen „etwas zuliebe“ täten. Dies verstelle ihnen den objektiven Blick auf die (Rest-)Arbeitsfähigkeit der Patient_innen; es müsse aber darum gehen zu ermitteln, „was kann er machen?“ Und „wie kann er etwas machen?“ Denn die Patient_innen selbst verliessen sich auf die Einschätzung ihrer Ärzt_innen.

Die Interviewte problematisiert in dieser Sequenz weniger die Praxis der Invalidenversicherung, die offenbar andere Massstäbe anlegt als die Ärzt_innen der Klient_innen. Vielmehr schildert sie die Rolle dieser Ärzt_innen als Herausforderung für die Sozialhilfe. Denn deren Verhalten führt laut der Interviewten in eine „Sackgasse“, insbesondere da die Interviewte den betroffenen Klient_innen abspricht, eine eigene Einschätzung ihres Arbeitsvermögens zu besitzen, sondern sich diesbezüglich ganz auf die ärztliche Autorität zu verlassen. Die von der Interviewten angesprochene Strategie zur Bearbeitung dieser Problematik besteht darin, „mit dem Arzt zu reden“ und „darzustellen, dass man in einer Sackgasse ist“. Es geht also darum, korrigierend auf die Praxis der Ärzt_innen einzuwirken und diese dazu zu bringen, ihre Patient_innen anders einzuschätzen – nämlich so, dass diese zumindest eine „Restarbeitsfähigkeit“ vorweisen können. Erst dann kann die Sozialhilfe ihre berufliche Integration vorantreiben.

Diese Problematisierung gleicht jener, die die OECD in einem Bericht zur Eingliederung gesundheitlich eingeschränkter und ‚behinderter‘ Menschen vornimmt (vgl. OECD 2010; siehe dazu auch Kapitel 2.3.2): Problematisch ist aus der Perspektive sowohl der interviewten Leiterin eines Sozialdienstes als auch der OECD also nicht primär die angeschlagene Gesundheit der betroffenen Menschen, sondern vielmehr der Handlungsspielraum von Ärzt_innen, was die Einschätzung von Arbeits(un)fähigkeit anbelangt. Unter dem Titel “Activating Employers and Medical Professionals” hält die OECD fest:

> *“In the first place, it is important to provide sufficient information to medical professionals about the ‘ideal duration’ of absence from work for the most frequent health problems; ideal in terms of ensuring a fast recovery as well as enabling a return to work as quickly*

> *and fully as possible, recognising the negative longer-term effect of enduring periods of inactivity for the worker."* (OECD 2010, 140)

Ähnlich argumentiert auch die interviewte Leiterin eines Sozialdienstes, wenn sie als Lösung skizziert, dass das Gespräch mit dem Arzt bzw. der Ärztin gesucht werden müsse, um ihm oder ihr die Perspektive der Arbeitsintegration darzulegen. (Haus-) Ärzt_innen sollen also mittels Informationen dahingehend aktiviert werden, dass sie das Erfordernis einer raschen beruflichen Eingliederung Betroffener ‚verstehen'. Denn aus Sicht der Berater_innen mit ihrem konkreten Arbeitsauftrag und bestimmten institutionellen Anforderungen bedeuten Arbeitsunfähigkeitsbescheinigungen eine „Sackgasse", eine „Blockierung" ihrer Arbeit.

Auf die (komplementäre) Strategie von Klient_innen, sich den Ansprüchen der sie unterstützenden Stellen mittels Arztzeugnissen zu entziehen, wird auch in einem Interview mit einer Beraterin des ZBE Bezug genommen. Sie schildert den Fall einer jungen Klientin, der von ihrem Arzt bereits mehrfach eine temporäre Arbeitsunfähigkeit bescheinigt worden sei. Die Klientin ist im Rahmen eines Programms der Sozialhilfe arbeitstätig, unter anderem „auf dem Bau". Auch diese Coach reagiert auf die für sie problematische Situation, indem sie auf den Arzt der jungen Klientin einzuwirken versucht, wie sie im Interview schildert:

> *„Man möchte ja auch […] an der beruflichen Integration ein Stück weit arbeiten. Und ich konfrontiere die Klientin im Coaching damit, dass … in der Wirtschaft ist sie nicht integrierbar, wenn sie ein Viertel ihrer Arbeitszeit krank ist. Und da möchten wir wie schauen –. Also wir möchten sie eigentlich unterstützen. Wir möchten nicht einen Beweis, dass sie wirklich krank ist. Sondern –. Sie sagt: ‚Ich bin erkältet' oder ‚ich habe dann Rückenschmerzen, weil ich auf dem Bau arbeiten musste'. Es sind immer wieder andere Sachen. Bauchweh. Aber wirklich eine Woche nach drei Wochen. Seit sechs, sieben Monaten. Und ja, das ist ein Thema, das ich mit ihr im Coaching anschaue: Ok, worum geht es? Und was denkt ihr Arzt? Wir müssen das mal belegt haben: Geht es um etwas Chronisches? Geht es eventuell doch um eine Anmeldung bei der Invalidenversicherung? Das müssen wir verifiziert haben. Oder dem Arzt bewusst machen …. Es gibt ja Ärzte, die relativ locker krankschreiben. Und manchmal kann man ja auch mit einer*

Erkältung arbeiten gehen. Da ist so die Frage, ab wann schreibt er sie krank und wie schnell. Und ihm bewusst machen, dass er ein Stück weit auch das verzögert, ihre Integ-, dass sie integriert werden kann. .... Ja, wie geht man mit dem um, oder. Und drum haben wir jetzt mit diesem, also habe ich mit diesem Arzt Kontakt aufgenommen, um da wie eine Handhabung zu kriegen und auch die Klientin mit dem konfrontieren zu können. Ok, was können wir denn machen, oder.“ (Interview mit einer Mitarbeiterin des ZBE)

Die Coach des ZBE stellt die Objektivität des zuständigen Arztes in Frage. Sie hat den Verdacht, dass er seine Patientin wegen akuter Leiden relativ rasch krankschreibt. Die Einschätzungen des Arztes empfindet die Coach als eine Behinderung ihrer Arbeit, die sie als Integrationsleistung interpretiert. Die Coach sucht aus diesem Grund das Gespräch mit dem Arzt und möchte „belegt“ und „verifiziert“ haben, ob es um etwas Chronisches geht und ob eine Anmeldung bei der Invalidenversicherung angezeigt sein könnte. Gesundheitliche Einschränkungen bedürfen – vor allem wenn sie nicht eindeutig sind („ist sie vielleicht oder ist sie nicht“) – einer Abklärung. Zwar wird dem Arzt einerseits zugetraut oder zugewiesen, dass er „verifizieren“ kann, worum es geht, d.h. er wird als medizinischer Experte angerufen. Zugleich wird aber der Handlungsspielraum der Mediziner_innen in Bezug auf Krankschreibungen – und damit in Bezug auf die Einschätzung der Konsequenzen einer gesundheitlichen Einschränkung auf die Arbeits(un)fähigkeit der Patient_innen – problematisiert: „Es gibt ja Ärzte, die relativ locker krankschreiben.“ Die Kontaktaufnahme mit dem Arzt dient einerseits dazu, zu „verifizieren“, ob es „um etwas Chronisches“ geht, und bietet andererseits die Möglichkeit, dem Arzt „bewusst zu machen“, dass er mit seiner Praxis der „lockeren“ Krankschreibung die berufliche Integration der Klientin „verzögert“. Die Coach möchte ihm ihre Perspektive und die Erfordernisse ihrer „Integrationsarbeit“ darlegen – es geht also darum, korrigierend auf das Verhalten des Arztes einzuwirken. Eine ärztliche Einschätzung kann also sowohl als objektives Zeugnis herhalten oder als „subjektives“ Zeugnis vom Amt in Frage gestellt werden, bedeutet sie doch eine Erschwerung der möglichst raschen Arbeitsintegration. Neben der Aktivierung des Arztes formuliert die Coach als weitere Strategie, dass sie ihre Klientin im Coaching mit der als problematisch erachteten Situation „konfrontieren“ möchte. Auf die Strategie der (versuchten) Einflussnahme auf Klient_innen komme ich im folgenden Kapitel zu sprechen.

Doch findet sich nicht nur ein Diskurs darüber, dass Ärzt_innen möglicherweise zu häufig oder zu schnell „krankschreiben". Es gibt auch die Aussage, dass Ärzt_innen eigentlich „kranke" Klient_innen „gesundschreiben".

> *„Bei diesem Klienten bin ich nicht sicher, ich habe eine Rückmeldung von einem Arzt einer psychiatrischen Klinik, dass der Mann arbeitsfähig ist, ich zweifle aber, auf Grund dessen, wie ich ihn kenne, dass das wirklich der Fall ist. Und ich denke, dass müsste man abklären."* (Interview mit einem Mitarbeiter eines Sozialdienstes)

Eine Vertreterin eines Regionalen Arbeitsvermittlungszentrums (RAV) der Arbeitslosenversicherung, die bei Matrix mitarbeitet, äussert ähnliche Zweifel:

> *„Man wird sehr schnell gesundgeschrieben, wo ich mich manchmal auch frage, also ich als normale Person, ich bin keine Medizinerin, sage, ich weiss nicht, wie ich die Person, ich würde die nicht einstellen, weil die Arbeitgeber haben natürlich Angst, natürlich grosse Angst, so eine Person einzustellen, weil ihre Krankentaggeldversicherung übernimmt diese Fälle nicht."* (Interview mit Mitarbeiterin eines RAV)

Diese Mitarbeiterin eines RAV, die ihre „Versicherten" selbst aktiv an potentielle Arbeitgeber_innen vermittelt, argumentiert aus der Perspektive letzterer: Aus rechtlichen und ökonomischen Gründen zögerten diese, eigentlich ‚kranke' Erwerbslose einzustellen. Ähnlich spricht auch ein Mitarbeiter eines Sozialdienstes im ersten Zitat über einen Klienten, der von einem Mediziner als arbeitsfähig eingeschätzt wurde, während der Interviewte aber an der Arbeitsfähigkeit seines Klienten zweifelt.

Der hier vertretenen These der Medikalisierung eines (auch) sozialen Problems tut der skizzierte Diskurs keinen Abbruch, ist doch auch sein Referenzpunkt das medizinische Wissen. Infrage gestellt wird nämlich nicht die Neutralität dieses Wissens an sich, sondern die Objektivität dessen Anwendung durch die Bezugsärzt_innen der Klient_innen. Zu einem ähnlichen Schluss kommen auch Meershoek und Kolleg_innen in ihrer Untersuchung zu holländischen Versicherungsärzt_innen, die ebenfalls mit Misstrauen konfrontiert waren (vgl. auch Berg et al. 2000):

> *"[I]t is not medical knowledge as such, but the way doctors use it that is considered to threaten the validity and reliability of expert medical judgments."* (Meershoek/Krumeich/Vos 2007, 498)

Der von mehreren Berater_innen geäusserte Wunsch, einen „unabhängigen" ärztlichen Dienst beiziehen zu können, entspringt dem Unbehagen gegenüber Zeugnissen von medizinischen Bezugspersonen. Einerseits werden in ärztliche Diagnosen also Hoffnungen gesetzt, wenn es um Klarheit in der Bestimmung gesundheitlicher Probleme geht und um die damit verbundene Möglichkeit, einen Fall kategorisieren und der zuständigen Behörde zuweisen zu können. Andererseits wird ärztliches Wissen delegitimiert, wenn die medizinische Diagnose gerade das verunmöglicht und zu Unklarheiten für die für einen Fall zuständige Behörde führt.

Damit findet gleichsam eine Entgrenzung beruflicher Felder respektive ein Übergriff auf das medizinische Feld statt. Es zeigt sich, dass medizinisches Fachwissen und medizinische Beurteilungen von den „Arbeitsintegrationsspezialisten" ‚dienstbar' gemacht respektive umgangen werden, wenn es die Zwecke der beruflichen Eingliederung ‚verlangen'. Damit ist wieder die bereits erwähnte Subsumtionslogik angesprochen: Während Gesundheit, wie dargelegt, unter das Thema Arbeit respektive Arbeitsfähigkeit subsumiert wird, wird von den Arbeitsintegrationsspezialisten auch medizinisches Wissen zur Stützung eigener Fallentscheidungen genutzt (siehe dazu auch die Fallanalyse zu Herrn Yilmaz in Kapitel 5.3). Arbeits(un)fähigkeit wird gleichsam relativiert und flexibilisiert – eine These, die ich in Kapitel 8 vertiefen werde.

6.4 Zusammenfassung und Fazit: Objektivierung und Medikalisierung von Arbeits(un)fähigkeit

Gesund zu sein gilt im untersuchten Feld als ‚normaler' Zustand, was sich daran zeigt, dass erst Abweichungen von dieser Norm zum Thema werden. Erst gesundheitliche Einschränkungen werden in den Beratungsgesprächen und den Fallakten verhandelt und zwar zumeist in einer ganz spezifischen Form: „Gesundheit" wird dort mit Arbeits(un)fähigkeit gleichgesetzt – und beispielsweise nicht im umfassenden Sinn von „Wohlbefinden" verstanden, wie dies die WHO in ihrer Verfassung vorschlägt.

Einschränkungen der Gesundheit bzw. eben der Arbeitsfähigkeit wird in einem ersten Schritt meist durch „Abklärungen" begegnet (vgl. Nadai / Canonica/Koch 2010, 10). Damit sind oftmals vor allem administrative Prozesse verknüpft. Beispielsweise geht es bei Klient_innen, die sich neu bei einer der zuweisenden Stellen anmelden bzw. einer der beiden untersuchten Arbeitsintegrationsagenturen zugewiesen werden, zunächst meist um das Abklären ihrer Ansprüche und der Zuständigkeiten der Institutionen. In diesem Zusammenhang lässt sich eine Verrechtlichung von Gesundheit beobachten.

Für die (vermeintliche) Objektivierung von Arbeits(un)fähigkeit greifen das Personal und die Klient_innen oftmals auf medizinische Bestimmungen von Arbeits(un)fähigkeit zurück: Es geht darum, ‚objektive' Angaben über die gesundheitlichen Einschränkungen der Klient_innen zu erhalten; es geht um möglichst exakte Bestimmungen, bevorzugt in Form von Zahlen wie Prozentangaben zur (Rest-)Arbeitsfähigkeit, Bestimmung der Dauer einer temporären Arbeitsunfähigkeit in Tagen oder Monaten; Bestimmung der Anzahl Stunden, die jemand pro Tag arbeiten kann und während der er oder sie sitzen oder stehen kann/sollte; Bestimmung des Gewichts, das jemand heben kann; Bestimmung des Rotationsspielraums beispielsweise eines Armes und anderes mehr. Es geht also insgesamt darum, Klarheit und damit Faktizität zu produzieren. Durch diesen engen Fokus primär auf die körperliche Funktionsfähigkeit der Klient_innen findet eine Somatisierung statt. Ferner kann auch von einer Medikalisierung von Arbeits(un)fähigkeit – als einem sozialen Phänomen und einer sozial wirksamen Differenz – gesprochen werden: Diese wird in einem medizinischen Rahmen verhandelt, während ihre sozialen Ursachen und Kontexte weitgehend ausgeblendet werden.

Zusammenfassend lässt sich sagen, dass ärztliche Einschätzungen zentral für die bürokratischen Klassifikationen und Prozesse sind, die gesundheitliche Einschränkungen nach sich ziehen und durch die gesundheitliche Einschränkungen in diesem Kontext erst sicht- und bearbeitbar gemacht werden. Die medizinischen Expertisen sind aber nicht sakrosankt; sie werden auch immer wieder in Frage gestellt, insbesondere, wenn die Vermutung besteht, es handle sich um nicht so gravierende Einschränkungen, beziehungsweise beim Verdacht, die Klient_innen würden sich vor Anforderungen des Amtes zu schützen versuchen und ‚sich entziehen'. Umgekehrt äussern sich Mitarbeitende auch misstrauisch gegenüber Mediziner_innen, die ihre Klient_innen in ihren Augen zu rasch „gesundschreiben", da deren „Vermittelbarkeit" nicht gegeben sei. Die „Vermittelbarkeit" ist ein hybrides Konstrukt, das neben der medizinischen Komponente auch eine rechtliche Funktion hat: Es löst einen Anspruch auf Arbeitslosentaggelder aus.

Das in beiden Diskursen zum Ausdruck kommende Misstrauen gegenüber der ärztlichen Objektivität verweist auf ein praktisches Problem: Die „Arbeitsintegrationsspezialisten" glauben zwar, auf ärztliche Einschätzungen angewiesen zu sein, um ihre Arbeit erledigen zu können – was auch rechtliche Gründe hat. Doch stehen sie dann, wenn diese medizinischen Einschätzungen die berufliche Integration der Klient_innen ‚erschweren', vor einem Problem. Insbesondere, wenn die medizinischen Gutachten der subjektiven Einschätzung und der Erfahrung des Personals widersprechen oder wenn sie eine teilweise Arbeitsfähigkeit, zum Beispiel nur für „leichte Arbeiten", feststellen, führt dies für das Personal zu einem – selten leistbaren – Mehraufwand. Denn für diese Klient_innen sind individuelle Lösungen gefragt und ist der Prozess der beruflichen Eingliederung mit Hürden und Unsicherheit verbunden.

„Berechenbare" Gesundheit drückt in diesem Kontext die zweifache Logik von Sicherheit und Prognostizierbarkeit einerseits und von Quantifizierbarkeit andererseits aus. Durch die Objektivierung und Visibilisierung, die sowohl das Personal als auch die Klient_innen leisten, wird jeweils eine ganz spezifische Dimension von Gesundheit bearbeitbar gemacht. Im folgenden Kapitel gehe ich auf eine ergänzende Strategie des Herstellens von Arbeits(un)fähigkeit ein: ihre Individualisierung.

7 „Das müssen Sie angehen" – Gesundheit als individuelle Aufgabe

„Unklare" Gesundheit und „unklare" Arbeits(un)fähigkeit ziehen Objektivierungen nach sich und bedürfen daher der „Abklärung", wie ich im letzten Kapitel rekonstruierte. Neben der (scheinbar) „objektiven" Arbeits(un)fähigkeit findet sich im untersuchten Feld der Arbeitsintegration auch deren Gegenstück, die „subjektive" Arbeits(un)fähigkeit. Dieses Kapitel geht dieser Dichotomisierung von Arbeits(un)fähigkeit und insbesondere dem Diskurs und den Bearbeitungsstrategien des Personals in Bezug auf die „subjektive" Arbeits(un)fähigkeit der Klient_innen nach.

Zunächst gehe ich auf die „Diskrepanz" oder eben auf die Dichotomie zwischen objektiver und subjektiver Arbeits(un)fähigkeit ein und zeige, welche praktischen Probleme sich aus dieser Diskrepanz ergeben (7.1). Anschliessend rekonstruiere ich aus dem Diskurs des Personals zwei ‚Figuren': Der Figur eines ‚guten Klienten', der trotz gesundheitlichen Einschränkungen und Schmerzen arbeiten geht, wird eine ‚problemorientierte' Klientin gegenübergestellt, die (angeblich) in ihre Krankheit ‚flüchtet'. Aus diesem Diskurs ist zu schliessen, dass das Personal aus dem ‚Gesundheitsverhalten' der Klient_innen deren Arbeits- und Genesungswillen ableitet (7.2). Abschliessend arbeite ich Strategien des Personals in Bezug auf die ‚subjektive' Arbeits(un)fähigkeit heraus (7.3).

7.1 „Wir sind in einer Sackgasse" – „Diskrepanz" zwischen objektiver und subjektiver Arbeits(un)fähigkeit

Wie herausgearbeitet, geht es beim „Abklären" primär darum, eine Antwort auf die Frage zu finden, ob und in welchem Umfang die Klient_innen arbeiten können. Doch auch wenn die Arbeits(un)fähigkeit ‚objektiv' feststeht, können sich Probleme ergeben, wie der folgende Ausschnitt aus einer Fallakte eines Sozialdienstes zeigt. Ganz zu Beginn der Akte ist festgehalten, warum der Klient, Herr Pham, sich bei der Sozialhilfe anmeldet:

> *„Herr Ph. ersucht uns um finanzielle Hilfe, da die Rente der Invalidenversicherung sistiert wird. […] Aus Sicht der Invalidenversicherung haben die medizinischen Abklärungen ergeben, dass sich der Gesundheitszustand verbessert habe. Die Invalidenversicherung meint weiter, dass keinerlei Beeinträchtigung der Arbeitsfähigkeit vorliegt. […] Aus fachärztlicher Sicht besteht sowohl für die*

frühere schwere körperliche Arbeit als Betriebsmitarbeiter sowie für alle übrigen beruflichen Arbeiten eine volle Arbeitsfähigkeit. Da der Invalidenversicherung-Grad nun unter 40% liegt, wurde Hr. Ph. der Anspruch auf Rente aberkannt. […] Der Haken an der Geschichte ist, dass sich Herr Ph. als nicht arbeitsfähig anschaut und dementsprechend die Vermittelbarkeit nicht gegeben ist." (Fallakte eines Sozialdienstes)

Der Klient bezog bisher eine Rente der Invalidenversicherung, die ihm aufgrund einer Überprüfung seiner Anspruchsberechtigung nun gestrichen wurde. Als Begründung führt die Invalidenversicherung das Resultat „medizinischer Abklärungen" an, die nicht nur eine Verbesserung des Gesundheitszustands zeigten, sondern ergaben, dass „keinerlei Beeinträchtigung der Arbeitsfähigkeit" mehr vorliege. Weiter ist zu lesen, dass der Klient sich auf juristischem Weg gegen die Aberkennung der Rente wehrte. Aus Sicht der Invalidenversicherung war eine „objektivierbare Grundlage" für die Anerkennung der vom Klienten geltend gemachten Ansprüche aber nicht gegeben. Die eher trockene und faktenorientierten Schilderung in der Fallakte weist gegen Ende einen blumigeren Tonfall auf, denn für den Mitarbeiter der Sozialhilfe hat die „Geschichte" einen „Haken": Nämlich den, dass sich Herr Pham selbst als „nicht arbeitsfähig" einschätzt – obwohl er gemäss der Invalidenversicherung vollständig arbeitsfähig sei. Seine Selbsteinschätzung beeinflusse seine „Vermittelbarkeit".

Deutlich wird daran die Konzeption einer doppelten, ja einer ambivalenten Arbeits(un)fähigkeit: Einer objektiv ermittelbaren, auf ärztlichen Expertisen und Zahlen (IV-Grad oder Arbeitsunfähigkeit in Prozenten etc.) basierenden Arbeitsfähigkeit wird eine subjektive Einschätzung entgegengestellt, die sich offenbar – wie im vorliegenden Fall – nicht mit der ersten decken muss. Das bestätigt sich auch an einer anderen Stelle der bereits zitierten Fallakte:

„Herr Ph. klagt immer wieder über seine rheumatischen Beschwerden, diese scheinen zuzunehmen. Allerdings ist er arbeitsfähig (gemäss Arztzeugnis und Invalidenversicherung). (…) Dies ist wieder ein sehr typischer Fall. Ärzte sehen Herrn Ph. als arbeitsfähig an, aber Herr Ph. hat hier eine andere Wahrnehmung in dieser Sache." (Fallakte eines Sozialdienstes)

Gemäss dem Mitarbeiter der Sozialhilfe handelt es sich bei dieser divergierenden Einschätzung der Arbeits(un)fähigkeit offenbar um einen „typischen Fall“: Der Klient schätzt sich als krank und in seiner Arbeitsfähigkeit eingeschränkt ein, eine Arbeitsunfähigkeit wird ihm aber nicht ärztlich bescheinigt und ist damit nicht objektiv. Genau diese „Diskrepanz“ zwischen objektiver und subjektiver Arbeits(un)fähigkeit stellt den Mitarbeiter der Sozialhilfe vor ein praktisches Problem – sie ist der „Haken an der Geschichte“. Denn die von der Invalidenversicherung bescheinigte und daher als ‚objektiv‘ geltende Arbeitsfähigkeit hat nicht nur für den Klienten, dem der Rentenanspruch abgesprochen wurde, sondern in diesem Fall auch für die Sozialhilfe Folgen, muss diese doch für die Existenzsicherung des Klienten aufkommen. Dieses praktische Problem wird auch im Interview mit der Leiterin eines lokalen Sozialdienstes deutlich. Auf die Frage, was häufige oder typische Fälle seien, mit denen ihre Institution konfrontiert sei, erläutert sie eine charakteristische Situation:

> *„Die IV hat ihren ablehnenden Entscheid getroffen, für die ist der Fall abgeschlossen, und dass der Hausarzt weiter sein 100%-Zeugnis schreibt, interessiert die nicht. Das ist genau das Ende der Stange, das Austherapiert-Sein, wo die Leute da sind und sagen: ‚Ich bekomme keine Krankentaggelder, ich bekomme keine IV-Taggelder, ich bekomme keine Arbeitslosentaggelder, und ich bin krank, ich kann nicht arbeiten.‘“* (Interview mit der Leiterin eines Sozialdienstes)

Die geschilderte Situation, von der so oder ähnlich mehrere der interviewten Mitarbeitenden von Sozialdiensten berichten, kennen auch die „Arbeitsintegrationsspezialisten“ des ZBE und von Matrix. Das zeigt sich am folgenden Ausschnitt aus dem Interview mit einem Assessor des ZBE. Danach gefragt, was seiner Einschätzung nach die Schwierigkeiten seiner Klientin seien, die durch eine der Forscher_innen begleitet wurde, antwortet er:

> *„Sicher mal die unklare gesundheitliche Situation. Die Klientin hat eigentlich ganz klar die Ansicht, dass sie gewisse Sachen nicht mehr ausüben kann und da ist sie jetzt von der IV aber, also die IV hat ja berufliche Massnahmen abgelehnt, ja, sie hat keinerlei Anspruch auf irgendwelche Massnahmen, Rente sowieso nicht und so diese Diskrepanz da zwischen den beiden Sachen, oder?“* (Interview mit einem Mitarbeiter des ZBE)

Mitarbeitende, die mit dieser „Diskrepanz“ konfrontiert sind, stehen vor einem praktischen Problem: Wie sollen sie mit diesen Klient_innen verfahren? Worauf sollen sie nun abstellen, auf die Einschätzung der Invalidenversicherung oder auf jene der Klient_innen? Sollen sie ihre Klient_innen als arbeitsfähig oder als arbeitsunfähig behandeln? In welche Prozesse sollen sie sie zuweisen?

Neben den erwähnten Problematiken wird auch konstatiert, dass es für in ihrer Arbeits- und Leistungsfähigkeit eingeschränkte Menschen, deren Einschränkungen jedoch nicht zum Bezug von Leistungen der Invalidenversicherung berechtigen, kaum adäquate Stellen auf dem Arbeitsmarkt gibt, wodurch die Chancen auf eine Anstellung für diese Menschen gering seien – zumal in der Schweiz die Arbeitgeber_innen diesbezüglich keinerlei Verpflichtungen haben (siehe dazu Kapitel 2.2). So sagt eine Assessorin des ZBE zur Forscherin:

> *Die Invalidenversicherung gibt oft den Bescheid, dass jemand „leichte Arbeit“ verrichten könne. Diese gibt es aber auf dem Arbeitsmarkt gar nicht mehr, das weiss auch die Invalidenversicherung. Die Wirtschaft lässt die Leute körperlich hart arbeiten, auf dem Bau und so. Und wenn sie dann krank werden, lässt sie sie fallen.* (Beobachtungsprotokoll)

In diesem Zusammenhang findet sich vereinzelt auch Kritik an der Invalidenversicherung, deren Beurteilung von Rentenansprüchen zunehmend strenger geworden sei, wodurch diese „schwierigen Fälle“ zu anderen Institutionen wie der Arbeitslosenversicherung und der Sozialhilfe verlagert würden. Allerdings können weder die Sozialhilfe noch die beiden untersuchten Arbeitsintegrationsagenturen auf den Arbeitsmarkt oder auf die Invalidenversicherung einwirken. Welche Bearbeitungsstrategien bleiben diesen Institutionen übrig im Zusammenhang mit einer widersprüchlichen Arbeits(un)fähigkeit?

Zusammenfassend lässt sich das praktische Problem der „Arbeitsintegrationsspezialisten“ vorerst so beschreiben: Wenn die Invalidenversicherung Leistungen ablehnt, wird damit eine Aussage über die Arbeitsfähigkeit der betroffenen Person gemacht: Aus Perspektive der Invalidenversicherung, das heisst aufgrund medizinischer Untersuchungen oder Einschätzungen medizinischer Unterlagen durch einen Regionalärztlichen Dienst, ist diese Person (zur Zeit) arbeitsfähig – unabhängig davon, wie sie sich subjektiv fühlt und ob sie (von Bezugsärzt_innen) „krankgeschrieben“ wird. Dadurch entsteht eine Diskrepanz zwischen der „theoretisch-medizinischen“ Beurteilungspraxis der Invalidenversicherung und der Versicherungsmedizin und dem subjektiven Gesundheitsempfinden der betroffenen Klient_innen, das zum Teil von ihren Bezugsärzt_innen bestätigt wird (vgl. auch Ferreira 2010). Sind die betroffenen Personen mittellos und ohne Arbeit, haben sie Anrecht auf Unterstützung durch die Sozialhilfe. Die geschilderte Diskrepanz zwischen subjektiver und objektiver Arbeits(un)fähigkeit muss dann von den Sozialdiensten oder von den untersuchten Arbeitsintegrationsagenturen ‚bearbeitet‘ werden.

Im Zusammenhang mit der Differenzierung respektive Dichotomisierung einer „subjektiven“ und einer „objektiven“ Arbeits(un)fähigkeit ist ein Konzept des amerikanischen Medizinanthropologen Arthur Kleinman (1980, 73–78) aufschlussreich: Er unterscheidet zwischen “disease” als Krankheit, das heisst biomedizinischer Klassifikation, und “illness” als Kranksein, das heisst als Erleben von Krankheit. “Disease” und “illness” müssen sich nicht decken: So kann sich ein Mensch gesund fühlen, aber eine (quasi) unsichtbare Krankheit haben, die er oder sie nicht spürt; oder eine Person fühlt sich krank, ist aber ‚objektiv‘, also im Sinne biomedizinischer Kriterien, gesund (vgl. auch Zielke-Nadkarni 2007).

Die hier rekonstruierte Spaltung von Arbeits(un)fähigkeit in eine subjektive und eine objektive Dimension entspricht mehr oder weniger Kleinmans Unterscheidung zwischen “disease” und “illness”. Im sozialpolitischen Kontext, in dem sich diese Studie bewegt, stellt sich im Anschluss an diese Feststellung allerdings die Frage, wie mit den beiden Seiten der Arbeits(un)fähigkeit umgegangen wird, ob sie gleichwertig behandelt werden – und welche Effekte diese Spaltung hat. Denn im von mir untersuchten Kontext spielt Normativität eine grosse Rolle (vgl. de Swaan 1990; Link 2009).

Zunächst soll deshalb im folgenden Kapitel (7.2) der Frage nachgegangen werden, wie die Strategien der Klient_innen in Bezug auf ihre Gesundheit durch das Personal beschrieben und eingeordnet werden. Den Vorstellungen eines ‚guten‘ Umgangs werden Schilderungen einer ‚abweichenden‘ Haltung bezüglich der eigenen Gesundheit gegenübergestellt. Es zeigt sich, dass das Gesundheitsverhalten der Klient_innen in einen Zusammenhang mit ihrem Arbeitswillen gebracht wird. Anschliessend werden die Strategien des Personals rekonstruiert, mittels der sie insbesondere die „subjektive“ Arbeits(un)fähigkeit bearbeiten (7.3).

7.2 „Gesundheit auch mal zurückstecken" – Blick des Personals auf das Gesundheitsverhalten[68] der Klient_innen

Im Folgenden steht der Blick des Personals auf die subjektive Arbeits(un)fähigkeit der Klient_innen im Zentrum: Welche Vorstellungen vom „richtigen" oder „falschen" Umgang mit der individuellen Gesundheit, mit Erkrankungen und der Arbeits(un)fähigkeit finden sich im Feld? Welche diskursiven Figuren lassen sich diesbezüglich ausmachen? Es zeigt sich, dass vor allem in den Interviews mit dem Personal die Figur eines bezüglich seines Gesundheitsverhaltens „guten" Klienten, der tendenziell dissimuliert, zum Ausdruck kommt, der als Gegenfigur zu einer in ihre Krankheit „flüchtende" Klientin konzipiert wird. Diese beiden diskursiven Figuren und die damit verknüpften Vorstellungen von abweichendem und vom ‚richtigen' Gesundheitsverhalten charakterisiere ich im Folgenden, bevor ich darauf zu sprechen komme, dass im rekonstruierten Diskurs der Wille und Wunsch zu arbeiten mit dem Wille, wieder gesund zu werden, verknüpft wird.

Einschätzungen der Klient_innen ihrer eigenen gesundheitlichen Situation werden teilweise als „subjektiv", als einer „objektivierten Grundlage" entbehrend, dargestellt. Im Zusammenhang damit zeigt sich im analysierten Material auch, dass das Personal die Strategien der Klient_innen im Umgang mit ihrer eigenen Gesundheit zum Teil als nicht adäquat betrachtet. In den Augen eines Assessors des ZBE beispielsweise sind einige Klient_innen auf ihre gesundheitlichen Probleme ‚fokussiert'. Er sagt über Frau Kern, eine Klientin:

> *„Ich denke, sie ist auch sehr konzentriert auf ihre gesundheitliche Situation und stellt sich diese auch ein bisschen in den Weg, also nimmt vielleicht ein bisschen auch zu … Also ernst muss man es natürlich auf jeden Fall nehmen, aber man kann es dann auch immer sagen, das geht nicht wegen dem und dieses geht nicht wegen dem."* (Interview mit einem Mitarbeiter des ZBE)

68 In diesem Kapitel rekonstruiere ich den Blick des Personals auf das „Gesundheitsverhalten" der Klient_innen. Unter Gesundheitsverhalten verstehe ich hier sehr breit jegliches Handeln, aber auch (zugeschriebene) Haltungen und unterlassene Handlungen der Klient_innen, wie sie im Diskurs des Personals auftauchen. Ich verwende den Begriff also nicht in der eingeschränkteren Variante, in der er sich auf positives, der Gesundheit zuträgliches Verhalten bezieht (vgl. bspw. Faltermeier 2010, o.S.), sondern es geht mir darum, genau diese moralisch-normativen Vorstellungen davon, was „positives", der Gesundheit zuträgliches Verhalten sei, zu rekonstruieren.

Die (bewusste oder unbewusste) Strategie, „die gesundheitliche Situation in den Vordergrund“ zu stellen, wird von diesem Mitarbeiter auch als „problemorientiert“ bezeichnet. Für das Personal ist hier weniger die Einschränkung an sich zentral, als vielmehr die Umgangsweise damit. In den Fokus rückt das Verhalten der Klient_innen gegenüber ihren gesundheitlichen (und anderen) Einschränkungen. Deutlich wird auch, dass diese Umgangsweisen bewertet werden – ein gewisses Verhalten erscheint adäquater als ein anderes. Derselbe Mitarbeiter stellt in Bezug auf seine Klientin Frau Kern, die kürzlich einen Antrag auf Unterstützung durch die Invalidenversicherung stellte, fest:

> *„Es ist gut, ist mal die Invalidenversicherung [im Fall] drin, damit jetzt auch mal die ganze gesundheitliche Situation, wo sich diese Klientin ja auch immer wieder reingeflüchtet hat, dass man da vielleicht auch mal einen Entscheid hat, der sagt, ja von der Invalidenversicherung, aus gesundheitlichen Gründen gibt es das und das, was auch immer das dann ist, wo man dann weiterarbeiten kann.“* (Interview mit einem Mitarbeiter des ZBE)

Diese Aussage zeigt, dass gesundheitliche Einschränkungen als etwas erscheinen, mit dem ein unterschiedlicher Umgang gewählt werden kann. Die Formulierung, Frau Kern habe sich „immer wieder [in ihre Krankheit(en)] reingeflüchtet“, schreibt ihr ein aktives Verhalten gegenüber ihrer gesundheitlichen Situation zu. Das erinnert an eine Aussage des Coachs Herr Bohrer, der seiner Klientin Frau Pekay ebenfalls ein aktives Handeln und erhebliche Handlungskompetenz in Bezug auf ihre gesundheitlichen Einschränkungen attestiert (siehe dazu Kapitel 5.1). Gemäss dem Paradigma der aktivierenden Sozialpolitik nehmen die Fachkräfte ihre Klient_innen als autonome Subjekte mit Handlungskompetenz und Handlungsspielraum wahr, während die Umstände in den Hintergrund treten. Statt Verhältnissen gerät das Verhalten der Klient_innen in den Fokus – auch in Bezug auf ihre gesundheitlichen Probleme. Auf die Frage, ob er Frau Kern als grundsätzlich arbeitsfähig einschätze, antwortet der Mitarbeiter des Zentrums für berufliche Eingliederung:

> *„Ich kann nicht beurteilen, wie zuverlässig sie dann [an einer Arbeitsstelle] ist. Oder ob sie dann wieder ihre Flucht in eine Krank-, also in der Flucht. Ich meine, man könnte mit ihr nochmals versuchen, einen Trainingsarbeitsplatz zu machen und schauen, wie sie reagiert.“* (Interview mit einem Mitarbeiter des ZBE)

Aber nicht nur die Verhaltensweise im Umgang mit gesundheitlichen Einschränkungen kann offenbar gewählt werden; selbst den Einschränkungen an sich scheinen Entscheidungen und Wahlmöglichkeiten zugrunde zu liegen, wenn das „Muster" einer Klientin mit „Flucht in die Krankheit" umschrieben wird. Dass die Klientin viele verschiedene Symptome habe – von sich selbst sage sie, „sie sei nervös, angespannt, sie habe Sehstörungen, Zittern und Gedächtnisschwäche" – und vor allem, dass sie „auch immer wieder mit neuen Diagnosen" respektive mit Verdacht auch auf schwere Erkrankungen „komme", lässt den Berater schliessen, die Klientin flüchte sich in die Krankheit. Das klingt, als hätte die Klientin ihre gesundheitlichen Einschränkungen selbst gewählt und zwar in einem doppelten Sinn: Wenn sie in die Krankheit flüchtet, heisst das, dass sie die Krankheit an sich gewählt hat. Ausserdem macht sie sie auch noch immer zum Thema, was bedeutet, dass sie sie gleichsam noch ein zweites Mal wählt.

„Flucht" ist in diesem Zusammenhang negativ konnotiert. Das beschriebene Bewältigungsmuster erscheint dem Berater als wenig adäquat. Offen bleibt, wovor die Klientin seiner Meinung nach flüchtet. Vor den Anforderungen, die die Sozialhilfe respektive das ZBE an sie stellt? Vor gesellschaftlichen Anforderungen an die individuelle Leistungsfähigkeit? Der Assessor stellt die Erkrankung(en) als Schutzraum dar; er verweist damit auf die „Krankenrolle", die von Parsons (1991 [1951]) so beschrieben wird: Sie ist mit Entlastungen verbunden, denn Erkrankte sind temporär von sozialen Normen befreit. Die Erkrankten werden (zunächst) nicht verantwortlich gemacht für die Erkrankung, und die Bearbeitung ihres gesundheitlichen Problems erfolgt im professionellen Sektor. Die Krankheit wird nicht primär mit dem Verhalten der Betroffenen in Zusammenhang gebracht. Doch wird von den Erkrankten erwartet, dass sie wieder gesund werden möchten.

In den Worten des Assessors kommt allerdings ein Diskurs zum Ausdruck, der die mit der Krankenrolle verbundenen „Privilegien" in Frage stellt (vgl. auch Dollinger 2006; Meershoek 2012). Dass sich die Klientin durch ihre Krankheit angeblich entzieht, verweist darauf, dass sie für ihre Erkrankung verantwortlich gemacht wird, die ausserdem mit ihrem Verhalten in Zusammenhang gebracht wird (vgl. dazu Schmidt 2008). Die Arbeits(un)fähigkeit der Klient_innen erscheint in der Folge nicht als objektive Grösse; vielmehr ist sie Produkt des Umgangs mit den gesundheitlichen Einschränkungen, die wahlweise inszeniert oder „zurückgesteckt" werden können – dies wird jedenfalls impliziert durch die Figur der in ihre Krankheit flüchtenden Klientin.

Die Vorstellung, dass gewisse Klient_innen zwischen einem "doing illness" und einem "undoing illness" wählen könnten, zeigt sich auch in der Aussage einer Coach des ZBE. Sie spricht über Klient_innen, die als „schwierig" gelten und sagt:

> *„Es könnte passieren, dass man sich diejenigen Klienten nicht ins Coaching nimmt oder die Empfehlung dort nicht so formuliert, bei denen man das Gefühl hat, eigentlich sehe ich dort keinen Erfolg. Oder ich will ihn nicht. Oder er ist mir zu unheimlich. Aber gerade die finden dann Stellen, je nachdem, da habe ich mich schwer getäuscht. […] Die, die über sechs Monaten nichts gefunden haben, sind je nach dem die, die im siebten halt wirklich eine Stelle finden. Völlig unerwartet, Riesenproblemhaufen, aber nein, geht putzen, trotz Knieproblemen. ‚Was machen denn Ihre Knie?' ‚Wieso, was?' Einfach so diese Symptomschmerzen oder -. Wenn man viel Zeit hat, ist es problematisch, das Leben. Wenn man raus kommt in die gesunde Welt, sieht man es anders."* (Interview mit einer Mitarbeiterin des ZBE)

Die Coach schildert in dieser Sequenz einen Labeling-Prozess (vgl. Keckeisen 1974): Aufgrund erster Einschätzungen der Klient_innen schätzen Coachs den potentiellen „Erfolg" des Arbeitsintegrationsprozesses ein. Laut dieser Coach täuschen sie sich dabei mitunter. Denn gerade als „schwierig" geltende Fälle mit gesundheitlichen Beeinträchtigungen – „Riesenproblemhaufen" – fänden dann, wenn die Coachs nicht mehr damit rechneten, eine Stelle. Ihre gesundheitlichen Beeinträchtigungen, an die sie sich nach der Aufnahme einer Erwerbsarbeit gar nicht erinnerten, entpuppten sich als „Symptomschmerzen". Das führt die Beraterin auf die spezifische Situation der Arbeitslosigkeit zurück, in der man „viel Zeit" habe, wodurch das Leben erst „problematisch" würde. Dem erwerbslosen Zustand, in dem – so kann daraus geschlossen werden – Schmerzen stärker wahrgenommen würden, setzt die Coach die „gesunde Welt" entgegen. Wer in diese Welt „raus komme", wer also einer Erwerbsarbeit nachgehe, fokussiere nicht mehr auf seine Schmerzen, sodass diese gar in Vergessenheit gerieten – zumindest nach Darstellung dieser ZBE-Mitarbeiterin. Dabei klingt ein Diskurs an, der Erwerbslosigkeit, Krankheit und persönlichen Rückzug parallelisiert und in Opposition zu Erwerbsarbeit, Gesundheit und „gesunder Welt" bringt. Erwerbsarbeit, so lässt sich diese Perspektive auf den Punkt bringen, ist halt doch die „beste Medizin“ (vgl. Sierck 1992), denn sie lässt gesundheitliche Probleme und Schmerzen – zumindest in der Schilderung der zitierten Coach – verschwinden.

Die Rede von „Symptomschmerzen“ lässt an die Figur des „eingebildeten Kranken“ denken. Eine ähnliche Vorstellung, aber in Bezug auf „schwierige Fälle“ (ohne explizite Gesundheitsprobleme), bringt ein anderer Coach des ZBE zum Ausdruck, der sich in einer Supervision, in der Fälle der ZBE-Coachs besprochen werden, so äussert:

> *Einer der anwesenden Coach konstatiert: Man stellt ja immer wieder fest: Diesen Leuten fängt es dann an zu stinken, wenn sie in einem Langzeitarbeitsplatz im Zweiten Arbeitsmarkt parkiert sind, und dann finden sie plötzlich eine Stelle im ersten Arbeitsmarkt.* (Beobachtungsprotokoll)

Es zeigt sich die implizite Vorstellung, dass „diese Leute“ arbeiten könnten – wenn es denn sein muss, beispielsweise wenn sie im sogenannten ergänzenden Arbeitsmarkt „parkiert“ wurden. Gesundheitliche Einschränkungen stehen also im Verdacht, benutzt zu werden, um „ausweichen“ zu können – und zwar sowohl von Seiten der Klient_innen als auch ihrer Ärzt_innen (siehe dazu auch Kapitel 6.3). Dies erinnert an die historische Sozialfigur des „gesunden Bettlers“, wie er in Kapitel 2.1 erläutert wird. Es handelt sich dabei um die stigmatisierende gesellschaftliche Vorstellung einer Person, die Unterstützung ‚erschleicht‘, da sie die Kriterien zu ihrem legitimen Bezug nicht erfüllt. Darin drücken sich normative Vorstellungen aus.

Gerade durch ihre Deutungsoffenheit sind viele gesundheitliche Phänomene unterschiedlich interpretierbar und können deshalb irgendwo auf einem Kontinuum mit den Polen ‚echt‘ und ‚ernst‘ auf der einen Seite und ‚unecht‘, ‚eingebildet‘ oder wenig gravierend auf der anderen Seite verortet werden. Zu den ‚echten‘ Einschränkungen gehören dabei insbesondere sichtbare beziehungsweise diagnostizierte Beeinträchtigungen, während primär nicht sichtbare und vor allem nicht diagnostizierbare Einschränkungen schnell einmal als ‚eingebildet‘ gelten (vgl. Scarry 1992; Helman 1994; Kleinman 1995; Sabbioni et al. 1999; Streckeisen 2008; Caduff/Budwoski 2012).

Den hier artikulierten Vorstellungen über „problemorientierte“ Klient_innen scheint ein Gegenmodell zugrunde zu liegen, denn offenbar geht es ja auch anders, offenbar können gesundheitliche Einschränkungen auch in den Hintergrund gerückt werden. Tatsächlich findet sich dieses komplementäre Muster in der Figur des Klienten, der „seine Gesundheit zurücksteckt". Interessanterweise wird die Figur des „guten" Klienten, der tendenziell dissimuliert[69], bereits in Abgrenzung zur oben beschriebenen Figur mit negativ bewertetem Verhalten entworfen. So sagt ein Coach des ZBE über einen seiner Klienten:

> *„Auch da, das zeigt auch, was jemand an Werten hat, mit was er sich auseinandersetzt.... Man kann Gesundheit immer zum Thema machen und dann nimmt es viel Raum ein. Dafür fällt das andere raus. Oder man kann Gesundheit zurückstecken, kann sagen: ‚Ok, ich habe zwar Knieprobleme, aber ich möchte trotzdem arbeiten gehen.'"* (Interview mit einem Mitarbeiter des ZBE)

Die oben bereits angesprochene scheinbare ‚Wahlmöglichkeit' im Umgang mit Gesundheit wird in diesem Interview konkretisiert und zugleich als Frage individueller „Werte" kodiert. Die Klient_innen können in den Augen dieses Coachs zwischen der Inszenierung, dem "doing" gesundheitlicher Einschränkungen, und der Gegenstrategie des "undoing" wählen. Ausgeführt wird auch, zu Lasten welcher „Themen" die ‚Inszenierung des Kranken' geht. Hinter dem „Anderen" verbirgt sich das Thema Arbeit. Als Konsequenz des „Zurücksteckens des Themas Gesundheit" erweist sich nämlich Arbeitsfähigkeit: Der „gute" Klient ist jener, der sagt: „Ich habe zwar Knieprobleme, aber ich möchte trotzdem arbeiten gehen."

Hierin zeigt sich die Idee eines „Handicaps", das als „zumutbar" konstruiert wird (vgl. Vogel 2009, 70). Die Schmerzen behindern die Arbeitsfähigkeit aus dieser Optik nicht grundsätzlich. Das wurde bereits in Kapitel 5.3 anhand des Falls von Herrn Yilmaz gezeigt, dessen Strategie, mit Schmerzmitteln arbeiten zu gehen, als Zeichen für seinen Arbeitswillen gilt (siehe Kapitel 5.3). Diese Konzeption einer „guten" Klientin zeigt sich auch in der folgenden Schilderung einer ZBE-Mitarbeiterin:

> *„Diese Klientin ist wahnsinnig willig, die will unbedingt arbeiten gehen. Die ist 58, hat eine Diskushernie, beisst jeden Tag auf die Zähne, geht arbeiten. Die macht eine super Arbeit, ich habe, glaube ich, noch nie so ein tolles Arbeitszeugnis gesehen, wie diese Frau gekriegt hat jetzt in diesem Einsatz. Vermittelbar ist sie aufgrund*

---

69 Dissimulieren ist der Gegenbegriff zu Simulieren. Dissimulation bedeutet gemäss Duden „bewusste Verheimlichung von Krankheiten oder Krankheitssymptomen".

> *ihres Alters nicht. Obwohl die sehr initiativ ist und eine ganz Tolle.“* (Interview mit einer Mitarbeiterin des ZBE)

Diese Klientin wird von ihrer Beraterin als „eine ganz Tolle“ geschildert: Sie geht trotz Rückenproblemen arbeiten. Dass sie dabei „jeden Tag auf die Zähne beissen“ muss, wird ihr als Zeichen für ihren Arbeitswillen ausgelegt. Ihr steht denn gemäss dieser Schilderung auch nicht ihre Gesundheitsproblematik im Weg; vielmehr findet sie aufgrund ihres Alters keine Stelle mehr. Es scheint ihr also nichts zu bringen, dass sie „wahnsinnig willig“ ist. Dennoch ist die im Grunde sinnlose Demonstration des Arbeitswillens offenbar nicht ohne Effekt, gilt sie so doch zumindest als „gute Klientin“. Damit erfüllt die Frau immerhin die institutionellen Erwartungen an sie (vgl. Maeder/Nadai 2004), auch wenn ihr das bezüglich Arbeitsintegration wenig bringen mag.

Zusammenfassend lässt sich festhalten: Arbeitsunfähigkeit erscheint im rekonstruierten Diskurs nicht immer als die direkte Konsequenz gesundheitlicher Probleme, die das Arbeitsvermögen einschränken. Vielmehr werden die persönlichen „Werte“ der Klient_innen, das heisst ihr Umgang mit ihren Knie- oder Rückenproblemen oder anderen gesundheitlichen Einschränkungen, verantwortlich gemacht für den Umstand, ob sie arbeitsfähig sind oder nicht. Arbeits(un)fähigkeit hängt in dieser Logik letztlich nicht nur davon ab, ob die Klient_innen arbeiten können. Ebenso entscheidend scheint zu sein, ob die Klient_innen arbeiten wollen. In letzter Konsequenz führt dieses Denkmuster zu folgendem Kurzschluss: Arbeiten kann, wer arbeiten will. Arbeits(un)fähigkeit ist demnach eine Frage des Willens: “Illness as a work of thought” (Greco 1998)[70] – so suggeriert dieser Diskurs. Damit wird die Grenze zwischen objektiver und subjektiver Arbeits(un)fähigkeit aufgeweicht. Arbeits(un)fähigkeit erscheint als grundsätzlich subjektives Problem; die ‚objektive‘ Arbeits(un)fähigkeit scheint letztlich ebenfalls von der individuellen Einstellung abzuhängen. Das kommt einer Psychologisierung von Gesundheit gleich (vgl. Brunnett 2009, 74).

Neben dem Arbeitswillen, der hier angesprochen wird, findet sich im Datenmaterial noch ein zweiter „Wille“, der eng mit diesem ersten gekoppelt ist: Der Wille, wieder gesund zu werden, sprich: der Genesungswille. Plastisch wird die Erwartung an die Klient_innen, dass sie gesund werden möchten und sich darum „bemühen“, im Interview mit einer Mitarbeiterin des ZBE:

70 Die Soziologin Monica Greco (1998) untersucht in ihrer Studie mit dem Titel “Illness as a work of thought. A Foucauldian perspective on psychosomatics” den Diskurs zu psychosomatischen Erkrankungen im Anschluss an die Gouvernementalitätsstudien.

„Sie [Sozialhilfebeziehende] haben einfach auch eine Pflicht auf der Sozialhilfe, diese Mitwirkungspflicht. Man geht einfach davon aus, also, nein, man erwartet einfach, dass die erbracht wird. Und wenn die nicht mehr erbracht wird, dann ist die Voraussetzung nicht mehr da, dass sie Sozialhilfe beziehen können. […] Und Mitwirkung heisst ja nicht, sie müssen arbeiten. ZBE heisst ja nicht, sie müssen quasi Zwangsarbeit leisten. Auch in einem Beschäftigungsprogramm nicht. Aber man muss sehen, man muss eine Motivation spüren, man muss eine gewisse Verbindlichkeit spüren: ‚Ja, ich komme zu den Terminen, und ja, ich bringe ein Zeugnis, wenn ich krank bin. Und ich bemühe mich drum, auch wenn ich krank bin, ich bemühe mich drum, wie auch immer, wieder irgendwie gesund zu werden. Und ich bemühe mich drum, einen Job zu finden.' Und wenn das am Anfang 20, 30% sind. Das reicht schon." (Interview mit einer Mitarbeiterin des ZBE)

Diese Coach leistet eine Deutung der sogenannten Mitwirkungspflicht der Sozialhilfe. Diese besteht in ihren Augen vor allem darin, dass die Klient_innen der Sozialhilfe sich motiviert und verbindlich zeigen, indem sie Termine einhalten, indem sie Erkrankungen durch ärztliche Gutachten legitimieren (siehe dazu Kapitel 6) und indem sie ihren Genesungswillen unter Beweis stellen. Es wird von ihnen erwartet, dass sie sich darum bemühen, gesund zu werden, wenn sie erkrankt sind. Dieses Bemühen wird ihnen als „Motivation" ausgelegt.

Implizit liegen diese Vorstellungen und Erwartungen auch einem Gespräch zwischen Frau Becker, Assessorin des ZBE, und ihrem Klienten Herrn Celik zugrunde. Bei Frau Becker sind im Verlaufe des Gesprächs offenbar Zweifel am Arbeitswillen des Klienten aufgekommen, denn sie fragt Herrn Celik direkt, ob er arbeiten wolle:

Frau Becker: „Für mich stellt sich jetzt noch eine ganz wichtige Frage, Herr Celik: Wollen Sie arbeiten?" Herr Celik: Ja. Frau Becker: „Können Sie arbeiten?" Herr Celik meint, das hänge davon ab, was der Arzt sage, das müsse der entscheiden. Er könne nur ein paar Meter gehen, müsse immer wieder stehen bleiben zwischendurch. Frau Becker kehrt nun das Formular, auf dem sie mitschreibt, um und hat jetzt eine leere Seite vor sich. „Jetzt schreibe ich mal alles auf, was Sie sagen. Dafür brauche ich Platz." Herr Celik zählt auf:

Das Knie tue ihm weh, er müsse immer wieder stehen bleiben beim Gehen, könne nur ein paar Meter gehen. Der Rücken tue ihm weh. Er habe Magenprobleme, nehme Tabletten. Frau Becker sagt mit Blick zu mir (sie schaut oft mich an, wenn sie etwas zu ihm sagt[71]*): „Viele Leute haben Probleme und nehmen Tabletten und können trotzdem arbeiten." Aus dem Plastiksack, den er dabei hat, holt Herr Celik jetzt eine handgeschriebene Liste, auf der alle Medikamente verzeichnet sind, die er nehmen muss. Aufgeführt sind etwa sieben Medikamente. Frau Becker fragt bei jedem, wogegen oder wofür er es nehmen müsse. Eines ist für den Magen, eines fürs Cholesterin. Frau Becker: „Das ist keine Krankheit." – Herr Celik: „Keine Krankheit, aber ich muss es jeden Tag nehmen." Dann ein oder zwei Schmerzmittel fürs Knie und den Rücken. Ein Medikament gegen Arthrose, eins für die Knochen. Herr Celik sagt, er habe bisher 100 Medikamente genommen. Frau Becker mit Blick zu mir: „Manchmal ist weniger mehr." Herr Celik spricht von einem Nasenspray und dessen Nebenwirkungen. Frau Becker: „Ja, das ist klar, diese Medikamente haben alle Nebenwirkungen." Sie fragt: „Was haben Sie an der Hand?" Sie weist auf einen medizinischen ‚Handschuh', den er trägt. Herr Celik: „Arthrose." Frau Becker antwortet, das kenne sie gut, sie habe auch Arthrose. Sie habe ihren Balkon renoviert. Man könne auch mit Arthrose arbeiten. Dann möchte sie wissen: „Denken Sie, dass Sie malen können mit Ihrer Hand?" Herr Celik antwortet, er wisse es nicht genau, vielleicht schon. Er habe ausserdem noch Probleme mit dem rechten Auge, er sehe nur 25%. Frau Becker entgegnet, erst wenn beide Augen weniger als 20% sehen würden, spreche man von Sehbehinderung. Wenn ein Auge gut sei, könne es das andere ausgleichen.* (Beobachtungsprotokoll)

Verhandelt werden hier die Arbeits(un)fähigkeit und der Arbeits(un)wille des Klienten. Frau Becker scheint Zweifel zu haben, ob der Klient arbeiten möchte, da er während des Gesprächs mehrfach gesundheitliche

71 Solche Adressierungs- bzw. Blickpraktiken, durch die das Personal um die Solidarisierung oder Bestätigung der Forscherin bzw. des Forschers ersucht, finden sich im Material respektive im untersuchten Feld immer wieder. Dadurch kann eine – (forschungs-)ethisch bedenkliche – Solidarisierung von Berater_in und Forscher_in entstehen, die von den Klient_innen als gegen sie gerichtet wahrgenommen werden könnte.

Einschränkungen zur Sprache bringt. Sie fragt ihn deshalb direkt nach seinem Arbeitswillen. Diese Frage wird im Feld oftmals – implizit – an jene nach dem Genesungswillen gekoppelt. Wer wie Herr Celik an mehreren Einschränkungen leidet, steht oftmals unter dem Verdacht, gar nicht gesund sein zu wollen – und auch nicht arbeiten zu wollen. Der Klient bestätigt seinen Arbeitswillen (was bleibt ihm auch anderes übrig). Auf die Frage, ob er arbeiten könne, bezieht er sich auf eine medizinische Instanz (siehe zur Medikalisierung von Arbeits(un)fähigkeit Kapitel 6.2): Er verweist darauf, dass dies die Medizin einschätzen müsse, führt aber sogleich ein Beispiel dafür an, dass er körperlich nicht voll leistungsfähig sei. Herr Celiks Strategien der Sichtbarmachung und der Objektivierung seiner Arbeitsunfähigkeit nehmen den Charakter einer Legitimierung an. Mit Hilfe ärztlicher Autorität muss er seine Einschränkungen legitimieren.

Frau Becker reagiert darauf, indem sie Raum für die gesundheitlichen Einschränkungen schafft. Sie kehrt das Blatt mit dem „Gesprächsleitfaden" um, das ganz spezifische „Themen" behandelt und offenbar keinen Platz für eine Aufzählung gesundheitlicher Einschränkungen bietet, und hat nun eine leere Seite vor sich, auf der sie die Gesundheitsprobleme Herrn Celiks notieren kann. Dieser zählt eine Reihe von Körperteilen auf, die ihn schmerzen und seine Funktionsfähigkeit einschränken. Der Fokus seiner Aufzählung liegt auf körperlichen Symptomen und auf einzelnen Körperteilen. Weil Schmerzen aber unsichtbar und deshalb nur schwer zu objektivieren sind, greift Herr Celik schliesslich zu einer Liste mit Medikamenten, die wohl unter Beweis stellen soll, dass er ‚wirklich' eingeschränkt ist.

Frau Beckers Reaktionen auf die Ausführungen Herrn Celiks zeigen, dass sie seine Aufzählung gesundheitlicher Einschränkungen im Kontext seiner Arbeits(un)fähigkeit respektive seines Arbeits(un)willens interpretiert. Sie schafft mehrfach die Verbindung zum Thema Arbeit und relativiert mehrere Aussagen Herrn Celiks, indem sie der betreffenden Einschränkung (hier: Cholesterin) entweder abspricht, eine Krankheit zu sein, oder indem sie eine Vergleichspopulation beizieht (einmal „viele Leute", ein anderes Mal sich selbst), um zu demonstrieren, dass es auch mit diesen Einschränkungen möglich ist zu arbeiten. Die Objektivierungs- bzw. Legitimierungsversuche Herrn Celiks lässt sie damit ins Leere laufen. Denn wie ich rekonstruierte, ist im feldspezifischen Diskurs ein „guter" Klient einer, der seine Gesundheit „nicht immer zum Thema macht", sondern sie auch mal „zurückstecken" kann. Während es dem Personal also um die Objektivierung von Arbeits(un) fähigkeit respektive um die Sichtbarmachung von Arbeitsfähigkeit geht, wird von den Klient_innen eher eine Unsichtbarmachung ihrer Einschränkungen verlangt. Zumindest sollten sie ihre Strategien, mit ihren gesundheitlichen Einschränkungen ‚fertig zu werden', also ihre Bewältigungsstrategien, unter Beweis stellen.

Jene Klient_innen aber, die diese aktive Bewältigungsstrategie nicht an den Tag legen (können), gelten in den untersuchten Institutionen teilweise als „passiv" und wenig veränderungswillig. Eine solche Beschreibung eines Klienten findet sich im Interview mit einer Personalberaterin eines Regionalen Arbeitsvermittlungszentrums (RAV) der Arbeitslosenversicherung. Sie spricht darin über einen Klienten, den sie im Rahmen eines Case Managements durch Matrix begleitete. Dieser hätte ursprünglich in den ersten Arbeitsmarkt integriert werden sollen, erhält mittlerweile aber eine Teilrente der Invalidenversicherung und arbeitet auf seinen Wunsch hin in einer sogenannten „geschützten" Werkstatt – Vollzeit und vorerst unbefristet. Die Mitarbeiterin sagt retrospektiv über ihren Klienten:

> *„Seitdem der Klient [an diesem geschützten Arbeitsplatz] arbeitet, hat er auf-, ist fertig, da ist nichts mehr gegangen. Vorher hat er sich viel engagierter, viel gezielter auf etwas, das ihm wirklich liegt, das er machen könnte, beworben. […] Einen Monat später hat er seine Invalidenversicherung-Rente auch zugesprochen bekommen. Also für ihn hat sich eigentlich sehr viel geklärt und danach ist eigentlich fertig gewesen, und wir sind nicht weitergekommen. Ganz am Anfang hat es eine gewisse Steigerung gegeben von der Stabilisierung seiner Situation, aber dann hat es aufgehört."* (Interview mit einer Mitarbeiterin eines RAV)

Die Mitarbeiterin spricht davon, dass sich die Situation des Klienten zu Beginn der Beratung im RAV „stabilisierte", was sie als „Steigerung" bezeichnet. Seit er jedoch eine Rente erhält und einer Tätigkeit in einem sogenannten geschützten Rahmen nachgehen könne, habe sich die Situation nicht mehr verändert. Offenbar bringt sie den nicht mehr vorhandenen Veränderungs- und Entwicklungswillen des Klienten mit seiner aktuellen Situation zusammen, die sich durch eine relative finanzielle Sicherheit auszeichnet. Wie sie selbst im Interview sagt, wäre es aber in ihren Augen darum gegangen, dass ihr Klient „wieder zurückgeht in seinen Arbeitsprozess". Dass er nun – zumindest zurzeit – keine Stelle im ersten Arbeitsmarkt anstrebe, legt sie ihm als fehlende Motivation aus. Denn die sonst für „Mehrfachproblematiken" – also für Klient_innen mit einer Mehrfachproblematik – in ihren Augen typische „Motivation wieder arbeiten zu können", die habe sie bei diesem Klienten zwar „zeitweise gesehen", aber „zeitweise dann auch wiederum nicht".

Wer den Eindruck entstehen lässt, nicht arbeiten zu wollen, gehört nicht zu den „guten" Klient_innen. Im Gegenteil: Fehlender Arbeitswille wird im untersuchten Feld zum Teil stigmatisiert. So bringt eine Mitarbeiterin des ZBE, die meistens mit Klient_innen der Arbeitslosenversicherung arbeitet, ihre Wahrnehmung der wenigen Sozialhilfe-Klient_innen in ihrer Zuständigkeit so auf den Punkt:

> *„Also ich habe auch noch Leute der Sozialhilfe. … Und dort ist die Motivation sehr sehr unterschiedlich. Ich habe ganz ganz topmotivierte Leute. Auch einen alten Mann. Das ist unglaublich, wie der arbeitet und wie die zufrieden sind mit ihm. Und dann habe ich auf der anderen Seite ganz faule Eier, die nicht arbeiten wollen. Die mich dann noch verantwortlich machen, dass es ihnen jetzt körperlich wieder schlechter geht. […] Leute, die wirklich einfach nicht arbeiten wollen."* (Interview mit einer Mitarbeiterin des ZBE)

Wer den Eindruck hinterlässt, nicht arbeiten zu wollen, gilt als „faules Ei" – was die doppelte Assoziation von Faulheit und Gestank evoziert. Damit bringt die Mitarbeiterin das Stigma, das Menschen anhaftet, denen es in diesem institutionellen Gefüge nicht gelingt, ihre Aktivität unter Beweis zu stellen, (ungewollt) gut auf den Punkt.

Es lässt sich abschliessend festhalten, dass sich im rekonstruierten Diskurs die Zielvorstellung eines „sich selbst dynamisierenden Menschen, der seine Persönlichkeit als Projekt einer permanenten Vervollkommnung entwirft" (Horn 2002, 123), zeigt. Die Arbeit am Selbst, am kranken und erwerbslosen Selbst, darf möglichst nicht aufhören, vielmehr bedürfte es einer „permanenten Steigerung und Selbstüberschreitung" (Horn 2002, 124). Eine aktive Haltung gegenüber der eigenen Erkrankung und insbesondere eine initiative Strategie zur Bewältigung und Überwindung der Erkrankung und der Erwerbslosigkeit zeichnen „gute" Klient_innen aus, während jene, denen dieses Prädikat nicht verliehen würde, als „passiv" gegenüber ihrer Erkrankung und als von dieser geradezu überwältigt geschildert werden. Dies zeigt sich beispielsweise daran, dass sie als sich stark auf ihre gesundheitliche Situation fokussierend beschrieben werden. Solange sie jedoch nicht an der Überwindung ihrer Erkrankung arbeiteten, solange gelingt es ihnen auch nicht, aus ihrer Erwerbslosigkeit zu finden – so kann diese Vorstellung zugespitzt werden.

Deutlich zeigt sich darin der Aktivierungsdiskurs, der Passivität verdammt und Aktivität zur Leitmaxime erhebt (vgl. Kocyba 2004; Lessenich 2008). Wer in diesem System das Pech hat, sowohl als „erwerbslos" als auch als „gesundheitlich eingeschränkt" kategorisiert zu werden, bedarf deshalb einer ‚doppelten Aktivierung' – in Bezug auf seine/ihre Erwerbslosigkeit und auf seine/ihre gesundheitliche Einschränkung (siehe dazu auch Kapitel 5.4).

Dem liegt die Vorstellung zugrunde, beides liesse sich durch den Einfluss der Klient_innen verändern, was so nicht stimmen muss: Bei Erwerbslosigkeit kommt es nicht bloss auf die Gestaltung und den Inhalt des eigenen „CVs", auf die Art und Anzahl der Bewerbungen, den Auftritt im Bewerbungsgespräch und ähnliches an, wie die RAV mitunter weismachen möchten – und insofern gewisse Aspekte habituell und damit dem Bewusstsein gar nicht unbedingt zugänglich sind, lassen sich diese nicht so leicht „optimieren". Erwerbslosigkeit als soziales Problem hängt massgeblich vom Gesellschafts- und Wirtschaftssystem, von der Struktur des Arbeitsmarktes, der gesellschaftlichen Verteilung von Arbeit und damit von der Arbeitsmarkt- und Sozialpolitik eines Landes und anderem mehr ab.

Einschränkungen gelten diesbezüglich auch für Gesundheit: Auch diese ist von sozialen, familiären, ökonomischen und nicht zuletzt auch von biologischen Faktoren geprägt. So hängt es von der Art, vom Schweregrad, dem Verlauf und den Genesungsprognosen einer Erkrankung, aber auch von der familiären und weiteren sozialen Unterstützung und schliesslich auch massgeblich von der Position im Sozialgefüge ab, nicht nur wie gut jemand eine Erkrankung „bewältigen" kann, sondern auch ob und wie häufig jemand erkrankt. Denn Gesundheit weist, wie ich in Kapitel 2.3 resümiere, einen „sozialen Gradienten" auf, was gemäss der entsprechenden Literatur zu „sozial bedingte[r] Ungleichheit gesundheitlicher Zustände in der Bevölkerung" (Bittlingmayer/Sahrei 2010, 25) führe. Diese vielfältigen Aspekte werden im untersuchten Feld selten berücksichtigt, wenn es um die Bewertung des Arbeits- und Genesungswillen der Klient_innen geht. Es stellt sich die Frage, inwiefern es sich hier um „symbolische Gewalt" (Bourdieu bspw. 2005) handelt – diese These greife ich im abschliessenden Kapitel 9.2 auf. Im Folgenden richtet sich der Fokus nun stärker auf die konkreten Strategien und die Anleitungen des Personals in Bezug auf ihre Klient_innen mit gesundheitlichen Einschränkungen.

7.3 „Das müssen Sie angehen“ – Gesundheit und Eigenverantwortung

Herausgearbeitet wurde, dass hinter dem Konzept der subjektiven Arbeits(un)fähigkeit die Frage nach dem Arbeits- und dem Genesungswillen steckt und dass es im untersuchten Feld individuelle Umgangsweisen mit der eigenen Gesundheit gibt, die als adäquater als andere gelten. Hier gehe ich nun daran anschliessend auf die konkreten Strategien ein, die das Personal in Bezug auf das Gesundheitsverhalten der Klient_innen anwendet. Diese Strategien werden mit – von mir sogenannten – Anleitungen verknüpft: Darunter sind Empfehlungen, Ratschläge, Hinweise und anderes zu verstehen, die die Mitarbeitenden ihren Klient_innen gegenüber äussern.

Paradigmatisch für Strategien des Personals, die sich unter „Normalisierungsarbeit“ (Maeder/Nadai 2004, 96) und unter Aktivierung fassen lassen, ist ein Ausschnitt aus einem Interview mit einer Mitarbeiterin des ZBE, die ich bereits in Kapitel 6.3 zitierte, deren Aussagen ich hier jedoch unter einem anderen Gesichtspunkt analysiere. Die Coach des ZBE spricht an dieser Stelle über eine junge Klientin, die in einer beruflichen Massnahme tätig ist.

> *„Man möchte ja auch […] an der beruflichen Integration ein Stück weit arbeiten. Und ich konfrontiere die Klientin im Coaching damit, dass … in der Wirtschaft ist sie nicht integrierbar, wenn sie ein Viertel ihrer Arbeitszeit krank ist. Und da möchten wir wie schauen -. Also wir möchten sie eigentlich unterstützen. Wir möchten nicht einen Beweis, dass sie wirklich krank ist. Sondern -. Sie sagt ja: Ja, ich bin erkältet oder ich habe dann Rückenschmerzen, weil ich auf dem Bau arbeiten musste. So, oder. … Ähm, erkältet … Ja, es sind immer wieder andere Sachen. Bauchweh, so. Aber wirklich eine Woche nach drei Wochen. Seit sechs, sieben Monaten, oder. Und ja, das ist ein Thema, das ich mit ihr im Coaching anschaue: Ok, worum geht es? […] Ja, wie geht man mit dem um, oder. Und drum haben wir jetzt mit diesem, also habe ich mit diesem Arzt Kontakt aufgenommen, um da wie eine Handhabung zu kriegen und auch die Klientin mit dem konfrontieren zu können. Ok, was können wir denn machen, oder. […] Man muss wie auch wissen, ok, aber um was geht es, oder.“* (Interview mit einer Mitarbeiterin des ZBE)

Problematisiert werden weniger die gesundheitlichen Einschränkungen an sich, sondern der Umgang mit diesen Einschränkungen; sowohl das Verhalten des Arztes als auch der Klientin selbst scheinen der Beraterin veränderungsbedürftig zu sein. Hinter gesundheitlichen Einschränkungen respektive einem als veränderungsbedürftig erachteten Umgang mit ihnen vermutet diese Coach etwas anderes. Sie hat den Eindruck, es stecke etwas dahinter, und fragt (sich) deshalb: Worum geht es eigentlich wirklich? Die „Konfrontation" der Klientin mit ihrem Verhalten im Coaching soll daher dem korrigierenden Einwirken auf den Umgang mit ihrer gesundheitlichen Einschränkung dienen. Denn sowohl das Gesundheitsverhalten der Klientin selbst als auch das Verhalten des Arztes werden in einen Widerspruch oder zumindest in ein Spannungsfeld zur Arbeit an der beruflichen Integration der Klientin, also zur Arbeit der interviewten Coach, gesetzt. In Zusammenhang mit diesem Spannungsfeld und diesen konfligierenden Interessen steht auch die Deutung gesundheitlicher Einschränkungen respektive des Umgangs damit als „Hindernis vor Stellenantritt" (um die Worte einer anderen Interviewpartnerin derselben Institution zu zitieren). Problematisch ist das (veränderungsbedürftige) Gesundheitsverhalten also speziell in Bezug auf Arbeit und zwar bezogen auf einen (in der Regel als homogen dargestellten) Arbeitsmarkt, dessen Anforderungen als antizipierbar erscheinen: „In der Wirtschaft ist sie nicht integrierbar, wenn sie ein Viertel ihrer Arbeitszeit krank ist." Ausgeblendet wird an dieser Stelle, dass ‚der' Arbeitsmarkt sehr unterschiedliche Stellen bietet. So verlangen die meisten Stellen weniger harte körperliche Arbeit als die jetzige Tätigkeit der Klientin „auf dem Bau". Der „erste Arbeitsmarkt", der hier konstruiert und homogenisiert wird, kann als Mittel zur Durchsetzung von Ansprüchen im zweiten Arbeitsmarkt und in diesem Sinne als Versuch der Disziplinierung der Klient_innen interpretiert werden. Kurzum: Es geht darum, dass sie die „klassischen Arbeitstugenden" einüben (vgl. Heinimann 2006, 21).

Wie schildert die Coach ihr konkretes Vorgehen in diesem Fall? Sie wählt zuerst die Strategie der Objektivierung, indem sie eine medizinische Einschätzung einholt (und diese Handlung zugleich mit einer Einflussnahme auf den Arzt der Klientin verbinden kann – siehe dazu meine Ausführungen in Kapitel 6.3). Anschliessend möchte sie die Klientin im Coaching mit den Ausführungen des Arztes – und wohl auch mit ihrem eigenen Eindruck der Klientin – „konfrontieren". Wozu dient dieses Konfrontieren? Vor allem die Coachs des ZBE brauchen im Zusammenhang mit der hier dargestellten

Strategie auch die Begriffe „spiegeln“[72], eine Perspektive „zurechtrücken“ und „mit der Realität konfrontieren“. Damit sind Strategien bezeichnet, die darauf abzielen, die „Selbstwahrnehmung“ der Klient_innen und die „Fremdwahrnehmung“ – in der Regel die Perspektive der Coachs auf ihre Klient_innen – zu einer besseren Übereinstimmung zu bringen. Solche Strategien lassen sich auch mit dem Begriff der „konfrontativen Pädagogisierung“ (Schallberger/Wyer 2010, 110) beschreiben. Bezogen auf die hier analysierte Aussage geht es der Coach darum, ihrer Klientin die Perspektive des ZBE zu vermitteln und ihr die Ansprüche der Arbeitsintegration zu verdeutlichen. Die „Realität“ und der „Arbeitsmarkt“, auf die die Coach zurückgreift, sind dabei Hilfsmittel. Nicht „die Realität“ soll vermittelt werden, vielmehr sollen die Erwartungen der Institution verdeutlicht und letztlich durchgesetzt werden. Konkret heisst das, die Coach möchte mit ihrer Technik der „Konfrontation“ erreichen, dass ihre Klientin einsieht, dass ihr Gesundheitsverhalten nicht dem der „guten“ Klientin entspricht. Um sich ‚richtig‘ zu verhalten – so lautet die implizite Botschaft an die Klientin –, wäre sie nicht mehr so oft krank beziehungsweise würde sie ihre Erkrankung nicht mehr dazu (miss-)brauchen, nicht zur Arbeit zu kommen, denn „manchmal kann man ja auch mit einer Erkältung arbeiten gehen“, wie die Coach sagt. Sie betreibt damit eine „Normalisierungsarbeit“. Maeder und Nadai verstehen unter dieser Kategorie, die sie in einer Studie zur Sozialhilfe in der Schweiz entwickeln, folgendes:

> *„Normalisierungsarbeit zielt auf die Handlungsebene der Klienten. Die Sozialarbeitenden versuchen damit ein Handlungsgefüge einzurichten, welches bei den Klienten erwartetes, erwünschtes, richtiges Verhalten erzeugen soll.“* (Maeder/Nadai 2004, 96)

Neben dem „Konfrontieren“ der Klient_innen besteht eine weitere Strategie der Normalisierungsarbeit darin, den Klient_innen „Differenzen in der Selbst- und Fremdwahrnehmung“ aufzuzeigen, indem sie auf (angebliche) „Widersprüche“ aufmerksam gemacht werden. Diese Strategie wendet Frau Becker bei Herrn Celik an:

> *Frau Becker: „Wenn ich Sie jetzt nochmals frage: Können und wollen Sie arbeiten?“ Herr Celik: Ja, wenn die Stadt ihm helfe, wenn die Stadt, die Sozialhilfe oder das Arbeitsamt ihm helfe, eine Stelle zu finden. Das Problem sei einfach, er könne nicht auf die Knie, er*

72 Die im untersuchten Feld – vor allem für die Coachs – zentrale Praktik des „Spiegelns“ stammt aus dem Psychodrama (vgl. Horn 2002, 120).

> *könne keine Leiter rauf, könne nicht tragen. „Das ist das Problem. Sonst bin ich zufrieden mit meinem Beruf." Frau Becker: „Wenn ich zusammenfasse, was Sie mir sagen, finde ich Widersprüche. Sie sagen: ‚Ja, ich will arbeiten, ich liebe den Malerberuf. Aber ich kann nicht mehr.' Also müssen wir doch nicht mehr über den Malerberuf sprechen!" Herr Celik: „Ich kann sonst nichts." Frau Becker: „Schauen Sie, es gibt doch noch Betriebsmitarbeiter, da arbeiten Sie an einem Fliessband. Sie müssen sich halt für die richtigen Stellen bewerben."* (Beobachtungsprotokoll)

Aus der Optik des Personals ist es „widersprüchlich", wenn Klient_innen ihre Funktionseinschränkungen betonen, aber zugleich auch ihren Arbeitswillen beteuern. Stattdessen wird von diesen Klient_innen erwartet, dass sie ihre „Restarbeitsfähigkeit" und die ihnen verbleibenden Optionen auf dem Arbeitsmarkt in den Blick nehmen. Beratungen wie auch Coaching können als „Optionalisierungsdispositiv" (Traue 2010) verstanden werden: Es geht darum, den Klient_innen Optionen aufzuzeigen. Frau Becker sagt deshalb auch zu Herrn Celik: „Wissen Sie, was ich nicht will? Ich will nicht, dass Sie arbeiten und nur sehen, was nicht geht. Es ist besser, wenn Sie sehen, was geht. Wenn Sie steigern können." Insofern als hier versucht wird, auf die Selbstwahrnehmung und auf das (Gesundheits-)Verhalten des Klienten einzuwirken, kann auch diese Strategie als Normalisierungsarbeit bezeichnet werden.

Mit Normalisierungsarbeit und mit Aktivierung sind ferner Praktiken verknüpft, die Gesundheit individualisieren und die Verantwortung dafür den Klient_innen zuschreiben, die also responsibilisierend wirken: Dass Gesundheit im untersuchten Feld individualisiert wird, das heisst dem Individuum zugeschrieben wird, konnte in diesem Kapitel bereits mehrfach gezeigt werden: So entsteht beim Personal der Eindruck, dass gewisse Klient_innen zu wenig machen, um wieder gesund und arbeitsfähig zu werden. Ist Gesundheit einfach eine Willenssache, ein mentales Problem? Im folgenden Auszug aus dem Beobachtungsprotokoll findet sich diese Vorstellung. Es handelt sich um ein „Standortgespräch", das im Rahmen eines Programms für vorübergehende Beschäftigung stattfindet und zwar zwischen dem Coach Herr Bohrer, dem Klienten Herr Kaya und Herrn Schmid (siehe auch die Analysen zu dieser Sequenz in Kapitel 5.2). Nachdem Herr Schmid seine Eindrücke von Herrn Kaya schilderte und dessen Leistungsfähigkeit als ‚unterdurchschnittlich' beschreibt, findet ein Ausblick statt:

Herr Bohrer kommt nochmals auf seine Frage zurück, wie es weiter gehen soll und wendet sich an Herrn Schmid, der antwortet: „Wenn wir durch die Tagesstruktur die psychische Stabilität steigern können, dann ist das ok. Aber um die Leistungsfähigkeit zu steigern, da muss im Kopf noch etwas passieren, damit es eine Annäherung an den Arbeitsmarkt gibt." Die Nachfrage des Coachs, ob es zu früh sei für Arbeitsintegration, bejaht der Leiter der Werkstatt. Er wiederholt: „Von der mentalen Situation her muss etwas passieren. Im Kopf. Herr Kaya braucht noch Zeit. Es ist möglich, weitere Versuche zu machen, zum Beispiel ein Oval auszusägen, um herauszufinden, warum das Sägen nicht ging bisher." Und an Herrn Kaya gewandt erläutert er: „Dass Sie versuchen zu sägen und nicht gleich aufgeben, damit Sie wissen, warum es nicht geht." (Beobachtungsprotokoll)

Die Leistungseinschränkungen des Klienten werden nicht auf eine gesundheitliche Beeinträchtigung zurückgeführt, sondern auf eine „mentale Situation". Dies wird unterstrichen durch den Vorschlag Herrn Schmids, Herr Kaya solle während eines „Versuchs" herauszufinden probieren, „warum es nicht geht". Die Funktionseinschränkung wird damit auf eine ‚mentale Blockade' reduziert, zu deren Auflösung es bloss einer Selbsterforschung bedürfe – so kann aus diesem Gespräch geschlossen werden.

Die französische Soziologin Claudine Herzlich, die unterschiedliche subjektive Gesundheitsverständnisse erforschte, zeigt, dass Gesundheit mitunter als „Aufgabe" verstanden wird (Herzlich 1973). Hier ist es aber nicht der Klient selbst, der Gesundheit so versteht, sondern es sind die Fachkräfte: Sie formulieren die Ergebnisse des „Standortsgesprächs" so, dass aus den Einschränkungen des Klienten etwas wird, das er „angehen muss". So formuliert es der Coach Herr Bohrer auch im Abschlussgespräch des Coachings.

Herr Kaya kommt auf seine Schulden zu sprechen, worauf der Coach entgegnet: „Die Schulden bleiben. Die müssen Sie angehen, so wie auch die Depression." (Beobachtungsprotokoll)

Der Klient wird mehrfach ‚aktiviert', sowohl bezüglich seiner Schulden als auch bezüglich seiner Depression. Es wird ihm klar gemacht, dass er eine aktive Rolle spielen und diese Probleme „angehen" müsse. Damit wird dem Klienten die Verantwortung für seine Gesundheit zugeschrieben; es findet eine Responsibilisierung statt.

Zur beobachteten Verantwortungszuschreibung von Gesundheit an die Klient_innen gehören auch Anleitungen des Personals, die auf „Technologien des Selbst“ (Foucault 1993) zielen wie Spazierengehen, sportliche Tätigkeiten, Entspannungstechniken und andere als positiv bewertete Verhaltensweisen. Foucault versteht unter „Technologien des Selbst“ solche,

> *„die es dem Einzelnen ermöglichen, aus eigener Kraft oder mit Hilfe anderer eine Reihe von Operationen an seinem Körper oder seiner Seele, seinem Denken, seinem Verhalten und seiner Existenzweise vorzunehmen, mit dem Ziel, sich so zu verändern, dass er einen gewissen Zustand des Glücks, der Reinheit, der Weisheit, der Vollkommenheit oder der Unsterblichkeit erlangt.“* (Foucault 1993, 26)

Denn „gute“ Klient_innen sind solche, die sich nicht nur um Arbeit bemühen und Arbeitswillen zeigen, sondern die sich auch ‚aktiv‘ um ihre gesundheitlichen Einschränkungen kümmern, die Sport treiben, um ihre gesundheitliche Situation zu „stabilisieren“, die bereit sind, sich einer Therapie (sei sie medikamentös oder sei es eine Psychotherapie) zu unterziehen, die sich in irgendeiner Form aktiv an der Heilung oder zumindest Stabilisierung der Krankheit beteiligen. Wer jedoch keine Bemühungen in diese Richtung unternimmt, wird es schwierig haben, als „gute_r Klient_in“ zu gelten. Diese Aufforderungen oder Empfehlungen des Personals, die einen ganz spezifischen Umgang mit Gesundheit zum Ziel haben, schreiben die Verantwortung für die Gesundheit respektive für die Genesung einseitig den Betroffenen zu. Wie schon Mauss (1975) zeigte, sind Körpertechniken allerdings schicht- und gesellschaftsspezifisch. Diesem Umstand wird allerdings kaum Rechnung getragen.

7.4 Zusammenfassung und Fazit: Individualisierung und Responsibilisierung von Arbeits(un)fähigkeit

Die Objektivierung von Arbeits- und Leistungsfähigkeit (siehe dazu Kapitel 6) findet ihren Ausdruck auch in der zentralen Unterscheidung zwischen objektiver und subjektiver Arbeitsfähigkeit. Während erstere als eindeutig bestimm- und quantifizierbar gilt, ist letztere Ansatzpunkt für pädagogische und psychologische Interventionen und für Umdeutungen, was ich mit „Normalisierungsarbeit“ (Maeder/Nadai 2004, 96) fasse. Darin zeigt sich, dass Gesundheit respektive gesundheitliche Einschränkungen im untersuchten Feld als bearbeitbar und gestaltbar gelten.

Die untersuchten Arbeitsintegrationsagenturen stossen bei der beruflichen Integration gesundheitlich eingeschränkter Erwerbsloser rasch an Grenzen, die insbesondere durch den Arbeitsmarkt und durch andere Zweige im System sozialer Sicherung markiert werden. In der Folge rücken die individuellen Bewältigungsstrategien der Klient_innen ins Zentrum der Fallbearbeitung – was als institutionelle Strategie, den Fall „bearbeitbar" zu halten, interpretiert werden kann. Die gesundheitlichen Einschränkungen ebenso wie die Erwerbslosigkeit werden als „Aufgabe" (Herzlich 1973) kodiert, die es individuell zu bearbeiten gilt. Dies zeigt sich beispielsweise an der diskursiven Figur des gesundheitlich eingeschränkten Klienten, der einen ungebrochenen Arbeits- und Genesungswillen aufweist und kontinuierlich an seinen Problemen ‚arbeitet' und deshalb als „guter" Klient gilt. Hier scheinen gesellschaftlich durchgesetzte Normalitätsvorstellungen durch.

Der Umgang mit der eigenen Gesundheit erscheint in der Folge als wählbar und in individueller Verantwortung liegend und wird vom Personal mitunter als „normal", wünschbar oder auch als „abweichend" bewertet: Beispielsweise wird ein bestimmtes „Gesundheitsverhalten", das als passiv beschrieben wird, problematisiert und als veränderungsbedürftig dargestellt. Denn Klient_innen, die „die Gesundheit immer zum Thema machen", stehen im Verdacht, ein „Motivationsproblem" in Bezug auf Arbeit zu haben – und sollen daher lernen, ihre Gesundheit auch mal „zurückzustecken". Diesbezüglich kann von individualisierenden und responsibilisierenden Prozessen gesprochen werden.

Auch wenn Körper wohl zu allen Zeiten und in allen Kulturen verändert und verbessert werden konnten und wurden (vgl. Maasen 2008, 100), stellt sich doch die Frage, ob der Zugang zu solchen Praktiken der körperlichen Selbstverbesserung allen Menschen immer und überall gleichermassen offenstand. Anzunehmen ist, dass diese Möglichkeiten je nach sozialer Position, nach habituellen Dispositionen und Kapitalausstattung und auch nach Geschlecht und Herkunft variieren. Das Konzept der Beschäftigungsfähigkeit respektive "Employability" erscheint vor diesem Hintergrund als voraussetzungsvoll, verweist es doch auf ein Ideal, eine Norm, die einen ganz bestimmten körperlichen Habitus – eine spezifische Hexis (vgl. Bourdieu 1987) – und einen bestimmten Lebensstil vor Augen hat. Denn ausgeblendet wird, dass die Voraussetzungen zur Optimierung der eigenen Beschäftigungsfähigkeit ebenso wie jene zur Verbesserung der eigenen Gesundheit von sozialer Ungleichheit geprägt sind (siehe dazu auch Kapitel 2.3). Ausserdem kann auch der Lebensstil einer Person nicht als ausschliesslich individuell aufgefasst werden, denn eine „gesundheitsrelevante" Lebensführung ist durch die soziale Position, die Biografie, das zur Verfügung stehende kulturelle Kapital und weiteres mehr geprägt (vgl. Abel/Abraham/Sommerhalder 2009).

8 „Dafür brauchen Sie einen gesunden Rücken" – Gesundheit als Selektionskriterium

Sozialverwaltungen leiden unter chronisch knappen Mitteln. Daher sind sie genötigt, ihre Mittel möglichst effizient und effektiv einzusetzen (Dahme/Wohlfahrt 2008). Das gilt erst recht für den „investierenden Sozialstaat" (vgl. Esping-Andersen 2002; Lessenich 2012), der seine Investitionen so lohnend wie möglich einsetzen möchte, wozu er eine Selektion betreiben muss (vgl. Nadai/Hauss/Canonica 2013): Gemäss dieser Logik muss er jene Klient_innen, von denen angenommen wird, eine Investition in sie würde sich zu einem späteren Zeitpunkt ausbezahlen – also die „Bodensatzrosinen", wie ein Coach in unserem Forschungsfeld es ausdrückt –, von den anderen, die als wenig ‚investitionswürdig' erscheinen, unterscheiden. Wie wird bei dieser „Selektionsarbeit" vorgegangen, welche Praktiken und Logiken finden sich und welche Funktion kommt dabei der Gesundheit der Klient_innen zu?

Zunächst erläutere ich, wie das Personal der beiden erforschten Arbeitsintegrationsagenturen seine Aufgabe hinsichtlich gesundheitlich eingeschränkter Klient_innen wahrnimmt und beschreibt (Kapitel 8.1). Ärztliche Einschätzungen der Arbeits(un)fähigkeit der Klient_innen reichen dem Personal als (empirische) Basis zur Einschätzung der ‚Integrierbarkeit' der Klient_innen nicht immer aus, da medizinische Gutachten selten explizit auf den Arbeitsmarkt Bezug nähmen. Das Personal ergänzt das ‚Bild' über die Klient_innen daher durch weitere „Abklärungen": Insbesondere sogenannte Arbeitsversuche im Rahmen von „Beschäftigungsprogrammen" oder im ersten Arbeitsmarkt sollen darüber Aufschluss geben, was die Klient_innen „wirklich noch können". Das führt mitunter dazu, dass berufliche Optionen für Klient_innen wegen ihrer gesundheitlichen Einschränkungen ausgeschlossen werden.

Darauf aufbauend zeige ich im folgenden Kapitel (8.2), welche Rolle gesundheitliche Einschränkungen der Klient_innen spielen können, wenn es um die Finanzierung von Weiterbildungen geht. Anhand der gemachten Beobachtungen wird die These einer Flexibilisierung der Gesundheit von Klient_innen durch das Personal entwickelt.

Schliesslich wird in Kapitel 8.3 der Frage nachgegangen, welche Funktion der Gesundheit beim Ausschliessen bestimmter beruflicher Optionen und beim „Abschliessen" von Fällen zukommt. Mittels eines Fallbeispiels arbeite ich heraus, inwiefern durch die Sichtbarmachung von Arbeitsunfähigkeit und von gesundheitlichen Einschränkungen eine „strategische Funktionalisierung“ (Menz 2008, 92) von Gesundheit stattfindet, wenn sich Fälle als „nicht vermittelbar“ und damit als nicht mehr „bearbeitbar“ herausstellen.

8.1 „Wir müssen sie davon wegbringen“ – Gesundheit und Ausschluss beruflicher Optionen

Ärztliche Einschätzungen der Arbeits(un)fähigkeit der Klient_innen sind zwar für die ‚Integrationsarbeit‘ des Personals zentral (siehe dazu Kapitel 6), sie reichen gemäss den Aussagen des Personals als Basis zur Einschätzung der ‚Integrierbarkeit‘ der Klient_innen allerdings selten aus. Das hat unterschiedliche Gründe: So sind ärztliche Berichte für Laien nur schwer zu verstehen und bedürfen daher einer ‚Übersetzung‘, um anschlussfähig an die Aufgabe der Arbeitsintegration zu sein. Ferner beziehen sich medizinische Einschätzungen zwar auf berufliche Tätigkeiten, sie orientieren sich aber selten an der Arbeitsmarktlage, die für die Berater_innen in der Arbeitsintegration allerdings den zentralen Massstab darstellt, wenn es um die Beurteilung der Integrierbarkeit oder der Arbeitsmarkttauglichkeit der Klient_innen geht. Im Folgenden gehe ich zunächst der Frage nach, welcher Übersetzungsprozesse medizinische Einschätzungen bedürfen und was das Personal im Kontrast und in Ergänzung zum „klinischen Blick“ (Foucault 2008) als seine eigene Aufgabe beschreibt, bevor ich skizziere, welche Mittel dem Personal zur Erfüllung seiner zentralen Aufgabe, die Arbeitsmarktfähigkeit der Klient_innen zu beurteilen, zur Verfügung stehen.

Eine Personalberaterin eines Regionalen Arbeitsvermittlungszentrums (RAV) der Arbeitslosenversicherung im Standortkanton von Matrix stellt im Interview klar, sie sei „keine Medizinerin“, um auszuführen, dass sie die Arbeits(un)fähigkeit von gesundheitlich eingeschränkten Personen nicht einschätzen könne. Sie führt im Interview ausserdem aus, dass es dazu nicht nur eines spezifischen medizinischen Fachwissens bedürfe, sondern dass Mediziner_innen zudem ein kodiertes bzw. kodifiziertes Fachvokabular verwendeten (vgl. auch Atkinson 1995), das zu verstehen Laien oftmals kaum möglich sei. Sie ist deshalb froh, dass durch nicht-medizinisches Personal der Invalidenversicherung eine Art Übersetzung in eine – für versicherungsrechtlich geschulte Personen – verständliche Sprache erfolge.

> *„Medizinische Berichte können 750-seitige Berichte sein. Das sprengt meinen zeitlichen Rahmen und auch mein Fachwissen, ja ich verstehe das auch nicht alles und da bin ich immer froh,*

wenn die Invalidenversicherung dann in Kurzversion ihren Stand mitteilt. Das sind nicht Ärzte, die mir das mitteilen, sondern das sind Personen wie ich, die einfach vom Versicherungstechnischen sagen: ,Ja, das ist das, das sind die und die Einschränkungen, die haben wir erkannt und das ist der Werdegang und wir stehen heute an dem Punkt, können sagen, das und das und das ist möglich, und das und das und das ist nicht möglich. Wir sehen diese Schwierigkeit und wir haben ihn so erlebt.'" (Interview mit einer Mitarbeiterin eines RAV)

Zur Rezeption medizinischer Unterlagen braucht es spezifische Kompetenzen – und ausserdem Zeit. Diese Personalberaterin ist deshalb auf die Arbeit der Invalidenversicherung angewiesen, welche nicht nur eigene medizinische Untersuchungen und Einschätzungen durch den Regionalärztlichen Dienst (RAD) vornehmen lassen kann, sondern auch die Rezeption medizinischer Unterlagen und deren Zusammenfassung und Übersetzung in eine versicherungstechnische Fachsprache vornimmt. Der Fokus der Invalidenversicherung liegt dabei – in den Worten der RAV-Mitarbeiterin – auf der Bestimmung und der Einschätzung der Einschränkungen und der Möglichkeiten der Klient_innen.

Der Übersetzungsbedarf medizinischer Berichte in eine „Versicherungssprache" wird auch von einem anderen Mitarbeiter des Regionalen Arbeitsvermittlungszentrums angesprochen:

„Die Mediziner machen die Abklärungen und die Invalidenversicherung hat dann Spezialisten, die diesen medizinischen Bericht in die Versicherungssprache und in die Stellensuchsprache übersetzen. ((lachen)) Das ist kompliziert. ((lachen)) Die medizinischen Berichte muss man richtig interpretieren können und das macht die Invalidenversicherung. Die müssen diesen medizinischen Bericht in die Versicherungssprache übersetzen, sodass sie beurteilen können, was ist möglich. Und diesen Bericht bekommen wir dann." (Interview mit einem Mitarbeiter eines RAV)

Hinter den unterschiedlichen „Sprachen" verbergen sich unterschiedliche Logiken der involvierten Institutionen und Berufsgruppen. Zur medizinischen Logik und der Versicherungslogik gesellt sich diejenige der beruflichen Integration, die hier als „Stellensuchsprache" bezeichnet wird.

Ärztliche Zeugnisse und Berichte sind für die Coachs, Assessor_innen und Case Manager_innen also Anhaltspunkte, um einschätzen zu können, welchen Tätigkeiten ihre gesundheitlich eingeschränkten Klient_innen noch nachkommen können. Diese Zeugnisse bedürfen aber einer Interpretation, zum Teil gar einer „Übersetzung". Während der „medizinische Teil" Sache von Mediziner_innen beziehungsweise der Invalidenversicherung ist, sehen sich die untersuchten Arbeitsintegrationsagenturen für andere Teile des Falls zuständig. So sagt ein Personalberater eines RAV:

> *„Im Prinzip der Umschulungsteil, was der Klient für Alternativen hat auf dem Arbeitsmarkt, das ist eigentlich nicht unbedingt unser Teil hier. […] Die IV-Berufsberatung ist sehr umfassend, dort werden Eignungstests gemacht und die kennen die Berufsfelder und Berufsbilder viel detaillierter als wir. Aber das Problem ist dann der Arbeitsmarkt, das ist ein anderer Teil. Die schauen: Was gibt es, was kann man machen, welche Alternativen gibt es. Aber der Arbeitsmarkt wird in diesem Teil eben zu wenig berücksichtigt. […] Die Leute kommen von der Berufsberatung der IV und wissen dann den Bereich. Und wir sind dann die, die den Arbeitsmarktteil anschauen. Wir nehmen entgegen, was die Leute von der Berufsberatung bekommen haben, und schauen dann, wie passt das mit dem Arbeitsmarkt zusammen."* (Interview mit einem Mitarbeiter eines RAV)

Die Einschätzung der Arbeits(un)fähigkeit und der Vermittelbarkeit erschöpft sich nicht in dieser „medizinischen Sicht" – denn es handelt sich dabei nicht um Konzepte, die rein medizinischer Natur sind. Der Fall wird durch die Arbeitsteilung respektive die Segmentierung im System der sozialen Sicherung gleichsam fragmentiert: Er weist neben dem medizinischen Teil einen Versicherungsteil bzw. einen „Umschulungsteil" und einen „Arbeitsmarktteil" auf. Der Umschulungsteil, „was der Klient für Alternativen hat auf dem Arbeitsmarkt", liegt in der Zuständigkeit der IV-Berufsberatung, während das RAV als verantwortlich für den „Arbeitsmarktteil" gesehen wird: „Wir nehmen entgegen, was die Leute von der IV-Berufsberatung bekommen haben, und schauen dann, wie passt das mit dem Arbeitsmarkt zusammen."

Sowohl private Krankentaggeldversicherungen als auch die Regionalärztlichen Dienste, die mit der Invalidenversicherung zusammenarbeiten, abstrahieren explizit vom konkreten Arbeitsmarkt in der Schweiz beziehungsweise gehen sie grundsätzlich von einem „ausgeglichenen Arbeitsmarkt" aus, denn die Erwerbsfähigkeit wird „medizinisch-theoretisch" festlegt – und eben nicht in Bezug auf die faktische Arbeitsmarktlage. Das lässt sich sehr gut an einer Sequenz im Erstgespräch zwischen der Sozialberaterin Frau Favre und dem Ehepaar Eren verdeutlichen (siehe dazu auch Kapitel 6.1):

> *Nachdem Frau Eren, die Ehefrau des Klienten, auf Nachfrage der Sozialarbeiterin Frau Favre ausführt, dass ihr Mann so eingeschränkt sei, dass er nicht einmal Hausarbeit machen oder ihr Kind betreuen könne, fragt Frau Favre weiter: „Sie hatten ja Krankentaggelder eines privaten Versicherers zu Beginn Ihrer Krankheit. Ist da mal eine IV-Anmeldung besprochen worden?" Frau Eren antwortet: „Nein. Der private Versicherer hat meinem Mann nicht geglaubt und hat ihn zum Vertrauensarzt geschickt. Dort musste er Tests machen, Nägel von der Tischplatte hochheben. Kleine, leichte Nägel. Das kann doch jeder! Nicht etwas Schweres. Mein Mann hat es gemacht. Da haben sie gesagt, er ist 100% arbeitsfähig bei leichter Arbeit. Aber diese leichte Arbeit gibt es nicht. Mein Mann ist halt ein Ruhiger, er wehrt sich nicht, sagt nichts, wenn er Schmerzen hat. Ich verstehe das manchmal nicht, sage ihm, er müsse sich halt auch wehren und sagen, wenn es weh tut. Der private Versicherer hat ja dann die Krankentaggelder abgelehnt." Frau Favre entgegnet: „Ich kann das noch nachvollziehen. Diese Bewegung mit den Nägeln entspricht dem, was man bei einer leichten Arbeit macht." Frau Eren sagt: „Aber er kann nicht länger als eine Viertelstunde sitzen oder stehen."* (Beobachtungsprotokoll)

Aufgrund des Ergebnisses eines Tests (Herr Eren kann sitzend leichte Nägel hochheben) folgert der private Versicherer, dass Herr Eren leichte Arbeit verrichten könne. Dieser Befund kollidiert mit Frau Erens Einschätzung der Leistungsfähigkeit ihres Mannes, den sie bei alltäglichen Verrichtungen als stark eingeschränkt wahrnimmt. Es lässt sich an diesem Beispiel sehen, dass die Bestimmung der Gesundheit des Klienten von verschiedenen Seiten vorgenommen wird und Gegenstand eines Interpretationskampfes ist („er wehrt sich nicht"). Der Arbeitsmarkt mit seiner konkreten Ausprägung und seinen Opportunitäten wird explizit nicht berücksichtigt bei dieser Art von Test. Denn diese „Beobachtungspraxis" (Kelle 2010, 19) fokussiert primär auf einzelne Körperfunktionen und segmentiert den Körper damit gleichsam (vgl. Schroer 2005). Die Testanlage ist so beschaffen, dass wohl fast jede_r diese Tests besteht. Denn theoretisch gäbe es auch Berufe wie die eines „Matratzentesters“ oder eines „Museumswärters“, die es erlaubten, entweder „den ganzen Tag [zu] liegen“ oder „zu sitzen, stehen, laufen, reden, ruhig sein“, wie der Leiter eines RAD im Interview sagt. Der interviewte Arzt konstatiert: „Jeder, der sich bewegen kann, kann das machen.“

Die Gesundheit der Klient_innen wird damit dekontextualisiert, denn sowohl der konkrete Arbeitsmarkt als auch die beruflichen Qualifikationen, Kompetenzen und die psychosoziale Situation der Klient_innen werden ausgeblendet. Insofern kann von einer Funktionalisierung von Gesundheit gesprochen werden, denn diese Art von Tests soll Arbeitsfähigkeit produzieren, nicht Arbeitsunfähigkeit.

Anders präsentiert sich die Lage in den untersuchten Arbeitsintegrationsdiensten: Im Gegensatz zu den privaten Versicherungen und den Regionalärztlichen Diensten, die im Auftrag der Invalidenversicherung Gesundheitsschäden abklären, ist für sie der (konkrete) Arbeitsmarkt eine zentrale Referenz, denn die „Arbeitsintegrationsspezialisten“ – wie eine Selbstbezeichnung lautet – sehen sich mit der Aufgabe betraut, den „Arbeitsmarktteil“ zu bearbeiten. Sie müssen einschätzen, welche beruflichen Optionen der Arbeitsmarkt für ihre Klient_innen bietet – und welche nicht. Dabei geht es darum, die „Passung“ von Klient_innen und Arbeitsmarkt zu eruieren respektive die Arbeitsmarkttauglichkeit der Klient_innen auszuloten. Die Einschätzungen einer solchen Passung beruhen zwar teilweise auf medizinischen Beurteilungen und auf Befunden der „Umschulungsexperten“ bzw. Versicherungsspezialist_innen, gehen aber darüber hinaus. Fälle mit einem „medizinischen Teil“ müssen also ergänzt und ‚übersetzt‘ werden, um die Aufgabe der Arbeitsintegration wahrnehmen zu können. Gesundheitliche Beeinträchtigungen werden so zu Zeichen, die es zu dechiffrieren gilt – zu Zeichen, was eine Person noch leisten kann und was nicht. Welche Mittel stehen dem Personal dafür zur Verfügung?

Geschätzt werden von den Integrationsspezialisten insbesondere „Arbeitsversuche“ unter quasi-realen Bedingungen. Ein RAV-Berater erläutert der Forscherin, dass die beste Potentialabklärung direkt im Arbeitsmarkt bei einem Arbeitgeber sei. Da sehe man am besten, was eine_r leisten könne; das bestätigten auch die Anbieter von solchen Abklärungen. Aber das finde man schwer, wie der RAV-Berater erläutert. Deshalb wird vor allem auf „Arbeitsversuche“ in „Programmen vorübergehender Beschäftigung“ zurückgegriffen. Über ein solches Programm sagt ein Coach des ZBE im Interview: „Das sind Stellen zum Abklären, zum Ausprobieren." Eine Strategie des Personals im Umgang mit gesundheitlich eingeschränkten Klient_innen besteht also darin, einen spezifischen Beobachtungskontext zu schaffen, in dem sich die Arbeits(un)fähigkeit ebenso wie die Arbeitsmarkttauglichkeit ‚zeigen' sollen.[73] Diese Strategie kann zur „Objektivierungsarbeit" (siehe Kapitel 6) gerechnet werden; sie kommt allerdings ohne medizinische Expertise aus:

> *Auf die Nachfrage des Forschers nach Möglichkeiten für Abklärungen antwortet eine Case Managerin bei Matrix, man brauche die Abklärungsmassnahmen für Leute, die lange nicht gearbeitet hätten, als kleines Training, um zu schauen, was noch gehe.* (Beobachtungsprotokoll)

Ganz ähnlich äussern sich zwei Mitarbeiterinnen eines RAV im Interview:

> *„Mit diesen Beschäftigungsprogrammen oder mit der kaufmännischen Übungsfirma, wenn jetzt zum Beispiel jemand eine Behinderung hat, dann ist das gleichzeitig dann für uns auch eine Arbeitsabklärung. Was kann der Klient leisten? Wie belastbar ist er? Wie schnell ist er?"* (Interview mit zwei Mitarbeiterinnen eines RAV)

Bei dieser Strategie geht es darum, „zu schauen", wie Klient_innen an einem Arbeitsplatz – zum Beispiel an einem Trainingsarbeitsplatz oder bei einer Tätigkeit im Rahmen eines Programms für vorübergehende Beschäftigung – „reagieren", was „noch geht". Während hier primär die Leistungs- und Arbeitsfähigkeit der Klient_innen im Zentrum steht, erwähnen andere Fachkräfte die Prüfung der Lebensführungskompetenz bzw. der "Employability" der Klient_innen. Auf die Frage, welche Fälle in ein Programm vorübergehender Beschäftigung überwiesen würden, antwortet ein Coach:

---

73 Neben der hier fokussierten Funktion der Beobachtung, Visibilisierung und Objektivierung von Arbeits(un)fähigkeit und von Employability in und durch „Arbeitsversuche" erfüllen diese noch andere Zwecke, auf die ich hier aber nicht näher eingehen kann. So dienen solche „Massnahmen" neben der Beschäftigung und der Beratung mitunter auch der Kontrolle und Disziplinierung der Klient_innen, z.B. indem „klassische Arbeitstugenden" eingeübt werden (Heinimann 2006, 21; vgl. auch Koch 2010; Kuehni 2008: Maeder/Nadai 2009a; Nadai/Maeder 2008; Schallberger/Wyer 2010).

„Wo noch mehr abgeklärt werden müsste, jemand, bei dem ich unsicher bin, ob diese Person pünktlich ist, unpünktlich oder einfach so ... keinen Rhythmus mehr hat und all das." (Interview mit einem Coach des ZBE)

Ferner ist auch Gesundheit ein Objekt solcher Abklärungen. Das zeigt sich im Interview mit einem Assessor des ZBE. Als dieser über eine seiner Klient_innen sagt, sie müsste eine „Chance" kriegen im ersten Arbeitsmarkt, fragt die Interviewerin, ob der Berater das Gefühl habe, die Klientin sei „eigentlich grundsätzlich arbeitsfähig, einfach reduziert". Er antwortet:

„Reduziert ja. Ich kann nicht beurteilen, wie zuverlässig sie dann ist. Oder ob sie dann wieder ihre Flucht in eine Krank-, also in der Flucht. Ich meine, man könnte mit ihr nochmals versuchen, einen Trainingsarbeitsplatz[74] *zu machen und schauen, wie sie reagiert."* (Interview mit einem Mitarbeiter des ZBE)

Der Klientin wird eine – zwar reduzierte – Arbeitsfähigkeit attestiert, der im Grunde nur ihr „Muster", sich in ihre Krankheit zu flüchten, im Wege stehen könnte. An einem Trainingsarbeitsplatz würde sich deshalb zeigen, wie – mit welchem Bewältigungsmuster – die Klientin nun reagieren würde. Ein solcher spezifischer Beobachtungskontext wird vom Personal vielfach gefordert und teilweise auch eingesetzt, wenn es um „Abklärungen" der Gesundheit, der Arbeits- und Leistungs(un)fähigkeit und mitunter auch des Arbeitswillens der Klient_innen geht.

Diese Praktik des „Abklärens" kann als Strategie des Objektivierens bezeichnet werden: Sie möchte – ähnlich wie die in Kapitel 6 rekonstruierten Strategien, die ich unter Medikalisierung gefasst habe – möglichst ‚objektive' Daten über die Klient_innen ermitteln, um auf dieser Basis einschätzen zu können, „was noch geht" und wie die Arbeit der beruflichen Integration zu gestalten sei. Das Ziel ist, möglichst „klare Fälle" herzustellen. Bei den „Arbeitsversuchen" geht es insbesondere um die Objektivierung der Arbeitsmarkttauglichkeit der Klient_innen. Employability ist eng verknüpft mit Gesundheit oder anders gesagt: Gesundheit ist ein zentraler Bestandteil der Employability (vgl. Boltanski/Chiapello 2003; Schultheis 2012).

Das zeigt sich bei Herrn Kaya besonders deutlich, der im Rahmen eines Programms vorübergehender Beschäftigung tätig ist (siehe Kapitel 5.2). Im

74 Damit ist eine Tätigkeit zum Beispiel im Rahmen eines Beschäftigungsprogramms oder in einer Potentialabklärung gemeint.

Rahmen einer „Standortbestimmung“ verhandeln der Coach Herr Bohrer und der Leiter des Beschäftigungsprogramms Herr Schmid, wie es „weitergehen“ solle bei Herrn Kaya:

> *Herr Bohrer kommt nochmals auf seine Frage zurück, wie es weiter gehen soll und wendet sich an Herrn Schmid, der antwortet: „Wenn wir durch die Tagesstruktur die psychische Stabilität steigern können, dann ist das ok. Aber um die Leistungsfähigkeit zu steigern, da muss im Kopf noch etwas passieren, damit es eine Annäherung an den Arbeitsmarkt gibt.“* (Beobachtungsprotokoll)

Die zumeist eintönigen Tätigkeiten in Programmen vorübergehender Beschäftigung können nicht direkt mit Tätigkeiten im ersten Arbeitsmarkt verglichen werden, denn sie werden nicht im Rahmen einer entlohnten Arbeit verrichtet. Ausserdem handelt es sich teilweise um „simulierte Arbeitswelten“ (Nadai 2007a) respektive um „fiktive Beschäftigungssituationen“ (Heinimann 2006, 23), wenn die produzierten Güter entweder fiktiv oder für keinen Markt bestimmt sind. Damit findet eine Dekontextualisierung von Arbeits(un)fähigkeit und von Arbeitsmarkttauglichkeit statt.

Der „erste Arbeitsmarkt“ wird homogenisiert und ist dadurch als Konstrukt zu erkennen, das primär der Normalisierung und Disziplinierung der Klient_innen im ergänzenden Arbeitsmarkt dient. Die Testarbeitsplätze sollen ‚die‘ Anforderungen ‚des‘ Arbeitsmarkts simulieren, wobei ausser Acht gelassen wird, dass der Arbeitsmarkt äusserst heterogen ist und die Anforderungen einer konkreten Arbeitsstelle kontextgebunden und daher höchst unterschiedlich sind. ‚Die‘ Anforderungen lassen sich also kaum replizieren. Denn der Arbeitsmarkt, an dem die Klient_innen in diesen „Arbeitsversuchen“ ‚gemessen‘ werden, wird dabei selten in seiner heterogenen, stark ausdifferenzierten, ethnisch und geschlechtlich segmentierten und ungleichheitsgenerierenden Form berücksichtigt. Vielmehr wird er homogenisiert, wenn von „dem“ Arbeitsmarkt und seinen Anforderungen gesprochen wird. Es handelt sich demnach um die Fiktion eines Arbeitsmarktes respektive um das Konstrukt eines ‚homogenen Arbeitsmarktes‘.

Welche Funktion nimmt dieser homogene Arbeitsmarkt ein? Er stellt eine Messlatte dar und repräsentiert damit eine Norm, an der die Arbeitsmarkttauglichkeit, die Employability der Klient_innen gespiegelt wird, und die dazu dient, (angebliche) Abweichungen von dieser Norm sichtbar zu machen. Einschränkungen der Klient_innen, was ihre Gesundheit, ihre

Arbeitsfähigkeit und ihre Employability anbelangt, können so visibilisiert und objektiviert werden. Damit steht dem Personal eine quasi-empirische Basis für seine Selektionsentscheidungen zur Verfügung, wie im Folgenden gezeigt wird.

Neben der „Objektivierung" der Arbeits(un)fähigkeit durch Assessments oder Abklärung im Rahmen von „Arbeitsversuchen" finden sich auch Aussagen des Personals über die Arbeits(un)fähigkeit oder die Funktions- und Leistungs(un)fähigkeit ihrer Klient_innen, die auf Einschätzungen des Personals selbst basieren. Solche Einschätzungen nehmen mitunter die Form einer Etikettierung bzw. eines Labeling an (vgl. Keckeisen 1974). Das zeigt sich auch im Gespräch mit einer Mitarbeiterin des ZBE, die über eine Klientin sagt:

> *„Also diese Frau, die möchte eigentlich therapeutisch arbeiten. Und die ist ursprünglich Kauffrau. Und das will sie nicht mehr. Und jetzt konnte die während ihrer Arbeitslosigkeit übers RAV in einer [Institution] ein Praktikum machen als Gestalttherapeutin und hat ein relativ gutes Zeugnis gekriegt. Aber das Problem ist, ich kann die so nicht vermitteln ohne Ausbildung. Und diese Ausbildung geht nicht nur ein Jahr. Und wir werden sie von dem wegbringen müssen. ... Das wollen wir in einem Gespräch morgen rausfinden: Wie stark ist sie mit dem verbandelt? Und auf der anderen Seite, weisst du, hat sie ziemlich psychische Probleme. Und dann sind wir der Meinung, so jemanden kann man ja auch nicht auf die Leute loslassen, oder. Es muss doch jemand eine gewisse Stärke haben, der ja, mit den Leuten arbeitet. Und das wollen wir eben morgen versuchen herauszubringen, was dann das Beste ist für diese Frau."* (Interview mit einer Mitarbeiterin des ZBE)

In diesem Zitat kommt zum Ausdruck, dass die Klientin eine klare berufliche Vorstellung hat. Sie möchte ihren angestammten Beruf verlassen und künftig in einem Bereich arbeiten, für den sie (noch) nicht ausgebildet ist. Ein Praktikum verlief insofern erfolgreich für die Klientin, als ihr ein gutes Arbeitszeugnis ausgestellt wurde. Allerdings stellt das die Beraterin vor Herausforderungen: Zum einen zweifelt sie an der Vermittelbarkeit ihrer Klientin, da diese nicht entsprechend ausgebildet wurde. Die (längere) Ausbildung scheint jedoch ausserhalb der möglichen Massnahmen des ZBE zu liegen. Zur fehlenden Qualifizierung kommen zum anderen „psychische Probleme" hinzu: Die Beraterin ist skeptisch, ob ihre Klientin sich eignet, um mit Menschen zu arbeiten. Sie bezweifelt, dass sie „so jemanden [...] auf die Leute loslassen" kann. Deshalb zieht sie den Schluss, dass sie ihre Klientin von deren beruflichem Vorhaben „wegbringen" muss – denn dieses ist in den Augen der Beraterin offenbar nicht „das Beste" für diese Frau.

Der Klientin wird in dieser Aussage eine Einschränkung ihrer psychischen Gesundheit zugeschrieben. Aus der Perspektive der Fachkraft führt diese gesundheitliche Einschränkung auch zu einer beruflichen Einschränkung: Der berufliche Möglichkeitsraum der Klientin verengt sich dadurch, dass sie „nicht auf Leute losgelassen" werden kann – auch wenn das die Klientin selbst möglicherweise anders sieht. Doch stehen hier nicht deren Ziele im Vordergrund, sondern vielmehr die ‚Fremdeinschätzungen' der Klientin durch ihre Beraterin. Das hängt unter anderem damit zusammen, dass das Personal psychische Beeinträchtigungen von Klient_innen als Herausforderung für die berufliche Integration sieht. So schildert eine RAV-Personalberaterin, die Fälle bei Matrix begleitet, dass sie ihren Handlungsspielraum und ihre Zuständigkeit bei der Arbeit mit psychisch beeinträchtigen Menschen als stark eingeschränkt wahrnimmt:

> *„Wenn jemand starke Depressionen oder Persönlichkeitsspaltungen wie Borderline hat, das überfordert mich persönlich schon. Ich kann so niemanden vermitteln und dann ist für mich die Vermittlungsfähigkeit sehr infrage gestellt, ob wir da zuständig sind. Da muss ich sagen, da sind wir die falsche Institution, ganz klar."* (Interview mit einer Mitarbeiterin eines RAV)

Starke psychische Beeinträchtigungen schränken in den Augen dieser Case Managerin nicht nur den beruflichen Möglichkeitsraum der Betroffenen ein, sondern auch ihren eigenen Handlungsspielraum und betreffen ausserdem die institutionellen Zuständigkeiten. Das liegt wohl vor allem daran, dass psychische Beeinträchtigungen weniger gut ‚übersetzt' werden können. Körperliche Einschränkungen werden in Einschränkungen der Funktionsfähigkeit übertragen und so zu einer (scheinbaren) Gewissheit darüber, was die Klient_innen „wirklich noch können" (siehe dazu auch Kapitel 6). Nichtsdestotrotz dienen nicht nur „kranke Rücken" (siehe die Fallanalyse zu Frau Pekay in Kapitel 5.1), sondern auch psychische Probleme den Berater_innen mitunter als Grund, die „Eignung" einer Person für einen bestimmten Beruf in Frage zu stellen.

Bei der Beurteilung, welcher Körper geeignet respektive welche Psyche passend ist für eine bestimmte Position im Arbeitsmarkt – oder generell für berufliche Chancen auf dem Arbeitsmarkt – werden Vorstellungen von Normalität (re-)produziert (vgl. de Swaan 1990; Link 2009). Denn der Idee der (fehlenden) „Eignung" der Klient_innen für gewisse berufliche Tätigkeiten ist eine Normalitätsvorstellung inhärent. Gerade bei Klient_innen mit (unklaren) psychischen Problemen geht es dem Personal teilweise auch darum, sie von ihren – in den Augen des Personals – überhöhten oder unpassenden beruflichen Wünschen „wegzubringen". So schildert ein Coach des ZBE in einer Supervision einen schwierigen Klienten, den er als „kauzig" bezeichnet, und fragt anschliessend den anwesenden Psychiater: „Meine Frage zu diesem Fall ist: Wie kann man Realitätsvorstellungen zurechtrücken?" Insbesondere Klient_innen, deren berufliche Vorstellungen als unbescheiden erscheinen, sollen sich ihrem beruflichen Möglichkeitsraum anpassen, sie sollen „auf den Boden der Realität zurückgeholt werden", wie es zwei Coachs in einem Beobachtungsprotokoll schildern.

Im Zusammenhang mit beruflichen Wünschen der Klient_innen, die dem Personal als „unrealistisch" erscheinen, werden den Klient_innen ihre „Grenzen" aufgezeigt; statt aktiviert werden sie vielmehr de-aktiviert (vgl. Krenn 2012, 269) respektive an einen als realistisch erachteten Möglichkeitsraum angepasst (vgl. Koch/Canonica 2012b; Büchi/Koch 2014). Es geht darum, ihnen ein Gespür für ihren sozialen Platz und die damit verbundenen Chancen und Möglichkeiten auf dem Arbeitsmarkt zu vermitteln: Sie sollen ihren "sense of their place" entwickeln (siehe dazu auch Kapitel 5).

Das Personal zieht seine Schlüsse und Beurteilungen darüber, was „das Beste" für seine Klient_innen sei und wofür sie sich (nicht) eigneten, aus einer ganz spezifischen sozialen und institutionell-hierarchischen Position heraus. Seinen Einschätzungen liegt keine objektive Perspektive auf die Welt zugrunde. Doch wird diese Positionsabhängigkeit der eigenen Perspektive ebenso wenig reflektiert wie die Machtasymmetrie, die zwischen dem Personal und den Klient_innen existiert.

Im Zusammenhang mit gesundheitlichen Einschränkungen werden nicht nur berufliche Optionen der Klient_innen ausgeschlossen durch ihre Berater_innen. Einschränkungen dienen dem Personal mitunter auch als Argument, wenn es darum geht, über Mittelzuteilungen für Qualifizierungen zu entscheiden, wie ich im folgenden Kapitel zeige (8.2). Die dadurch betriebene „Selektionsarbeit“ des Personals zeigt sich auch dann, wenn es darum geht, Fälle „abzuschliessen“ (Kapitel 8.3).

8.2 „Sie sind zu langsam im Moment“ – Gesundheit und Ablehnung von Qualifizierungen

Im Folgenden wird danach gefragt, wie gesundheitliche Beeinträchtigungen in Bezug auf Qualifizierungen von Klient_innen beurteilt werden, beispielsweise wenn es um die Finanzierung von Kursen, Coachings und Case-Team-Prozessen geht. An dieser Stelle sei an die Fallanalyse zu Herrn Yilmaz erinnert (siehe Kapitel 5.3): Diesem Klienten mit einem Rückenleiden, der für seinen angestammten handwerklichen Beruf als 100 Prozent arbeitsunfähig gilt, wird eine gewünschte Weiterbildung als Staplerfahrer versagt, mit dem Argument, seine körperliche Leistungsfähigkeit sei dafür zu „unklar“. Als der Klient während des Fallverlaufs aber temporäre Anstellungen (u.a. auf dem Bau und in einem Gastronomiebetrieb) findet, wendet niemand etwas dagegen ein. In Kapitel 5.3 wurde die These eine Flexibilisierung von Gesundheit entwickelt, wird diese doch kontextabhängig beurteilt. Diese möchte ich hier anhand eines weiteren Fallbeispiels vertiefen.

Inwiefern sich die Einschätzung der Gesundheit im Fallverlauf ändern kann, obwohl sich der Gesundheitszustand des Klienten kaum verändert, zeigt sich am Fall von Herrn Kaya, der im ZBE von Herrn Bohrer gecoacht wird. Auch dieser Fall ist bereits aus Kapitel 5 bekannt, wird hier aber unter einem anderen Gesichtspunkt analysiert. Zur Erinnerung: Herr Kayas psychische Gesundheit gilt als eingeschränkt (siehe dazu Kapitel 5.2). In einem der ersten Coachinggespräche geht es unter anderem um einen Computerkurs, den Herr Kaya gerne besuchen würde:

> *Herr Bohrer, der Coach, eröffnet das Gespräch und erläutert, was das Thema sei heute: Es gehe bei Herrn Kaya um eine Arbeitsintegration in einem geschützten Rahmen und um einen PC-Kurs. Ein PC-Kurs starte übernächsten Monat. „Der läuft aber nicht davon. Den können Sie auch später noch machen“, sagt Herr Bohrer zu Herrn Kaya. (…) Herr Bohrer fragt den Klienten in Bezug auf eine Tätigkeit im Rahmen eines Beschäftigungsprogramms: „Möchten Sie jetzt gleich einsteigen?“ Es sei möglich, schon ab nächstem Monat zu arbeiten. Herr Kaya könne am Morgen einen PC-Kurs machen und am Nachmittag arbeiten, wenn er das gesundheitlich ertrage. Oder er könne drei Monate arbeiten und den Kurs anschliessend*

machen. Herr Kaya antwortet, dass er lieber erst ab übernächstem Monat arbeiten möchte wegen der Medikamente, die er erst seit kurzem nehme. Die wirkten vielleicht noch nicht. Dann sei es gesundheitlich schwierig. Herr Bohrer entgegnet: „Sie haben ja viel Zeit zum Denken. Beschäftigung lenkt auch ab vom Denken. Sie müssen nicht gesund sein für diese Arbeit. Sonst würden wir zusammen Bewerbungen für den ersten Arbeitsmarkt machen." (...) Gegen Schluss des Gesprächs bekräftigt Herr Kaya nochmals, dass er den PC-Kurs gerne machen möchte. Herr Bohrer entgegnet: „Ja, das ist hundertprozentig möglich." (Beobachtungsprotokoll)

In diesem Gespräch werden die „Massnahmen" geplant: Vorgesehen ist, dass Herr Kaya, der als gesundheitlich beeinträchtigt gilt, zum einen einer Tätigkeit „in einem geschützten Rahmen" nachgeht und zum anderen einen Computerkurs absolviert. Die beiden Massnahmen könnten, so führt der Coach aus, zeitgleich oder zeitlich gestaffelt stattfinden.

Der Klient Herr Kaya wird in diesem Gespräch als „nicht gesund" dargestellt. Darauf deutet hin, dass er „in geschütztem Rahmen" beschäftigt werden soll und dass keine Bewerbungen für den ersten Arbeitsmarkt geplant sind. Ferner untermauert auch die Aussage des Coachs, dass Herr Kaya für die geplante Tätigkeit nicht gesund sein müsse, seinen Status als „gesundheitlich eingeschränkt". Herr Bohrer scheint den Umstand, dass Herr Kaya „viel Zeit zum Denken" habe, für dessen Gesundheitszustand mitverantwortlich zu machen und dem Beschäftigungsprogramm eine therapeutische Wirkung zuzuschreiben, wenn er darauf verweist, dass diese Beschäftigung „vom Denken ablenken" könne. Nichtsdestotrotz wird zu diesem Zeitpunkt nicht infrage gestellt, dass in diesen Klienten in Form eines Computerkurses „investiert" wird (siehe dazu die Ausführungen zum investierenden Sozialstaat in Kapitel 2.2.1).

Doch einige Monate später sieht die Einschätzung des Beraters anders aus. Im Rahmen eines Standortgesprächs mit dem Leiter des Beschäftigungsprogramms wird Herr Kaya als gesundheitlich stark eingeschränkt dargestellt (siehe auch die Fallanalyse in Kapitel 5.2 zu diesem Gespräch). Nachdem der Klient selbst über Kopfschmerzen und Konzentrationsschwierigkeiten berichtet hat, wird Herr Schmid, der Leiter des Beschäftigungsprogramms, nach seiner Einschätzung gefragt: Er gibt an, dass die körperliche Leistungsfähigkeit des Klienten „kein Problem" sei, dass aber insbesondere seine Ausdauer und sein Tempo als „gering bis mittel, verglichen mit dem Arbeitsmarkt" einzuschätzen seien. Die Frage des Coachs, ob es noch zu früh sei für Arbeitsintegration, bejaht er. Später sagt er: „Wir haben hier ja einen guten Vergleich mit anderen Teilnehmenden. Herr Kaya ist schon noch sehr angeschlagen."

Im Nachhinein lässt sich rekonstruieren, dass die Fallbearbeitung ab diesem Zeitpunkt eine Wende erfährt, denn einige Tage später teilt mir der Coach informell mit, dass er Herrn Kaya „abgeben" werde, weil es zu früh sei für Arbeitsintegration. Es gehe jetzt bei Herrn Kaya eher um „das Einfädeln eines geschützten Arbeitsplatzes"; dafür brauche es ihn, Herrn Bohrer, jedoch nicht. Der Arbeitsauftrag des Coachs ist demnach ganz klar auf die Eingliederung in eine Erwerbsarbeit ausgerichtet; wer nicht arbeitsfähig oder – wie Herr Kaya – bezüglich der Leistungsfähigkeit von einer Norm abweicht, fällt nicht in den Zuständigkeitsbereich des ZBE. Fortan dienen die wenigen noch folgenden Coachinggespräche – liest man sie unter der Frage der Visibilisierung von Arbeits(un)fähigkeit – dazu, dem Klienten seine Arbeitsunfähigkeit und seine gesundheitlichen Grenzen aufzuzeigen – so meine Interpretation. Denn auch der erwähnte Computerkurs erscheint in der weiteren Fallbearbeitung unter einem anderen Licht.

Die nächste Sitzung ist dem Ausfüllen eines IV-Antrags gewidmet – eine ermüdende Tätigkeit, die sich in die Länge zieht. Der Coach bemerkt, nachdem der Klient gegangen ist: „Er kommt schon sehr schnell an seine Grenzen." Das Aufzeigen der Einschränkungen des Klienten ist auch eine Funktion des nächsten Beratungsgesprächs, zu dem ich im Folgenden einen längeren Ausschnitt aus dem Beobachtungsprotokoll wiedergebe, da mir die vom Coach entfaltete Argumentation zentral für meine Analyse erscheint:

> *Später fragt der Coach: „Was ist Ihr Ziel? Das Fernziel ist wieder zu arbeiten und das Nahziel war die Anmeldung bei der IV. Für mich ist die Frage nun: Wie möchten Sie Ihre Freizeit gestalten? Meine Aufgabe ist es, Sie bei der Stellensuche zu begleiten. Das macht aber im Moment keinen Sinn. Oder was meinen Sie?" Herr Kaya bezieht sich bei seiner Antwort auf seine Psychologin, die ihn momentan zu 100 Prozent als arbeitsunfähig einschätze. Er kommt auf den PC-Kurs zu sprechen, der schon ganz zu Beginn Thema war. Damals sagte der Coach, der Kurs laufe nicht davon, den könne Herr Kaya auch später noch besuchen. Doch nun präsentiert sich die Sache offenbar anders. Nachdem Herr Kaya sagt, er habe zwar Schwierigkeiten still zu sitzen, wolle den PC-Kurs aber dennoch probieren, fügt er fragend an: „Was meinen Sie, werden die Leute*

vom Kurs Verständnis haben?" Darauf antwortet Herr Bohrer: „Das ist schwierig. Sie sind zu langsam im Moment. Sie kommen nicht mit in Ihrer Situation." Der Klient insistiert: „Aber ich möchte es probieren." Herr Bohrer erwähnt einen anderen Klienten, der die Prüfung am Ende des Kurses nicht bestanden habe, weil er nicht mitgekommen sei. Herr Kaya wiederholt: „Kann ich es nicht einfach probieren?" Nun beruft sich der Coach auf die Kosten. Er müsse den Klienten gleich für den ganzen Kurs anmelden, der koste 2000 oder 3000 Franken. Bloss ein paar Tage lang auszuprobieren, das gehe nicht. Nach einem kurzen Schweigen scheint Herr Bohrer dann aber einzulenken: „Ich überlege, ob mir etwas einfällt. Ein kleinerer Rahmen wäre besser für Sie, 5, 6 Leute. Es fällt mir grad nichts ein. PC wäre also Ihr Wunsch. Das finde ich gut, diese Kenntnisse sind wichtig heute. Sie müssten dann auch zuhause üben. Haben Sie einen PC zuhause?" Herr Kaya bejaht dies. (...) Später fragt Herr Bohrer: „Wie sieht es aus bezüglich Arbeit? Ich habe mir überlegt, ob Arbeit in einem geschützten Rahmen etwas für Sie wäre." „Ja, ich mache alles", sagt Herr Kaya. Er habe zwar eher an den PC-Kurs gedacht, aber er probiere alles. Herr Bohrer weist darauf hin, dass dieser Kurs vier Stunden pro Tag dauere. Herr Kaya findet, das sei nicht viel, worauf Herr Bohrer entgegnet: „Sie müssen sich wirklich konzentrieren können. Ich bin unsicher, weil ich grad jemanden hatte, der gescheitert ist. Es ist viel Geld. Wenn Sie gefrustet sind, macht es keinen Sinn." Herr Kaya scheint sich verteidigen zu wollen, indem er ins Feld führt, dass er immer schnell gelernt habe und immer gute Prüfungsresultate erzielt habe. Darauf sagt Herr Bohrer: „Das glaube ich Ihnen. Aber es ist nicht mehr wie früher. Es ist anders. Erinnern Sie sich, wie es im Vertiefungsassessment ging für Sie?" Er stellt dann aber in Aussicht, dass er sich umhören werde, ob es einen Kurs gibt, der nur zwei Stunden pro Tag daure, und der in einer kleinen Gruppe durchgeführt werde. „Sie brauchen viel Betreuung. Wissen Sie noch, als wir das IV-Formular ausgefüllt haben das letzte Mal. Wie lange haben wir da gebraucht, eine Stunde?" Herr Bohrer schaut bei dieser Frage die Forscherin an, die antwortet, es habe eineinhalb Stunden gedauert. (Beobachtungsprotokoll)

Nachdem ein Arbeitseinsatz im Rahmen eines Programms vorübergehender Beschäftigung in einer Holzwerkstatt abgebrochen wurde, weil Herr Kaya vom Leiter der Holzwerkstatt als „sehr angeschlagen“ geschildert wurde, gilt der Klient im ZBE als „zurzeit nicht vermittelbar“. Herr Bohrer, der Coach, möchte „den Fall“ deshalb „abschliessen“ im ZBE; er möchte ihn an die Sozialhilfe „abgeben“[75], denn die Integration in den ersten Arbeitsmarkt mache im Moment „keinen Sinn“, wie der Coach in einem der letzten Coachinggespräche zu Herrn Kaya sagt. Der Klient scheint ebenfalls der Meinung zu sein, dass er nicht arbeitsfähig ist, denn er beruft sich auf die Einschätzung einer Fachperson; seine Psychologin halte ihn momentan für 100 Prozent arbeitsunfähig. Dennoch würde Herr Kaya gerne einen Computerkurs besuchen, der ja bereits zu Beginn des Coachings geplant war. Zwar ist er sich seiner Beeinträchtigungen bewusst, er hofft aber auf das Verständnis der Kursleitenden. Für Herrn Bohrer kommt aber der Computerkurs nun, da er das Coaching abschliessen möchte, nicht mehr in Frage. Für ihn ist der Fall klar: Herr Kaya ist zurzeit nicht vermittelbar. Das impliziert, dass seine Leistungsfähigkeit auch für einen Kurs zu eingeschränkt ist.

Der Coach argumentiert erstens ökonomisch, indem er sich auf die Kosten des Kurses beruft, und darauf, dass diese Investition verloren sei, wenn Herr Kaya den Kurs abbrechen müsse, da ein „Schnuppern“ nicht möglich sei. Zweitens ruft er dem Klienten seine Einschränkungen in Erinnerung, indem er auf dessen Langsamkeit im Beschäftigungsprogramm, im Vertiefungsassessment und beim Ausfüllen des IV-Antrags hinweist, ausserdem die Forscherin als Zeugin dieser Langsamkeit anspricht und darauf verweist, dass Herr Kaya „viel Betreuung“ brauche. Aus diesen Einschränkungen leitet er ab, dass das Risiko für Herrn Kaya, eine Enttäuschung zu erleiden, zu gross sei. Und drittens bringt er einen anderen Klienten ins Spiel, der „gescheitert“ sei. Diese exemplarische Erzählung eines Scheiterns wirkt als Drohung; sie nimmt die Funktion ein, Herrn Kaya mit seinen eigenen Einschränkungen zu konfrontieren und ihm das Risiko aufzuzeigen, dass es ihm ebenso ergehen könnte wie diesem anderen Klienten, der ihm sozusagen als Spiegel, als Identifikationsfigur, vorgehalten wird (vgl. Goffman 1973). Der Coach betreibt

75 Die Formulierung, dass der Coach den Klienten an die Sozialhilfe „abgibt“, ist missverständlich, denn die Sozialhilfe unterstützt den Klienten materiell auch während des Coachings im ZBE. Jedoch wechselt die sogenannte „Fallführung“ (Kontrolle allfälliger „Arbeitsbemühungen“ wie Stellenbewerbungen, Kontrolle, ob die Klient_innen der Mitwirkungspflicht nachkommen und ähnliches) nun vom ZBE wieder zurück an die Sozialhilfe.

eine Art "Cooling out" (Goffman 1952; vgl. Nadai 2009b; siehe dazu auch Kapitel 5.3) des Klienten: Er kühlt dessen Aspirationen – mögen sie noch so bescheiden sein – ab, indem er ihm seine Einschränkungen vergegenwärtigt und so das erfolgreiche Absolvieren des Computerkurses als unrealistisch erscheinen lässt. „Im Prozess des Cooling out soll die betroffene Person mit der delikaten Situation eines Auseinanderklaffens von Selbstbild und sozialer Realität versöhnt werden" (Nadai 2007b, 445).

Bemerkenswert ist, dass Herr Bohrer Herrn Kaya zwar den Computerkurs abschlägt, dass er ihm aber dennoch den Vorschlag unterbreitet, in einem geschützten Rahmen zu arbeiten. Das verdeutlicht, dass Beschäftigung im Feld einen anderen Stellenwert einnimmt als Qualifikationen (vgl. Marquardsen 2007): Gegen Arbeit im ergänzenden Arbeitsmarkt sprechen Leistungseinschränkungen auch dann nicht, wenn sie den Besuch eines Kurses oder die Weiterführung eines Coachings verunmöglichen. Mit anderen Worten: Während Herr Kaya eine gewisse „Restarbeitsfähigkeit" aufweisen müsste, damit sich die Fortsetzung seines Coachings und die Investition in Form eines Kurses lohnen würde, scheint Arbeit „im geschützten Rahmen" immer möglich und lohnenswert zu sein. Ihr wird nämlich gleichsam eine therapeutische Wirkung zugeschrieben. Eine Tätigkeit in geregeltem Rahmen (wie in einem Beschäftigungsprogramm oder im angesprochenen „geschützten Rahmen") soll den Klient_innen eine „Tagesstruktur" bieten. Als einzig anerkannte Möglichkeit, die Zeit der Erwerbslosigkeit bzw. der Genesung zu gestalten, erscheint demnach Arbeit – in welchem Rahmen auch immer. Dass es Herrn Kaya allerdings weniger um eine Tätigkeit um der Beschäftigung willen geht, macht er im folgenden Gespräch deutlich:

> *Herr Bohrer sagt: „Sie haben ja gesagt wegen des PC-Kurses. Ich habe mich erkundigt. Im Moment wäre es zu viel für Sie. Es ist zu schnell. Eine andere Person, die ich dorthin geschickt habe, war auch überfordert. Ich hoffe, dass Sie wieder fitter werden." Herr Kaya antwortet: „Das hoffe ich auch." (...) Herr Bohrer sagt: „Ich denke, Arbeitsintegration ist im Moment kein Thema. Ich bin ja dafür zuständig. Es macht keinen Sinn, wenn wir zusammen etwas suchen, denke ich. Oder was denken Sie?" Herr Kaya antwortet: „Ich weiss es nicht. Ich möchte gerne in Zukunft normal arbeiten." Herr Bohrer meint dazu: „Ja, ich weiss. Aber im Moment ist es noch zu früh." Herr Kaya bestätigt: „Ja, mit den Tabletten geht es nicht."*

Herr Bohrer präzisiert: „Ja, mit ihrer Depression können Sie im Moment nicht arbeiten." (Beobachtungsprotokoll)

Herr Bohrer erläutert seinem Klienten, dass ein Computerkurs im Moment definitiv nicht möglich sei. Wiederum beruft er sich auf die Beeinträchtigungen des Klienten und auf eine exemplarische Geschichte des Scheiterns. Ausserdem bekräftigt er nochmals, dass Arbeitsintegration zurzeit keinen Sinn habe. Herr Kaya ist mit dieser Einschätzung nicht ganz einverstanden, denn er möchte „in Zukunft normal arbeiten". Er räumt aber ein, dass er dies aufgrund der starken Nebenwirkungen seiner Medikamente zurzeit nicht könne. Nochmals weist ihn der Coach auf seine gesundheitliche Beeinträchtigung hin, indem er eine bestimmte psychische Erkrankung als Grund nennt, warum Herr Kaya im Moment nicht arbeiten könne.

Auch im Schlussgespräch des Coachings bekräftigt Herr Bohrer nochmals, dass Herr Kaya aktuell nicht genügend leistungsfähig für eine Weiterbildung sei: „Der PC-Kurs wäre noch zu früh gewesen. Sie wären nur frustriert gewesen, wenn Sie gemerkt hätten, dass es nichts bringt. Den können Sie auch später noch machen." Der Coach stellt den Kurs aber für einen späteren Zeitpunkt in Aussicht.

Zum Schluss des Coachings hin scheint es darum zu gehen, dem Klienten aufzuzeigen, wie eingeschränkt er zurzeit ist. Das interpretiere ich im Kontext des investierenden Sozialstaats, der – wie eingangs skizziert – seine Mittel gut ‚anlegen' möchte. Damit sich eine Investition lohnt, sollten die Klient_innen eine gewisse Employability bzw. Vermittelbarkeit aufweisen. Nachdem bei Herrn Kaya festgestellt wurde, dass er zwar körperlich arbeitsfähig, aber aufgrund seiner psychischen Beeinträchtigungen „zurzeit nicht vermittelbar" sei (siehe dazu die Fallanalyse in Kapitel 5.2), steht für den Coach der „Abschluss" des Falls im Zentrum. Eine Investition in Form eines Computerkurses nimmt er nun vor allem unter Kostengesichtspunkten wahr – und weniger als Türöffner für den Klienten. Darin kann die angesprochene Selektion im Zusammenhang mit Investitionen vermutet werden: Gesundheit wird demnach zu einem Selektionskriterium. Oder anders gesagt: Ist entschieden, dass Fälle (zurzeit) nicht „bearbeitbar" sind, ist es für das Personal naheliegend, zu eingeschränkte Gesundheit als Grund dafür heranzuziehen, warum keine Qualifikation finanziert werden kann.

Das muss vor dem Hintergrund des aktivierenden Sozialstaats mit seinem Prinzip des „Förderns und Forderns" (siehe dazu auch Kapitel 2.2) gelesen werden: Während Beschäftigungen, die Marquardsen (2007, 60 ff.)

als Eingliederungsmassnahme zu den Strategien des Forderns zählt, offenbar auch mit eingeschränkter Gesundheit geleistet werden können (und sei es an einem „geschützten Arbeitsplatz“), gelten für Qualifizierungen bzw. berufliche Aus- und Weiterbildungen – Instrumente des Förderns (vgl. Marquardsen 2007, 263) – strengere Anforderungen: Denn dafür ist nicht jede_r gesund genug. Gesundheit wird in diesem Selektionsprozess gleichsam instrumentalisiert. Mit anderen Worten: „[E]inzelne Instrumente der aktivierenden Arbeitsmarktpolitik [tragen] zur Reproduktion ungleicher Arbeitsmarktchancen und -risiken bei“ (Marquardsen 2007, 262), wenn die fördernden Massnahmen jenen Erwerbslosen vorbehalten werden, die bereits ein grösseres Mass an Employability aufweisen. Für Menschen mit gesundheitlichen Beeinträchtigungen ist das eine doppelte Benachteiligung: Neben ihren Gesundheitsproblemen geraten sie auch bezüglich Qualifizierungen ins Hintertreffen.

8.3 „Der Arbeitsmarkt ist nicht realistisch für sie“ – Gesundheit und Abschluss von Fällen

In diesem Kapitel geht es um Praktiken und Logiken, die im Zusammenhang mit Arbeitsunfähigkeit stehen. Damit wird ein Thema aufgenommen, das ich bereits im 5. Kapitel mit den drei Fallanalysen aufgegriffen habe, da es sich besonders prägnant am Fall Herrn Kayas auffalten lässt: Die Fallanalyse zum Klienten Herrn Kaya, die ich in Kapitel 5.2 und 8.2 entwickle, rekonstruiert, inwiefern Interventionen wie Beschäftigungsprogramme der Manifestation und Visibilisierung einer abweichenden Arbeitsfähigkeit dienen können – nämlich dann, wenn ein Fall wegen eingeschränkter Vermittelbarkeit als in der Arbeitsintegration nicht „bearbeitbar“ gilt. Herrn Kayas Leistungsfähigkeit wird als wegen einer Depression „ungenügend für den Arbeitsmarkt“ beurteilt.

Während Herr Kaya als körperlich arbeitsfähig, aber wegen seiner psychischen Erkrankung als „nicht vermittelbar“ gilt, kontrastiert sein Fallbeispiel mit dem folgenden Beispiel insofern, als bei der Klientin Frau Ibisevic primär die körperliche Arbeitsfähigkeit in Frage gestellt wird. Dennoch zeigen die beiden Fälle auch Parallelen in Bezug auf die Sichtbarmachung von Einschränkungen auf, wie im Folgenden herausgearbeitet wird. Da die 25-jährige Klientin Frau Ibisevic einen Beratungstermin auf dem Regionalen Vermittlungszentrum (RAV) wegen Krankheit kurzfristig absagen musste, erläutert die RAV-Beraterin Frau Marti dem Forscher den für ihn ‚neuen‘ Fall:

Frau Marti fasst den Fall zusammen: Frau Ibisevic leide an einem „Geburtsgebrechen". Sie musste sich einer Operation am Bein unterziehen, eine weitere Operation steht zur Diskussion. Frau Marti betont, dass die Klientin motiviert sei und wirklich arbeiten möchte: „Sie will etwas machen." Ihr gesundheitlicher Zustand erschwere aber ihren Wunsch. Weiter erzählt Frau Marti, dass Frau Ibisevic sich vor kurzem einem Assessment, einer sogenannten Potentialabklärung in einer spezialisierten Klinik unterziehen musste.[76] *Sie zeigt mir das Dokument mit den Ergebnissen des Assessments.*[77] *Frau Ibisevic sei selbständig, sie brauche keine Hilfe. Sie sei also kein „Pflegefall", konstatiert Frau Marti. Die Klientin könne sich zudem gut fortbewegen, sie könne laufen. Bei der Arbeit dürfe sie aber nur wechselnden Belastungen ausgesetzt sein und nicht zu lange dieselbe körperliche Tätigkeit ausüben. Ein Test der Motorik ergab, dass sie als Linkshänderin mit der linken Hand einigermassen gut arbeiten könne, mit der rechten aber nur ungenügend. Sie dürfe sich nicht bücken und keine Gegenstände vom Boden aufheben, genauso wenig dürfe sie auf Leitern steigen. Sie weise zudem Probleme bei den Koordinationsfähigkeiten auf. Frau Marti stöhnt: „Wie ist da eine Integration in den Arbeitsmarkt möglich?" Innerhalb des Assessments war Frau Ibisevic auch an einem Trainingsarbeitsplatz, wo sie in der Küche arbeitete. Die Einschätzung lautet, dass sie eine Arbeitsfähigkeit von 20 bis 25 Prozent habe. Sie habe beispielsweise Mühe, hartes Gemüse wie Karotten zu schneiden. Die Eingliederungsperspektive sei folgende: Die Klientin wolle arbeiten, das heisst, dass eine angepasste Stelle gefunden werden müsse. Im ersten Arbeitsmarkt werde es schwierig. Eine Integration bedürfe intensiver Unterstützung und Begleitung.* (Beobachtungsprotokoll)

76 Dieses Assessment, das teilweise auch „Potentialabklärung" genannt wird, erinnert an die „Verwissenschaftlichung der Arbeit", wie sie sich beispielsweise Anfang des 20. Jahrhunderts im Rahmen der Psychotechnik zeigte (Messerli 1986) – eine Parallele, die hier leider nicht weiterverfolgt werden kann. Es sei aber auf den bereits zitierten Aufsatz von Eva Horn (2002) verwiesen, in dem sie auf Ähnlichkeiten zwischen der „Eignungsprüfung" der 1920er Jahre und dem heutigen Assessment Center eingeht.

77 Dieses Dokument liegt dem Forscher_innenteam leider nicht vor, weshalb es nicht in die folgende Analyse einbezogen werden kann.

Was für ein Fall wird hier geschildert? Frau Marti skizziert den Fall einer in ihrer körperlichen Leistungsfähigkeit stark eingeschränkten Frau. Obgleich der Ausdruck „behindert" nicht fällt, ist die Erzählung darauf ausgelegt, eine Normabweichung sichtbar zu machen. So impliziert bereits der Hinweis auf ein „Geburtsgebrechen", ein rechtlicher Begriff, mit dem Ansprüche auf Leistungen der Invalidenversicherung verbunden sind, einen Körper, der von einer Norm abweicht. Insbesondere weisen die von Frau Marti rezipierten Resultate aus einem Assessment darauf hin, dass der Körper der Klientin implizit an einem „Normkörper" (vgl. Sarasin 2001) gemessen wurde und es um die Feststellung von Abweichungen ging. Darauf deuten vor allem die Negativformulierungen hin („ungenügende" Arbeit mit der rechten Hand, darf sich nicht bücken, nicht auf Leitern steigen etc.). Die defizitorientierte Perspektive auf Frau Ibisevic, wie sie im Assessment vorherrscht, wird auch in diesem Gespräch reproduziert. Sie ‚definiert' die Klientin gleichsam ex negativo, wenn sie dem Forscher mitteilt, Frau Ibisevic sei „kein Pflegefall". Ausserdem produziert sie Normalität und Abweichung, indem sie (vermeintlich) Selbstverständliches wie die Fähigkeit zu gehen als Besonderheit hervorhebt. Schliesslich macht sie klar, dass es sich hier um einen ressourcenintensiven Fall handelt, dessen berufliche Integration eine grosse Herausforderung darstelle und nur mit „intensiver Unterstützung und Begleitung" möglich sei. Auch die Erwähnung einer „angepassten Stelle" verdeutlicht, dass wir es hier mit einem Fall zu tun haben, der in den Augen der Beraterin kaum Chancen auf eine „normale Stelle" hat.

Bevor wir den Fall weiterverfolgen, werfen wir noch einen Blick auf das erwähnte Assessment: Was findet in diesem Assessment – wie es uns von Frau Marti geschildert wird – statt? Zunächst steht bei Frau Ibisevic die Ermittlung ihrer Arbeitsfähigkeit im Zentrum. Dazu wird ihr Körper fragmentiert und die Einzelteile werden bewertet (vgl. Schroer 2005; siehe auch die Fallanalyse zu Herrn Kaya in Kapitel 5.2). Es entspricht der Logik des untersuchten Feldes, dass bei dieser Bewertung eine funktionale Perspektive auf den Körper der Klientin dominiert (vgl. Lenk 2006, 65). So geht es darum zu ermitteln, was die rechte Hand leisten kann, wie lange Frau Ibisevic stehend arbeiten kann und so weiter. Die Perspektive, die auf Frau Ibisevics Körper geworfen wird, ist nicht nur fragmentierend und funktionalistisch, sie ist auch defizitorientiert: Frau Ibisevics Einschränkungen sollen beschrieben und quantifiziert werden. Die Sichtbarmachung dieser Einschränkungen funktioniert mittels der Strategie, Momentaufnahmen in einem spezifischen Beobachtungskontext zu verallgemeinern und zu verstetigen: Was die rechte Hand zum Zeitpunkt der Beobachtung zu leisten vermag, gilt als Mass für ihre grundsätzliche Leistungsfähigkeit. Es findet wiederum eine Ausblendung des Kontextes statt, in dem die Prüfung stattfindet (siehe Kapitel 8.1).[78]

Die im Assessment festgestellte Einschränkung der Leistungsfähigkeit der Klientin – die verbleibende Arbeitsfähigkeit wird auf 20 bis 25 Prozent beziffert –, stellt die Beraterin vor erhebliche Herausforderungen. Eine Integration in den ersten Arbeitsmarkt erachtet sie als „schwierig", weshalb sie für eine „angepasste Stelle" optiert. Bei der Einschätzung der Arbeitsfähigkeit der Klientin handelt es sich genau genommen um „eine Wette auf die Zukunft" (Horn 2002, 111). Denn als wie leistungsfähig Frau Ibisevic sich an einem konkreten Arbeitsplatz erweisen wird, kann kein Assessment, das ja bloss eine Simulation einer Arbeitssituation darstellt, ermitteln. Der Kontext des jeweiligen Arbeitsplatzes, die konkreten Tätigkeiten, das Umfeld, die Beziehung zu Vorgesetzten und Arbeitskolleg_innen und anderes mehr prägen die Arbeitsfähigkeit einer Person mit.

Wie wird die Leistungseinschränkung im weiteren Fallverlauf bewertet und bearbeitet? Der Forscher erfährt weiter, dass die Invalidenversicherung vor einigen Jahren zwei Anlehren[79] im Gastronomiebereich finanziert habe. Der Fall Frau Ibisevic' werde zurzeit bei der IV neu beurteilt, auf Basis der Ergebnisse aus dem erwähnten Assessment. Bei der Arbeitslosenversicherung wird die Klientin ausgesteuert; sie muss sich beim Sozialdienst melden, der für ihre Existenzsicherung aufkommt. An einer Case Team-Sitzung, in der je ein_e Vertreter_in der ALV bzw. des RAV (die bereits bekannte Frau Marti), der IV, des Sozialdienstes und einer Berufsberatung sowie eine Mitarbeiterin der Geschäftsstelle von Matrix über den Fall beraten (zuerst in Abwesenheit der Klientin, später mit ihr) ist der Tenor klar:

> *Frau Marti vom RAV sagt einleitend, es habe sich herausgestellt, dass der Arbeitsmarkt nicht realistisch sei. […] Sie führt aus,*

78 Die Objektivierung von Einschränkungen und von „Behinderungen" kann für die Betroffenen die in punkto Existenzsicherung zentrale Funktion haben, ihnen zur Durchsetzung ihrer Rentenansprüche zu verhelfen. Ausserdem muss die Objektivierung vor dem Hintergrund der Debatte um sogenannte „Scheininvalide", die angeblich Leistungen der Invalidenversicherung „erschleichen", betrachtet werden (vgl. dazu Weisser 2005; Hassler 2016) – in diesem Kontext kann sie legitimierend wirken.

79 Sogenannte Anlehren sind verkürzte Berufsausbildungen. Sie dauern zwischen einem und zwei Jahren statt der üblichen drei bis vier Jahre. Vgl. dazu http://www.berufsberatung.ch/dyn/1211.aspx (04.11.2013).

> *dass die Klientin in einem Beschäftigungsprogramm war. Dort sei sie der Arbeit aber nicht gewachsen gewesen. Die Vertreterin der Berufsberatung ergänzt, dass die Klientin arbeiten möchte, aber sie habe nichts, das sie ihr vermitteln könnte. Die Klientin könne sich natürlich jeder Zeit bei ihr melden, sie könne aber im Moment nicht viel machen. Der Vertreter der IV sagt, die Klientin habe immer gearbeitet, obwohl es körperlich eigentlich gar nicht funktionierte. Sie sei im Zwiespalt: Sie möchte arbeiten, könne aber nicht. Sie denke, ‚ich bin jung, möchte etwas machen'. Die Matrix-Mitarbeiterin fasst zusammen: Die Klientin habe einen eisernen Willen, körperlich gehe es aber nicht. Dennoch seien alle zufrieden, wenn sie ihren Willen demonstriere. Der IV-Vertreter konstatiert, man habe in diesem Fall nicht viel machen können. Er habe sich dafür eingesetzt, dass die Abklärung des Assessments bei der Neubeurteilung des Falls in der IV einbezogen werde, was für die Klientin vorteilhaft sei. Die Runde stellt fest: Sie hätten ihr Bestes gemacht. Zusammen habe man das Optimum erreicht, obschon man eigentlich nichts erreicht habe. Jetzt habe man wenigstens eingehende Abklärungen.* (Beobachtungsprotokoll)

Die Vertreter_innen verschiedener Institutionen sind sich in ihrer Beurteilung des Falls weitgehend einig: Zwar würde Frau Ibisevic gerne arbeiten, was auf einen „eisernen Willen" schliessen lasse, doch sei sie körperlich zu eingeschränkt für eine Arbeit im ersten Arbeitsmarkt.[80] Aufgrund der Ergebnisse des Assessments und des „Arbeitsversuchs" im Rahmen eines Beschäftigungsprogramms sind die Einschränkungen der Klientin objektiviert und werden von den anwesenden Fachkräften nicht in Frage gestellt. Die Aufgabe der beruflichen Integration erscheint vor diesem Hintergrund als zu aufwändig, als „nicht realistisch". Wenngleich das Ziel der beruflichen Integration bei dieser Klientin nicht erreicht wurde, sind sich die versammelten Fachkräfte einig, dass das „Optimum" gemacht wurde. Wie ist das zu erklären?

Deutlich zeigt sich an diesem exemplarischen Fall, dass die politische Forderung nach beruflicher Eingliederung von Menschen mit körperlichen Einschränkungen, die auch von der OECD (vgl. OECD 2006; kritisch dazu

---

80 Nebenbei bemerkt: Als je objektiver gesundheitliche – meist körperliche – Einschränkungen der Klient_innen durch das Personal wahrgenommen werden, desto positiver wird ein vorhandener oder zur Schau gestellter Arbeitswille im Kontrast dazu bewertet: Im konkreten Fall von Frau Ibisevic wird er gar als „eisern" taxiert.

Streckeisen 2012a; 2012b) formuliert wird, die mit dieser Aufgabe betrauten Fachkräfte vor grosse Schwierigkeiten stellt – selbst bei Klient_innen, die wie Frau Ibisevic arbeiten möchten. Frau Ibisevic bräuchte eine „angepasste" Stelle – eine Stelle, an der sie Rücksicht auf ihre körperlichen Eigenheiten nehmen könnte, oder anders ausgedrückt: Eine Stelle, die so beschaffen wäre, dass ihre körperliche Leistungsfähigkeit nicht „eingeschränkt" wird. Wie nämlich insbesondere Vertreter_innen der „disability studies" herausgearbeitet haben, existiert „Behinderung" nicht an sich, unabhängig von der Gesellschaft. Vielmehr sind es ganz konkrete „Barrieren", die „Behinderung" und „Einschränkung" produzieren, wie das „soziale Modell" von Behinderung besagt:

> *„Galt ‚Behinderung' lange Zeit als persönliche Tragödie, die als Resultat einer körperlichen geburts-, krankheits- oder unfallbedingten Schädigung interpretiert wurde, so identifizieren Vertreter und Vertreterinnen des zunächst in England formulierten social model of disability ‚Behinderung' (disability) als das Ergebnis gesellschaftlich bedingter Einschränkungen, die den körperlichen oder geistigen Schädigungen (impairment) einzelner Personen nicht oder zu wenig Rechnung tragen. Das behindernde Element wird hier nicht dem Individuum, sondern der Gesellschaft zugeschrieben […]."* (Germann et al. 2006, 18; vgl. Waldschmidt 2005; siehe auch Kapitel 6.2)

Frau Ibisevic selbst wird gemäss dem Beobachtungsprotokoll später sagen, sie sehne sich nach einem Arbeitsplatz, wo sie „ihr Handicap" für einen Moment zur Seite legen könne. Sie sei ständig mit ihrer Behinderung konfrontiert. Das belaste sie in der jetzigen Situation. – Damit bestätigt sie die Perspektive, dass nicht ihre körperlichen Beeinträchtigungen an sich problematisch seien für sie, sondern vielmehr der Umstand, dass sie (von aussen) mit ihrer „Behinderung" konfrontiert werde.

Bloss: Solche „angepassten" Arbeitsstellen bietet der Arbeitsmarkt kaum, wie die mit dem Fall Frau Ibisevic' betrauten Fachkräfte wissen. Diese ihnen durch die Struktur des gegenwärtigen Arbeitsmarkts auferlegte „Einschränkung" in der Bewältigung ihres Arbeitsauftrags wird aber – so die hier entwickelte These – in der Folge auf Frau Ibisevic ‚projiziert': Als eingeschränkt erscheinen folglich nicht (primär) die Möglichkeiten des Arbeitsmarktes, sondern (vor allem) der Körper der Klientin. Mit Anne Waldschmidt, einer aus dem deutschsprachigen Raum stammenden Vertreterin der "disability studies", lässt sich die hier erkennbare Konzeption auch als „individuelles" beziehungsweise „individualistisches" Modell von Behinderung bezeichnen (siehe dazu auch Kapitel 6.2). Dieses

> *„setzt Behinderung mit der körperlichen Schädigung oder funktionalen Beeinträchtigung gleich und deutet sie als schicksalhaftes, persönliches Unglück, das individuell zu bewältigen ist. Als geeigneter Lösungsansatz gilt die medizinisch-therapeutische Behandlung."* (Waldschmidt 2005, 17)

Wie lässt sich die Fallbearbeitung Frau Ibisevic' mittels dieser Überlegungen analysieren? Gehen wir dazu nochmals zurück zur Case Team-Sitzung: Für die beteiligten Fachkräfte ist Frau Ibisevic ein „klarer Fall": Sie ist (fast) arbeitsunfähig, eine berufliche Integration erscheint als unrealistisch. Dass die Invalidenversicherung den Fall neu beurteilt, bestätigt das Case Team in seiner impliziten Einschätzung, die Klientin sei ein ‚Fall für die IV'. Dass sich das Case Team auf die Grenzen der körperlichen Belastbarkeit und der Leistungsfähigkeit der Klientin fokussiert, statt die Grenzen, die der Integrationsarbeit durch den Arbeitsmarkt gesetzt werden, zu reflektieren, hängt mit dem politisch-institutionellen Setting zusammen, in dem die ‚Arbeit am Fall' vonstatten geht – dieses legt eine Individualisierung der Einschränkungen der Klientin nahe (siehe dazu auch Kapitel 7). Das zeigt sich deutlich im zweiten Teil dieser Case Team-Sitzung, in der die Klientin dabei ist. Sie wird zur bereits bestehenden Runde dazu geholt, nachdem das Case Team zuerst in ihrer Abwesenheit über sie beraten hat – eine Situation, die für die Klientin alles andere als angenehm sein dürfte und sie nervös erscheinen lässt, wie der Forscher im Beobachtungsprotokoll festhält. Es folgt nun ein längerer Ausschnitt aus diesem Protokoll, da diese Sequenz des Gesprächs zentral für meine Argumentation ist:

> *Nun wird Frau Ibisevic, die Klientin, in den Raum geholt. Die Matrix-Mitarbeiterin informiert Frau Ibisevic, weshalb man eine Sitzung mache. Man wisse nicht wie weiter. Das Beschäftigungsprogramm habe nicht funktioniert, sie sei jetzt arbeitsunfähig. Die Matrix-Mitarbeiterin möchte wissen, ob die Klientin zufrieden sei damit, dass ihr Fall von der IV neu beurteilt werde. Frau Ibisevic bejaht. Sie wisse aber nicht, wie es weitergehe und was sie jetzt noch über sich ergehen lassen müsse. Wichtig sei für sie die Frage,*

was jetzt beruflich passiere. Sie möchte wissen, ob sie ihre Anlehren beruflich umsetzen könne oder sich in eine andere Richtung umorientieren müsse. (…) Später fragt die Matrix-Mitarbeiterin Frau Ibisevic, ob sie Wünsche habe. Diese antwortet, dass sie gerne in der Küche oder in der Hauswirtschaft weiterarbeiten möchte – an einem Ort, wo man auf ihre Einschränkungen Rücksicht nehme. Beschränkte Arbeit, so wie sie es könne. Der IV-Vertreter möchte wissen, ob sie den „Plausch"[81] an dieser Arbeit habe. Frau Ibisevic bejaht. In der Klinik, in der sie abgeklärt wurde, arbeitete sie in der Küche. Das betrachtete sie nicht als Test, sondern sie habe es als echte Arbeit aufgefasst, weil es ihr Spass machte. Es gefalle ihr, in diesem Bereich zu arbeiten. (…) Eine Arbeit in einer geschützten Werkstatt kann sich die Klientin nicht vorstellen. Sie habe in Betrieben im ersten Arbeitsmarkt gearbeitet und wolle keine Rückschritte. Die Matrix-Mitarbeiterin möchte wissen, ob die Klientin einsehe, dass sie Einschränkungen habe. Frau Ibisevic antwortet, sie habe viel Zeit zum Nachdenken gehabt. Sie habe aber Mühe, sich ihre Handicaps einzugestehen. (…) Die Matrix-Vertreterin fragt weiter, ob die Klientin es überhaupt akzeptiere, dass man ihr sage, „machen Sie langsamer". Das habe sie bereits erlebt, sagt Frau Ibisevic. Ein Lehrer sagte ihr, er frage sich, ob sie überhaupt Arbeit finden könne. Sie selbst wollte sich aber beweisen. Das habe sie tief getroffen, sie sei da sehr wütend gewesen. Frau Marti wiegelt dann ab, es sei wahrscheinlich gar nicht böse gemeint gewesen, der Lehrer habe einfach die Situation realistisch eingeschätzt. Die Matrix-Mitarbeiterin fragt die Klientin, ob sie es in Kauf nehme, für Arbeit kaputt zu gehen. Frau Ibisevic antwortet, Arbeit sei ihr sehr viel wert. Ihr Ziel sei es, längerfristig zu arbeiten. (Beobachtungsprotokoll)

Die Klientin Frau Ibisevic formuliert in dieser Sequenz relativ klare berufliche Vorstellungen und Ziele. Sie möchte in einem konkreten Bereich arbeiten, für den sie bereits Qualifikationen und Arbeitserfahrung aufzuweisen hat. Ausserdem möchte sie „längerfristig" arbeiten. Sie bringt ferner zum Ausdruck, dass Arbeit einen hohen Stellenwert habe für sie, was darauf schliessen lässt, dass sie die Werte und Normen der Arbeitsgesellschaft verin-

81 „Plausch" ist ein Schweizerdeutscher Ausdruck und bedeutet laut Duden: „Vergnügen, Spass, fröhliches Erlebnis."

nerlicht hat. Sie wäre also ganz die „gute Klientin" – stünden ihre Präferenzen in den Augen der versammelten Fachkräfte nicht in einem gewissen Widerspruch zu ihren körperlichen Möglichkeiten.

Dass letztere eingeschränkt sind, wird der Klientin in diesem Gespräch auf verschiedene Weise vermittelt: Gleich eingangs wird ihr mitgeteilt, dass sie nach dem Scheitern des „Arbeitsversuchs" im Beschäftigungsprogramm „jetzt arbeitsunfähig" sei. Die darauffolgende Frage mit dem Verweis auf die Neubeurteilung ihres Falls durch die Invalidenversicherung lässt erkennen, dass Frau Ibisevic als ‚Fall für die IV', das heisst – zugespitzt – als ‚invalid' betrachtet wird. Die Frage, ob Frau Ibisevic „Wünsche" habe, klingt nicht so, als werde sie nach ernsthaften beruflichen Zielen und Vorstellungen gefragt – ihre Pläne werden eher im Bereich des Unrealistischen verortet. Diesbezüglich ist der Duden aufschlussreich, der bei „Wunsch" aufführt: „Begehren, [...] dessen Erfüllung mehr erhofft als durch eigene Anstrengungen zu erreichen gesucht wird." Der Klientin wird demnach abgesprochen, ihre beruflichen Vorstellungen aus eigener Kraft realisieren zu können. Indem sie gefragt wird, ob ihr Arbeit „Spass" mache, wird diese Arbeit abgewertet – sie wird auf die Funktion einer belustigenden Beschäftigung respektive eines „fröhlichen Erlebnisses" (Duden) reduziert und verliert dadurch die Ernsthaftigkeit einer Arbeit, die der Existenzsicherung dient, als gesellschaftlich relevant erachtet und als sinnstiftend erlebt wird.

Wohl weil die Klientin aber (immer noch) deutlich formuliert, wo sie gerne arbeiten würde und dass sie sich eine Tätigkeit in „geschütztem" Rahmen nicht vorstellen könne, wird die Matrix-Vertreterin nun deutlicher. Sie fragt die Klientin zunächst, ob sie „einsehe, dass sie Einschränkungen habe", und später, „ob sie es überhaupt akzeptiere, dass man ihr sage, ‚machen Sie langsamer'", und schliesslich, „ob sie es in Kauf nehme, für Arbeit kaputt zu gehen". Alle drei Fragen zielen darauf ab, Frau Ibisevic mit ihren Einschränkungen zu konfrontieren, ihr vor Augen zu führen, dass sie keine ‚normale' Arbeitskraft sei und ihr damit ein spezifisches Selbstbild zu vermitteln: das einer eingeschränkten Arbeitskraft, einer von der ‚normalen' Leistungs- und Arbeitsfähigkeit abweichenden Person. Auch die Aussage, dass der Lehrer, der in Frage stellte, ob Frau Ibisevic je eine Arbeitsstelle finden werde, die Situation „realistisch einschätzte", dient in meiner Lesart demselben: Einer

Platzzuweisung und der Vermittlung eines spezifischen Selbstbildes durch ein "Cooling out" der Klientin.[82]

Für Körper, die wie derjenige Frau Ibisevic' als ‚behindert' gelten, bleibt mangels Möglichkeiten auf dem Arbeitsmarkt nur noch die Option einer Rente durch die Invalidenversicherung – immerhin eine minimale materielle Absicherung, wenngleich diese rund 1500 Franken längst nicht existenzsichernd sind (obschon es sich um eine volle Rente handelt). Ausserdem böte sich die Option einer Arbeitsstelle in einer „geschützten Werkstatt", wie die Vertreterin des Sozialdienstes, der Frau Ibisevic mittlerweile materiell unterstützt, dem Forscher vor einem Beratungstermin erzählt, während sie auf die Klientin warten: Dass die Invalidenversicherung der Klientin nun eine Rente zugesprochen habe, heisse nicht, dass Frau Ibisevic jetzt nichts mehr machen könne. Es gäbe beispielsweise die Möglichkeit eines geschützten Arbeitsplatzes, auch wenn der Lohn verschwindend klein sei, zwischen 1.50 und 3 Franken pro Stunde, wie die Mitarbeiterin des Sozialdienstes dem Forscher unter vier Augen mitteilt. Durch dieses ‚Angebot' aber wird Frau Ibisevic' Position als ‚abweichende', weil durch eine ‚Behinderung' ‚eingeschränkte' Person weiter gefestigt – ungeachtet der Tatsache, dass Frau Ibisevic selbst offenbar gerne einer angepassten Erwerbstätigkeit nachgehen würde.

Sowohl bei Herrn Kaya als auch bei Frau Ibisevic lässt sich die Sichtbarmachung einer stark eingeschränkten Vermittelbarkeit bzw. Arbeitsfähigkeit und im Zusammenhang damit das Vermitteln eines bestimmten Selbstbildes als beeinträchtigt beobachten: Beider Arbeitsfähigkeit wird als abweichend konstruiert und ihr beruflicher Möglichkeitsraum wird in der Folge eingeschränkt. Die Beeinträchtigungen, die mittels Vergleichen mit einem fiktiven, weil homogenisierten, Arbeitsmarkt hergestellt werden, werden in beiden Fällen individualisiert. Ins Zentrum der Bearbeitung wird nicht die Frage gerückt, wie potentielle Erwerbsarbeit an die Fähigkeiten und Möglichkeiten der Klient_innen anzupassen sei, und auch nicht die Problematik fehlender Arbeitsplätze, die von einer Norm abweichende Leistungsfähigkeit tolerieren, noch wird diese Norm der Arbeits- und Leistungsfähigkeit grundsätzlich in Frage gestellt. Vielmehr rücken die individuelle Verarbeitung und Bewältigung der (reproduzierten) Beeinträchtigungen in den Fokus. Dabei wird auf das Selbstbild der Klient_innen abgezielt, das diese ‚der Realität' anpassen sollen.

---

82 Die Studie von Susanne Bachmann (2014) zu Integrationsprogrammen für Zugewanderte fördert ebenfalls Abkühlungsprozesse hinsichtlich der beruflichen Erwartungen der Projektteilnehmenden durch die Programme zutage.

Während Frau Ibisevic' Leistungsabweichung in ihrem Körper verortet wird und sie dadurch schliesslich eine – allerdings kaum existenzsichernde – Rente der Invalidenversicherung zugesprochen erhält, führt die Körper-Seele-Dichotomisierung bei Herrn Kaya dazu, dass bei ihm von einer abweichenden „mentalen Situation" ausgegangen wird. Seine Möglichkeiten sozialer Absicherung werden in der Folge als gering eingestuft und seine Einschränkung wird als individuelle Aufgabe kodiert (vgl. dazu auch Kapitel 5.2). Produziert wird bei beiden Fallbeispielen ein gesundheitlich und je in der Arbeitsfähigkeit eingeschränkter Fall, womit allerdings keine ‚echte' Dekommodifizierung (vgl. Tabin et al 2013) verbunden ist: Bei Herrn Kaya nicht, weil psychische Probleme wie seine von der Invalidenversicherung kaum als Grund für eine Rente oder für berufliche Massnahmen anerkannt werden. Und bei Frau Ibisevic nicht, weil ihr als ‚Behinderte' zwar eine Vollrente zugesprochen wird, diese aber so gering ist, dass sie davon nicht leben kann. Herr Kaya ist deshalb auf Sozialhilfe angewiesen, während Frau Ibisevic, die zurzeit vorübergehend von der Sozialhilfe unterstützt wird, später Ergänzungsleistungen zu ihrer Rente wird beantragen müssen.

8.4 Zusammenfassung und Fazit: Flexibilisierung und strategische Funktionalisierung von Gesundheit

Wie in Kapitel 6 ausgeführt, bedürfen gesundheitliche Phänomene im untersuchten Feld einer Objektivierung; eine Funktion, die oftmals Arbeitsunfähigkeitszeugnissen übertragen wird. Die Komplexitätsreduktion durch medizinische Aussagen zur Funktions- und Leistungsfähigkeit eines Körpers oder einer Psyche erleichtert die Arbeit der Fachkräfte im untersuchten Feld der Arbeitsintegration, indem auf dieser Basis gewisse berufliche Optionen erschlossen oder ausgeschlossen werden können (vgl. Nadai/Canonica/Koch 2015). Denn im Zuge der Interinstitutionellen Zusammenarbeit (IIZ und IIZ-MAMAC) sollen zunehmend auch gesundheitlich eingeschränkte Erwerblose in den Arbeitsmarkt integriert werden, was das Personal vor erhebliche Herausforderungen stellt. In den untersuchten Integrationsagenturen finden sich deshalb Praktiken, die darauf abzielen, als beruflich ‚integrierbar' geltende Fälle von den „hoffnungslosen" Fällen zu unterscheiden. Diesbezügliche Praktiken stellen – neben Faktoren wie Qualifikationen und Sprachkompetenzen – massgeblich auf die Gesundheit der Klient_innen ab.

Gesundheit oder vielmehr gesundheitliche Einschränkungen werden zu einem Aushandlungsgegenstand. Deutungen somatischer „Zeichen" werden gemäss Arbeitsauftrag vorgenommen (z.B. erhält der kranke Rücken die Bedeutung, dass die Klientin diesen und jenen Beruf nicht ausüben kann). Medizinischen Diagnosen wird dabei offenbar kein Interpretationsmonopol gesundheitlicher Einschränkungen eingeräumt. Vielmehr scheinen die „Arbeitsmarktspezialisten" das Interpretieren solcher Einschränkungen zu ihrem eigenen Zuständigkeitsbereich zu zählen – jedenfalls was die Interpretation hinsichtlich beruflicher Möglichkeiten anbelangt. Gewisse (somatische) Erkrankungen (wie bei Frau Pekay der kranke Rücken) werden so zum Zeichen, zum Indikator für eine Untauglichkeit für bestimmte Berufe, vor allem bei Verdacht auf chronische Probleme. Dahinter steckt eine Investitionslogik: Es lohnt sich nicht, in einen kranken Rücken zu investieren. Oder präziser: Es wäre zu riskant, in die Ausbildung einer gesundheitlich angeschlagenen Person zu investieren, da diese die Qualifizierung möglicherweise nie auf dem Arbeitsmarkt würde verwerten können. Dieses Risiko gilt es für den aktivierenden respektive investierenden Sozialstaat möglichst klein zu halten, was – wie gezeigt – auch auf Ebene der Fallarbeit deutlich zum Ausdruck kommt.

Gesundheit ist also ein wichtiger Indikator für das Personal, wenn es um die Verteilung von Mitteln für Qualifizierungen oder um die Weiterführung von Beratungen geht. Bei diesbezüglichen Selektionen lässt sich eine ‚Flexibilisierung' von Gesundheit feststellen: Gesundheit wird zum Selektionskriterium, wenn Qualifizierungen zur Diskussion stehen, spielt aber eine kleinere Rolle, wenn es um (prekäre) Beschäftigung geht. Neben der erwähnten Investitionslogik, die riskante Kosten vermeiden möchte, spielt für die rekonstruierte Praxis eine Rolle, dass Arbeitsintegrationsagenturen in der Regel an der Anzahl in den Arbeitsmarkt vermittelter Fälle gemessen werden. Das Personal hat daher einen Anreiz, seine Klient_innen rasch statt nachhaltig beruflich zu integrieren (vgl. Nadai/Canonica/Koch 2015). Hinzu kommt, dass Klient_innen im untersuchten Setting stets ihren Arbeitswillen unter Beweis stellen müssen – was ihnen durch Arbeit, nicht aber durch Weiterbildung ermöglicht wird.

Gesundheit wird also kontextabhängig beurteilt. Darin zeigt sich eine Funktionalisierung, die sich zudem bezüglich des „Abschliessens" von Fällen beobachten lässt. Denn auch hier rekurriert das Personal auf die eingeschränkte Gesundheit der Klient_innen, wenn es begründen muss, warum sich die Fortführung einer Beratung nicht mehr ‚lohnt'. Bei Fällen, die aufgrund ihrer (angeblich) eingeschränkten Arbeitsmarkttauglichkeit und

-integrierbarkeit als „hoffnungslos“ respektive als „schwierig“ gelten, wird auf Praktiken der Visibilisierung von Arbeitsunfähigkeit zurückgegriffen. Den Klient_innen werden dadurch ihre ‚Grenzen‘ aufgezeigt – sie werden gleichsam de-aktiviert. Die Sichtbarmachung gesundheitlicher Einschränkungen kann für das Personal also praktische Funktionen erfüllen.

Gesundheit wird so zu einem symbolischen Kapital in diesem Feld. Wer einigermassen gesund und arbeitsfähig ist, die oder der kann eher mit Investitionen, mit Qualifizierungen rechnen (wenngleich Sprachkenntnisse und Qualifikationen eine ähnliche Rolle spielen wie Gesundheit, wenn es ums Fördern geht). Wessen Arbeits- respektive Beschäftigungsfähigkeit hingegen als unsicher gilt, bei dem oder der werden Qualifikationen nur zögerlich finanziert. Im Anschluss an Marquardsen (2007, 262) kann daher konstatiert werden, dass gewisse der rekonstruierten Aktivierungspraktiken „zur Reproduktion ungleicher Arbeitsmarktchancen und -risiken beitragen“. Darauf gehe ich im letzten Teil dieser Arbeit näher ein, insbesondere in Kapitel 9.2, das auf die Zusammenfassung der Ergebnisse (9.1) folgt.

Teil III

Übers Feld hinaus

Zusammenfassung und Diskussion der Ergebnisse

9 Arbeit am Kranken im Setting der Arbeitsintegration – Zusammenfassung, Fazit und Diskussion

Da es im Feld der Arbeitsintegration darum geht, die Beschäftigungs- bzw. Arbeits(markt)fähigkeit der Klient_innen zu ermitteln, zu erhalten und auszubauen, gerät in den untersuchten Arbeitsintegrationsagenturen neben der Erwerbslosigkeit folgerichtig auch die Gesundheit als zentrales Element der Employability in den Fokus der Fallbearbeitungen. Vorgespurt wird diese Praxis von der Programmatik der Interinstitutionellen Zusammenarbeit – und mehr noch von deren Fortführung IIZ-MAMAC –, die beide vom Bund entwickelt wurden (siehe dazu Kapitel 2.3): Diese beiden Programme rücken in ihrer Konzeption mehr oder weniger explizit erwerbslose Menschen mit gesundheitlichen Einschränkungen in den Fokus der institutionenübergreifenden Arbeit am Fall. Ziel ist die berufliche Integration dieser Menschen.

Unklare Arbeits(un)fähigkeit der Klient_innen stellt das Personal vor erhebliche Herausforderungen: Es entsteht für sie ein praktisches Problem, das analytisch in einen Zusammenhang mit der ambivalenten sozialstaatlichen Kategorie „gesundheitlich eingeschränkte Erwerbslose" gebracht werden kann (siehe dazu Kapitel 1): Wie sollen gesundheitlich eingeschränkte Menschen in einen Arbeitsmarkt integriert werden, der zunehmend dazu tendiert, sie – gerade aufgrund ihrer gesundheitlichen Einschränkungen – auszusortieren (siehe Kapitel 2.3)? Aus ethnografischer Perspektive lässt sich dieses praktische Problem des Personals in folgende Forschungsfrage umformulieren: Wie bearbeitet das Personal bzw. wie bearbeiten die beiden untersuchten Arbeitsintegrationsagenturen diese „schwierige" Aufgabe?

Diese Fragen zielen auf das Herstellen von Arbeits(un)fähigkeit im Feld der Arbeitsintegration: Es interessieren die institutionellen Praktiken und Prozesse, die den arbeits(un)fähigen Fall konstituieren und durch die er bearbeitbar wird. Es zeigt sich, dass die Aktivierungspolitik nicht nur auf die Erwerbslosen zielt, sondern zugleich auch die Institutionen und das Personal im Feld der Arbeitsintegration aktiviert: Zur „Arbeit am Kunden" (Ludwig-Mayerhofer/Behrend/Sondermann 2008, 296) kommt bei den Mitarbeitenden von Arbeitsintegrationsagenturen die ‚Arbeit am Kranken' hinzu. Diese wird insbesondere von der Programmatik der Interinstitutionellen Zusammenarbeit respektive von IIZ-MAMAC vorgespurt. Es steht also die personenübergreifende, institutionelle Arbeit am Kranken im Zentrum

Diese Arbeit besteht aus einer Vielzahl von Strategien und Praktiken, die der Herstellung von Arbeits(un)fähigkeit dienen. Die in dieser Studie rekonstruierten Praktiken, Prozesse und Logiken fasse ich im Folgenden zusammen (9.1). Im Anschluss ziehe ich ein Fazit zu den empirischen Ergebnissen (9.2). Abschliessend stelle ich die Ergebnisse in einen grösseren Kontext, indem die rekonstruierte doppelte Aktivierung gesundheitlich eingeschränkter Menschen ohne Erwerbsarbeit als Form symbolischer Gewalt diskutiert wird (9.3).

9.1 Arbeits(un)fähigkeit herstellen – Zusammenfassung

International, insbesondere in den OECD-Ländern, ebenso wie in der Schweiz ist zu beobachten, dass zunehmend auch Menschen mit gesundheitlichen Einschränkungen und „Behinderungen" aktiviert und beruflich integriert werden sollen. Sie gelten als „Erwerbslose" und „Einzugliedernde" und der Fokus der Sozialversicherungen und der Ärzt_innen sollte sich auf ihre „Restarbeitsfähigkeit" (remaining work capacity) richten, wie politisch verlangt wird (vgl. bspw. OECD 2010). Denn medizinische Abklärungen, so lautet der Vorwurf der OECD in einem Bericht zu psychischer Gesundheit und Beschäftigung in der Schweiz (2014, 17), seien „immer noch hauptsächlich auf den Rentenanspruch statt auf die Eingliederungsfähigkeit der betroffenen Person ausgerichtet". In diesem Kontext ist neben den letzten Revisionen der Invalidenversicherung auch die Interinstitutionelle Zusammenarbeit (IIZ) des Schweizer Bundes zu verorten, die eine verstärkte Kooperation von Invalidenversicherung, Arbeitslosenversicherung und Sozialhilfe bei „schwer vermittelbaren" Personen mit einer „unklaren, komplexen Mehrfachproblematik" fordert, um deren berufliche Integration zu beschleunigen.

Ein soziohistorischer Blick zeigt, dass das Konzept der Arbeitsunfähigkeit, das aktuell zur Disposition steht, wesentlich für die Gewährung von Fürsorge an „würdige Arme" war, während „gesunde Bettler" als „unwürdige Arme" stigmatisiert wurden. Diese Unterscheidung bedarf einer „Handicapologie" (Castel 2008), die historisch-spezifisch festlegt, wer oder was als arbeits(un)fähig gilt. Daraus und aus der skizzierten Ausgangslage lassen sich das Erkenntnisinteresse und die Fragestellungen dieser Arbeit ableiten: Wie wird die Grenze zwischen Arbeitsfähigkeit und Arbeitsunfähigkeit im untersuchten aktivierungspolitischen Feld ausgehandelt, reproduziert? Welche Prozesse und Interventionen ziehen diese Zuschreibungen und Kategorisierungen nach sich? Welche politischen und institutionellen Logiken sind dahinter auszumachen?

Zwar wird die historisch-spezifische Unterscheidung zwischen arbeits(un)fähigen Hilfebedürftigen gesellschaftlich-politisch ausgehandelt und festgelegt, doch wird Sozialpolitik immer auch lokal, d.h. „an der Front" (street level), verhandelt und hergestellt (vgl. Lipsky 1980). Das legt nahe, dass sich Aushandlungen von Arbeits(un)fähigkeit in Interaktionen, Diskursen und Dokumenten in den beiden untersuchten Institutionen beobachten lassen, was für eine ethnografische Herangehensweise spricht. Ethnografie lässt sich als „opportunistische und feldspezifische Erkenntnisstrategie" (Amann/Hirschauer 1997, 20) charakterisieren und möchte die praktische Erzeugung der Wirklichkeit beschreiben und analysieren.

Die Fallanalysen zeigen, dass Arbeits(un)fähigkeit kein binäres Konzept ist, sondern differenziert wird: Wenngleich zwei der Klient_innen am Schluss der Fallbearbeitung als „zurzeit nicht vermittelbar" gelten und der dritte Klient Anspruch auf Unterstützung durch die IV geltend machen kann, wird keine_r als „grundsätzlich arbeitsunfähig" betrachtet. Frau Pekay ist aufgrund ihres Rückenleidens für bestimmte Tätigkeitsfelder und aufgrund ihrer Schwangerschaft und Mutterschaft temporär arbeitsunfähig; Herr Kaya gilt zwar als temporär psychisch eingeschränkt, aber als körperlich arbeitsfähig; und Herr Yilmaz ist ebenfalls nur für „schwere Arbeiten" nicht einsetzbar. Hierin widerspiegelt sich der sozialpolitische Fokus auf die „Restarbeitsfähigkeit" der Klient_innen und damit eine Ausweitung der Definition von Arbeitsfähigkeit, während Arbeitsunfähigkeit auf bestimmte Zeiträume, Arbeitsfelder, Körperteile etc. limitiert wird. Arbeitsunfähigkeit erscheint damit als ausdifferenziertes, graduelles und relatives Konzept. Der sozialpolitische Diskurs erschwert es den Klient_innen, ein „Recht auf Krankheit" (Herzlich/Pierret 1991) mit entsprechender Absicherung geltend zu machen. Vielmehr werden sowohl ihre Erwerbslosigkeit als auch ihre eingeschränkte Gesundheit als „individuelle Aufgabe" kodiert, was als doppelte Aktivierung analysiert werden kann.

Wenngleich Gesundheit als Thema im untersuchten Feld sehr präsent ist, erscheint diese vornehmlich in einer ganz spezifischen Form: Sie wird auf Arbeits(un)fähigkeit verengt und damit medizinisch-rechtlich gefasst. Zentral sind in diesem Kontext sozialversicherungsrechtliche Ansprüche der Klient_innen und institutionelle bzw. finanzielle Zuständigkeiten. Arbeitsunfähigkeit muss von den Klient_innen nachgewiesen werden, was damit zusammenhängt, dass die Arbeitsintegrationsinstitutionen selbst unter Rechenschaftspflicht stehen. Medizinische Abklärungen sollen die Arbeits(un)fähigkeit „objektiv" belegen und sind in Form ärztlicher Atteste juristisch anerkannt. Hinzu kommen weitere Abklärungen wie Assessments, Tests und Potentialabklärungen. Diese Vermessung und Verdatung von Einschränkungen lassen Gesundheit als berechenbar erscheinen, blenden aber Kranksein (illness) als subjektive Grösse aus. Das biomedizinische Wissen an sich wird im untersuchten Feld zwar nicht in Frage gestellt wird, aber Kritik ist an seiner Anwendung zu vernehmen: dort, wo Bezugsärzt_innen Arbeitsunfähigkeit in den Augen der Arbeitsintegrationsspezialist_innen zu weit definieren. Es finden sich Bestrebungen, Ärzt_innen zu aktivieren – wie auch die OECD das fordert. Das lässt den Schluss zu, dass Arbeits(un)fähigkeit weder objektiv noch rein rechtlich-medizinisch zu bestimmen, sondern ein gesellschaftliches Konstrukt mit sozialen Implikationen ist.

Kranksein, die subjektive Seite von Arbeits(un)fähigkeit, lässt sich nicht objektivieren; stimmen die ärztlich objektivierte Krankheit (disease) und das subjektiv empfundene Kranksein (illness) nicht überein, so wird letzteres von den untersuchten Institutionen oftmals in Zweifel gezogen und auf eine Frage des Arbeitswillens zugespitzt. Doch können auch objektivierte Einschränkungen Misstrauen wecken: Selbst Klient_innen, die sich arbeitsunfähig fühlen und sich auf ein Arztzeugnis berufen können, stehen mitunter im Verdacht, nicht gesund sein und nicht arbeiten zu wollen. Es handelt sich dabei um einen psychologisierend-individualisierenden Diskurs: Viele „Handicaps" erscheinen als von individuellen Einstellungen, Verhaltensweisen und Bewältigungsstrategien abhängig und dadurch grundsätzlich als zumutbar – und nicht als ausgleichsbedürftig (vgl. Vogel 2009, 70), so wird suggeriert. Überspitzt gesagt wird Gesundheit dadurch zu einer Frage des (Genesungs-)Willens, während es eine ‚echte' Arbeitsunfähigkeit nur in seltenen Fällen zu geben scheint.

Unsichtbare Einschränkungen wie psychische Erkrankungen oder Schmerzen stellen die Arbeitsfähigkeit nicht „grundsätzlich" in Frage, wie an den diskutierten Fallbeispielen gezeigt werden kann. Das hängt mit dem sozialpolitisch geforderten Fokus der untersuchten Institutionen und Fachkräfte auf die „Restarbeitsfähigkeit" und die „Eingliederungsfähigkeit" der Klient_innen zusammen. Dieser Fokus führt zu einem ausdifferenzierten, graduellen und relativen Konzept von Arbeits(un)fähigkeit, das Arbeitsunfähigkeit fast ganz zum Verschwinden bringt. Dennoch werden Einschränkungen vom Personal mitunter auch betont; vor allem dann, wenn damit Selektionsentscheide, z.B. bezüglich Qualifizierungen, begründet werden können (Flexibilisierung von Arbeits(un)fähigkeit). Absolute Arbeitsunfähigkeit hingegen bedarf sichtbarer körperlicher Gebrechen oder Eigenheiten, an denen „Behinderung" festgemacht werden kann, wie die Analyse zu Frau Ibisevic zeigt. In dieser Körperfixierung für die Bestimmung von Arbeitsunfähigkeit zeigt sich eine historische Kontinuität, denn „für den Blick möglichst unerträgliche Gebrechen sind stets die besten Passierscheine gewesen, um in den Genuss von Fürsorge zu kommen" (Castel 2008, 45).

Die politische Forderung, auch Menschen mit gesundheitlichen Einschränkungen beruflich einzugliedern, stellt die einschlägigen Institutionen und Fachkräfte vor grosse Herausforderungen, auf die mit einer „ungeheuren Kasuistik" (Castel 2011, 156) reagiert wird: Die entsprechenden Praktiken vervielfältigen sich und die Instrumente und Methoden, um Arbeits(un)fähigkeit feststellen zu können, werden verfeinert. Doch auch solche „Abklärungszirkel" (Nadai/Canonica/Koch 2015, 139) können nicht darüber hinwegtäuschen, dass der Arbeitsmarkt Menschen mit gesundheitlichen Einschränkungen kaum adäquate Stellen bietet und dass die Invalidenversicherung primär Kosten sparen möchte. Zugespitzt lässt sich deshalb sagen: Während die Betroffenen sowohl eine Pflicht zur Arbeit als auch eine Pflicht zur Gesundheit haben, können sie weder ein Recht auf Arbeit noch ein Recht auf Krankheit (durch entsprechende Absicherung) oder gar ein Recht auf Gesundheit geltend machen.

9.2 Doppelte Aktivierung, doppelte Prekarisierung? – Fazit zu den empirischen Ergebnissen

Nach einer historisch betrachtet relativ kurzen Phase der Stabilität und Sicherheit – einerseits durch die Ausgestaltung des Arbeitsmarktes und andererseits durch die daran gekoppelten sozialen Sicherungssysteme – lässt sich nun wieder eine Tendenz zur Prekarisierung und zu einer „zum allgemeinen Dauerzustand gewordenen Unsicherheit" (Bourdieu 1998, 100) konstatieren (vgl. Castel 2005 und 2008; Castel/Dörre 2009). So wird auch das „Recht auf Krankheit" und damit das „Recht auf eine Unterbrechung der Arbeit" (Herzlich/Pierret 1991, 208) teilweise wieder in Frage gestellt, denn zunehmend geraten auch Menschen mit gesundheitlichen Einschränkungen in den Fokus aktivierender Sozialpolitik, wie diese Arbeit zeigt.

Die Frage nach der Unterstützungswürdigkeit Bedürftiger, die sich in den letzten Jahrhunderten mit den gesellschaftlichen Praktiken der Fürsorge verknüpfte, stellt sich in der sozialstaatlichen Arbeitsintegration auch heute: Gerade im Zusammenhang mit gesundheitlichen Einschränkungen ist die Figur des „unterstützungs(un)würdigen Armen" noch immer Gegenstand von intensiven Aushandlungen – gesundheitliche Beeinträchtigungen schützen nicht vor der Auflage, sich in den Arbeitsmarkt zu integrieren. An diesen Aushandlungen und den damit zusammenhängenden Abklärungen sind, neben den Klient_innen und ihren Angehörigen, mehr Institutionen, Professionen und Fachkräften als je zuvor beteiligt: Der Staat ist demnach bereit, eine stattliche Menge von Ressourcen aufzuwenden, um die Frage nach dem „unterstützungswürdigen Armen" zu klären und den „unterstützungsunwürdigen" zur Arbeit anzuhalten. Denn letzterer ist dem mehr oder minder latenten Vorwurf des Simulantentums und Sozialschmarotzertums ausgesetzt (vgl. auch Schallberger/Wyer 2010, 152–156; Caduff/Budowski 2012; Hassler 2016; vgl. Weisser 2005 zur Debatte um „Scheininvalide").

Ein zentrales Ergebnis dieser Studie lautet, dass Menschen mit gesundheitlichen Beeinträchtigungen in der Arbeitsintegration zunächst doppelt aktiviert werden: einerseits hinsichtlich ihrer Erwerbslosigkeit und andererseits hinsichtlich ihrer Gesundheitsprobleme. Beide „Handicaps" bedürfen – gemäss der Logik des untersuchten Feldes – eines individuellen Einsatzes zu ihrer aktiven und erfolgreichen Bewältigung und Bekämpfung. Das hat zur Folge, dass die betroffenen Menschen sowohl ihren Arbeitswillen als auch ihren Genesungswillen wiederholt unter Beweis stellen müssen respektive stellen wollen, wenn sie die Normen und Werte der Arbeitsgesellschaft verinnerlicht haben. Der Genesungswille wird dabei zum Massstab für den Arbeitswillen genommen: Wer nicht an seiner Gesundheit ‚arbeitet', der oder die gerät in den Verdacht, nicht um jeden Preis arbeiten zu wollen – wie dies in Kapitel 7 rekonstruiert wurde.

Wer einigermassen gesund, qualifiziert und der deutschen Sprache mächtig ist, darf mit einem gewissen Mass an Unterstützung in Form von qualifizierenden Massnahmen und von Coachings rechnen. Solche Interventionen können als „Sozialinvestitionen" bezeichnet werden, sollen sie doch die Arbeitsmarkt- und Beschäftigungsfähigkeit der unterstützten Menschen verbessern. Hier tritt der aktivierende Sozialstaat nicht nur „fordernd", sondern auch „fördernd" auf. Wer jedoch die genannten Kapitalien wie Gesundheit, Qualifikationen und Sprachkenntnisse nicht mitbringt, die oder

der gilt im untersuchten Feld als „nicht vermittelbar" oder als „schwervermittelbar". Zwar ist die Interinstitutionelle Zusammenarbeit, die wir anhand zweier kantonaler Modelle untersuchten (vgl. Nadai/Canonica/Koch 2015), spezifisch für schwervermittelbare Klient_innen konzipiert. Durch ihre Zielsetzung der Arbeitsintegration der Klient_innen tendieren allerdings auch die beiden erforschten Institutionen dazu, eine Selektion zu betreiben, die bei der Vermittelbarkeit der Klient_innen ansetzt: Gesundheit, die zumeist in Form von Arbeits(un)fähigkeit konzipiert wird, ist ein zentraler Aspekt des versicherungsrechtlichen Konzepts von Vermittelbarkeit.

Wer durch gesundheitliche Probleme in seiner oder ihrer Arbeits(un)fähigkeit eingeschränkt ist, wird zwar zunächst, wie gezeigt, doppelt aktiviert. Wo die doppelte Aktivierung aber an ihre Grenzen stösst, das heisst, wo sich die Klient_innen – beispielsweise aufgrund ihrer gesundheitlichen Einschränkungen oder aufgrund familiärer Verpflichtungen – als ‚nicht aktivierbar' entpuppen, werden die Fallprozesse in den Institutionen der Arbeitsintegration in der Regel rasch beendet. Denn das Ziel dieser Prozesse ist meist die Integration in den ersten Arbeitsmarkt. Wo dieses Ziel nicht realistisch erscheint, wo also keine „Chance" auf (Re-)Integration in den Arbeitsmarkt besteht – so lautet eines der Kriterien für einen IIZ-MAMAC-Fall (siehe Kapitel 2.3) –, werden die Dossiers in den Arbeitsintegrationsagenturen „geschlossen" und an die Institution zurückgegeben, die die Klientin oder den Klienten unterstützt, also meist an die Sozialhilfe oder an die Arbeitslosenversicherung. Körper und Gesundheitsprobleme rücken demnach als „Grenzen der Aktivierbarkeit" (Haubner 2013, 322) in den Fokus, denn erkrankte und ermüdete Körper lassen sich nicht so einfach aktivieren, selbst wenn die Betroffenen arbeitswillig sind. Wo diese Grenzen erreicht sind, weil die Klient_innen arbeitsunfähig oder nicht vermittelbar sind, stösst auch das Aktivierungsregime an seine Grenzen (vgl. Haubner 2013).

Die analysierten Phänomene sind auch in ihrem politischen und institutionellen Kontext zu betrachten: Beispielsweise der rasche Abschluss des Falls der schwangeren Frau Pekay oder die prekäre berufliche Integration von Herrn Yilmaz' mit seinem Rückenleiden lassen sich primär aus dem Umstand verstehen, dass die sozialstaatlichen Integrationsagenturen oftmals auf eine möglichst rasche Integration setzen und diese einer nachhaltigen und zeitaufwändigen berufliche Integration vorzuziehen scheinen (vgl. Nadai/Canonica/Koch 2015; Streckeisen 2012b). Dieses Vorgehen ist einer seit Jahren betriebenen Ökonomisierung sozialer Dienste geschuldet, welche nun oftmals primär an Effizienz- und Effektivitätskriterien gemessen werden (vgl. Dahme/Wohlfahrt 2008). Problematisch ist dieses Bestreben, Fälle möglichst rasch abzuschliessen, statt für eine nachhaltige berufliche Integration zu sorgen, vor allem mit Blick auf gesundheitliche Einschränkungen der Betroffenen, und zwar in einem doppelten Sinne: Jene oftmals prekären Stellen, die kurzfristig zu besetzen sind, zeichnen sich einerseits häufig durch schwierige und teilweise gar gesundheitlich problematische Arbeitsbedingungen aus. Für Menschen, die bereits gesundheitlich eingeschränkt sind, kann das schwerwiegende Folgen haben, wenn ihre Einschränkung durch die ihnen vermittelte Stelle noch verstärkt wird bzw. gar neue Einschränkungen entstehen. Andererseits zeigt sich, dass die hier beschriebene Praxis der an kurzfristigen Effizienzkriterien orientierten Arbeitsintegration auch als „Mikropolitik beruflicher Platzzuweisungen" verstanden werden kann (vgl. Büchi/Koch 2014). Für Erwerbslose mit wenig formalem Bildungskapital besteht insbesondere dann meist nur Zugang zu prekären und möglicherweise gesundheitsschädigenden Zweigen des Arbeitsmarktes, wenn ihnen der Erwerb zusätzlicher Kompetenzen verwehrt wird – notabene zum Teil aus gesundheitlichen Gründen.

Für die erwähnte Mikropolitik beruflicher Platzzuweisungen spielen Kategorien wie ethnische Herkunft, Geschlecht und Klasse eine zentrale Rolle. Es gälte jedoch noch genauer zu untersuchen, wie diese Faktoren zusammenwirken und wie die erwähnte Mikropolitik bereits bestehende gesellschaftliche Diskriminierungen zementiert, verstärkt und weitertreibt. Eine These, die in diesem Zusammenhang aufgestellt werden kann, lautet, dass sich diese sozialpolitische Praxis vornehmlich bei Migrant_innen mit wenig formalisiertem und nicht anerkanntem Bildungskapital negativ auf die Gesundheit auswirkt, deren Zugang zum Arbeitsmarkt sowieso eher auf tendenziell prekäre Branchen beschränkt ist. Wenn ihnen also im Falle von Erwerbslosigkeit und ihren bereits bestehenden gesundheitlichen Problemen substantielle Qualifizierungen nicht gewährt werden, kann dies, wie oben beschrieben, für sie und ihre Gesundheit Folgen haben. Die Mikropolitik beruflicher Platzzuweisung reproduziert und zementiert demnach soziale Positionen. Gerade jene, die bereits mehrfach benachteiligt sind und Unterstützung nötig hätten, werden so tendenziell de-aktiviert und prekarisiert. Insofern gesundheitliche Einschränkungen Ausdruck sozialer Ungleichheit sind (siehe dazu Kapitel 2.3.1), Gesundheit für die „Förderung" der Betroffenen in Form von „Sozialinvestitionen" aber von der Sozialverwaltung vorausgesetzt wird, entstehen hier „neue soziale Ungleichheiten, bei denen gerade die am wenigsten Privilegierten in der Regel nochmals den Kürzeren ziehen" (Schultheis 2012b, 185f.).

9.3 Aktivierung gesundheitlich eingeschränkter Menschen als Form symbolischer Gewalt – Diskussion

Abschliessend möchte ich das untersuchte Phänomen der Aushandlung von Arbeits(un)fähigkeit in der Arbeitsintegration und der konstatierten doppelten Aktivierung betroffener Menschen als eine Form „symbolischer Gewalt" analysieren. Dieses „Schlüsselkonzept der bourdieuschen Soziologie" (Schultheis 2008b) erlaubt es mir, über das konkrete Untersuchungsfeld hinaus zu gelangen und das erforschte Phänomen in einen grösseren Kontext zu stellen. Insbesondere lässt sich damit die Handlungsebene, auf die ethnografische Studien primär fokussieren, mit der Strukturebene verbinden. Mit der symbolischen Gewalt findet Bourdieu (bspw. 1997c; 2001; 2005) eine Erklärung dafür, wie soziale Ordnung mithilfe der Beteiligung der „Beherrschten" reproduziert wird (vgl. Schmidt 2009, 231). Bourdieu entwickelte das Konzept der symbolischen Gewalt über mehrere Jahrzehnte hinweg (vgl. Schultheis 2008b). In seinem späten Werk zur „männlichen Herrschaft", die Bourdieu als paradigmatisch für die „symbolische Herrschaft" gilt, wendet er das Konzept der symbolischen Gewalt unter Rückgriff auf seine früheren Studien zur kabylischen Gesellschaft im Algerien der 1950er Jahre an. Bourdieu definiert symbolische Gewalt in „Die männliche Herrschaft" so:

> *„Es ist jene sanfte, für ihre Opfer unmerkliche, unsichtbare Gewalt, die im wesentlichen über die rein symbolischen Wege der Kommunikation und des Erkennens, oder genauer des Verkennens, des Anerkennens oder, äusserstenfalls, des Gefühls ausgeübt wird. Diese soziale Beziehung, die so ausserordentlich gewöhnlich ist, bietet daher eine besonders günstige Gelegenheit, die Logik einer Herrschaft zu erfassen, die im Namen eines symbolischen Prinzips ausgeübt wird, das der Herrschende wie der Beherrschte kennen und anerkennen. Dabei kann es sich um eine Sprache (oder Aussprache), einen Lebensstil (oder eine Denk-, Sprech- oder Handlungsweise) und, allgemeiner, eine distinktive Eigenschaft, ein Emblem oder ein Stigma handeln, unter denen die symbolisch wirksamste die Hautfarbe ist, diese völlig willkürliche körperliche Eigenschaft ohne jede Voraussagekraft."* (Bourdieu 2005, 8)

Mit anderen Worten geht es um „Herrschaftsmechanismen, deren subtilste und sanfteste, zugleich aber auch effizienteste und perfideste Form in einer Form der aktiven Beteiligung der Beherrschten an ihrer eigenen Vermachtung und Unterwerfung besteht" (Schultheis 2008b, 29). Diese „Komplizenschaft" (Bourdieu 2005, 78) zwischen Herrschenden und Beherrschten baut auf „gemeinsam geteilten Sichtweisen der Welt" und auf „Selbstverständlichkeiten unseres Denkens" (Krais 2008, 52) auf, was dazu führt, dass die Beherrschten die herrschenden Klassifikationen auch auf sich selbst – und gegen sich selbst – (an)wenden (vgl. Bourdieu 1997c, 165; 2005). Damit nehmen sie sich selbst gegenüber den Standpunkt der Herrschenden ein (vgl. Bourdieu 2005). Allerdings geschieht dies weder bewusst noch willentlich, denn es handelt sich um eine somatisierte Form von Gewalt, eine körperlich verankerte Anerkennung der sozialen Ordnung, eine Inkorporierung von Klassifikationen (vgl. Bourdieu 2001, 2005; Krais 2008, 54; Schultheis 2008b, 31; Schmidt 2009, 232). Kurz: um eine „Somatisierung der Herrschaftsverhältnisse" (Bourdieu 1997c, 166 ff.). Indem symbolische Gewalt „auf der symbolisch-sinnhaften Ebene des Selbstverständlichen und Alltäglichen operiert" (Moebius/Wetterer 2011, 1), werden Herrschaftsverhältnissen verschleiert: Sie werden verkannt, da sie – auch von den Beherrschten – anerkannt werden. Dadurch werden eigentlich kontingente soziale Unterschiede wie Geschlecht, Ethnizität, Klasse, Behinderung und anderes in „natürliche" Tatsachen verwandelt (vgl. Waldschmidt 2011). Die Legitimierung, Naturalisierung, Anerkennung und Verkennung sozialer Ordnung und damit von Herrschaftsverhältnissen gehen nach dem Konzept der symbolischen Gewalt Hand in Hand (vgl. Schmidt 2009, 232).

Inwiefern kann von der hier herausgearbeiteten (doppelten) Aktivierung von gesundheitlich eingeschränkten Menschen ohne Erwerbsarbeit als symbolischer Gewalt gesprochen werden? Um diese Frage zu beantworten, möchte ich zuerst auf zwei Texte eingehen, die das Konzept der symbolischen Gewalt in Bezug auf Armut (Groh/Keller 2001) und in Bezug auf Aktivierung (Ludwig-Mayerhofer/Behrend/Sondermann 2008) diskutieren.

Groh und Keller (2001) thematisieren in einem Aufsatz das Zusammenwirken von Armut respektive Arbeitslosigkeit und symbolischer Gewalt: Wenngleich benachteiligte Gruppen „Gewohnheiten der Notwendigkeit" (Groh/Keller 2001, 191) ausbildeten, könne nicht von einer „Kultur der Armut" gesprochen werden, da sich diese Milieus an denselben Werten orientierten wie andere soziale Gruppen und Milieus auch. Insbesondere das

Leistungsprinzip, das einen hegemonialen Stellenwert einnehme in unserer Gesellschaft, werde auch von benachteiligten Gruppen anerkannt (Groh/Keller 2001, 189 ff.). Symbolische Gewalt bestehe daher „in der Erfahrung des Widerspruchs zwischen soziokulturellen Orientierungen und der wirklichen Lage" (Groh/Keller 2001, 179). Symbolisch gewaltsam wirkt die Anwendung der herrschenden Klassifikationen, wie beispielsweise leistungsfähig/nicht leistungsfähig oder aktiv/passiv, die von den Beherrschten gegen sich selbst gewendet werden. Sie orientieren sich daran, ohne die damit verbundenen Ansprüche einlösen zu können – und ohne die dahinterstehende soziale Ungleichheit zu durchschauen. Die Anerkennung der durch den Glauben an die Meritokratie legitimierten sozialen Ordnung durch (beherrschte) Herrschende und Beherrschte stellt den Kern symbolischer Gewalt dar und trägt zur Reproduktion sozialer Ungleichheit bei.

Ludwig-Mayerhofer, Behrend und Sondermann (2008), die sich mit der aktivierenden Arbeitsvermittlung auseinandersetzten, argumentieren ähnlich: Die symbolische Gewalt, die sie zum Schluss ihres Aufsatzes erwähnen, legitimiere „die Umformung der Arbeitslosen durch die Arbeitsvermittler", da Arbeitslose und Arbeitsvermittler „die Prämisse teilen, dass Erwerbsarbeit den Kern ihrer Existenz ausmacht" (Ludwig-Mayerhofer /Behrend/Sondermann 2008, 298 f.). Es finde eine Individualisierung der Ursachen von Arbeitslosigkeit statt, indem vor allem die „Diskrepanz zwischen den ‚Anforderungen des Arbeitsmarktes' und dem, was die Arbeitslosen einzusetzen bereit sind, um diesen Anforderungen zu entsprechen", bearbeitet werde (ebd.). In letzter Konsequenz würden durch die rekonstruierten Techniken „nutzbringende Individuen" (Foucault 1994) produziert, „die sich noch in ihre Nutzlosigkeit fügen" (Ludwig-Mayerhofer/Behrend/Sondermann 2008, 299). Auch in dieser Argumentation nimmt die geteilte soziokulturelle Orientierung am Arbeitsethos eine zentrale Rolle ein: Den Arbeitslosen wird zugleich die gesellschaftliche Relevanz von Nützlichkeit und Produktivität und ihr zu diesen Werten im Widerspruch stehender Status als Arbeitslose vor Augen geführt.

Wie sieht es nun im untersuchten Feld der Arbeitsintegration aus? Gesellschaftliche Verhältnisse werden durch die rekonstruierten Praktiken der Aushandlung und Bearbeitung von Arbeits(un)fähigkeit tendenziell gestützt, rücken sie doch durch die ‚Arbeit am Kranken', die beim Individuum ansetzt, selten ins Blickfeld. Die gesellschaftlichen und feldspezifischen Anforderungen an die körperliche, psychische, soziale und mentale Leistungsfähigkeit und Funktionstüchtigkeit sind hoch. Arbeitsfähigkeit wird im erforschten Feld sozialstaatlicher Arbeitsintegration als Ziel und als Norm gesetzt, während Arbeitsunfähigkeit als Abweichung von dieser Norm in den Blick gerät. Das führt dazu, dass bei Abweichungen von der Norm der Leistungsfähigkeit und der Gesundheit Stigmatisierung und Diskriminierung drohen. Aus Perspektive der "disability studies" schreibt Waldschmidt (2011, 99) dazu: „Als soziale Position ist Behinderung soziostrukturell mit Diskriminierung, Prekarisierung und Verarmungsrisiko, institutionell mit Exklusion und Partizipationseinschränkung, interaktionell mit Stigmatisierung und Isolation verbunden."

Dass Gesundheit und Arbeitsfähigkeit gesellschaftlich ungleich verteilte Güter sind, wird dabei kaum thematisiert. Denn Arbeitsunfähigkeit wird in der Regel als individuelles Problem betrachtet, aber selten aus der Perspektive gesundheitlicher Ungleichheit. Der Einsatz, dessen es bedarf, um Gesundheit zu erhalten oder wiederzuerlangen, wird in diesem Feld primär den Individuen zugeschrieben. So rücken beispielsweise der Lebensstil der Klient_innen oder ihr Umgang mit ihrer gesundheitlichen Einschränkung in den Fokus.[83] Seltener werden hingegen die gesellschaftlichen Verhältnisse und die konkreten Lebens- und Arbeitsbedingungen der Klient_innen, beispielsweise als Erwerbslose, als Migrant_innen und/oder als Alleinerziehende etc. explizit zum Thema. Gesundheit erscheint dadurch als „Privatsache" (Büchi/Koch 2014, 127). Doch sind die Ressourcen, die für die individuelle Gesundheit eingesetzt werden können, wie beispielsweise ökonomische, kulturelle, personale oder zeitliche Kapitalien von der Sozialposition der Betroffenen, von ihren konkreten Lebens- und Arbeitsbedingungen, geprägt.

Folgt man diesen Gedanken, geht von Arbeitslosigkeit und Armut vor allem in einem soziokulturell-kognitiven Sinn symbolische Gewalt aus. In dieser Weise lässt sie sich auch in Bezug auf das von mir untersuchte Phänomen der Aushandlung von Arbeits(un)fähigkeit diskutieren. Klient_innen und Sozialberater_innen orientieren sich gleichermassen an den gesellschaftlich durchgesetzten Werten der Leistungsfähigkeit, der Aktivität und der Arbeitsfähigkeit. Indem soziale Unterschiede wie Arbeits(un)fähigkeit und Leistungs(un)fähigkeit individualisiert und dadurch eben nicht als durch soziale Ungleichheit produziert, sondern als natürliche Differenzen erscheinen, findet eine Naturalisierung solcher Differenzen statt. Zugleich werden

83 Jedoch kann auch der Lebensstil einer Person nicht als ausschliesslich individuell aufgefasst werden, denn eine „gesundheitsrelevante" Lebensführung ist durch die soziale Position, die Biografie, das zur Verfügung stehende kulturelle Kapital und weiteres mehr geprägt (vgl. Abel/Abraham/Sommerhalder 2009).

das Aktivierungs- und das Arbeitsmarktregime durch diese Naturalisierung legitimiert. Die Herrschaftsverhältnisse, in die diese Regimes eingebettet sind, werden anerkannt und verkannt.

Es fällt auf, dass Gesundheit im Feld der Arbeitsintegration gerade von jenen Menschen verlangt wird, die durch ihre Arbeitslosigkeit zum Teil von gesundheitlicher Ungleichheit betroffen sind (siehe dazu Kapitel 2.3). Gesundheit wird im untersuchten Feld – neben anderen „Schlüsselkompetenzen" wie Qualifikationen und Sprachkenntnissen – zu einem „symbolischen Kapital" (Brunnett 2009, 102; im Anschluss an Bourdieu). Für ihre gesundheitlichen Einschränkungen werden die Betroffenen dann ‚bestraft', wenn Gesundheit zur Voraussetzung für die Mittelvergabe beispielsweise für qualifizierende Kurse und ähnliches wird und sie aufgrund ihrer Einschränkungen nicht in den Genuss solcher „Sozialinvestitionen" kommen. Im Anschluss an diese Feststellung ebenso wie an die in Kapitel 2.3.1 zusammengefassten Forschungsbefunde zum Zusammenhang von Gesundheit und Arbeitslosigkeit und zu gesundheitlicher Ungleichheit lässt sich für meine Untersuchung konstatieren: Der aktivierende (Sozial-)Staat, der stark auf individuelle Eigenverantwortung setzt und sowohl Arbeitslosigkeit als auch Gesundheitsprobleme primär in individualisierter Form bearbeitet, verlangt die Arbeit am kranken und erwerbslosen Selbst vor allem von jenen, denen es die Gesellschaft erschwert, gesund zu sein und zu bleiben.

Ich bin daher der Meinung, dass es zu kurz greift, das Konzept der symbolischen Gewalt nur auf das Feld der Arbeitsintegration oder das Phänomen der doppelten Aktivierung anzuwenden. Vielmehr muss der Blick auf die gesundheitliche Ungleichheit ausgeweitet werden, die auch das von mir untersuchte Feld durchzieht. Ferner bedarf es einer stärkeren Konzeptualisierung der Rolle des Körpers bei der Reproduktion sozialer Ungleichheit und der Wirkungsweise symbolischer Gewalt. Diesen Zusammenhängen möchte ich abschliessend nachgehen.

Das Konzept symbolischer Gewalt erschöpft sich nicht im ausgeführten kulturell-kognitiven Aspekt, denn symbolische Gewalt ist im Anschluss an Bourdieu wesentlich ein inkorporiertes Herrschaftsverhältnis, das sich in Körper und Seelen der Betroffenen einschreibt. Gerade in Bezug auf Gesundheit sollte also stärker nach der Rolle des Körpers und nach dem Prozess der Inkorporierung sozialer Umstände gefragt werden, wird symbolische Gewalt von Bourdieu (1997c, 166) doch als „Somatisierung der Herrschaftsverhältnisse" beschrieben. Inwiefern lässt sich damit die angesprochene gesundheitliche Ungleichheit, die auch das von mir untersuchte Feld durchzieht, analytisch fassen? Denn wenn sich „die gesellschaftlich durchgesetzten Denk- und Wahrnehmungsschemata […] im Prozess der Sozialisation den Betroffenen sozusagen ‚in Leib und Seele' einschreiben" (Schultheis 2008, 31), dann stellt sich die Frage, inwiefern der arbeits(un)fähige Körper Ausdruck einer sozialen Ungleichheit ist, die sich unter anderem in ungleich verteilter Gesundheit ausdrückt (siehe Kapitel 2.3.1). Ist dann gesundheitliche Ungleichheit nicht ebenfalls eine Form symbolischer Gewalt, die sich in die Körper einschreibt?

Die Gesundheit einer Person ist von ihrem Gesundheitsverhalten, von ihrem Wissen über Gesundheit, den Einstellungen und Werten beispielsweise gegenüber Gesundheitspolitik und ähnlichem geprägt (vgl. Abel/Abraham/Sommerhalder 2009). Diese „kulturellen Ressourcen" (ebd.) sind Bestandteil des Lebensstils einer Person (ebd.; vgl. auch Bittlingmayer 2008, 248). „Gesundheitsrelevante Lebensstile" (Abel/Abraham/Sommerhalder 2009, 196) sind – vermittelt über den Habitus und damit auch über die Sozialposition – nicht nur von ökonomischem und sozialem, sondern auch von kulturellem Kapital geprägt (ebd., 203). Gerade kulturelles Kapital kommt nicht nur in objektivierter und institutionalisierter Form vor, sondern ist wesentlich inkorporiertes Kapital (vgl. Bourdieu 1997b). Im Zusammenhang mit gesundheitlicher Ungleichheit und ihrer Reproduktion scheinen vor allem die Prozesse der „Internalisierung von sozialen Bedingungen" (Abel/Abraham/Sommerhalder 2009, 97) entscheidend zu sein.

Wenn gesundheitliche Einschränkungen massgeblich durch die jeweilige soziale Position geprägt sind und damit als Ausdruck gesellschaftlicher Ungleichheit aufgefasst werden können, wie das die in Kapitel 2.3.1 referenzierten Befunde nahelegen, dann sind gesundheitlich eingeschränkte Erwerbslose mehrfach benachteiligt: Nicht nur durch ihre Einschränkungen und ihre Erwerbslosigkeit, sondern auch dadurch, dass Gesundheit als „symbolisches Kapital" und damit als Türöffner für gewisse Privilegien fungiert. Zugespitzt: Gesundheit ist ein „Privileg" (Abel/Abraham/Sommerhalder 2009, 198) bzw. ein (Körper-)Kapital, das zu weiteren Privilegien oder Kapitalien führt, da es sich zu einem gewissen Grad in andere Kapitalien, vor allem in symbolisches Kapital, konvertieren lässt (vgl. Bourdieu 1987; Gugutzer 2002, 66–74).

Wie Bourdieu (1987) herausgearbeitet hat, sind Lebensstile Produkte des Habitus und damit „symbolischer Ausdruck der eigenen gesellschaftlichen Stellung" (Bittlingmayer 2008, 248; vgl. auch Abel/Abraham/Sommerhalder 2009, 197). Bei Gesundheitsverhalten handelt es sich um Bildungsverhalten (Bittlingmayer 2008, 248). Bildungsverhalten ist wesentlich milieuspezifisch ausgeprägt (vgl. ebd.; Krenn 2012, 272), was vor allem mit habituellen Dispositionen zusammenhängt. Bourdieu selbst verweist im Zusammenhang mit dem Konzept symbolischer Gewalt und seiner Untersuchung der männlichen Herrschaft ebenfalls auf den Habitus (vgl. Bourdieu 1997c). Er spricht in diesem Kontext von der „Bildungs- und Formungsarbeit […], in der […] eine dauerhafte Transformation des Körpers und der üblichen Umgangsweise mit ihm erzielt wird" (ebd., 166). Der Habitus ist eine Art psychosomatisches Gedächtnis. Die auf ihm beruhenden Handlungen sind grösstenteils nicht bewusst und intentional. Der Habitusbegriff soll den Antagonismus zwischen Individuum und Gesellschaft überwinden: Er ist sowohl „strukturierte" als auch „strukturierende Struktur" und klassenspezifisch determiniert, d. h. Lebensbedingungen werden über Anpassungs-, Lern- und Konditionierungsprozesse als klassenspezifische Klassifikationssysteme verinnerlicht (vgl. Bourdieu 1987).

In diesem Sinn lässt sich von gesundheitlicher Ungleichheit als Form symbolischer Gewalt sprechen: Gesundheitsrelevante Lebensstile sind milieu- und klassenspezifisch geprägt. Sie sind körperlich verankert und Ausdruck des Habitus. Es steht zu vermuten, dass in ihnen die unbewusste Gewalt, die die Benachteiligten sich selbst zufügen, zum Ausdruck kommt. Diese äussert sich in „Formen von Selbstausschluss, stillschweigender Unterwerfung, Selbsterniedrigung, Selbstzensur oder Selbstausgrenzung" (Schmidt 2009, 233). Die daraus entstehenden „sozialen Gefühlszustände" (ebd.) wie „Scham, Schüchternheit, Ängstlichkeit, Schuldgefühl" (Bourdieu 2001, 217) sind, so meine These, gesundheitsrelevant. Sie hinterlassen Spuren – sowohl am Körper als auch in der Psyche. Zwar kann diese These, dass gesundheitliche Ungleichheit als symbolische Gewalt wirkt oder auf ihr basiert, hier nicht weiterentwickelt werden, doch scheint es für künftige Forschungen zu gesundheitlicher Ungleichheit lohnenswert, diese unter dem Gesichtspunkt der „symbolischen Gewalt" zu erörtern.

Abschliessend kann für diese Studie gesagt werden, dass es zynisch erscheint, wenn Aktivität und Beschäftigungsfähigkeit von jenen Menschen verlangt werden, die selbst von gesundheitlicher Ungleichheit betroffen sind – wenngleich diese Werte von den Betroffenen selbst anerkannt werden. In letzter Konsequenz werden dadurch Ungleichheitsverhältnisse verkannt und reproduziert.

10 Literaturverzeichnis

Abel, Thomas/Abraham, Andrea/Sommerhalder, Kathrin (2009): Kulturelles Kapital, kollektive Lebensstile und die soziale Reproduktion gesundheitlicher Ungleichheit. In: Matthias Richter/Klaus Hurrelmann (Hg.): *Gesundheitliche Ungleichheit. Grundlagen, Probleme, Perspektiven.* Wiesbaden. 195–208.

Amann, Klaus/Hirschauer, Stefan (1997): Die Befremdung der eigenen Kultur. Ein Programm. In: Stefan Hirschauer/Klaus Amann (Hg.): *Die Befremdung der eigenen Kultur. Zur ethnographischen Herausforderung soziologischer Empirie.* Frankfurt a.M. 7–52.

Amt für Arbeit St. Gallen (2006): *arbeitsmagazin.* Nr. 2.

Atkinson, Paul (1990): *The Ethnographic Imagination: Textual Constructions of Reality.* London/New York.

Atkinson, Paul (1995): *Medical Talk and Medical Work. The Liturgy of the Clinic.* London/Thousand Oaks/New Delhi.

Babitsch, Birgit/Lampert, Thomas/Müters, Stephan/Morfeld, Matthias (2009): Ungleiche Gesundheitschancen bei Erwachsenen: Zusammenhänge und mögliche Erklärungsansätze. In: Matthias Richter/Klaus Hurrelmann (Hg.): *Gesundheitliche Ungleichheit: Grundlagen, Probleme, Perspektiven.* Wiesbaden. 231–251.

Bachmann, Ruth/Müller, Franziska/Balthasar, Andreas (2005): *Einmal Rente – immer Rente? Wege in und aus der Invalidenversicherung: Prozesse und Bedingungen.* Zürich.

Bachmann, Susanne (2014): *Subjektkonstitutionen in Integrationsprogrammen zur Arbeitsmarkteingliederung von Zugewanderten im Kanton Bern* [Arbeitstitel]. Unveröffentlichte Dissertation. Universität Bern.

Bauer, Ulrich/Bittlingmayer, Uwe/Richter, Matthias (Hg.) (2008): *Health Inequalities. Determinanten und Mechanismen gesundheitlicher Ungleichheit.* Wiesbaden.

Bauman, Zygmunt (2003): *Flüchtige Moderne.* Frankfurt a. M.

Berg, Eberhard/Fuchs, Martin (Hg.) (1993): *Kultur, soziale Praxis, Text. Die Krise der ethnographischen Repräsentation.* Frankfurt a.M.

Berg, Marc (2008): Praktiken des Lesens und Schreibens. Die konstitutive Rolle der Patientenakte in der medizinischen Arbeit. In: Irmhild Saake/Werner Vogd (Hg.): *Moderne Mythen der Medizin. Studien zur organisierten Krankenbehandlung.* Wiesbaden. 63–85.

Berg, Marc/Horstman, Klasien/Plass, Saskia/Van Heusden Michelle (2000): Guidelines, professionals and the production of objectivity: standardisation and the professionalism of insurance medicine. *Sociology of Health & Illness.* 22(6): 765–791.

Bergmann, Jörg R. (1985): Flüchtigkeit und methodische Fixierung sozialer Wirklichkeit. In: Wolfgang Bonss/Heinz Hartmann (Hg.): *Entzauberte Wissenschaft. Zur Relativität und Geltung soziologischer Forschung.* Göttingen. 299–320.

BFS (Bundesamt für Statistik)/EBG (Eidgenössisches Büro für die Gleichstellung von Frau und Mann) (2008): *Auf dem Weg zur Gleichstellung von Frau und Mann. Stand und Entwicklung.* Neuchâtel.

Bieri, Oliver/Itin, Ariane/Nadai, Eva/Canonica, Alan/Flamand, Emilie/Pluess, Simon (2013): *Formen interinstitutioneller Zusammenarbeit in der Schweiz: Bestandsaufnahme und Typologie.* Forschungsbericht 11 des Bundesamtes für Sozialversicherungen. Bern.

Bittlingmayer Uwe H./Sahrai, Danai (2010): Gesundheitliche Ungleichheit. Plädoyer für eine ethnologische Perspektive. *Aus Politik und Zeitgeschichte.* 45: 25–31.

Bittlingmayer, Uwe H. (2008): Blaming – Producing – Activating the Victim. Materialistisch inspirierte Anmerkungen zu verdrängten Dimensionen sozial bedingter gesundheitlicher Ungleichheit. In: Gregor Hensen/Peter Hensen (Hg.): *Gesundheitswesen und Sozialstaat. Gesundheitsförderung zwischen Anspruch und Wirklichkeit.* Wiesbaden. 239–258.

Bitzan, Renate (2012): *Wofür die Schreibweise mit dem Unterstrich?* Online: https://www.th-nuernberg.de/institutionen/4/kompetenzzentren/kompetenzzentrum-gender-diversity-komgedi/wofuer-die-schreibweise-mit-dem-unterstrich/page.html (2.3.2016).

Blumer, Herbert (1954): What is Wrong with Social Theory? *American Sociological Review.* 18: 3–10.

Böhm, Andreas (2003): Theoretisches Codieren: Textanalyse in der Grounded Theory. In: Uwe Flick/Ernst von Kardorff/Ines Steinke (Hg.): *Qualitative Forschung – Ein Handbuch.* Reinbek. 475–484.

Boltanski, Luc (1976): Die soziale Verwendung des Körpers. In: Dietmar Kamper/Volker Rittner (Hg.): *Zur Geschichte des Körpers. Perspektiven der Anthropologie.* München/Wien. 138–183.

Boltanski, Luc/Chiapello, Ève (2006): *Der neue Geist des Kapitalismus.* Konstanz.

Bösl, Elsbeth (2006): Integration durch Arbeit? Westdeutsche Behindertenpolitik unter dem Primat der Erwerbsarbeit 1949–1974. *Traverse. Zeitschrift für Geschichte.* 3: 113–123.

Bourdieu, Pierre (1987): *Die feinen Unterschiede. Kritik der gesellschaftlichen Urteilskraft.* Frankfurt a. M.

Bourdieu, Pierre (1993): *Sozialer Sinn. Kritik der theoretischen Vernunft.* Frankfurt a.M.

Bourdieu, Pierre (1997a): Verstehen. In: Ders. et al.: *Das Elend der Welt. Zeugnisse und Diagnosen alltäglichen Leidens an der Gesellschaft.* Konstanz. 779–802.

Bourdieu, Pierre (1997b): Ökonomisches Kapital – Kulturelles Kapital – Soziales Kapital. In: Ders.: *Die verborgenen Mechanismen der Macht. Schriften zu Politik & Kultur 1.* Hamburg. 49–79.

Bourdieu, Pierre (1997c): Die männliche Herrschaft. In: Irene Dölling/Beate Krais (Hg.): *Ein alltägliches Spiel. Geschlechterkonstruktionen in der sozialen Praxis.* Frankfurt a. M. 153–217.

Bourdieu, Pierre (1998): *Gegenfeuer. Wortmeldungen im Dienste des Widerstands gegen die neoliberale Invasion.* Konstanz.

Bourdieu, Pierre (2000): *Die zwei Gesichter der Arbeit. Interdependenzen von Zeit- und Wirtschaftsstrukturen am Beispiel einer Ethnologie in der algerischen Übergangsgesellschaft.* Konstanz.

Bourdieu, Pierre (2001): *Meditationen. Zur Kritik der scholastischen Vernunft.* Frankfurt a.M.

Bourdieu, Pierre (2005): *Die männliche Herrschaft.* Frankfurt a.M.

Bräuer, Helmut (2010): Armut in Mitteleuropa 1600 bis 1800. In: Sylvia Hahn/Nadja Lobner/Clemens Sedmak (Hg.): *Armut in Europa 1500–2000.* Innsbruck/Wien/Bozen. 13–34.

Breidenstein, Georg (2006): *Teilnahme am Unterricht. Ethnographische Studien zum Schülerjob.* Wiesbaden.

Breidenstein, Georg/Kelle, Helga (1998): *Geschlechteralltag in der Schulklasse. Ethnographische Studien zur Gleichaltrigenkultur.* Weinheim/München.

Breitenmoser, Beatrice/Foffa, Daniela/Guggisberg/Katrin/Rouiller, Carmen/Donini, François/Nydegger Lory, Bruno (1999): „Eingliederung vor Rente" – realisierbares Ziel oder bloss wohltönender Slogan? *Soziale Sicherheit.* Nr. 6. Bern. 288–292.

Bröker, Andreas H. (2011): *Kombinierte Gesundheits- und Beschäftigungsförderung.* Frankfurt a.M. et al.

Brunnett, Regina (2009): *Die Hegemonie symbolischer Gesundheit. Eine Studie zum Mehrwert von Gesundheit im Postfordismus.* Bielefeld.

Brütt, Christian (2001): ‚Neoliberalismus plus': Re-Kommodifizierung im aktivierenden Sozialstaat. In: Mario Candeias/Frank Deppe (Hg). *Ein neuer Kapitalismus? Akkumulationsregime – Shareholder Society – Neoliberalismus und neue Sozialdemokratie.* Berlin. 265–283.

Brütt, Christian (2003): Von Hartz zur Agenda 2010. Die Realpolitik im „aktivierenden Sozialstaat". In: *PROKLA. Zeitschrift für kritische Sozialwissenschaft.* 133(4): 645–665.

BSV (Bundesamt für Sozialversicherungen) (2004): *Die Revision der Invalidenversicherung.* Bern.

BSV (Bundesamt für Sozialversicherungen) (o.J.): *Das nationale Projekt IIZ-MAMAC.* Präsentation. Online: http://www.skos.ch/store/pdf_d/schwerpunkte/themen/Musterreferat_d.pdf (15.11.2013)

BSV (Bundesamt für Sozialversicherungen) (2014): Faktenblatt. Veröffentlicht am 18. August 2014. Bern. Online: http://www.news.admin.ch/NSBSubscriber/message/attachments/35997.pdf (9.1.2016)

BSV (Bundesamt für Sozialversicherungen)/Seco (Staatssekretariat für Wirtschaft) (2006): *Projektdossier IIZ-MAMAC.* Bern. Online: http://www.iiz.ch/dokumente/DE/iiz_mamac /ProjektdossierIIZMAMACApril07.pdf (1.9.2010)

Büchi, Silvia/Koch, Martina (2014): Stress mit der Gesundheit. Gesundsein in der Migration zwischen gesellschaftlich verlangter und verunmöglichter Gesundheit. In: Passagen, Forschungskreis Migration und Geschlecht (Hg.): *Vielfältig alltäglich – Migration und Geschlecht in der Schweiz.* Zürich. 106–134.

Buestrich, Michael (2007): Gesundheit und Krankheit in der aktivierten Arbeits(losen) gesellschaft. In: Bettina Schmidt/Petra Kolip (Hg): *Gesundheitsförderung im aktivierenden Sozialstaat. Präventionskonzepte zwischen Public Health, Eigenverantwortung und Sozialer Arbeit.* Weinheim/München. 129–140.

Bundesgericht (2015): Medienmitteilung des Bundesgerichtes. Veröffentlicht am 17. Juni 2015. Lausanne. Online: www.bger.ch/press-news-9c_492_2014-t.pdf (9.1.2016)

Bundesgesetz über den Allgemeinen Teil des Sozialversicherungsrechts: http://www.admin.ch/opc/de/classified-compilation/20002163/index.html (8.11.2013)

Butterwegge, Christoph (2005): *Krise und Zukunft des Sozialstaats.* Wiesbaden.

Caduff, Patrick/Budowski, Monica (2012): „Scheininvalide"? Zum Problem der Grenzziehung zwischen legitimen und „illegitimen" Krankheitsbildern. In: Monica Budowski/Michael Nollert/Christopher Young (Hg.): *Delinquenz und Bestrafung. Diskurse, Institutionen und Strukturen.* Zürich. 62–82.

Canonica, Alan (2013): Missbrauch und Reform. Dimensionen und Funktionen der Missbrauchsdebatten in der schweizerischen Invalidenversicherung aus historischer Perspektive. *Schweizerische Zeitschrift für Soziale Arbeit.* 12: 24–37.

Canonica, Alan/Koch, Martina (2014): Ein Fall für drei? Multiprofessionelle Fallbearbeitung in der Interinstitutionellen Zusammenarbeit (IIZ). In: Sabine Voélin/Miryam Eser Davolio/Mathias Lindenau (Hg.): *Le travail social entre résistance et innovation – Soziale Arbeit zwischen Widerstand und Innovation.* Genève/Luzern. 245–253.

Castel, Robert (1984): Von der Gefährlichkeit zum Risiko. In: Max Wambach (Hg.): *Der Mensch als Risiko.* Frankfurt a. M. 51–74.

Castel, Robert (2005): *Die Stärkung des Sozialen. Leben im neuen Wohlfahrtsstaat.* Hamburg.

Castel, Robert (2008): *Die Metamorphosen der sozialen Frage. Eine Chronik der Lohnarbeit.* Konstanz.

Castel, Robert/Dörre, Klaus (Hg.) (2009): *Prekarität, Abstieg, Ausgrenzung. Die soziale Frage am Beginn des 21. Jahrhunderts.* Frankfurt a.M./New York.

Charmaz, Kathy/Mitchell, Richard G. (2001): Grounded Theory in Ethnography. In: Paul Atkinson/Amanda Coffey/Sara Delamont/John Lofland/Lyn Lofland (Hg.): *Handbook of Ethnography.* 160–174.

Clarke, Adele E. (2005): *Situational Analysis. Grounded Theory after the Postmodern Turn.* Thousand Oaks.

Dahme, Heinz-Jürgen/Wohlfahrt Norbert (2008): Der Effizienzstaat: die Neuausrichtung des Sozialstaats durch Aktivierungs- und soziale Investitionspolitik. In: Birgit Bütow/Karl August Chassé/Rainer Hirt (Hg.): *Soziale Arbeit nach dem Sozialpädagogischen Jahrhundert. Positionsbestimmungen Sozialer Arbeit im Post-Wohlfahrtsstaat.* Opladen/Farmington Hills. 43–58.

de Swaan, Abram (1990): *The management of normality: critical essays in health and welfare.* London.

Dean, Mitchell (1995): Governing the unemployed self in an active society. *Economy and Society.* 24(4): 559–583.

Degen, Bernard (2006): Entstehung und Entwicklung des schweizerischen Sozialstaates. *Studien und Quellen. Zeitschrift des Schweizerischen Bundesarchivs.* Nr. 31. 17–48.

Degen, Bernard (2007): Invalidenversicherung. In: *Historisches Lexikon der Schweiz.* Online: http://www.hls-dhs-dss.ch/textes/d/D16612.php (14.8.2013)

Degen, Bernard (2012): Soziale Frage. In: *Historisches Lexikon der Schweiz.* http://www.hls-dhs-dss.ch/textes/d/D16092.php (14.8.2013)

Degen, Bernard (2013): Sozialversicherungen. In: *Historisches Lexikon der Schweiz.* Online: http://www.hls-dhs-dss.ch/textes/d/D16607.php (14.8.2013)

DGB (Deutscher Gewerkschaftsbund, Bereich Arbeitsmarktpolitik) (2010): *Gesundheitsrisiko Arbeitslosigkeit – Wissensstand, Praxis und Anforderungen an eine arbeitsmarktintegrative Gesundheitsförderung.* Berlin. Online: http://www.dgb.de/themen/++co++44151b30-a92b-11df-6fd9-00188b4dc422/@@index.html?search_text=arbeitslosigkeit+gesundheit (2.11.2010)

Dinges, Martin (2002): Neues in der Forschung zur spätmittelalterlichen und frühneuzeitlichen Armut? In: Hans-Jörg Gilomen/Sébastien Guex/Brigitte Studer (Hg.): *Von der Barmherzigkeit zur Sozialversicherung. Umbrüche und Kontinuitäten vom Spätmittelalter bis zum 20.* Jahrhundert. Zürich. 21–43.

Dollinger, Bernd (2006a). Prävention. Unintendierte Nebenfolgen guter Absichten. In: Bernd Dollinger/Jürgen Raithel (Hg.): *Aktivierende Sozialpädagogik. Ein kritisches Glossar.* Wiesbaden. 145–154.

Dollinger, Bernd (2006b): Salutogenese. Macht über die eigene Gesundheit? In: Bernd Dollinger/Jürgen Raithel (Hg.): *Aktivierende Sozialpädagogik. Ein kritisches Glossar.* Wiesbaden. 173–190.

Duttweiler, Stefanie (2004): Beratung. In: Ulrich Bröckling/Thomas Lemke/Susanne Krassmann (Hg.): *Glossar der Gegenwart.* Frankfurt a. M. 23–29.

Eberle, Thomas S./Maeder, Christoph (2011): Organizational ethnography. In: David Silverman (Hg.): *Qualitative research.* London/Thousand Oaks/New Delhi. 54–73.

Egger, Marcel/Lenz, Carlos (2006): *Wirkungsevaluation der öffentlichen Arbeitsvermittlung. Evaluationsbericht.* Seco Publikation Arbeitsmarktpolitik No 18. Bern.

Egger, Marcel/Merckx, Véronique/Wüthrich, Adrian (2010): *Evaluation des nationalen Projekts IIZ-MAMAC.* Beiträge zur Sozialen Sicherheit. Forschungsbericht Nr. 9 des Bundesamtes für Sozialversicherungen. Bern.

Elkeles, Thomas (2008): Gesundheitliche Ungleichheit am Beispiel von Arbeitslosigkeit und Gesundheit – Befunde, Erklärungen und Interventionsansätze. In: Ullrich Bauer/Uwe H. Bittlingmayer/Matthias Richter (Hg.): *Health Inequalities. Determinanten und Mechanismen gesundheitlicher Ungleichheit.* Wiesbaden. 87–107.

Elkeles, Thomas/Kirschner, Wolf (2012): Health promotion for the Unemployed. Needs, Strategies and Evidence on Effectiveness and Efficiency. In: Thomas Kieselbach/Simo Mannila (Hg.): *Unemployment, Precarious Work and Health. Research and Policy Issues.* Wiesbaden. 395–415.

Esping-Andersen, Gøsta (1990): *The Three Worlds of Welfare Capitalism.* Cambridge.

Esping-Andersen, Gøsta (2002): *Why we need a new welfare state.* Oxford.

Faltermeier, Toni (2010): Gesundheitsverhalten, Krankheitsverhalten, Gesundheitshandeln. In: *Leitbegriffe der Gesundheitsförderung.* Online: http://www.leitbegriffe.bzga.de/bot_angebote_idx-135.html (05.11.2013)

Falzon, Mark-Anthony (Hg.) (2009): *Multi-sited ethnography. Theory, praxis and locality in contemporary social research.* Farnham/Burlington.

Ferreira, Cristina (2010): La „condition de victime“ au cœur des politiques de l'invalidité. La contribution de l'expertise médico-légale à la fabrication de nouvelles inégalités. In: Thomas David/Valentin Groebner/Janick Marina Schaufelbuehl/Brigitte Studer (Hg.): *Die Produktion von Ungleichheiten – La production des inégalités.* Schweizerisches Jahrbuch für Wirtschafts- und Sozialgeschichte – Annuaire Suisse d'histoire économique et sociale. Band 24. Zürich. 171–180.

Ferreira, Cristina/Lanza, Danièle/Dupanloup, Anne (2008): La contribution des statistiques publiques à l'invisibilité sociale : le cas de l'invalidité psychique en Suisse. *Schweizerische Zeitschrift für Soziologie.* 34 (1): 165–185.

Fischer, Wolfram (1982): *Armut in der Geschichte. Erscheinungsformen und Lösungsversuche der „Sozialen Frage" in Europa seit dem Mittelalter.* Göttingen.

Fluder, Robert/Graf, Thomas/Ruder, Rosmarie/Salzgeber, Renate (2009): *Quantifizierung der Übergänge zwischen Systemen der sozialen Sicherheit (IV, ALV und Sozialhilfe).* Bern.

Fortin, Sylvie (2008): The paediatric clinic as negotiated social space. *Anthropology & Medicine.* 15(3): 175–187.

Foucault, Michel (1989 [1984]): *Die Sorge um sich. Sexualität und Wahrheit 3.* Frankfurt a.M.

Foucault, Michel (1993): Technologien des Selbst. In: Luther H. Martin/Huck Gutman/Patrick H. Hutton (Hg.): *Technologien des Selbst.* Frankfurt a.M. 24–62.

Foucault, Michel (1994 [1975]): Überwachen und Strafen. Die Geburt des Gefängnisses. Frankfurt a.M.

Foucault, Michel (2006): *Sicherheit, Territorium, Bevölkerung. Geschichte der Gouvernementalität I.* Frankfurt a.M.

Foucault, Michel (2008 [1963]): *Die Geburt der Klinik. Eine Archäologie des ärztlichen Blicks.* Frankfurt a.M.

Fritzsche, Bettina/Tervooren, Anja (2012): Doing difference while doing ethnography? Zur Methodologie ethnographischer Untersuchungen von Differenzkategorien. In: Barbara Friebertshäuser/ Helga Kelle/Heike Boller/Sabine Bollig/Antje Langer/Marion Ott/Sophia Richter (Hg.): *Feld und Theorie. Herausforderungen erziehungswissenschaftlicher Ethnographie.* Opladen/Berlin/Toronto. 25–39.

Gebauer, Roland/Petschauer, Hanna/Vobruba, Georg (2003): *Wer sitzt in der Armutsfalle? Selbstbehauptung zwischen Sozialhilfe und Arbeitsmarkt.* Berlin.

Geertz, Clifford (1987): *Dichte Beschreibung. Beiträge zum Verstehen kultureller Systeme.* Frankfurt a. M.

Geiger, Jack, H. (2006): Health Disparities. In: Amy J. Schulz/Leith Mullings (Hg.): *Gender, Race, Class & Health. Intersectional Approaches.* San Francisco. 261–288.

Geremek, Bronislaw (1988): *Geschichte der Armut. Elend und Barmherzigkeit in Europa.* München/Zürich.

Germann, Urs (2008): „Eingliederung vor Rente". Behindertenpolitische Weichenstellungen und die Einführung der schweizerischen Invalidenversicherung. *Schweizerische Zeitschrift für Geschichte.* 58: 178–197.

Germann, Urs/Kaba, Mariama/Nienhaus, Agnes/Wolfisberg, Carlo (2006): Behinderung. *Traverse, Zeitschrift für Geschichte.* Nr. 3. 17–23.

Giddens, Anthony (1999): *Der dritte Weg. Die Erneuerung der Sozialdemokratie.* Frankfurt a.M.

Gilomen, Hans-Jörg/Guex, Sébastien/Studer, Brigitte (Hg.) (2002): *Von der Barmherzigkeit zur Sozialversicherung. Umbrüche und Kontinuitäten vom Spätmittelalter bis zum 20. Jahrhundert.* Zürich.

Giullari, Susy/Lewis, Jane (2005): *The Adult Worker Model Family, Gender Equality and Care. The Search for New Policy Principles, and the Possibilities and Problems of a Capabilities Approach.* Social Policy and Development Programme Paper Number 19, United Nations Research Institute for Social Development. http://www.unrisd.org/unrisd/website/document.nsf/0/BB78CF0F20C2104FC1256FF6002BA3F5?OpenDocument (29.9.2013)

Glaser, Barney G./Strauss, Anselm L. (2005): *Grounded Theory. Strategien qualitativer Forschung.* Bern.

Gobo, Giampietro (2011): Ethnography. In: David Silverman (Hg.): *Qualitative research.* London/Thousand Oaks/New Delhi. 15–34.

Goffman, Erving (1952): On Cooling the Mark Out. Some Aspects of Adaption to Failure. *Psychiatry. Journal of Interpersonal Relations.* 15(4): 451–463. Online: http://www.tau.ac.il/~algazi/mat/Goffman--Cooling.htm (18.11.2007)

Goffman, Erving (1973): *Asyle. Über die soziale Situation psychiatrischer Patienten und anderer Insassen.* Frankfurt a. M.

Goffman, Erving (1986): *Interaktionsrituale. Über Verhalten in direkter Kommunikation.* Frankfurt a. M.

Greco, Monica (1998): *Illness as a work of thought. A Foucauldian perspective on psychosomatics.* London/New York.

Groh, Olaf/Keller, Carsten (2001): Armut und symbolische Gewalt. In: Claudia Rademacher/Peter Wichens (Hg.): *Geschlecht – Ethnizität – Klasse. Zur sozialen Konstruktion von Hierarchie und Differenz.* Opladen. 177–200.

Gruber, Johannes (2008): *Der flexible Sozialcharakter. Eine Studie zur gegenwärtigen Transformation von Subjektivität.* Basel.

Gubrium, Jaber F./Järvinen, Margaretha (Hg.) (2014): *Turning Troubles into Problems. Clientization in Human Services.* London/New York.

Guggisberg, Jürg/Egger, Theres/Künzi, Kilian (2008): *Evaluation der Arbeitsvermittlung in der Invalidenversicherung.* Beiträge zur sozialen Sicherheit. Forschungsbericht Nr. 2, Bundesamt für Sozialversicherungen. Bern. Online: http://www.bsv.admin.ch/praxis/forschung/publikationen/index.html?lang=de&download=NHzLpZig7t,lnp6I0NTU042l2Z6ln1acy4Zn4Z2qZpnO2Yuq2Z6gpJCDfIB5fGym162dpYbUzd,Gpd6emK2Oz9aGodetmqaN19XI2IdvoaCUZ,s-.pdf (29.8.2013)

Gugutzer, Robert (2004): *Soziologie des Körpers.* Bielefeld.

Hahn, Alois/Schorch, Marén (2007): Tests und andere Identifikationsverfahren als Exklusionsfaktoren. In: Antje Gunsenheimer (Hg.): *Grenzen, Differenzen, Übergänge: Spannungsfelder inter- und transkultureller Kommunikation.* Bielefeld. 253–268.

Hak, Tony (1998): "There Are Clear Delusions." The Production of a Factual Account. *Human Studies.* 21: 419–436.

Haselbach, Philipp (2002): Die Entwicklung des Invaliditätsbegriffs. *Schweizerische Zeitschrift für Sozialversicherung und berufliche Vorsorge.* 46: 44–63.

Hassler, Benedikt (2016): Arbeitsmarktfähigkeit unter Beobachtung. „Scheininvalidität" in der Schweiz. In: Wolfgang Aschauer/Elisabeth Donat/Julia Hofmann (Hg.): *Solidaritätsbrüche in Europa. Konzeptuelle Überlegungen und empirische Befunde.* Wiesbaden. 171–189.

Haubner, Tine (2013): Exkurs: Körpereigensinn und die Grenzen der Aktivierbarkeit. In: Klaus Dörre / Karin Scherschel / Melanie Booth / Tine Haubner / Kai Marquardsen / Karen Schierhorn: *Bewährungsproben für die Unterschicht? Soziale Folgen aktivierender Arbeitsmarktpolitik*. Frankfurt a.M. 322–344.

Heinimann, Eva (2006): Organisierte Wartebänke. Jugendliche ohne Lehrstelle und Paradoxien der Massnahme „Motivationssemester". *soz:mag*. 10: 20–23.

Helman, Cecil G. (1994): *Culture, Health and Illness. An Introduction for Health Professionals*. Oxford.

Herrmann, Steffen Kitty (aka S_he) (2003): Performing the Gap. Queere Gestalten und geschlechtliche Aneignung. *Arranca!* 28: 22–26. Online: http://arranca.nadir.org/arranca/article.do?id=245 (2.10.2013)

Herzlich, Claudine (1973): *Health and Illness: A social psychological analysis*. London.

Herzlich, Claudine / Pierret, Janine (1991): *Kranke gestern, Kranke heute: die Gesellschaft und das Leiden*. München.

Hirschauer, Stefan (2001): Ethnographisches Schreiben und die Schweigsamkeit des Sozialen. Zu einer Methodologie der Beschreibung. *Zeitschrift für Soziologie*. 30(6): 429–451.

Hirschauer, Stefan / Amann, Klaus (Hg.) (1997): *Die Befremdung der eigenen Kultur. Zur ethnographischen Herausforderung soziologischer Empirie*. Frankfurt a.M.

Hollederer, Alfons (2003): *Arbeitslos – Gesundheit los – chancenlos?* IAB-Kurzbericht, Nr. 4. http://doku.iab.de/kurzber/2003/kb0403.pdf (28.12.2013)

Hollederer, Alfons (2006): Fallmanagement für Arbeitslose mit vermittlungsrelevanten gesundheitlichen Einschränkungen. Ein Fall für den Öffentlichen Gesundheitsdienst und Ärztlichen Dienst der BA?! In: Alfons Hollederer / Helmut Brand (Hg.): *Arbeitslosigkeit, Gesundheit und Krankheit*. Bern. 181–197.

Hollederer, Alfons (2009b): Gesundheit und Krankheit von Arbeitslosen sowie Chancen und Grenzen arbeitsmarktintegrativer Gesundheitsförderung. In: Ders. (Hg.): *Gesundheit von Arbeitslosen fördern! Ein Handbuch für Wissenschaft und Praxis*. Frankfurt a. M. 12–38.

Hollederer, Alfons (Hg.) (2009a): *Gesundheit von Arbeitslosen fördern! Ein Handbuch für Wissenschaft und Praxis*. Frankfurt a. M.

Holmqvist, Mikael (2009): Medicalization of unemployment: individualizing social issues as personal problems in the Swedish welfare state. *Work Employment & Societ*. 23(3): 405–421.

Homfeldt, Hans-Günther / Sting, Stephan (2006): *Soziale Arbeit und Gesundheit. Eine Einführung*. München.

Horn, Eva (2002): Test und Theater. Zur Anthropologie der Eignung im 20. Jahrhundert. In: Ulrich Bröckling / Eva Horn (Hg.): *Anthropologie der Arbeit*. Tübingen. 109–125.

Hughes, Everett C. (1971): *The sociological eye: Selected Papers on Institutions, Race, Work and the Study of Society*. Chicago.

Illich, Ivan (1995): *Die Nemesis der Medizin. Die Kritik der Medikalisierung des Lebens*. München.

Jäger, Ullle (2004): *Der Körper, der Leib und die Soziologie. Entwurf einer Theorie der Inkorporation*. Königstein.

Jäggi, Stefan (2009): Pauperismus. In: *Historisches Lexikon der Schweiz*. Online: http://www.hls-dhs-dss.ch/textes/d/D16091.php (Zugriff: 14.8.2013)

Jahoda, Marie/Lazarsfeld, Paul F./Zeisel, Hans (1975 [1933]): *Die Arbeitslosen von Marienthal. Ein soziografischer Versuch über die Wirkungen langandauernder Arbeitslosigkeit*. Frankfurt a.M.

Jenson, Jane (2009): Lost in Translation: The Social Investment Perspective and Gender Equality. *Social Politics*. 16(4). 446–483.

Jütte, Robert (1982): Disziplinierungsmechanismen in der städtischen Armenfürsorge der Frühneuzeit. In: Christoph Sachsse/Florian Tennstedt (Hg.): *Soziale Sicherheit und soziale Disziplinierung. Beiträge zu einer historischen Theorie der Sozialpolitik*. Frankfurt a.M. 101–118.

Kaufmann, Franz-Xaver (2003): Sicherheit: Das Leitbild beherrschbarer Komplexität. In: Stephan Lessenich (Hg): *Wohlfahrtsstaatliche Grundbegriffe : historische und aktuelle Diskurse*. Frankfurt a. M. 73–104.

Keckeisen, Wolfgang (1974): *Die gesellschaftliche Definition abweichenden Verhaltens. Perspektiven und Grenzen des labeling approach*. München

Kelle, Helga (2010): Einleitung: Kindervorsorge- und Schuleingangsuntersuchungen als entwicklungsdiagnostische Verfahren. In: Helga Kelle (Hg.): *Kinder unter Beobachtung. Kulturanalytische Studien zur pädiatrischen Entwicklungsdiagnostik*. Opladen. 7–22.

Keller, Véréna/Modak, Marianne/Messant-Laurent, Françoise (2013): Geschlechtergerechtigkeit in der Familie im aktivierenden Sozialstaat. *Schweizerische Zeitschrift für Soziale Arbeit*. 14: 9–26.

Kieselbach, Thomas/Beelmann, Gert (2006): Arbeitslosigkeit und Gesundheit: Stand der Forschung. In: Alfons Hollederer/Helmut Brand (Hg.): *Arbeitslosigkeit, Gesundheit und Krankheit*. Bern. 13–31

Kieselbach, Thomas/Mannila, Simo (Hg.) (2012): *Unemployment, Precarious Work and Health. Research and Policy Issues*. Wiesbaden.

Kieselbach, Thomas/Wacker, Alois (o.J.): Arbeitslosigkeit. In: *Lexikon der Psychologie*. Online. http://www.wissenschaft-online.de/abo/lexikon/psycho/1308 (03.11.2013)

Kirschner, Wolf/Elkeles, Thomas (2006): Eine aktuelle Bestandsaufnahme von deutschen Projekten zur Gesundheitsförderung von Arbeitslosen – Probleme, Forschungs- und Entwicklungsbedarfe. In: Alfons Hollederer/Helmut Brand (Hg.) (2006): *Arbeitslosigkeit, Gesundheit und Krankheit*. Bern. 97–112.

Kissling, Dieter (2007): Kommentar aus arbeitsmedizinischer Sicht. *Schweizerische Ärztezeitung*. 88(43): 1807f.

Kleinman, Arthur (1980): *Patients and Healers in the Context of Culture. An Exploration of the Borderland between Anthropology, Medicine and Psychiatry*. Berkeley.

Kleinman, Arthur (1995): *Writing at the Margin. Discourse between Anthropology and Medicine*. Berkley.

Knoblauch, Hubert (2001): Fokussierte Ethnographie. *sozialersinn*. 1: 123–141.

Knorr Cetina, Karin (1989). Spielarten des Konstruktivismus. Einige Notizen und Anmerkungen. *Soziale Welt*. 40 (1/2), 86–96.

Knupfer, Caroline (2003): Richtlinien für die Ausgestaltung und Bemessung der Sozialhilfe (SKOS-Richtlinien). In: *Wörterbuch der Sozialpolitik.* Online: http://www.socialinfo.ch/cgi-bin/dicopossode/show.cfm?id=512 (11.10.2012)

Koch, Martina (2010): „Pioniere einer neuen Zeit?" Identitätskonstruktionen in einem Integrationsprojekt der Sozialhilfe. *Schweizerische Zeitschrift für Soziologie.* 36(3). 431–449.

Koch, Martina (2011): Arbeit am Kranken. Zur Rolle von „Eigenverantwortung" bei der Konstruktion von Arbeits(un)fähigkeit in Sozialversicherungen. Poster. Gezeigt am *7. Berliner Methodentreffen,* 16./17.07.2011. Berlin. Online: http://www.qualitative-forschung.de/methodentreffen/archiv/poster/poster_2011/koch.pdf (06.11.2013)

Koch, Martina/Canonica, Alan (2012a): Die Gegenleistungspflicht in der Sozialhilfe bei psychisch beeinträchtigten Menschen. *Pro Mente Sana aktuell.* 3: 26–27.

Koch, Martina/Canonica, Alan (2012b): Im Dazwischen. Erwerbslose mit „komplexer Mehrfachproblematik" im Schweizer Aktivierungsregime. In: Karin Scherschel/Peter Streckeisen/Manfred Krenn (Hg.): *Neue Prekarität. Die Folgen aktivierender Arbeitsmarktpolitik – europäische Länder im Vergleich.* Frankfurt a.M. 237–252.

Koch, Martina/Hüttemann, Matthias (2015): Fallbestimmungen im sozialpolitischen Kontext – eine ethnographische Perspektive auf diagnostische Prozesse im Feld der Arbeitsintegration. *Schweizerische Zeitschrift für Soziale Arbeit.* 18: 43–58.

Kocyba, Hermann (2004): Aktivierung. In: Ulrich Bröckling/Thomas Lemke/Susanne Krassmann (Hg.): *Glossar der Gegenwart.* Frankfurt a. M. 17–22.

Krais, Beate (2008): Zur Funktionsweise von Herrschaft in der Moderne: Soziale Ordnungen, symbolische Gewalt, gesellschaftliche Kontrolle. In: Robert Schmidt/Volker Woltersdorff (Hg.): *Symbolische Gewalt: Herrschaftsanalyse nach Pierre Bourdieu.* Konstanz. 45–58.

Krenn, Manfred (2012): Bedrohliche (De-)Aktivierung: Sozialhilfebeziehende zwischen symbolischer Gewalt, Existenznot und Armutsfalle. In: Karin Scherschel/Peter Streckeisen/Manfred Krenn (Hg.): *Neue Prekarität. Die Folgen aktivierender Arbeitsmarktpolitik – europäische Länder im Vergleich.* Frankfurt a.M. 269–289.

Kronauer, Martin/Vogel, Berthold/Gerlach, Frank (1993): *Im Schatten der Arbeitsgesellschaft. Arbeitslose und die Dynamik sozialer Ausgrenzung.* Frankfurt a.M./New York.

Kuehni, Morgane (2008): Assigné(e)s au travail en Suisse: quels enjeux de santé pour les actifs et actives du chômage? *Travailler.* 19(1): 123–142.

Kuhn, Hanspeter (2007): Kommentar aus Sicht des FMH-Juristen. *Schweizerische Ärztezeitung.* 88(43): 1808.

Kuhn, Melanie (2013): *Professionalität im Kindergarten: Eine ethnographische Studie zur Elementarpädagogik in der Migrationsgesellschaft.* Wiesbaden.

Kuhnert, Peter/Kastner, Michael (2009): Gesundheits- und beschäftigungsorientierte Beratung bei Arbeitslosigkeit – Das Konzept der Stabilisierenden Gruppen. In: Alfons Hollederer (Hg.): *Gesundheit von Arbeitslosen fördern! Ein Handbuch für Wissenschaft und Praxis.* Frankfurt a. M. 203–229.

Kunst, Anton E. (2009): Herausforderungen bei der Beschreibung gesundheitlicher Ungleichheit in Europa. Ein Überblick aktueller Studien. In: Matthias Richter/Klaus Hurrelmann (Hg.): *Gesundheitliche Ungleichheit. Grundlagen, Probleme, Perspektiven.* Wiesbaden. 354–366.

Künzler, Gabriela/Knöpfel, Carlo (2002): *Arme sterben früher.* Luzern.

Langer, Antje (2008): *Disziplinieren und entspannen. Körper in der Schule – eine diskursanalytische Ethnographie.* Bielefeld.

Leibfried, Stephan/Leisering, Lutz/Petra, Buhr/Ludwig, Monika/Mädje, Eva/Olk, Thomas/Voges, Wolfgang/Zwick, Michael (1995): *Zeit der Armut. Lebensläufe im Sozialstaat.* Frankfurt a.M.

Lengwiler, Martin (2010): Fürsorge, Selbsthilfe oder Sozialversicherungen? Die Entwicklung des Sozialstaats aus Sicht der organisierten Gemeinnützigkeit, 1800–1950. In: Beatrice Schumacher (Hg.): *Gemeinnütziges Denken und Handeln in der Schweiz seit 1800.* Zürich. 255–276.

Lenk, Christian (2006): Verbesserung als Selbstzweck? Psyche und Körper zwischen Abweichung, Norm und Optimum. In: Johann S. Arch/Arnd Pollmann (Hg.): *no body is perfect. Baumassnahmen am menschlichen Körper – bioethische und ästhetische Aufrisse.* Bielefeld. 63–78.

Lessenich, Stephan (2003): Der Arme in der Aktivgesellschaft – zum sozialen Sinn des „Förderns und Forderns". *WSI-Mitteilungen.* 4: 214–220.

Lessenich, Stephan (2008): *Die Neuerfindung des Sozialen. Der Sozialstaat im flexiblen Kapitalismus.* Bielefeld.

Lessenich, Stephan (2012): *Theorien des Sozialstaats. Zur Einführung.* Hamburg.

Leu, Robert E./Burri, Stefan/ Priester, Tom (1997): *Lebensqualität und Armut in der Schweiz.* Bern.

Link, Jürgen (2009): *Versuch über den Normalismus. Wie Normalität produziert wird.* Opladen.

Lipsky, Michael (1980): *Street-Level Bureaucracy. Dilemmas of the Individual in Public Services.* New York.

Lødemel, Ivar/Trickey, Heather (Hg.) (2001*): An Offer You Can't Refuse – Workfare in International Perspective.* Bristol.

Lüders, Christian (2000): Beobachten im Feld und Ethnographie. In: Uwe Flick/Ernst von Kardorff/Ines Steinke (Hg.): Qualitative Forschung. Reinbek. 384–401.

Ludwig-Mayerhofer, Wolfgang/ Behrend, Olaf/ Sondermann, Ariadne (2008): Disziplinieren und Motivieren: Zur Praxis der neuen Arbeitsmarktpolitik. In: Adalbert Evers/Rolf G. Heinze (Hg.): *Sozialpolitik. Ökonomisierung und Entgrenzung.* Wiesbaden. 276–300.

Ludwig-Mayerhofer, Wolfgang/Behrend, Olaf/Sondermann, Ariadne (2009): *Auf der Suche nach der verlorenen Arbeit. Arbeitslose und Arbeitsvermittler im neuen Arbeitsmarktregime.* Konstanz.

Lupton, Deborah (2003): *Medicine as Culture. Illness, Disease and the Body in Western Societies.* London.

Maasen, Sabine (2008): Bio-ästhetische Gouvernementalität: Schönheitschirurgie als Biopolitik. In: Paula-Irene Villa (Hg.): *Schön Normal. Sozial- und kulturwissenschaftliche Blicke auf somatische Selbsttechnologien.* Bielefeld. 99–118.

Mackenbach, Johan P. (2006): *Health Inequalities. Europe in Profile.* Bericht zuhanden der EU-Präsidentschaft der UK. Online: http://www.who.int/social_determinants/resources/european_inequalities.pdf (15.11.2013)

Mäder, Ueli (2007): Armut und Gesundheit. Folgen der Arbeitslosigkeit. *Schweiz Med Forum.* 7: 930–933.

Mädje, Eva/Neusüss, Claudia (1996). *Frauen im Sozialstaat: zur Lebenssituation alleinerziehender Sozialhilfeempfängerinnen.* Frankfurt a.M./New York.

Maeder, Christoph/Nadai, Eva (2004): *Organisierte Armut. Sozialhilfe aus wissenssoziologischer Sicht.* Konstanz.

Maeder, Christoph/Nadai, Eva (2009a): The Promises of Labour: the Practices of Activating Unemployment Policies in Switzerland. In: Marco Giugni (Hg.): *The Promises of Labour: the Practices of Activating Unemployment Policies in Switzerland.* Farnham/Burlington. 67–81.

Maeder, Christoph/Nadai, Eva (2009b). Leistung lohnt sich (nicht immer). Beschäftigungsfähigkeit als Eintrittskarte zum Arbeitsmarkt. In: Stefan Kutzner/Michael Nollert/Jean-Michel Bonvin (Hg.): *Armut trotz Arbeit. Die neue Arbeitswelt als Herausforderung für die Sozialpolitik.* Zürich: 110–123.

Magnin, Chantal (2005). *Beratung und Kontrolle. Widersprüche in der staatlichen Bearbeitung von Arbeitslosigkeit.* Zürich.

Magnin, Chantal (2006): Die Bürokratisierung des Arbeitsmarktes. Zu den Paradoxien der aktivierungspolitischen Bearbeitung von Arbeitslosigkeit. *sozialersinn.* 1(7): 79–106.

Maines, David R. (1977): Social Organization and Social Structure in Symbolic Interactionist Thought. *Annual Review of Sociology.* 3: 235–259.

Maines, David R./Charlton, Joy C. (1985): The negotiated order approach to the analysis of social organization. In: Harvey A. Farberman/Robert S. Perinbanayagam (Hg.): *Foundations of interpretive sociology: Original essays in symbolic interactions.* Greenwich/London. 271–308.

Marquardsen, Kai (2007): Was ist „Aktivierung" in der Arbeitsmarktpolitik? *WSI-Mitteilungen.* 60(5): 259–265.

Marquis, Jean-François (2010): *Conditions de travail, chômage et santé. La situation en Suisse à la lumière de l'Enquête suisse sur la santé 2007.* Lausanne.

Mauss, Marcel (1975): Die Techniken des Körpers. In: Ders.: *Soziologie und Anthropologie.* Bd. 2. München. 199–220.

Mauss, Marcel (1990 [1950]): *Die Gabe. Form und Funktion des Austauschs in archaischen Gesellschaften.* Frankfurt a.M.

Mecheril, Paul/Melter, Claus (2010): Differenz und Soziale Arbeit. Historische Schlaglichter und systematische Zusammenhänge. In: Fabian Kessl/Melanie Plösser (Hg.): *Differenzierung, Normalisierung, Andersheit: Soziale Arbeit als Arbeit mit den Anderen.* Wiesbaden. 117–131.

Mecheril, Paul/Melter, Claus (2012): Gegebene und hergestellte Unterschiede. Die Rekonstruktion und Konstruktion von Differenz durch (qualitative) Forschung. In: Elke Schimpf/Johannes Stehr (Hg.): *Kritisches Forschen in der Sozialen Arbeit. Gegenstandsbereiche – Kontextbedingungen – Positionierungen – Perspektiven.* Wiesbaden. 264–273.

Meershoek, Agnes (2012): Controlling Access to Sick Leave Programmes: Practices of Physicians in the Netherlands. *Social Policy & Administration.* 46(5): 544–561.

Meershoek, Agnes/Krumeich, Anja/Vos, Rein (2007): Judging without criteria? Sickness certification in Dutch disability schemes. *Sociology of Health & Illness.* 29(4): 497–514.

Mehrtens, Herbert (1999): Kontrolltechnik Normalisierung. Einführende Überlegungen. In: Werner Sohn/Herbert Mehrtens (Hg.): *Normalität und Abweichung. Studien zur Theorie und Geschichte der Normalisierungsgesellschaft.* Opladen/Wiesbaden. 45–64.

Menz, Wolfgang (2008): ‚Techniken, welche nutzbringende Individuen fabrizieren'. Was nützt Foucault für eine kritische Analyse von Leistungsbeurteilungsverfahren? In: Kai Dröge/Kira Marrs/Wolfgang Menz (Hg.): *Rückkehr der Leistungsfrage. Leistung in Arbeit, Unternehmen und Gesellschaft.* Berlin. 91–121.

Messerli, Jakob (1996): Psychotechnische Rationalisierung. Zur Verwissenschaftlichung von Arbeit in der Schweiz im frühen 20. Jahrhundert. In: Ulrich Pfister/Brigitte Studer/Jakob Tanner (Hg.): *Arbeit im Wandel. Organisation und Herrschaft vom Mittelalter bis zur Gegenwart.* Zürich. 233–260.

Moebius, Stephan/Wetterer, Angelika (2011): Symbolische Gewalt. Editorial. Österreichische Zeitschrift für Soziologie. 36(4): 1–10.

Möhle, Marion (2005): Die „aktivierte" Frau: Hartz und „neue" Subjektkonstituierungen. In: Waltraud Ernst (Hg.): *Leben und Wirtschaften: Geschlechterkonstruktionen durch Arbeit.* Hamburg. 65–77.

Mohr, Gisela/Richter, Peter (2008): Psychosoziale Folgen von Erwerbslosigkeit – Interventionsmöglichkeiten. *Aus Politik und Zeitgeschichte.* 40/41: 25–31 Online: http://www.bpb.de/files/RXGKKH.pdf (1.11.2011)

Moritz, Christine (in Zusammenarbeit mit der Leuchtfeuer-Arbeitsgruppe der NetzWerkstatt) (2008): Eine „virtuelle Insel für Qual-Frösche": Erfahrungsbericht einer netzbasierten qualitativen Arbeitsgruppe im Rahmen des NetzWerkstatt-Konzepts. *Forum Qualitative Sozialforschung / Forum: Qualitative Social Research.* 10(1). http://nbn-resolving.de/urn:nbn:de:0114-fqs090134.

Morrill, Calvin/Fine, Gary Alan (1997): Ethnographic Contributions to Organizational Sociology. *Sociological Methods Research.* 25: 424–451.

Mruck, Katja/Mey, Günter (1997): Selbstreflexivität und Subjektivität im Auswertungsprozess biografischer Materialien. Zum Konzept einer ‚Projektwerkstatt qualitativen Arbeitens' zwischen Colloquium, Supervision und Interpretationsgemeinschaft. In: Gerd Jüttemann/Hans Thomae (Hg.): *Biografische Methoden in den Humanwissenschaften.* Weinheim. 284–306.

Murer, Erwin (2006): Grenzen von Recht und Medizin bei der Abklärung der Arbeitsunfähigkeit. In: Gabriela Riemer-Kafka (Hg.): *Case Management und Arbeitsunfähigkeit.* Tagungsband. Zürich, Basel, Genf. 49–66.

Nadai, Eva (2005): Der kategorische Imperativ der Arbeit. Vom Armenhaus zur aktivierenden Sozialpolitik. *Widerspruch. Beiträge zu sozialistischer Politik.* 49: 19–27.

Nadai, Eva (2006): Auf Bewährung. Arbeit und Aktivierung in Sozialhilfe und Arbeitslosenversicherung. *sozialer sinn.* 1(7): 61–77.

Nadai, Eva (2007a). Simulierte Arbeitswelten. Integrationsprogramme für Erwerbslose. In: Andrea Baechtold/Laura von Mandach (Hg.): *Arbeitswelten. Integrationschancen und Ausschlussrisiken.* Zürich. 135–145.

Nadai, Eva (2007b): Cooling out. Zur Aussortierung von „Leistungsschwachen". In: Caroline Arni/Andrea Glauser/Charlotte Müller/Marianne Rychner/Peter Schallberger (Hg.): *Der Eigensinn des Materials. Erkundungen in der sozialen Wirklichkeit.* Frankfurt/Basel. 434–450.

Nadai, Eva (2009a): Das Problem der Bodensatzrosinen. Interinstitutionelle Kooperation und die forcierte Inklusion von Erwerbslosen. *sozialersinn.*10(1): 55–71.

Nadai, Eva (2009b): Ein Rädchen im Getriebe – Entgrenzung der Sozialen Arbeit im Aktivierungsregime. *Kurswechsel. Zeitschrift für gesellschafts-, wirtschafts- und umweltpolitische Alternative.* 3: 26–34

Nadai, Eva (2012): Von Fällen und Formularen: Ethnographie von Sozialarbeitspraxis im institutionellen Kontext. In: Elke Schimpf/Johannes Stehr (Hg.): *Kritisches Forschen in der Sozialen Arbeit. Gegenstandsbereiche – Kontextbedingungen – Positionierungen – Perspektiven.* Wiesbaden. 149–163.

Nadai, Eva (2013): Aktivierung. In: Anna Maria Riedi/Michael Zwilling/Petra Benz Bartoletta/Doris Aebi Zindel (Hg.): *Handbuch Sozialwesen Schweiz.* Bern. 332–335.

Nadai, Eva/Canonia, Alan (2012): Arbeitsmarktintegration als neu entstehendes Berufsfeld. Zur Formierung von professionellen Zuständigkeiten. *Schweizerische Zeitschrift für Soziologie.* 38(1): 23–37.

Nadai, Eva/Canonica Alan/Koch, Martina (2015): *... und baute draus ein grosses Haus. Interinstitutionelle Zusammenarbeit zur Arbeitsmarktintegration von Erwerbslosen.* Konstanz: UVK.

Nadai, Eva/Hauss, Gisela/Canonica, Alan (2013): *Lohnende Investitionen.* Schlussbericht. Olten.

Nadai, Eva/Koch, Martina (2011): Ein Forschungsobjekt im Zwischenraum. Interinstitutionelle Zusammenarbeit zwischen sozialstaatlichen Agenturen. *Zeitschrift für Soziologie der Erziehung und Sozialisation.* 31(3): 236– 249.

Nadai, Eva/Maeder, Christoph (2005): Fuzzy Fields. Multi-Sited Ethnography in Sociological Research. *Forum Qualitative Sozialforschung/Forum: Qualitative Social Research.* 6(3). Online: http://www.qualitative-research.net/fqs-texte/3-05/05-3-28-e.htm (7.1.2008)

Nadai, Eva/Maeder, Christoph (2008): Messen, klassieren, sortieren: Zur Konstruktion von „Leistung" und „Beschäftigungsfähigkeit" in Unternehmen und Arbeitslosenprogrammen. In: Kai Dröge/Kira Marrs/Wolfgang Menz (Hg.): *Rückkehr der Leistungsfrage. Leistung in Arbeit, Unternehmen und Gesellschaft.* Berlin. 177–195.

Nadai, Eva/Maeder, Christoph (2009): Contours of the Field(s). Multi-sited Ethnography as a Theory-driven Research Strategy for Sociology. In: Mark-Anthony Falzon (Hg.): *Multi-Sited Ethnography. Theory, Praxis and Locality in Contemporary Social Research.* Farnham/Burlington. 233–250.

OECD (Organisation for Economic Co-operation and Development) (1997): *Lifelong learning to maintain employability.* OECD Working Papers Vol. 5, Nr. 88. Paris.

OECD (Organisation for Economic Co-operation and Development) (1998): *Submission by the OECD to the G8 growth, employability and inclusion conference.* OECD-Working papers Vol. 6, Nr. 12. Paris.

OECD (Organisation for Economic Co-operation and Development) (2003): *Transforming Disability into Ability.* Paris.

OECD (Organisation for Economic Co-operation and Development) (2006): *Sickness, Disability and Work: Breaking the Barriers. Vol. 1: Norway, Poland and Switzerland.* Paris.

OECD (Organisation for Economic Co-operation and Development) (2007): *Sickness, Disability and Work: Breaking the Barriers. Vol. 2: Australia, Luxembourg, Spain and the United Kingdom.* Paris.

OECD (Organisation for Economic Co-operation and Development) (2008): *Sickness, Disability and Work: Breaking the Barriers. Vol. 3: Denmark, Finland, Ireland and the Netherlands.* Paris.

OECD (Organisation for Economic Co-operation and Development) (2009): *Sickness, Disability and Work: Breaking the Barriers. Sweden: Will the Recent Reforms Make it?* Paris.

OECD (Organisation for Economic Co-operation and Development) (2010): *Sickness, Disability and Work: Breaking the Barriers. A Synthesis of Findings across OECD Countries.* Paris.

OECD (Organisation for Economic Co-operation and Development) (2014): *Mental Health and Work: Switzerland.* Paris: OECD. [Hier nach der deutschen Übersetzung durch das BfS (Bundesamt für Sozialversicherungen). 2014. *Psychische Gesundheit und Beschäftigung: Schweiz.* Forschungsbericht 12/13 der Reihe Beiträge zur Sozialen Sicherheit. Bern: BfS.]

Oevermann, Ullrich (1996). Theoretische Skizze einer revidierten Theorie professionalisierten Handelns. In: Arno Combe/Werner Helsper (Hg.): *Pädagogische Professionalität. Untersuchungen zum Typus pädagogischen Handelns.* Frankfurt a.M. 70–182.

Oexle, Otto Gerhard (1982): Armut, Armutsbegriff und Armenfürsorge im Mittelalter. In: Christoph Sachsse/Florian Tennstedt (Hg.): *Soziale Sicherheit und soziale Disziplinierung. Beiträge zu einer historischen Theorie der Sozialpolitik.* Frankfurt a.M. 73–100.

Opielka, Michael (2003): Was spricht gegen die Idee eines aktivierenden Sozialstaats? Zur Neubestimmung von Sozialpädagogik und Sozialpolitik. In: Neue Praxis. 6: 543–557.

Opielka, Michael (2004): *Sozialpolitik. Grundlagen und vergleichende Perspektiven.* Reinbek bei Hamburg.

Ostner, Ilona (1995): Arm ohne Ehemann? Sozialpolitische Regulierung von Lebenschancen für Frauen im internationalen Vergleich. *Aus Politik und Zeitgeschichte.* 36/37: 3–12.

Ott, Marion (2011): *Aktivierung von (In-)Kompetenz. Praktiken im Profiling – eine machtanalytische Ethnographie.* Konstanz.

Pärli, Kurt (2012): Aktivierung von gesundheitlich beeinträchtigten Arbeitnehmenden – Auswirkungen auf Soziale Rechte. In: Josef Estermann (Hg.): *Der Kampf ums Recht.* Luzern. 293–311.

Pärli, Kurt/Hug, Julia (2012): Arbeitsrechtliche Fragen bei Präsentismus (Arbeit trotz Krankheit). *Arbeitsrecht ARV.* 1: 1–15.

Parsons, Talcott (1991 [1951]): *The social system.* London.

Pascall, Gillian/Lewis, Jane (2004): Emerging Gender Regimes and Policies for Gen-der Equality in a Wider Europe. *Journal of Social Policy.* 33(3): 373–394.

Paul, Karsten Ingmar/Hassel, Alice/Moser, Klaus (2006). Die Auswirkungen von Arbeitslosigkeit auf die psychische Gesundheit: Befunde einer quantitativen Forschungsintegration. In: Alfons Hollederer/Helmut Brand (Hg.): *Arbeitslosigkeit, Gesundheit und Krankheit.* Bern. 35–51.

Pech, Eberhard/Freude, Gabriele (2010): *Zusammenhang zwischen eingeschränktem Gesundheitszustand und Arbeitslosigkeit.* Online: http://www.baua.de/de/Publikationen/Fachbeitraege/artikel22.pdf?__blob=publicationFile&v=3 (1.11.2011)

Pongratz, Hans J./Voss, G. Günter (2002): Die Institutionalisierung von Employability. Anforderungen an die Regulierung eines neuen Vermittlungsmodus zwischen Person und Betrieb. In: Jutta Allmendinger (Hg): *Entstaatlichung und soziale Sicherheit.* Opladen.

Pröll, Ulrich (2004): *Arbeitsmarkt und Gesundheit. Gesundheitliche Implikationen der neuen Arbeitsmarktpolitik und Ansätze zur Prävention.* Schriftenreihe der Bundesanstalt für Arbeitsschutz und Arbeitsmedizin: Forschungsbericht 1018. Bremerhaven.

Pulkingham, Jane/Fuller, Sylvia (2012): From Parent to Patient: The Medicalization of Lone Motherhood through Welfare Reform. *Social Politics.* 19(2): 243–268.

Rittner, Volker (1982): Krankheit und Gesundheit. Veränderungen in der sozialen Wahrnehmung des Körpers. In: Dietmar Kamper/Christoph Wulf (Hg.): *Die Wiederkehr des Körpers.* Frankfurt a.M. 40–51.

Rogge, Benedikt (2013): *Wie uns Arbeitslosigkeit unter die Haut geht. Identitätsprozesse und psychische Gesundheit bei Statuswechseln.* Konstanz/München.

Rogge, Benedikt G. (2009): Psychosoziale Beratung von Arbeitslosen: Empowerment als Mittel gegen die Viktimisierung. In: Alfons Hollederer (Hg.): *Gesundheit von Arbeitslosen fördern! Ein Handbuch für Wissenschaft und Praxis.* Frankfurt a. M. 184–202.

Rosenbrock, Rolf/Grimmeisen, Simone (2009): Gesundheitsförderung bei Arbeitslosen – Herausforderungen und Qualitätskriterien. In: Alfons Hollederer (Hg.): *Gesundheit von Arbeitslosen fördern! Ein Handbuch für Wissenschaft und Praxis.* Frankfurt a. M. 83–95.

Rudolph, Helmut (2001): Profiling als Instrument zur Früherkennung des Risikos von Langzeitarbeitslosigkeit. In: Patricia Weinert/Michèle Baukens/Patrick Bollérot/Marina Pineschi-Gapenne/Ulrich Walwei (Hg.): *Beschäftigungsfähigkeit: Von der Theorie zur Praxis.* Bern. 47–80.

Sabbioni, Marzio/Salis Gross, Corina/Seiler, Ulrich (1999): Le traitement de la douleur chez les patients migrants: perspective interdisciplinaire. In: Roger Darioli (Hg.): *L'invalidité en souffrance: défis et enjeux de la crise.* Genève. 41–53.

Salzgeber, Renate/Schmocker, Beat (2015) : *Kennzahlenvergleich zur Sozialhilfe in Schweizer Städten, Berichtsjahr 2014.* Bern.

Sänger, Eva/Dörr, Annalena/Scheunemann, Judith/Treusch, Patricia (2013): Embodying Schwangerschaft: pränatales Eltern-Werden im Kontext medizinischer Risikodiskurse und Geschlechternormen. *GENDER.* 5(1): 56–71.

Sarasin, Philipp (2001): *Reizbare Maschinen. Eine Geschichte des Körpers 1765–1914.* Frankfurt a.M.

Scarry, Elaine (1992 [1985]): *Der Körper im Schmerz. Die Chiffren der Verletzlichkeit und die Erfindung der Kultur.* Frankfurt a. M.

Schallberger, Peter/Wyer, Bettina (2010): *Praxis der Aktivierung: eine Untersuchung von Programmen zur vorübergehenden Beschäftigung.* Konstanz.

Scherschel, Karin/Streckeisen, Peter/Krenn, Manfred (Hg.) (2012): *Neue Prekarität. Die Folgen aktivierender Arbeitsmarktpolitik – europäische Länder im Vergleich.* Frankfurt a.M./New York.

Scheutz, Martin/Weiss, Alfred Stefan (2010): Kein Ort der Armut? Frühneuzeitliche Spitalseinrichtungen und die Armenversorgung. In: Sylvia Hahn/Nadja Lobner/Clemens Sedmak (Hg.): *Armut in Europa 1500–2000.* Innsbruck/Wien/Bozen. 177–199.

Schmidt, Bettina (2007a): Von der Gesundheitsförderung zur Gesundheitsforderung. In: Bettina Schmidt/Petra Kolip (Hg): *Gesundheitsförderung im aktivierenden Sozialstaat. Präventionskonzepte zwischen Public Health, Eigenverantwortung und Sozialer Arbeit.* Weinheim/München. 83–94.

Schmidt, Bettina (2007b): Von der Gesundheitsforderung zur Selbstoptimierung. In: Bettina Schmidt/Petra Kolip (Hg): *Gesundheitsförderung im aktivierenden Sozialstaat. Präventionskonzepte zwischen Public Health, Eigenverantwortung und Sozialer Arbeit.* Weinheim/München. 95–104.

Schmidt, Bettina (2008): *Eigenverantwortung haben immer die Anderen. Der Verantwortungsdiskurs im Gesundheitswesen.* Bern.

Schmidt, Bettina/Kolip, Petra (2007): Gesundheit fördern – oder fordern? Eine Einführung. In: Bettina Schmidt/Petra Kolip (Hg): *Gesundheitsförderung im aktivierenden Sozialstaat. Präventionskonzepte zwischen Public Health, Eigenverantwortung und Sozialer Arbeit.* Weinheim/München. 9–20.

Schmidt, Robert (2009): Symbolische Gewalt. In: Gerhard Fröhlich/Boike Rehbein: (Hg.): *Bourdieu-Handbuch. Leben – Werk – Wirkung.* Stuttgart/Weimar. 231–235.

Schmidt-Semisch, Henning/Schorb, Friedrich (Hg.) (2008): *Kreuzzug gegen Fette. Sozialwissenschaftliche Aspekte des gesellschaftlichen Umgangs mit Übergewicht und Adipositas.* Bielefeld.

Schmiede, Rudi (2011): Macht Arbeit depressiv? Psychische Erkrankungen im flexiblen Kapitalismus. In: Cornelia Koppetsch (Hg.): *Nachrichten aus den Innenwelten des Kapitalismus.* Wiesbaden. 113–138.

Schram, Sanford F. (2000): In the Clinic: The Medicalization of Welfare. *Social Text, 62.* 18(1): 81–107.

Schröder Gerhard/Blair, Tony (1999): Der Weg nach vorne für Europas Sozialdemokraten. *Blätter für deutsche und internationale Politik.* 44: 887–896.

Schroer, Markus (2005): Zur Soziologie des Körpers. In: Ders. (Hg.): *Soziologie des Körpers.* Frankfurt a.M. 7–48.

Schultheis, Franz (1987): Fatale Strategien und ungeplante Konsequenzen beim Aushandeln „familialer Risiken" zwischen Mutter, Kind und „Vater Staat". In: *Soziale Welt.* Sonderdruck. 38(1): 40–56.

Schultheis, Franz (2006): Reproduktion in der Krise: Fallstudien zur symbolischen Gewalt. In: Barbara Friebertshäuser/Markus Rieger-Ladich/Lothar Wigger (Hg): *Reflexive Erziehungswissenschaft – Forschungsperspektiven im Anschluss an Pierre Bourdieu.* Wiesbaden. 253–268.

Schultheis, Franz (2007): Der Lohn der Angst. Zur Normalisierung von Prekarität im grenzenlosen Kapitalismus. In: Pascale Gazareth/Anne Juhasz/Chantal Magnin (Hg.): *Neue soziale Ungleichheit in der Arbeitswelt*. Konstanz. 59–73.

Schultheis, Franz (2008a): Robert Castel: Soziologisches Verstehen als historische Rekonstruktion. In: Robert Castel: *Die Metamorphose der sozialen Frage. Eine Chronik der Lohnarbeit*. Konstanz. 1–4.

Schultheis, Franz (2008b): Symbolische Gewalt: Zur Genese eines Schlüsselkonzepts der bourdieuschen Soziologie. In: Robert Schmidt/Volker Woltersdorff (Hg.): *Symbolische Gewalt. Herrschaftsanalyse nach Pierre Bourdieu*. Konstanz: 25–44.

Schultheis, Franz (2009): *Employability. Zur soziologischen Klärung eines Leitmotivs zeitgenössischen Personalmanagements*. SCALA Discussion Paper Nr. 6. St. Gallen.

Schultheis, Franz (2011): Totem und Tabu : Kindesmisshandlung als gesellschaftliches Dispositiv der Durchsetzung zivilisatorischer Standards ‚guter Erziehung'. In: Jörg Metelmann/Stefan Schwall (Hg.): *Bildungsbürgerrecht – Erziehung als soziales Unternehmen*. Münster. 93–107.

Schultheis, Franz (2012a): Employability. Zur Kritik des managerialen Menschenbilds am Schnittpunkt soziologischer und ärztlicher Perspektiven. *PrimaryCare*. 10: 175–179.

Schultheis, Franz (2012b): Am Schalter – au guichet: Kulturvergleichende teilnehmende Beobachtung des Umgangs mit „Wissen" in Sozialbürokratien. In: Gertraud Koch/ Bernd Jürgen Warneken (Hg.): *Wissensarbeit und Arbeitswissen. Zur Ethnographie des kognitiven Kapitalismus*. Frankfurt/New York. 175–193.

Schwank, Alex (2009): Invalidenversicherung und Behinderte unter Druck. *Widerspruch*. 56: 29–38.

Seco (Staatssekretariat für Wirtschaft) (2004): *Handbuch zur Interinstitutionellen Zusammenarbeit (IIZ)*. Bern.

Siegrist, Johannes (2008): Soziale Anerkennung und gesundheitliche Ungleichheit. In: Ullrich Bauer/Uwe H. Bittlingmayer/Matthias Richter (Hg.): *Health Inequalities. Determinanten und Mechanismen gesundheitlicher Ungleichheit*. Wiesbaden. 220–235.

Sierck, Udo (1992): *Arbeit ist die beste Medizin. Zur Geschichte der Rehabilitationspolitik*. Hamburg.

SKOS (Schweizerische Konferenz für Sozialhilfe) (2005): *Richtlinien für die Ausgestaltung und Bemessung der Sozialhilfe. Empfehlungen zuhanden der Sozialhilfeorgane von Bund, Kantonen, Gemeinden und Organisationen der privaten Sozialhilfe*. Bern.

Smith, Dorothy (1978): "K is Mentally Ill." The Anatomy of a Factual Account. *Sociology*. 12: 23–53.

Spradley, James (1979): *The ethnographic interview*. New York.

Spradley, James P. (1980): *Participant Observation*. New York.

Stekl, Hannes (1982): „Labore et fame" – Sozialdisziplinierung in Zucht- und Arbeitshäusern des 17. und 18. Jahrhunderts. In: Christoph Sachsse/Florian Tennstedt (Hg.): *Soziale Sicherheit und soziale Disziplinierung. Beiträge zu einer historischen Theorie der Sozialpolitik*. Frankfurt a.M. 119–147.

Strauss, Anselm L. (1978): *Negotiations. Varieties, Contexts, Processes, and Social Order*. San Francisco/Washington/London.

Strauss, Anselm L./Fagerhaugh, Shizuko/Suczek, Barbara/Wiener, Carolyn (1997): *Social organization of medical work.* New Brunswick/London.

Strauss, Anselm/Corbin, Juliet (1996): *Grundlagen Qualitativer Sozialforschung.* Weinheim.

Streckeisen, Peter (2008): *Die zwei Gesichter der Qualifikation. Eine Fallstudie zum Wandel von Industriearbeit.* Konstanz.

Streckeisen, Peter (2012a): Wege zur neuen Prekarität: Die aktivierungspolitische Wende zwischen internationalem Trend und länderspezifischer Geschichte. In: Karin Scherschel/Peter Streckeisen/Manfred Krenn (Hg.): *Neue Prekarität. Die Folgen aktivierender Arbeitsmarktpolitik – europäische Länder im Vergleich.* Frankfurt a.M. 177–196.

Streckeisen, Peter (2012b): Steigende Erwerbslosigkeit und Prekarität in der Schweiz. Das Ende eines ‚Sonderfalls'. In: Karin Scherschel/Peter Streckeisen/Manfred Krenn (Hg.): *Neue Prekarität. Die Folgen aktivierender Arbeitsmarktpolitik – europäische Länder im Vergleich.* Frankfurt a.M. 47–73.

Streckeisen, Ursula (2008): Illegitime und legitime Schmerzen. Ärztliche und pflegerische Strategien im Umgang mit invasiven Massnahmen bei Sterbenden. In: Irmhild Saake/Werner Vogd (Hg.): *Moderne Mythen der Medizin. Studien zu Problemen der organisierten Krankenbehandlung.* Wiesbaden. 191–214.

Strübing, Jörg (2004): *Grounded theory. Zur sozialtheoretischen und epistemologischen Fundierung des Verfahrens der empirisch begründeten Theoriebildung.* Wiesbaden.

Tabin, Jean-Pierre/Probst, Isabelle/Waardenburg, George/Castelli Dransart, Dolores Angela/Pasche, Geneviève/Bolzman, Claudio (2013): Decommodification and Welfare State: the Case of Workplace Accident Victims. *Schweizerische Zeitschrift für Soziologie.* 39(1): 129–146.

Tagesanzeiger (17.05.2013): Deutlich weniger IV-Rentner im 2012. http://www.tagesanzeiger.ch/schweiz/standard/Deutlich-weniger-IVRentner-im-Jahr-2012/story/26164726?track (28.12.2013)

Tanner, Jakob (2007): Der Kampf gegen die Armut. Erfahrungen und Deutungen aus historischer Sicht. In: Ursula Renz/Barbara Bleisch (Hg.) (2007): *Zu wenig. Dimensionen der Armut.* Zürich. 80–109.

Tervooren, Anja (2003): Der verletzliche Körper. Überlegungen zu einer Systematik der Disability Studies. In: Anne Waldschmidt (Hg.): *Kulturwissenschaftliche Perspektiven der disability studies.* Tagungsdokumentation. Kassel. 37–48.

Toumi, Ingrid/von Braunmühl, Carlchristian (2009): Fallmanagement in der Arbeitsförderung mit gesundheitsbezogener Ausrichtung. In: Alfons Hollederer (Hg.): *Gesundheit von Arbeitslosen fördern! Ein Handbuch für Wissenschaft und Praxis.* Frankfurt a. M. 261–276.

Traue, Boris (2010): Das Optionalisierungsdispositiv. Diskurse und Techniken der Beratung. In: Johannes Angermüller/Silke van Dyk (Hg.): *Diskursanalyse meets Gouvernementalitätsforschung.* Frankfurt a. M. 237–260.

Villiger, Simone/Carlo, Knöpfel (2009): *Armut macht krank. Warum gesellschaftliche Verhältnisse die Gesundheit prägen.* Diskussionspapier 24. Luzern.

Vogel, Berthold (2009): Wohlfahrtsstaatliche Daseinsvorsorge und soziale Ungleichheit. In: Claudia Neu (Hg.): *Daseinsvorsorge. Eine gesellschaftswissenschaftliche Annäherung.* Wiesbaden. 67–79.

von Harrach, Eva-Maria/Loer, Thomas/Schmidtke, Oliver (2000): *Verwaltung des Sozialen. Formen der subjektiven Bewältigung eines Strukturkonflikts.* Konstanz.

Wacker, Ali (1983): Differentielle Verarbeitungsformen von Arbeitslosigkeit. *Prokla.* 53: 77–88.

Waldschmidt, Anne (2001): Symbolische Gewalt, Normalisierungsdispositiv und/oder Stigma? Soziologie der Behinderung im Anschluss an Goffman, Foucault und Bourdieu. Österreichische Zeitschrift für Soziologie. 36(4): 89–106.

Waldschmidt, Anne (2005): Disability Studies: individuelles, soziales und/oder kulturelles Modell von Behinderung? *Psychologie und Gesellschaftskritik.* 29(1): 9–31.

Watt, Glenys (1998): *Supporting Employability. Guides to Good Practice in Employment Counselling and Guidance.* Dublin. Online: http://www.eurofound.europa.eu/pubdocs/1998/34/en/1/ef9834en.pdf (15.11.2013)

WHO (World Health Organization) (1948): *Verfassung der Weltgesundheitsorganisation.* Deutsche Übersetzung online unter: http://www.admin.ch/opc/de/classified-compilation/19460131/200906250000/0.810.1.pdf (9.8.2013)

Weisser, Jan (2005): „Scheininvalidität" oder Immanuel Kant als Sittenwächter. Analyse eines Diskursmanövers. *Schweizerische Zeitschrift für Heilpädagogik.* 11(5): 25–32.

Winker, Gabriele/Degele, Nina (2009): *Intersektionalität. Zur Analyse sozialer Ungleichheiten.* Bielefeld.

Wyss, Kurt (2005): Workfare in der Sozialhilfereform. Die Revision der SKOS-Richtlinien in der Schweiz. *Widerspruch. Beiträge zu sozialistischer Politik.* 49: 73–84.

Wyss, Kurt (2007): *Workfare. Sozialstaatliche Repression im Dienst des globalisierten Kapitalismus.* Zürich.

Zeller, Ernst (2007a): Krankheit und Arbeitsunfähigkeit – eine interdisziplinär abgestützte Studie zu einem drängenden Thema. *Schweizerische Ärztezeitung.* 88(43): 1806f.

Zeller, Ernst (2007b): *Krankheit und Arbeitsunfähigkeit.* Zürich.

Zielke-Nadkarni, Andrea (2007): Gesundheits- und Krankheitskonzepte. In: Dagmar Domenig (Hg.): *Transkulturelle Kompetenz. Lehrbuch für Pflege-, Gesundheits- und Sozialberufe.* Bern. 191–204.

Danksagung

Zahlreiche Menschen haben mich bei der Abfassung dieser Arbeit in der einen oder anderen Weise unterstützt. Bei ihnen allen möchte ich mich an dieser Stelle herzlich bedanken.

Dank gebührt meinen beiden Referenten: Prof. Dr. Franz Schultheis und Prof. Dr. Christoph Maeder möchte ich für die Aufgeschlossenheit meinem Forschungsthema und meiner Herangehensweise gegenüber, für den Freiraum, den sie mir gewährten, und für die vielen hilfreichen Ratschläge danken. Ausserdem hatten beide stets ein offenes Ohr für meine Anliegen.

Für die Möglichkeit, im Rahmen eines von ihr konzipierten und geleiteten Forschungsprojektes promovieren zu können, möchte ich Prof. Dr. Eva Nadai danken. Vieles, was ich im Zuge dieser Projektmitarbeit erarbeitet habe, steckt auch in dieser Promotionsstudie. Insbesondere möchte ich mich für die sorgfältige und kritische Lektüre des Manuskripts und die hilfreichen Anmerkungen bedanken.

Daneben haben weitere Personen diese Arbeit oder Teile davon inhaltlich und sprachlich gegengelesen – herzlichen Dank ihnen allen. Dr. Susanne Bachmann hat von vielen Kapiteln erste Versionen sehr sorgfältig gelesen und mir zahlreiche wichtige Hinweise zum logischen Aufbau, zur Sprache und zu Interpretationen des Materials gegeben. Darüber hinaus hat mir die intensive Zusammenarbeit mit ihr geholfen, ins Schreiben zu kommen und dran zu bleiben. Alan Canonica, der mit mir im erwähnten Forschungsprojekt tätig war, hat einen grossen Teil dieser Arbeit gelesen und mir nützliche Hinweise gegeben. Dr. des. Fabian Grossenbacher hat die ganze Arbeit sprachlich gegengelesen und mir ausserdem viele inhaltliche Hinweise gegeben.

Diese Arbeit basiert auf einer Ethnografie in zwei Institutionen, die sich um die berufliche Eingliederung erwerbsloser Menschen kümmern. Den Fachkräften wie auch den Klient_innen dieser beiden Institutionen, in denen wir über fast zwei Jahre hinweg mehr oder weniger ein- und ausgehen konnten, wie wir wollten, möchte ich ein grosses Dankeschön aussprechen. Ohne ihre Einwilligung, uns Einblicke in Beratungsgespräche, Teamsitzungen und ähnliche Anlässe zu gewähren und uns Interviews zu geben, wäre diese Arbeit nicht zustande gekommen.

Ferner sind weitere Personen in der einen oder anderen Weise in die Entstehung dieser Arbeit involviert gewesen: Dr. Anne Juhasz, die mich als Mentorin im Rahmen eines Mentoringprogramms der Fachhochschule

Nordwestschweiz (und darüber hinaus) begleitete und mir hilfreiche Tipps zur Arbeitsorganisation sowie methodische und inhaltliche Rückmeldungen gab; die (damaligen) Mitglieder der Arbeitsgruppe „Prima“ unter dem Dach der „NetzWerkstatt – Integrierte Methodenbegleitung für qualitative Qualifizierungsarbeiten“, mit denen ich gemeinsam Teile meines qualitativen Datenmaterials auswertete und mich über Freuden und Hürden des Promovierens austauschte; aus dieser Gruppe insbesondere Ira Schumann und Iris Engelhardt, mit denen ich zeitweilig einen intensiveren Austausch pflegte und von deren qualifizierten Rückmeldungen zu Manuskriptteilen ich profitieren konnte; Patricia Holder, die eine Fallanalyse hilfreich kommentierte und mit der ich mich auch sonst austauschte; Dr. Esteban Piñeiro, der einzelne Auszüge gelesen und kommentiert hat; die Kolleginnen des Forschungskreises „Passagen – Migration und Geschlecht“, die mir zweimal Rückmeldungen zu Referaten gaben, die im Rahmen meiner Dissertation entstanden sind; aus diesem Kreis insbesondere Cecilia Speranza.

Eine grosse Unterstützung für das Zustandekommen dieser Arbeit war mit ihrer grosszügigen und motivierenden Art meine damalige Vorgesetzte Andrea Eichholzer. Sie hat mir eine flexible Arbeitszeitgestaltung ermöglicht. Die ‚Auszeiten‘, die ich mir fürs Schreiben nehmen konnte, waren wesentlich für eine kontinuierliche und zugleich intensive Arbeit an dieser Schrift.

Ein ausserordentlicher Dank geht an meinen Partner Fabian Grossenbacher, der mich nicht nur inhaltlich sondern auch emotional unterstützte. Bei meinen Eltern René Koch-Ludwig und Esther Ludwig Koch möchte ich mich herzlich für ihre Unterstützung während meines Studiums und ihr Interesse an meiner Arbeit bedanken. Meinem Partner, meiner Familie und meinen Freund_innen bin ich dankbar dafür, dass sie mit mir das Leben jenseits dieser Qualifikationsarbeit geteilt haben und weiterhin teilen.

Basel, im Januar 2016
Martina Koch